D1746615

**Dieses Buch habe ich in
Pallanganmiddang Country geschrieben.**

Das Land ist atemberaubend schön und fruchtbar. Es ist unsere Heimat.

Auf diesem Fleckchen Erde haben wir unseren Traum verwirklicht. Auf einer Obst- und Beerenplantage kultivieren wir mit regenerativen Praktiken, die die Natur nachahmen, historische Arten. Wir verändern das Land und hoffen, unsere gute Absicht wird im Wechsel der Jahre und Generationen Früchte tragen.

Über die Geschichte dieses Landes, bevor sich hier Weiße niederließen, kann ich nichts erzählen. Ich weiß nicht, wo Hügel standen, wo Bäche flossen, wie die Sonne schien, welche Pflanzen und Tiere gediehen oder wie die Menschen das Land prägten, das sie Zehntausende von Jahren durchwanderten.

Dies ist geraubtes Land. Unsere Vorväter schrieben die Regeln um, weil sie Menschen, die untrennbar mit dem Land verbunden waren, dieses Land nehmen wollten. Die Arbeit meiner Familie ist kaum eine Fußnote gegenüber der Geschichte der indigenen Völker Australiens als Hüter dieses Landes, die in der Vorzeit begann.

Dieser Boden, den ich »Heimat« nenne, wurde niemals abgetreten – ganz gleich, was auf einem Stück Papier stehen mag. Man kann dieses mit Grenzsteinen und Zäunen eingegrenzte Land ebenso wenig besitzen wie die Sonne, die Luft oder das Zwitschern der Vögel.

Wir verpflichten uns als die heutigen Hüter des Landes, mehr über die indigene Vergangenheit zu erfahren und aus den Geschichten und Weisheiten derer, die vor uns waren, zu lernen. Uns erfüllen Ehrfurcht und Anerkennung für die reiche Kultur, die auf diesem Kontinent über unzählige Generationen hinweg ein komplexes System der Nahrungsproduktion geschaffen und erhalten hat. Ihre Art, Land zu nutzen, werden wir nie ganz verstehen. Wir können den angerichteten Schaden nicht heilen, aber wir widmen unser Leben dem Versuch.

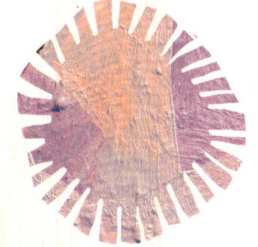

FAIR LIVING

Wissenswertes, Rezepte und Rituale
für ein einfacheres Leben

FAIR LIVING

Für ein besseres Morgen

JADE MILES
Black Barn Farm

SIEVEKING
VERLAG

INHALT

Vorwort: Es brennt ... 8

DAS WARUM

Einleitung 17

Sieben Säulen für ein faires Leben 33

Lass dich auf die Natur ein 36

Lebe einfach 39

Schaffe dir deinen Platz 43

Gestalte eigene Rituale 48

Gründe Gemeinschaften 50

Achte die Jahreszeiten 56

Liebe, was dich umgibt 58

Alles Familiensache 61

Im Einklang mit den Jahreszeiten 73

DIE JAHRESZEITEN

Erwachen 85

Sprießen 127

Wachsen 155

Ernten 189

Umschwingen 225

Ruhen 263

◆

Geschafft! 309

Danke 310

Hausbibliothek 314

Register 317

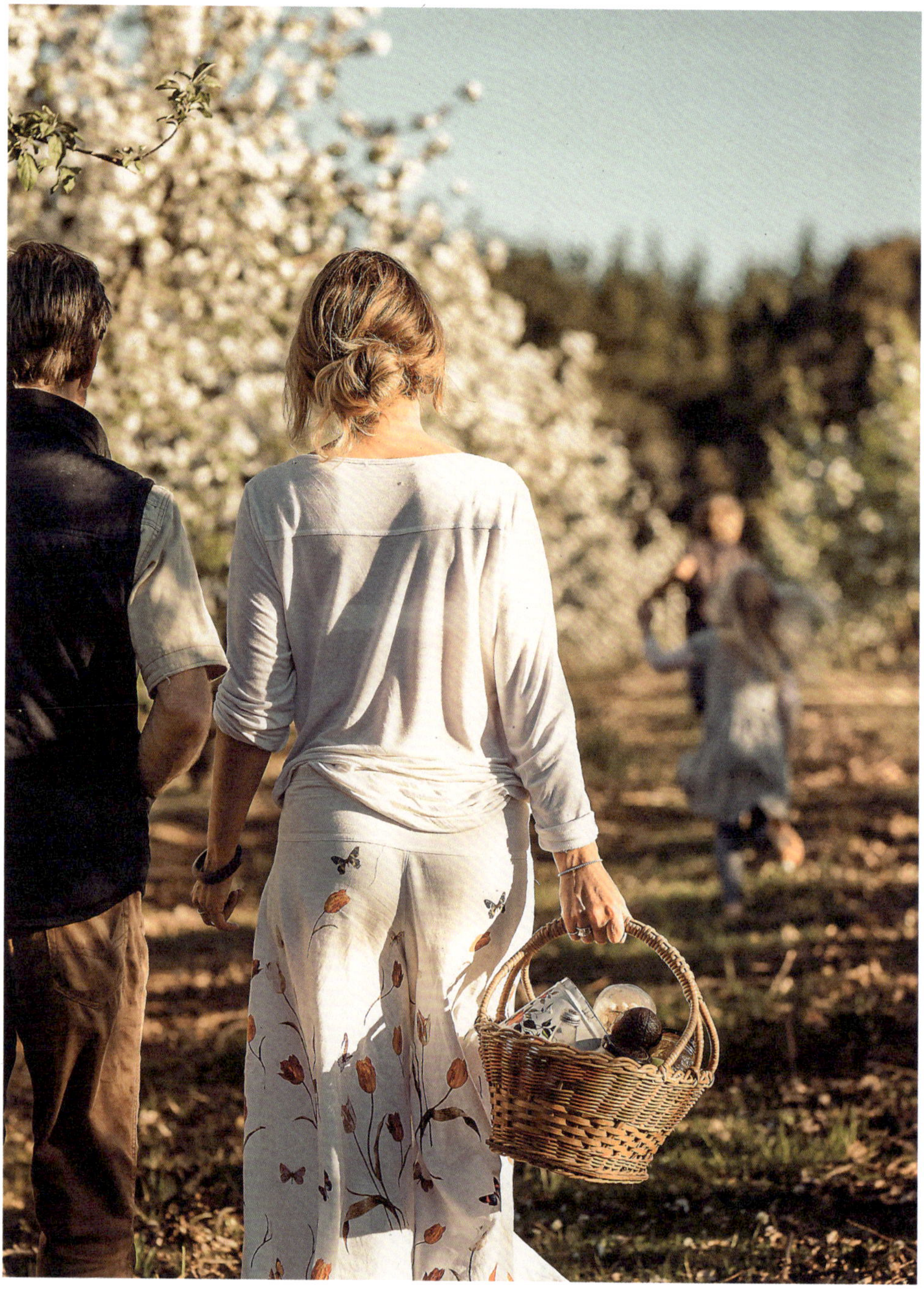

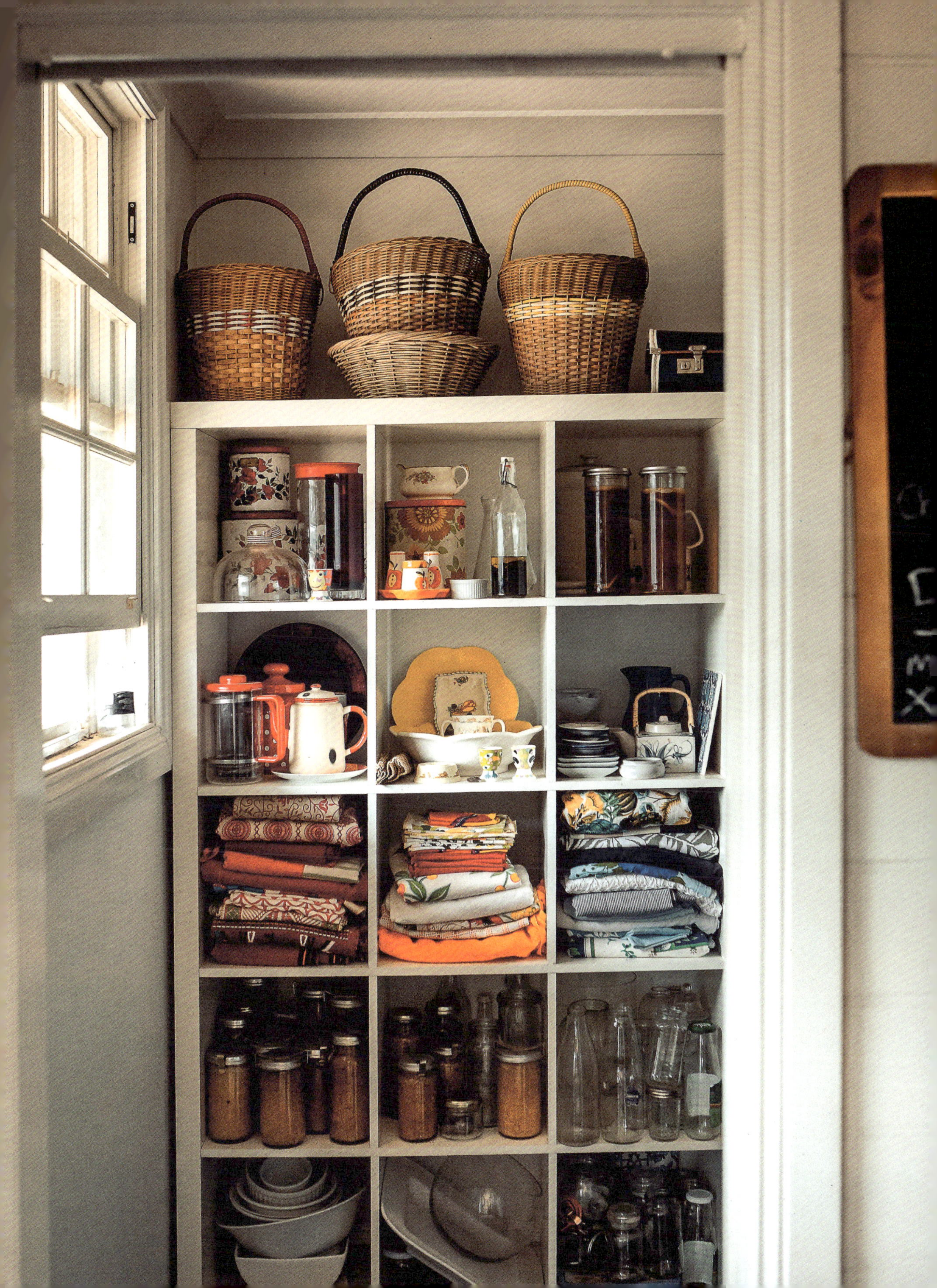

Vorwort

Es brennt ...

ERINNERST DU DICH AN DEN JANUAR 2020?

3. Januar

Als der rasch zunehmende Rauch der Buschfeuer sich den Dörfern in unserem Tal näherte und Evakuierungen angekündigt wurden, wurde es plötzlich real.

Charlies Tag gestern, draußen beim Bekämpfen der Feuer, war lang und hart. In seiner Stimme schwang Unnachgiebigkeit mit, als er mich bat, mit den Kindern das Haus zu verlassen, wenn er tagsüber im Busch ist. Natürlich habe ich mich zunächst geweigert. Aber er hat recht. Also treffe ich Vorkehrungen, packe das Auto voll, bringe die Pferde ins Freie und küsse Gänse, Hühner und Schafe auf den Kopf. Wir wünschen ihnen Glück und fahren los.

Wir sind zurück. Die Autos sind vollgetankt, die Handys aufgeladen, unsere Notfallbox steht neben der Tür und ich habe ein batteriebetriebenes Radio eingepackt. Auf dem Handy habe ich die Notfall-App und im Hinterkopf einen Schlachtplan. Bin ich übervorsichtig? Der Feuerwehrmann im Haus macht uns verantwortungsbewusster und umsichtiger. Er muss sicher sein können, dass wir nicht in Gefahr sind, wenn er draußen Feuer bekämpft.

WAS MACHST DU, WENN'S BRENNT?

6. Januar

Jeder Tag ist gleich und doch wieder nicht! Bei Tagesanbruch steigt Charlie in die verqualmte Kleidung, die er am Tag zuvor nach 12–14 Stunden Schicht vor der Tür abgelegt hat, um da weiterzumachen, wo er aufgehört hat. Wo ist er heute? Ich weiß es nicht. Wann kommt er wieder? Ich weiß es nicht. Wie lange werden die Brände noch andauern? Ich weiß es nicht. Ist er in Gefahr? Auch das weiß ich nicht. Er beteuert, dass sie gut ausgebildet sind, dass Sicherheit oberstes Gebot ist, aber Feuer ist unberechenbar, Dinge passieren … Sie sind passiert und nachts rast Charlies Herz, bis es ihn weckt.

Er gehört zu einer Crew, die ich nicht kenne, er vertraut auf eine Kameradschaft, die ich nicht verstehe. Durch seinen Kopf schwirren Karten und Lagebesprechungen, Einsätze und Pläne. Er spricht eine mir fremde Sprache und hat eine Stärke, die ich mir nur vorstellen kann. Er macht Erfahrungen, die ich nie teilen werde.

Ich stecke in einer Endlosschlaufe fest, weiß nicht, was kommt. Das weiß keiner. Ich muss die Farm am Laufen halten. Im Augenwinkel lauert die Sorge. »Normalität« ist jetzt das A und O. Alle Pläne für den Brandfall und zu unserem Schutz liegen in meiner Verantwortung. Dennoch bin ich dankbar. Mir graut, wenn ich an den Sommer und die unabwendbaren Brände denke, aber ich habe mein Haus, meinen Garten, meine Kinder, tagtägliche Nachrichten, die mich unterstützen, einen Mann, der fast immer nach Hause kommt, ein Dorf, das diesmal vom Feuer verschont geblieben ist und ein Land, in dem sich der Wunsch nach Veränderung regt.

Wir schmarotzen schon viel zu lange. Die Natur hat genug. Wir sind Gast und sie hat das Hausrecht. Entweder WIR ÄNDERN UNS, oder wir fliegen raus.

Ich bin allen an vorderster Front so dankbar, aber ewig können sie das für uns nicht leisten. Es ist Zeit, sich zu überlegen, welche Rolle jeder Einzelne von uns spielen will. Was wirst du tun? Wie wirst du dich VERÄNDERN?

---

8. Januar

Die Vorräte sind am Ende, meine Nerven sind es auch. Zum Glück macht heute die Food-Coop wieder auf. Also werde ich die Speisekammer mit Vollwertkost und Lebensmitteln lokaler Erzeuger füllen, mit dem Freiwilligen, der den Laden hütet, Tee trinken und unsere Wahlfamilie treffen. Es ist Zeit, den Kokon zu verlassen, in den ich mich verkrochen habe, als Charlie Brände bekämpfte und Rauch die Farm einschloss, die zu verlassen ich zu feige war. Es war eine wirre, aufreibende Woche – eine, die man nur übersteht, wenn man die Zähne zusammenbeißt.

Unser Land rafft sich auf, wird entschlossener. Es weiß, was zu tun ist. Das macht mir Mut, allem Herzschmerz zum Trotz!

11. Januar

Ich habe Charlie nachgewunken, als er zur Nachtschicht fuhr und darauf gewartet, dass sich etwas ändert. Trost finden meine rastlosen Gedanken und mein gelähmter Körper im Gewohnten. Ich pflanze mehr Mais, gieße die Pflanzen im Beet und stehe im Hühnerstall, während der Wind unentschieden in alle Richtungen wütet. Und während er tobt, entscheide ich mich.

Ich bin ein Listenschreiber. Also setze ich mich hin, unter den SMS-Salven besorgter Freunde, während der Wind gegen Fenster und Türen peitscht und der Himmel schwerer wird. Ich schreibe auf, was ich tun kann, um etwas zu bewegen. Auch wenn ich nur eine einzelne Person bin, möchte ich etwas bewirken.

WAS STEHT AUF DEINER LISTE?

13. Januar

Diese Woche hat Charlie Nachtschicht. Jede Nacht geht er mit einer Taschenlampe in der Hand durch den Busch, legt Gegenfeuer, harkt, rettet Wildtiere und löscht kleine Brände.

Ich stelle mir eine Einsamkeit vor, in der die Zeit stillsteht, die unheimlich ist und sich durch die tiefschwarze Nacht zieht, aber er erzählt von fidelen Frotzeleien, Funkanweisungen und so viel Arbeit im Schein des Buschfeuers, dass die Zeit schnell vergeht. Sobald er zum Tor rausfährt, ist er nicht mehr erreichbar. Also lenke ich mich mit allem ab, was mir einfällt und einem inneren Beschwichtigungsmonolog auf Endlosschleife.

Trotz der langen Nächte kommt er jeden Morgen nach Hause, um Vater und Landwirt zu sein, um den Kindern zuzuhören und mir mit meiner To-do-Liste zu helfen. Heute haben wir im Gewächshaus Draht gespannt, damit ich die Tomaten hochbinden kann. Allein habe ich es nicht geschafft. Er war todmüde, aber er blieb auf, um das zweite Paar Hände zu sein, das ich brauchte und um mir zu zeigen, dass wir Seite an Seite stehen.

Die verqualmte Luft, die Notruf-App und sein Dienstplan sind die Sonne, um die wir jetzt kreisen. Der gewohnte sommerliche Rhythmus unserer Familie ist dahin. Irgendwoher weiß er, wie wichtig für uns eine gemeinsame Tasse Tee, ein schnelles Kartenspiel und ein Hilf-mir-mal-kurz sind. Gerade schläft er und wir sind leise, um ihn nicht zu wecken. Ich atme ruhig, die Kinder zanken nicht und das Haus fühlt sich an, wie es soll – bis er heute Abend wieder zum Tor hinausfährt.

14. Januar

Der Rauch verzog sich, das Grün im Garten lockte, die Ringelblumen nickten. Wie verführerisch war es zu glauben, dies sei ein so unbeschwerter Sommer wie die Jahre zuvor. Natürlich ist er das nicht und wer weiß, ob er jemals wieder so sein wird. Sosehr ich mir wünsche, alles wäre noch wie früher, so entschlossen bin ich, die Buschfeuer nicht zu vergessen.

Auch wenn ich mich danach sehne, dass mir meine Lieblingsjahreszeit bleibt, ich halte an dem Versprechen fest, das ich mir, meinen Kindern, meinem Feuer bekämpfenden Ehemann und den Hunderten von Menschen gegeben habe, die obdachlos sind, ihr Auskommen verloren haben, aufgeschmissen sind, sich ängstigten, Unannehmlichkeiten hatten – und all jenen, die in ihrem Engagement bestärkt wurden, eine andere Welt zu schaffen.

Ich werde zu meinem Versprechen stehen, selbst etwas zu verändern.

Ich hoffe, ich bin nicht allein!

Als ich diese Worte in mein Tagebuch schreibe, stockt mir der Atem, mein Herz rast.

Unser Klima erwärmt sich und unser Land glüht, wir Australier haben uns mittlerweile auf heiße Sommer eingestellt. Der Sommer 2019/20 und seine Bürden haben die Menschen in Stadt und Land geeint. Er hat uns allen die Augen geöffnet für das, was unserem Land – und der Welt – bevorsteht.

Die Feuer hatten uns ins Mark getroffen. Sie waren ein Warnschrei der Natur: WACH AUF!

Wir können angesichts der Folgen des Klimawandels nicht teilnahmslos oder unwissend bleiben. Wir müssen uns anpassen und mitverantwortlich eine robuste Widerstandskraft aufbauen, als wache Individuen in verbundenen Gemeinschaften, in denen jeder – unabhängig von Rasse, Alter, Geschlecht oder Einkommen – ein Recht auf ein lebenswertes Leben hat. Andere werden die Verantwortung nicht für uns übernehmen. Wir müssen in den Spiegel sehen und uns fragen:

- Wie abhängig sind wir von der Rohstoffindustrie?
- Wie viel Müll erzeugen wir?
- Setzen wir uns für lokale Lebensmittelsysteme ein?
- Tragen wir zum Wohl unserer Gemeinschaften bei?
- Wie viel konsumieren wir?
- Was macht Glück und Erfolg aus?
- Was wissen wir über die Natur?
- Respektieren wir die Jahreszeiten?
- Zeigen wir einander Respekt?

Wichtiger noch ist die Frage: Wie sehr wünschst du dir Veränderung?

Ich weiß, jeder von uns kann sofort im eigenen Haushalt und in der eigenen Gemeinschaft auf seine Art und Weise einen Anfang machen. Er wird für jeden anders aussehen und das ist gut so. Meine ersten Schritte waren ein Podcast und dieses Buch. Die Lernkurve war steil, der Weg ist es immer noch. Was ich geschrieben habe, ist ein Anfang und sicher nicht für jeden richtig, aber es soll zum Nachdenken und zu Gesprächen anregen.

All der Schmerz, die harte Arbeit, die Angst und die Wut in unseren Bäuchen dürfen nicht umsonst sein. Jetzt ist die Zeit für individuelle und später kollektive Veränderung.

Möchtest du mitmachen?

ed lentils
almonds
popcorn

ots x 🐛 inside
 x 12 outside

~~M~~ ~~T~~ ~~W~~ ~~T~~ ~~F~~ ~~S~~ ~~S~~

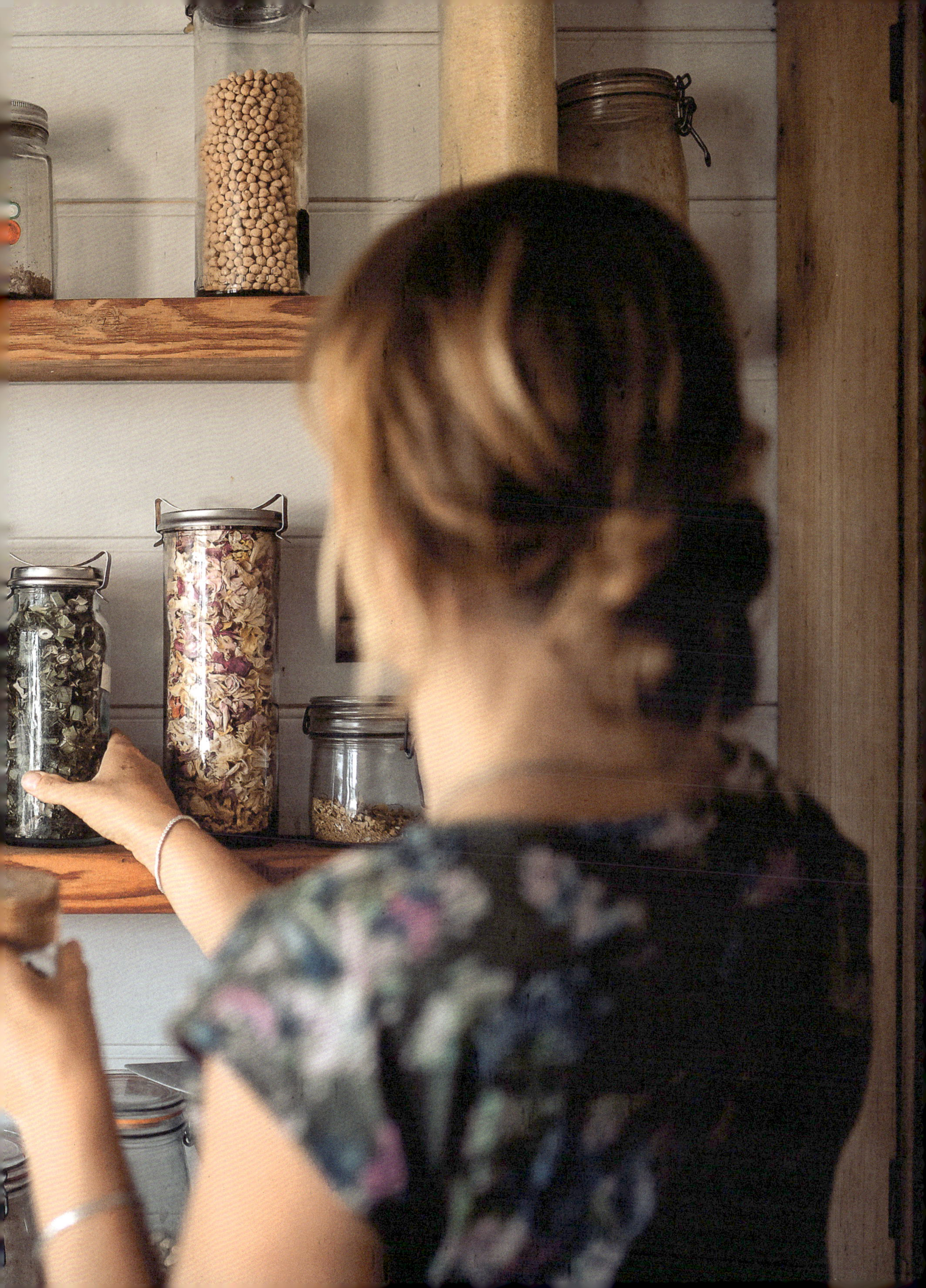

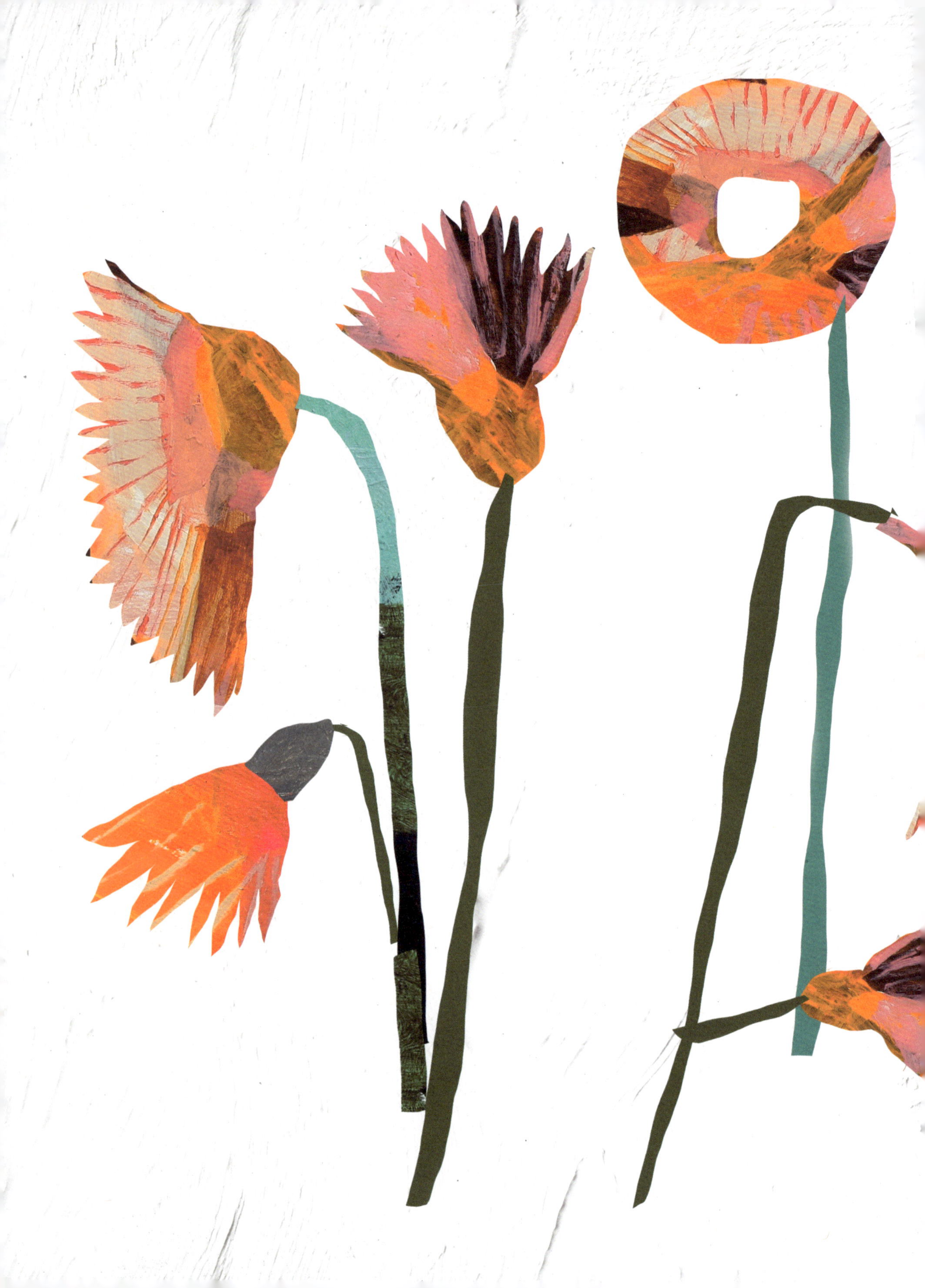

DAS WARUM

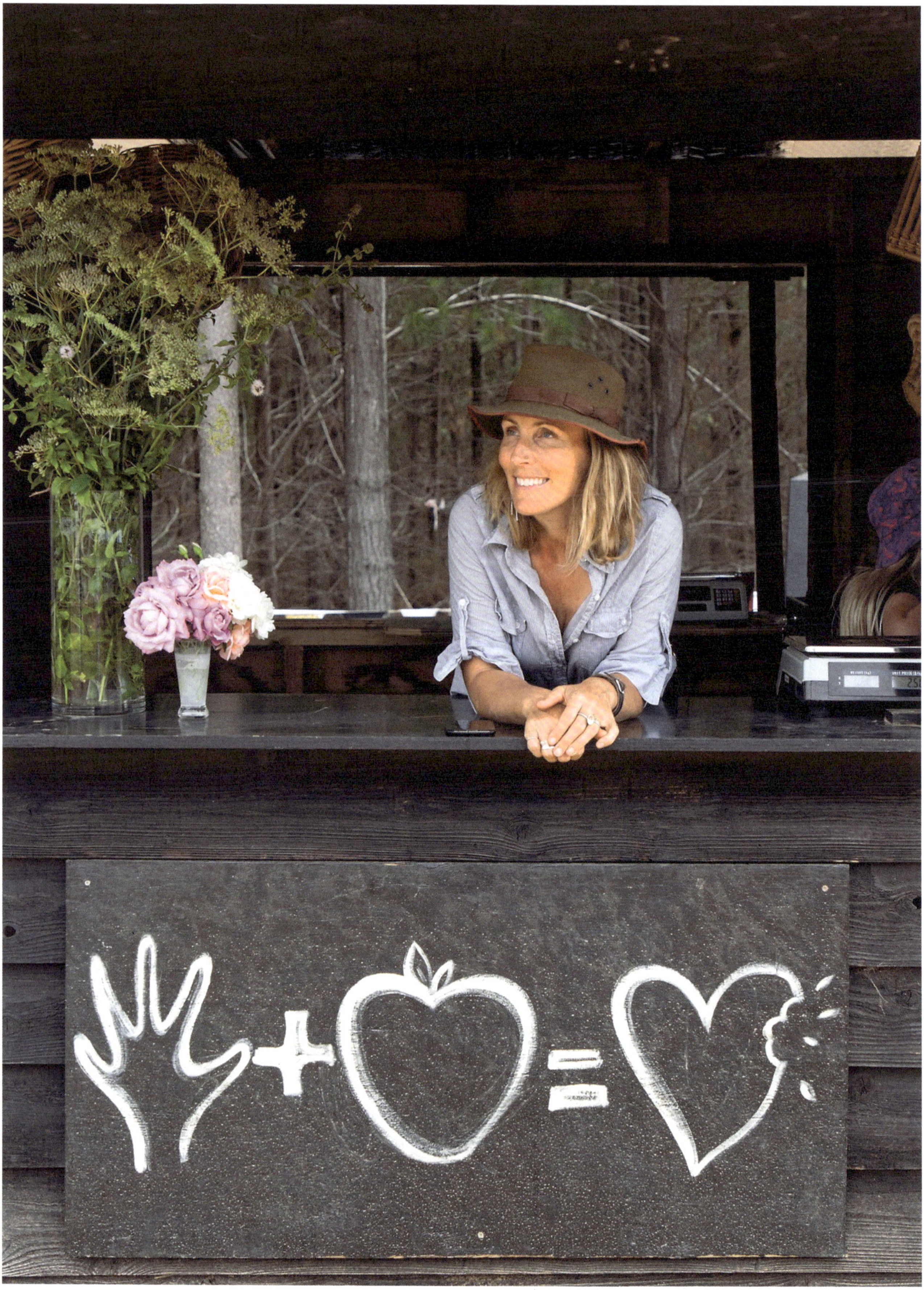

Einleitung

Hallo! Wie schön, in deiner Hand zu liegen

Ich lade dich ein, versuche, dich zu begeistern, deinen Kopf, dein Herz und deine Seele für die Idee zu öffnen, so zu leben, als würde die Zukunft zählen. Jede Minute heute zu lieben und zugleich zu einer reichen, fruchtbaren Zukunft beizutragen. Theoretisch ein Paradox, in der Praxis ein zutiefst lohnendes, köstlich fesselndes und recht nebulöses Unterfangen.

Wir sind zu fünft – zwei Erwachsene, drei Kids – und leben auf der Black Barn Farm, einem acht Hektar großen Bauernhof nordöstlich von Victoria in Australien. Wir halten gefiederte und pelzige Tiere. Je nach Tag (und Spezies) sind wir stur, idealistisch, launisch, entschlossen, erschöpft oder hungrig.

Kämst du spontan auf einen Tee vorbei, würdest du mich (Jade) wahrscheinlich Unkraut zupfend im Gemüsebeet finden, am Telefon mit der Food-Coop. Charlie wäre im Obstgarten oder in eine Forschungsarbeit über die effektivsten Methoden zur biologischen Schädlingsbekämpfung vertieft. Die Kinder radeln gerne herum, probieren Kochrezepte aus, füttern die Hühner oder angeln fürs Abendessen. Die längste Zeit unseres Lebens haben wir mit den Händen im Dreck achtsam und regenerativ gelebt. Wir nennen diese Lebensweise Fair Living. Wir haben bestimmt nicht immer alles richtig gemacht, aber durch Experimente, Fehlschläge und Aha-Momente dazugelernt. Unser Wissen über Identität, Gemeinschaft und was ein gutes Leben ausmacht, haben wir uns hart erkämpft.

Auf diesen Seiten teile ich mit dir die praktischsten und bewegendsten Teile unserer Geschichte. Ganz gleich, ob du ein narrensicheres Einmachrezept oder Ideen für ein besseres Morgen suchst, ich bin mir sicher, es ist etwas dabei, das deine Fantasie anregt. Natürlich musst du nicht mit emaillierten Milchkannen auf dem Land leben, um etwas von diesem Buch zu haben. Die schönen Bilder bereiten einfach Freude (dank eines talentierten Fotografen und des goldenen Lichts am Nachmittag) und die Prinzipien und die Philosophie sind universell. Es ist also egal, ob du zur Miete in einem Hochhaus oder in einem Wohnwagen im Hinterhof wohnst. Ich verlange nicht, dass du als Selbstversorger aufs Land ziehst. Ich fordere das Paradigma unserer Zeit heraus: die Mär vom grenzenlosen Wachstum und Dauerkonsum, die unsere Zukunft auffrisst. Wir alle können einen Beitrag leisten.

Einen Baum zu pflanzen, heißt an das Morgen zu glauben. Einen Garten mit Obstbäumen zu pflanzen, ist ultimativer Optimismus.

DIE ZUKUNFT LIEGT IN UNSERER HAND

Keiner von uns entkommt der Zukunft. Wir leben in unseren Kindern und Kindeskindern weiter oder – je nachdem, woran du glaubst – als Atome, Geister oder Kompost. Wir haben gegenüber jedem Menschen, der Erde und allem, was ihr entspringt, eine Sorgfaltspflicht und im Gegenzug sorgt die Erde für uns. Es ist Zeit, unserer Verpflichtung nachzukommen.

Es ist Zeit, Erlebtes zu teilen, Normen und Konsum kritisch zu hinterfragen, Beziehungen zu pflegen und bewusst langsamer zu leben. Es ist Zeit für ein Leben mit mehr Ritualen und weniger Müll, mehr Kultur und weniger Konsum, mehr Säen und weniger Scrollen. Lasst uns Gemeinschaften bilden, Wurzeln schlagen, uns nach den Jahreszeiten richten und aus unseren Erfahrungen Konsequenzen ziehen. Es ist Zeit, achtsam zu essen. Was wir uns in den Mund stecken (oder selbst anbauen und zubereiten), ist dreimal täglich Ausdruck unserer Haltung. Kauf lokal ein. Es ist Zeit zu verstehen, dass wir Teil der Natur sind. Wir können sie nicht kontrollieren. Es ist Zeit für *Fair Living*, ein ehrliches, nachhaltiges Leben.

Du fühlst dich angesprochen? Dann lies weiter. Du wirst sehen, so etwas Kleines wie ein Topf Minze auf dem Balkon kann purer Aktivismus sein oder dass das Beobachten der Jahreszeiten ein so starkes Gefühl für die Natur in dir wecken kann, dass du sie gegen alles verteidigen willst.

Ich wünsche mir, dass dieses Buch dir Hoffnung schenkt – nicht die trügerische Sorte, die wie Opium lähmt, sondern Hoffnung, die zupackt und Lust auf Veränderung macht.

Wo du auch lebst, egal, in welcher Phase deines Lebens du stehst, du kannst ein neues Kapitel aufschlagen und mit jeder einzelnen Entscheidung eine neue Geschichte schreiben. Packe Dinge an, klein oder groß, die sich gut anfühlen und gleichzeitig sinnvoll und machbar sind. Erlebe dich als Teil einer stetig wachsenden bunten Gemeinschaft von Gleichgesinnten, die sich tatkräftig engagiert und heute für ein besseres Morgen am selben Strang zieht.

Es macht mich glücklich, dass ein Teil deiner Geschichte auch Teil meiner Geschichte ist.

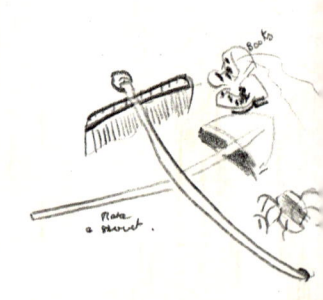

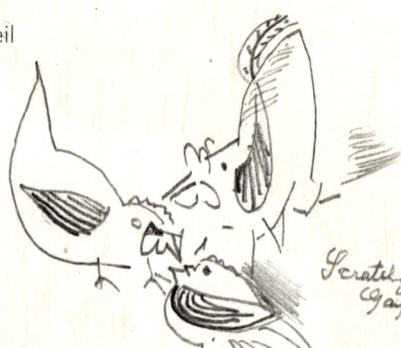

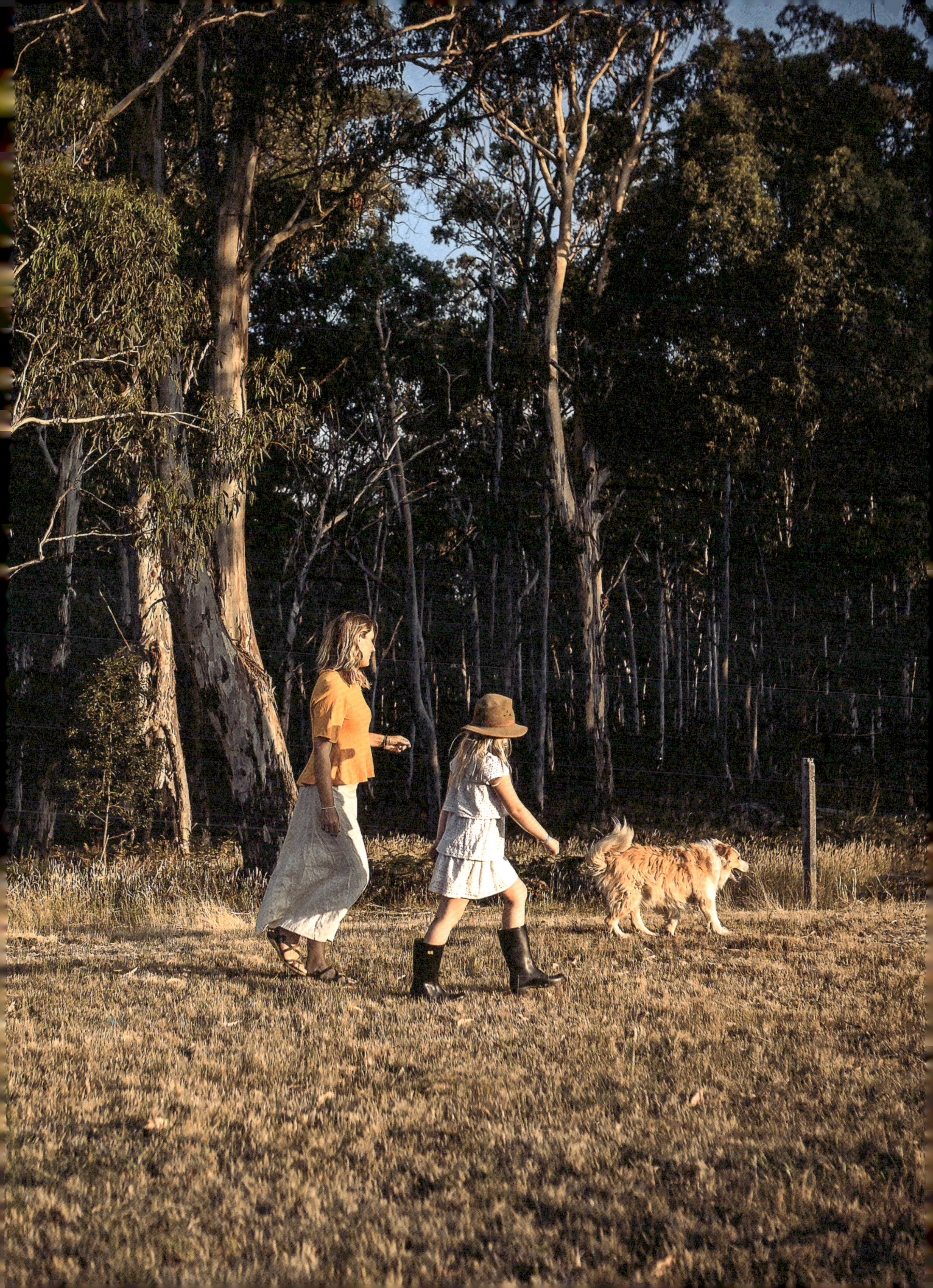

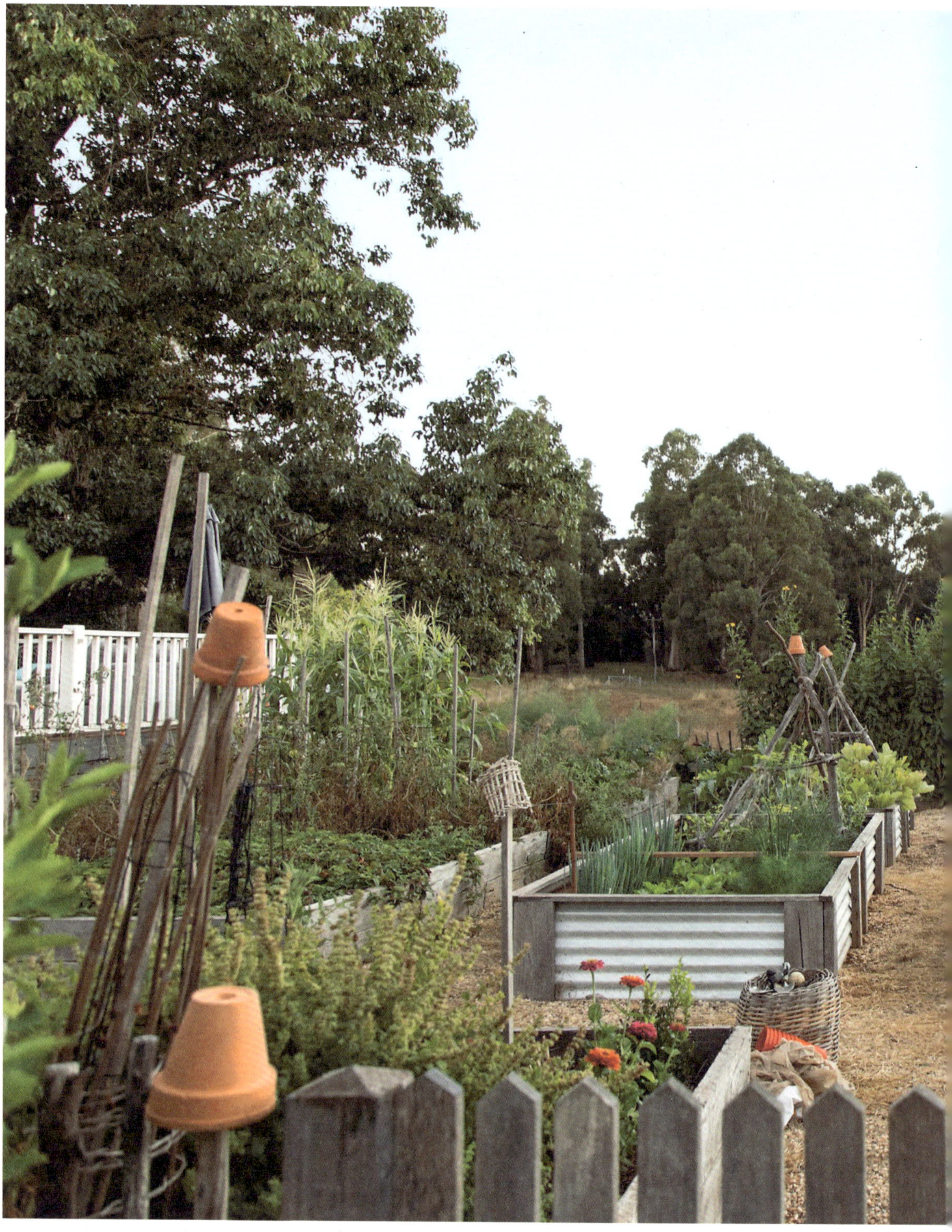

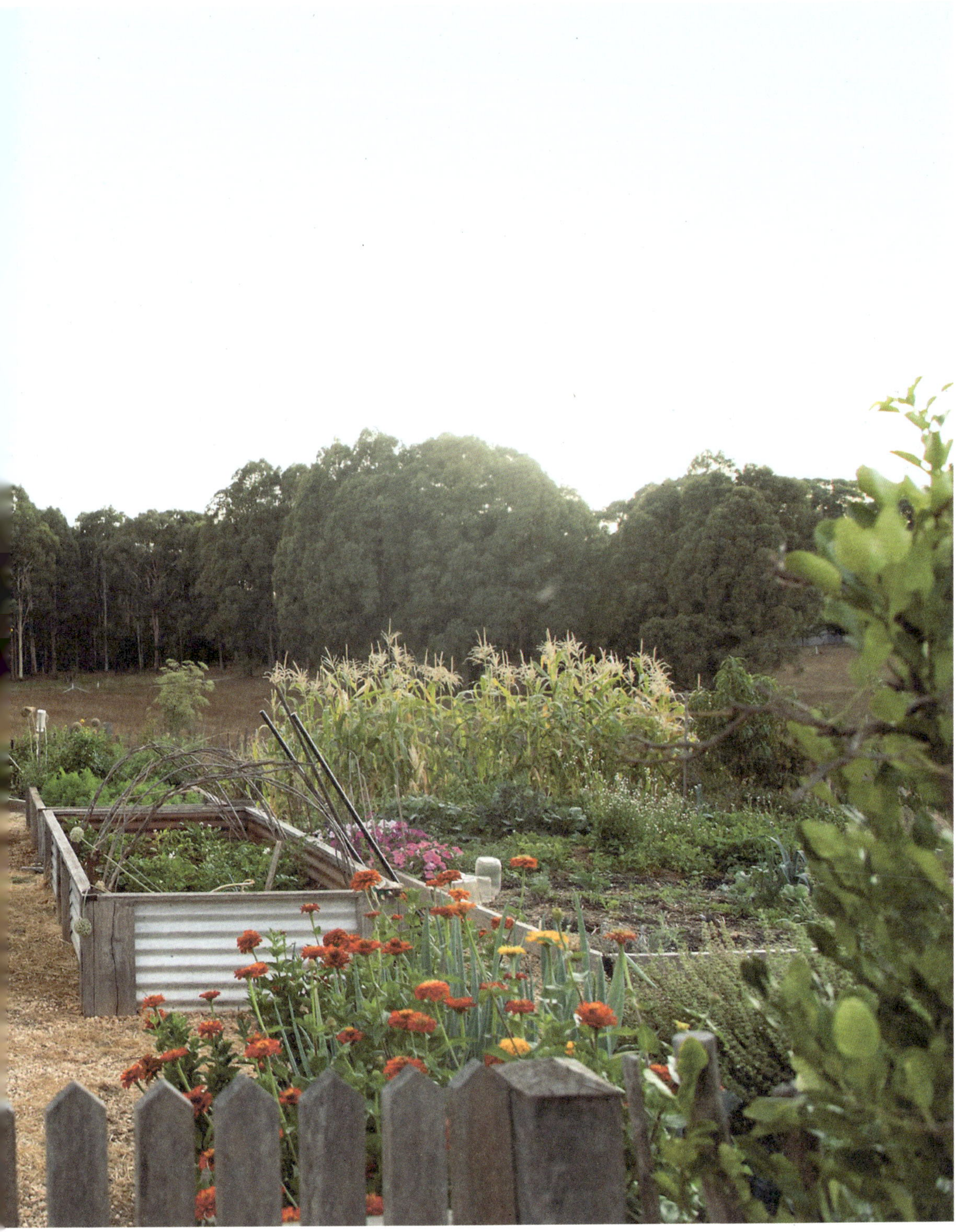

Was bedeutet Fair Living?

Fair Living heißt fair leben, also so, als würde die Zukunft zählen.

Wir beziehen uns auf die Permakultur: Alles Handeln ist langsam und lokal, aufs Wesentliche und die Ernährung konzentriert – und Ausdruck einer Kultur. Wie können wir die Zerstörungskurskultur von heute durch eine Kultur ersetzen, die das Morgen wertschätzt?

Fair Living beginnt in dem Moment, in dem wir Beständigkeit in unserem Denken und Handeln zulassen. Wenn wir Gewohnheiten und Rituale neu erfinden, nehmen wir der Erde nichts weg, sondern geben ihr etwas zurück. Jede Entscheidung sollte ein kleiner Beitrag zu einem Morgen voller Lebenskraft, Freude und Stabilität sein. Fair Living fragt: Welche winzig kleine, aber wichtige Sache könnte ich jetzt tun, um Positives zu bewirken? Probier es einfach aus – und genieße, was passiert.

Fair Living würdigt den Widerspruch. Es heißt anzunehmen, dass es zu einem integren Leben gehört, auch die kleinen Scheinheiligkeiten im Alltag zu akzeptieren. Dass es in Ordnung ist, im Heute zu leben, auch wenn man sich um das Morgen sorgt, dass ein authentisches und ethisches Leben dann am besten ist, wenn man viel und herzhaft lacht und eine kleine Gemeinschaft von Menschen zu großen Veränderungen ermutigt.

Fair Living ist eine Idee. Menschen und lokale Strukturen erfüllen sie mit Leben, nicht gesichtslose Unternehmen oder Regierungen. Eine gesunde Familie, starke Beziehungen, ein genügsamer Haushalt, eine enge Gemeinschaft, Nächstenliebe, kreative Erfüllung, Integrität, Rituale, Naturverbundenheit und einfach Mensch sein, das alles zählt im Fair Living als Erfolg. Zu feiern, was man mit Geld nicht kaufen kann, rückt Erfolg für alle in greifbare Nähe.

Fair Living ist kein Rezept, es ist eine Einladung, die Zukunft auf eine Weise zu ehren, die sich für dich richtig anfühlt. Dein Handeln und deine Absichten sind wichtig. Sie geben dem Wandel unserer Gemeinschaften und des Landes, auf dessen Boden wir stehen, Kraft und Schwung. Spürst du es? Wir alle können handeln, jetzt sofort.

»Millionen von Menschen kennen die Probleme der Welt, ihr Verhalten ändern wollen aber nur wenige. Es ist Zeit, sich für radikalen Wandel zu begeistern.«

Rob Greenfield, Aktivist für Umwelt und Nachhaltigkeit

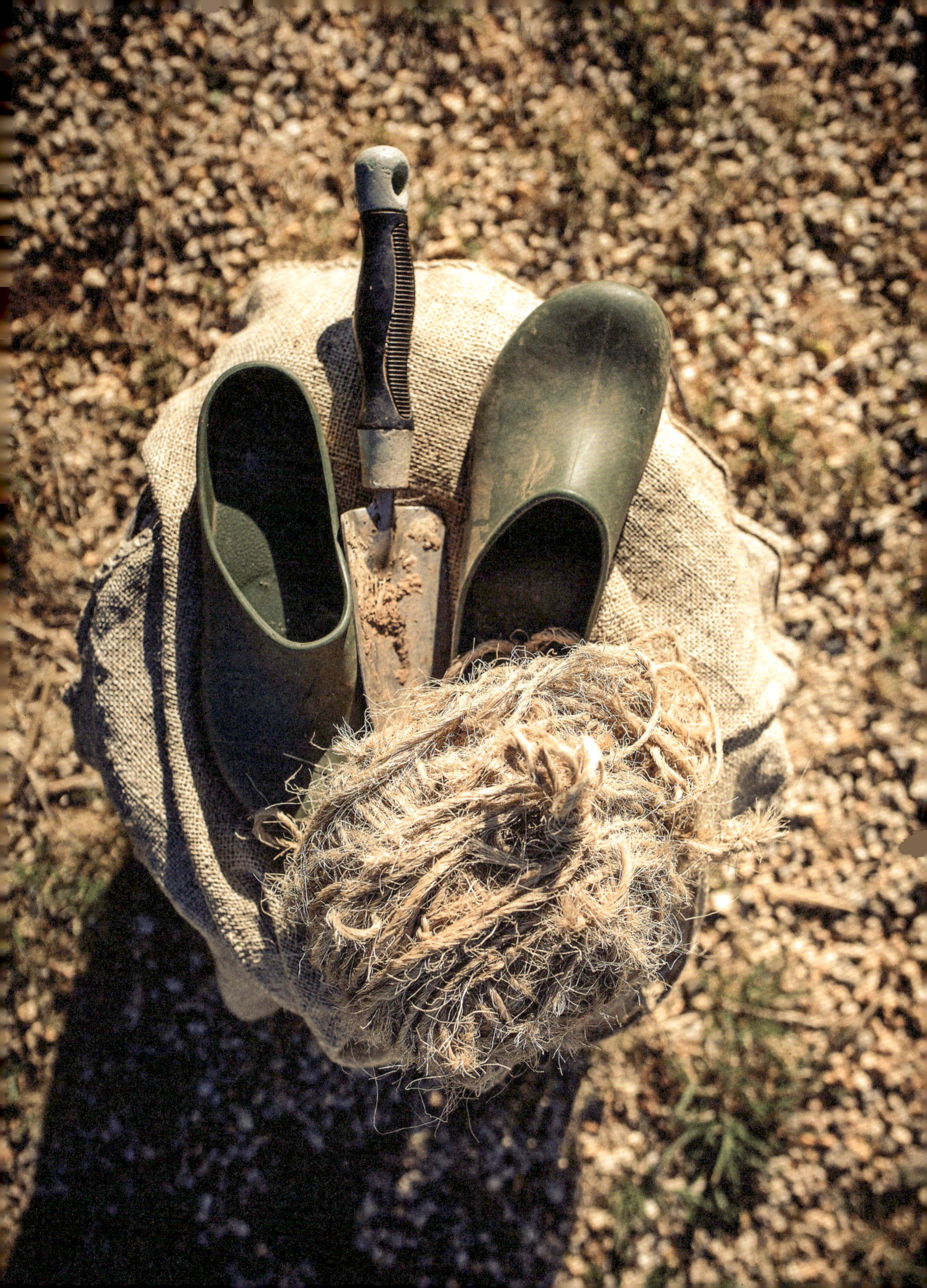

Wie sieht jemand aus, der fair lebt?

So wie du! Du warst so wagemutig, ein Buch mit einem vielsagenden Titel aufzuschlagen, also sind Neugier und Abenteuerlust für dich sicher keine Fremdworte.
Du hast keine Angst vor der spannenden Frage »Was wäre, wenn?« oder davor, dich auf die Antwort oder Handlung einzulassen, die diese Frage auslöst.

Was wäre, wenn ...

... wir alle zugäben, wann wir genug haben und die Fülle mit anderen teilen würden?

... uns die Gesundheit von Psyche und Böden wichtiger wäre als Reichtum?

... wir mit dem Essen auf unserem Teller wie mit einer wertvollen Lebensgrundlage umgingen?

... es Bildung um Erfahrung ginge statt um Leistungen?

... wir Erfolg an Lebensfreude messen, nicht am Status?

... sich Helfen genauso gut anfühlen würde wie Geldverdienen?

... wir an Herzensprojekten genauso oft arbeiten würden wie an Industrievorhaben?

... wir alle gleichermaßen unsere Gemeinschaften fördern würden, damit sie phänomenale Orte sein können?

... Ernteerträge genauso gefeiert würden wie Gelderträge?

... wir kaputte Dinge reparieren würden, anstatt sie durch neue zu ersetzen?

... wir uns regelmäßig Fertigkeiten von unseren Eltern abschauen und sie an unsere Kinder weitergeben würden?

... wir gemeinsam stärker wären, als wir es allein je sein könnten?

... wir unsere Fähigkeiten würdigen und weiterentwickeln würden, statt sie als Hobbys abzuschreiben?

Gedankenspiele, in denen wir unsere Neugier ausleben, können ganz einfach sein. Das Experimentieren im Alltag lässt uns kindliche Faszination empfinden und über die Welt staunen.

Was wäre, wenn ...

... ich mit der Elsterfamilie im Garten auf Du und Du wäre?

... ich auf eine einsame Insel nur drei Lebensmittel mitnehmen dürfte? (Für mich bitte Kartoffeln, Käse und Avocado.)

... ich im Dunkeln duschen würde?

... mein Leben davon abhinge, ein Musikinstrument zu erlernen?

... ich mehr als 40 Tage lang nichts anderes äße als mein Körpergewicht in Bohnen? (Mein Bruder hat's ausprobiert.)

... ich jemand völlig Fremden zum Tee einlade, nur weil er oder sie nett aussieht?

... ich mich selbst für das würdige, was ich der Welt schenke?

... ich statt einer neuen »Sache« eine neue »Fähigkeit« erwerben würde?

... ich historische Apfelbaumarten sammeln würde? (Hallo, Black Barn Farm!)

... ich mich, weg vom sicheren Ufer, stromabwärts treiben ließe, weg von Stabilität und Einkommen und meinem Herzen an einen unbekannten Ort folgte?

... ich nur noch essen würde, was ich selbst geerntet habe?

... ich ausschließlich secondhand einkaufe?

... ich nur noch selbst gemachte Geschenke verschenke?

... ich die Produktionskilometer von allem, was ich kaufe, aufschreibe?

... ich meinen Abfall für den Rest meines Lebens auf dem Rücken mit mir herumtragen müsste?

... ich auf das Leben der Generationen Rücksicht nähme, die nach uns kommen?

... ich mir 48 Stunden pro Woche bildschirmfreie Zeit gönne?

Warum ist Fair Living so wichtig?

Ich möchte nicht den Teufel an die Wand malen. Aber ein Blick auf die Situation der Welt liefert den Kontext für Fair Living. Es ist die Reaktion auf eine scheiternde Kultur. Bevor wir uns in eine bessere Kultur stürzen, sollten wir verstehen, woran wir gescheitert sind und wie das mit dem Gesamtsystem zusammenhängt.

Könnte es sein, dass wir uns an die Fülle stets verfügbarer, preiswerter Einwegverbrauchsgüter und die Qual der Wahl gewöhnt haben? Schon die Idee, etwas könnte knapp werden, scheint uns fremd. Wir haben die Erinnerung an Armut und Hunger in unserer kollektiven Geschichte so effektiv verdrängt, dass uns die trügerische Annahme gefällt, der Überfluss sei grenzenlos. Wir sind uns so sicher, dass wir an die Fertigkeiten, die das nackte Überleben sichern, kaum einen Gedanken verschwenden.

Waldvernichtung

Jedes Jahr gehen rund 25,8 Millionen Hektar Wald als Bauland, für die Nahrungsmittelproduktion oder durch Waldbrände verloren.

Schwindende Artenvielfalt

Biodiversität = Widerstandsfähigkeit, aber 75 Prozent aller Nutzpflanzensorten weltweit sind im 20. Jahrhundert verloren gegangen. Etwa 20 bis 40 Prozent der heute bekannten Arten gelten als vom Aussterben bedroht.

Weltweiter Hunger

Rund 690 Millionen Menschen weltweit sind unterernährt.

EINLEITUNG 27

Entfremdete Esser

Etwa 56 Prozent der Weltbevölkerung leben in Städten. Sie können weder den Großteil ihrer Nahrung selbst anbauen noch haben sie direkten Zugang zu Erzeugern.

Soziale Ungleichheit

Die Kluft zwischen Arm und Reich wächst weiter. Die acht reichsten Menschen der Erde besitzen so viel wie die ärmsten 50 Prozent der Weltbevölkerung. Armut = weniger Zugang zu fairem und ausreichendem Lohn, Bildung, Arbeit und Gesundheitsversorgung.

Lebensmittelverschwendung

1,3 Milliarden Tonnen Nahrungsmittel landen jährlich auf dem Müll, in Deutschland werden etwa 12 Millionen Tonnen pro Jahr verschwendet. Ein Drittel der weltweiten Produktion wird bei der Herstellung oder beim Transport beschädigt oder verdirbt in Lagern, Läden und Haushalten.

Allmacht der Konzerne

Etwa die Hälfte des weltweiten Umsatzes in der Lebensmittelindustrie entfällt auf die 50 größten Lebensmittelkonzerne. Ihre Sorge gilt dem Gewinn, nicht dem Bauern, dem Verbraucher oder dem regionalen Gesundheitswesen.

Sinkende Lebensmittelkompetenz

Menschen, die sich selten von Selbstangebautem ernähren und öfter auswärts oder Vorgefertigtes essen, verlernen, wo Lebensmittel herkommen, wie man sie zubereitet, in welcher Jahreszeit sie wachsen, und wissen nicht, welche Nährwerte sie enthalten.

Krankheiten

Weltweit nimmt der Anteil der Krebs- und Adipositaserkrankungen zu, die auf einen ungesunden Lebensstil zurückzuführen sind.

Bodenverlust

Pro Jahr verlieren wir rund 75 Milliarden Tonnen an fruchtbarem Boden. Insbesondere humushaltige Böden speichern große Mengen an Kohlenstoff.

Gig Economy

Uber, Deliveroo und Co. Mehr als 24 Millionen Menschen in Europa haben ihre Arbeitskraft über Onlineplattformen angeboten. Die Schattenseiten: kurzsichtigeres Handeln, weniger Loyalität, finanzielle Unsicherheit und Traditionsverlust.

Klimakrise

Das Wetter wird unberechenbarer, Dürren und Überschwemmungen extremer. Die Folgen sind ein steigender Meeresspiegel, Erosion, Gesundheitsnotstände, Nahrungsmittelknappheit, Artensterben, wachsende Kosten durch den Klimawandel.

Elektroschrott

Über 50 Millionen Tonnen Elektroschrott, von Computer bis Smartphone, entstehen auf der Erde jährlich. Durchschnittlich sind dies rund sieben Kilogramm pro Person, Deutschland liegt mit mehr als 20 Kilogramm Elektroschrott pro Kopf weit darüber.

Politische Unzufriedenheit

Vertrauensverlust und Desillusionierung gegenüber den Regierungen der Welt nehmen zu.

Das Ende fossiler Brennstoffvorräte

Unsere fossilen Brennstoffvorräte sind endlich. Gleichzeitig nimmt der Weltenergiebedarf zu. Bis 2040 soll er um ein Viertel steigen.

> »In ein plastikfreies Leben zu starten, ist, als würde man auf eine mehrspurige Autobahn auffahren, wo man lernt, warum Wandel sein muss.«
>
> **Erin Rhoads, Autorin und Plastikfrei-Aktivistin**

Antibiotikamissbrauch

Der Gebrauch von Antibiotika nimmt stetig zu. Antibiotikaresistente Krankheitserreger führen weltweit bereits jetzt zu etwa 700 000 Todesfällen pro Jahr.

Plastiklawine

Rund 400 Millionen Tonnen Plastik werden jährlich produziert, etwa drei Viertel davon werfen wir weg. Bei der Kunststoffherstellung, -verarbeitung und -entsorgung entsteht Kohlenstoffdioxid.

Globale Gesamtverschuldung

Der globale Schuldenberg ist 2020 auf 272 Billionen US-Dollar angewachsen. Das macht rund 35 000 US-Dollar Schulden für jeden, egal, wo wir leben oder wie alt wir sind.

Wo fangen wir an?

Wie viel Kohlenstoffdioxid erzeugst du pro Jahr? Wie viel Abfall? Dir Fragen zu stellen und deine Gewohnheiten zu hinterfragen, ist der beste Anfang.

HALLO, NAHRUNG! NETT, DICH KENNENZULERNEN

Essen ist die eine Sache, die wir alle tun und darum ein guter Ausgangspunkt. Die Unterstützung lokaler, sicherer, nachhaltiger und sozial inklusiver Lebensmittelsysteme ist wirkungsvoll, weil diese Bewegung für viele unserer Werte steht: Gesundheit, Tierschutz, Nachhaltigkeit in Landwirtschaft und Umwelt, gerechte Verteilung von Nahrung und politische Befähigung. Die Bewegung ist international und politisch wie gesellschaftlich anerkannt. Getragen wird sie von einer breiten Basis, die sich mit ganzem Herzen für ihre Ideale einsetzt.

Lange Lieferketten setzen Erzeuger finanziell unter Druck und tragen so zum Verfall ländlicher und bäuerlicher Strukturen bei und gefährden die Ernährungssicherheit. In nur 100 Jahren hat der Niedergang alle Ebenen erfasst:

- Die biologische Vielfalt von Saatgut und Böden schwindet.
- Die Selbstmordrate unter Bauern steigt.
- Der Weg zum Verbraucher wird länger.
- Die Gewinne der Landwirte sinken.
- Fettleibigkeit und andere Gesundheitsprobleme nehmen zu.
- Das Ausmaß der Lebensmittelverschwendung steigt.
- Lebensmittel werden knapper.
- Die Umweltzerstörung durch Lebensmittelproduktion nimmt zu.
- Die allgemeine Entfremdung wächst.

Egal, wie alt wir sind, Frau oder Mann, wie groß unser Haus ist oder für welche Politik wir eintreten, wir alle müssen uns ernähren. Die Bewohner aller Länder und alle Generationen müssen essen. Essen verbindet uns alle, in mehr als einer Hinsicht. Was wir einkaufen, hat Folgen für:

- unsere lokalen Erzeuger, die um das Interesse der folgenden Generation ringen,
- unsere Kinder, die sich immer mehr von ihren Nahrungsquellen entfremden,
- unsere Freunde und Familie, die vielleicht nicht wissen, wo ihre Nahrung herkommt und wer sie wie und wo angebaut hat,
- die Menschen in unserer Gemeinschaft, die immer weiter auseinanderdriften.

Landwirte brauchen aber nicht nur andere Landwirte an ihrer Seite. Ein vielfältiges, dynamisches Lebensmittelsystem kann seine volle Wirkung nur entfalten, wenn sich Zukunftsbürger, Fans, Mittelsleute, Fürsprecher, Kreative und achtsame Esser zusammentun. Wir sind eine bunte und komplexe Gruppe, die gute Produkte – und die Menschen, die sie anbauen – schätzt. Diese neue alte Haltung lässt uns ein Leben tiefer Bindung führen, unsere Bräuche würdigen, Traditionen wiederentdecken und die Nahrung, die wir zu uns nehmen, ehren. Der Ausgangspunkt dieses Prozesses ist ein Lebensmittelsystem, das sich auf heimische Erzeuger stützt.

HOL DIE KIDS MIT INS BOOT

Indem wir Kinder ermutigen, zu dem, was sie essen, eine Beziehung zu entwickeln, geben wir uns und unserer Geschichte eine neue Richtung. Weiterzugeben, was wir über Anbau, Bestäubung, Reifung, Ernten und Kochen wissen, ist hilfreich und lohnt sich. Es vermittelt den Generationen, die nach uns kommen, unverfälschtes, ursprüngliches und praktisches Grundwissen.

Wenn ich an Schulen unterrichte, frage ich die Kinder, woher ihr Essen kommt. Rund 90 Prozent sagen »aus dem Laden«, manche »vom Bauernhof« und einige wenige »wir bauen es an«. Wir ernten es, sagen sie nie. Ich erkläre den Unterschied zwischen langen und kurzen Lieferketten, zwischen Preisnehmern und Preismachern und rede über moderne Vorratshaltung: »Angenommen, ihr habt nur für drei Tage Lebensmittel im Haus. Was«, frage ich, »würde im Katastrophenfall passieren?«

Die Annahme, Nahrung sei immer verfügbar, zu hinterfragen, kann viel bewegen. Vor Corona war das ein bloßes Gedankenspiel: Die Vorstellung, nicht essen zu können, was und wann sie wollen, war den Kindern fremd. Seit Corona kann ich auf einen Vorfall verweisen, bei dem sich kurze Lieferketten als robuster erwiesen als lange Lieferketten.

Erinnerst du dich, wie wir uns in den ersten Wochen während des ersten Corona-Lockdowns gefühlt haben? Wir alle haben erlebt, wie Regale leer geräumt wurden und Eigeninteresse an die Stelle von zivilisiertem Umgang trat. Fällt die Nahrungssicherheit weg, verhält sich unsere Gesellschaft anders. Heute spreche ich mit Schulkindern über reale – und teils traurige – Beispiele für anfällig lange Lieferketten in unserem Lebensmittelsystem.

Meine erste Woche im Lockdown sah anders aus. Ich habe Mehl bei einem befreundeten Bauern bestellt, der selbst Getreide anbaut und mahlt, meinen Nachbarn Nahrung aus unserem Garten angeboten, Gläser mit Eingemachtem verschenkt und körbeweise Äpfel für unsere Wintervorräte gesammelt.

Leider beeinträchtigt ein System, das auf langen Lieferketten basiert, unseren Zugang zu Lebensmitteln. Wir werden zu kulinarischen Analphabeten, haben keine Beziehung mehr zu Zeiten der Fülle oder des Hungers. Wir wissen nicht mehr, wie wir uns ernähren sollen, ohne »mal kurz« in einen Laden zu gehen. Wir haben die Achtung vor kleinen, familiengeführten Bauernhöfen verloren und ihre wertvolle Arbeit gegen große gewinnorientierte Industrien eingetauscht.

Wenn unsere finanzgetriebene, globalisierte Welt Risse bekommt, bin ich besonders dankbar, dass ich weiß, woher mein Essen kommt.

Was ist deine Vision für morgen?

Welchen Beitrag wirst du zu einem nachhaltigen Miteinander leisten? Wir alle haben eine wichtige Aufgabe und wir können gemeinsam ein ganz anderes Morgen erschaffen.

Als unsere Welt angesichts einer Pandemie plötzlich stillstand, gab sie uns auch Zeit, darüber nachzudenken, wie unser Leben aussehen soll. Jetzt hat jeder von uns es in der Hand, diese Vision von der Zukunft zu verwirklichen.

Es ist absolut in Ordnung, wenn sich unsere Visionen etwas unterscheiden. Aber Wirklichkeit werden sie nur, wenn wir die Courage aufbringen, sie mit anderen zu teilen. Wir müssen unsere Angst vor dem Teilen überwinden, auch wenn uns klar ist, dass die Kluft zwischen Hoffnung und Realität schmerzlich groß ist. Wenn wir in einer besseren Welt leben wollen, müssen wir lernen zu teilen.

Es ist an der Zeit, praktisch, fürsorglich und solidarisch zu sein und der Welt die Kraft zu geben, sich zu erholen. Die Zukunft zählt, aber lass dich bitte von dem Prozess nicht einschüchtern. Sieh ihn als Chance, Neues zu lernen und als Anreiz, zusammen ein besseres Morgen zu schaffen.

Es ist an der Zeit, praktisch, fürsorglich und solidarisch zu sein und der Welt die Kraft zu geben, sich zu erholen.

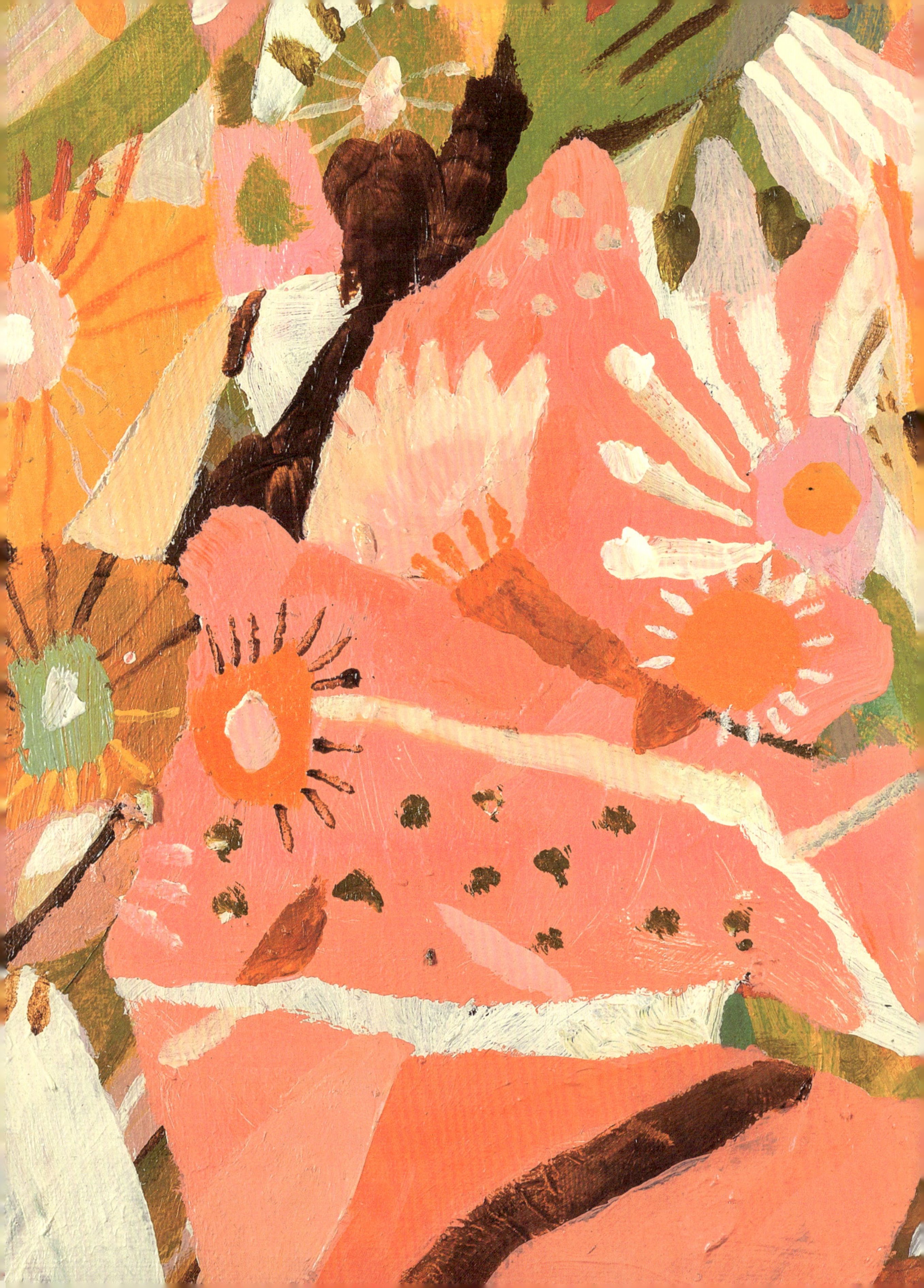

7 SÄULEN FÜR EIN FAIRES LEBEN

Ich heiße dich willkommen und danke dir, dass du mitmachst. Nicht nur dafür, dass du dieses Buch liest, sondern auch dafür, dass du über die Welt nachdenkst und dich fragst, wo du in ihrem komplexen Gefüge etwas bewegen kannst. In einer Welt, die sich um sich selbst dreht – herumgewirbelt von unlösbaren globalen Problemen wie Krankheiten, Klimawandel, Ungleichheit und der anonymen unstillbaren Gier nach Wirtschaftswachstum – kann das atemberaubend entmutigend sein. Aber wir können etwas bewirken!

Sieben einfache Grundprinzipien

Fair Living hält nichts von starren Regeln, aber ein paar Grundprinzipien gibt es doch. Wie du sie interpretierst und für dich umsetzt, bleibt dir und deiner Kreativität überlassen.

7 SÄULEN FÜR EIN FAIRES LEBEN

❶ Lass dich auf die Natur ein

Richte dein Bewusstsein auf die unendlichen Möglichkeiten einer in emotionaler Bindung zur Natur gelebten Existenz. Nimm deine Umwelt als Geschenk an. Erlebe die Natur – ihre subtilen Muster, Schönheit, Evolution und Zerbrechlichkeit und Stärke. Begegne ihr respektvoll, höflich, ehrfürchtig und dankbar.

❷ Lebe einfach

Gib dir Raum – zum Atmen und um die Fülle zu sehen, zu hören und zu fühlen. Weniger zu haben, lässt dich genießen und würdigen, was du in deinen Händen und im Herzen trägst. Gib dir Raum ohne Ablenkungen – entdecke die Magie in den einfachsten aller Wunder.

❸ Schaffe dir deinen Platz

Trag deine Bräuche, Geschichten, Erinnerungen und Hoffnungen im Herzen. Mehr als jeder Ort auf einer Landkarte lässt dich der Platz, den du dir selbst gibst, ein tiefes Zugehörigkeitsgefühl, Neugier und Verantwortung für deine Gemeinschaft, dich selbst und deine Kultur spüren.

❹ Gestalte eigene Rituale

Finde eigene Verhaltensmuster, Rhythmen, Übergangsriten und Prozesse. Gönn dir Momente des Alleinseins zum Krafttanken, Wachsen und Heilen. Räum dir Zeit für deine Familie und Freunde ein, um Spaß und Geselligkeit zu genießen und andere Sichtweisen kennenzulernen. Rituale wiederholen sich und läutern.

❺ Gründe Gemeinschaften

Du bist so stark wie die Menschen, die dein Leben mit dir gestalten, sie sind Erweiterungen deiner selbst. Lebe in Einklang mit ihnen, Hand in Hand, Herz an Herz, Kollektivismus über Individualismus. Jeder von uns ist ein Teil des großen Ganzen.

❻ Achte die Jahreszeiten

Nimm die Schönheit und Vielfalt der Natur mit allen Sinnen wahr, reagiere, pass dich an, umarme sie und lass dich leiten.

❼ Liebe, was dich umgibt

Du stehst in der Mitte einer Spirale, die sich nach außen windet und denen, die dir am nächsten stehen, die meiste Energie, Liebe und Aufmerksamkeit schenkt. Eine Gemeinschaft, die so entsteht, verbindet, schafft Vertrauen und verpflichtet gegenseitig – sie macht alle stärker.

❶ Lass dich auf die Natur ein

Wenn du heute in den Wald gehst, werden die Kinder herumrennen, springen, schreien, auf Entdeckungsreisen gehen und ihrer Fantasie freien Lauf lassen, während dich tiefe Sehnsucht erfasst, tröstet und erfüllt. Die Pracht der Bäume – der alten, wettergegerbten, aufrechten Wächter der Weisheit – wird deine Stimme dämpfen und geschäftige Gedanken verstummen lassen. Geh in den Wald, so bald wie möglich.

Auf der Black Barn Farm spielt sich unser Leben hauptsächlich im Freien ab. Unser Lebensraum erstreckt sich von den Grenzen unserer Farm bis hin zu den Wegrändern, wo wir Essbares sammeln, dem nahen Buschland, wo wir wandern, den Kiefernwäldern, wo wir Pilze suchen, den nicht allzu fernen Bergen, wo wir der Hitze entfliehen oder im Schnee toben, den vielen Flüssen zum Paddeln, Angeln und Picknicken, unser See für tägliche Bäder, wenn es heiß ist und den Wäldern, wo wir Feuerholz suchen. Sieben Monate im Jahr essen wir am Feuer unter den Sternen. Sooft es geht, radeln wir oder gehen zu Fuß, statt das Auto zu nehmen. Wenn das Wetter umschlägt, ändern wir nicht unsere Gewohnheiten, sondern die Kleidung.

Eine Handvoll Erde

Die Erde unter unseren Füßen ist die Grundlage zur Erfüllung unserer Bedürfnisse. Böden sind die effektivsten Kohlenstoffsenken der Welt. Sie sind dazu viel besser geeignet als Wälder, die genauso viel Kohlendioxid (CO_2) ausstoßen, wie sie aufnehmen und etwas besser als Ozeane, die kaum mehr CO_2 speichern, als sie erzeugen. Böden sind deshalb so gute Kohlenstoffsenken, weil sie eine ständige Zufuhr an CO_2 brauchen, um zu gedeihen und lebendig zu bleiben. Sobald wir unsere Böden bearbeiten, lassen sie unsere Nahrung gedeihen – und erneuern schließlich unseren Planeten. Das erreichen wir, indem wir regenerativ leben, uns an natürlichen Abläufen orientieren. Wenn du das in deinem Leben nicht umsetzen kannst, unterstütze die, die es können.

Der Nachhaltigkeitsgedanke hat Charlie und mich anfangs sehr belastet. Aber als wir anfingen, selbst Nahrung anzubauen und den Boden, der sie hergab, zu verbessern, haben wir durch ihn die Natur wiederentdeckt.

»Meine Besessenheit mit Böden und regenerativer Landwirtschaft ist die Besessenheit, die Welt zu ernähren und unseren Mutterboden zu bewahren, damit die Welt künftige Generationen ernähren kann.«

Sadie Chrestman, Mitbesitzerin der Fat Pig Farm

Rechts: Um die Wasseraufnahme zu maximieren, haben wir unsere artenreiche Obstplantage in geschwungenen Reihen angelegt.

Böden und Menschen können heilen – aber nur, wenn wir aufhören, ihnen zu schaden.

Mach es wie die Natur

Mutter Natur ist ein Chaot. Aber in ihrem Chaos steckt ein sinnvolles Muster, das eine reiche Artenvielfalt ermöglicht. Chaos erlaubt jedem seiner Teile, seine stärkste, robusteste Form zu finden.

Unsere Obstplantage ist chaotisch! Für Uneingeweihte – und sogar für einige unserer engsten Freunde – sieht unsere Obstplantage wie eine Wildnis aus. Als wir vor nicht allzu langer Zeit bei einem Glas Apfelwein zusammensaßen, sagte ein guter Freund beiläufig: »Es muss schwer für dich sein, eure Obstplantage in dem Zustand und voller Unkraut zu sehen.« Der Kommentar hat uns irritiert, nicht nur weil er ein wenig unhöflich war, sondern auch weil wir angenommen hatten, dass jemand, der uns nahesteht, wissen sollte, dass unsere Obstplantage genau so ist, wie wir sie haben wollen.

Wir haben die Obstplantage bewusst ohne gerade Reihen angelegt. Ebenso bewusst haben wir:

- nur drei Hektar bepflanzt, um ihn genauer überwachen zu können,
- breite Grasstreifen zwischen den Baumreihen stehen lassen, um die Artenvielfalt zu erhalten,
- kahle Stellen vermieden, um den Boden zu schützen,
- über 100 Obstsorten ausgewählt und veredelt für mehr Artenvielfalt,
- auf diverse Wurzelstockarten gepfropft, um das Krankheitsrisiko zu senken,
- Schädlinge mit biologischen Mitteln bekämpft.

Wir ahmen nach, wie die Natur ein lebendiges, artenreiches und nachhaltiges Ökosystem erschafft.

Wir sind an gepflegte Flächen gewöhnt. Umgebungen, die die natürliche Welt widerspiegeln, empfinden wir als ungezähmt, unkontrolliert und unproduktiv. Ich weiß aber, wo ich meine Pflanzen wachsen lassen will. Weißt du es auch?

Hörst du zu?
Die Natur macht unsere Existenz erst möglich. Sie liefert uns die Luft zum Atmen, das Wasser, das wir trinken und die Nahrung, die wir essen. Sie reguliert die Atmosphäre, von der wir abhängig sind. In einer zunehmend urbanisierten Umwelt ist es leicht, diese Tatsache aus den Augen zu verlieren. Wir müssen begreifen, dass jeder von uns – ob in der Stadt oder auf dem Land – auf diese Ökosysteme angewiesen ist. Obwohl wir uns der evolutionären Beziehung zur natürlichen Welt immer weniger bewusst sind, bleibt unsere intuitive Reaktion auf die Natur dieselbe. »Biophilie« nennt man die leidenschaftliche Liebe zum Leben und zu allem Lebendigen.

Mit jeder globalen Krise wächst unser Bedürfnis, in die Wildnis zurückzukehren und unsere Beziehung zur Natur neu zu definieren. Dank der Jäger und Sammler unter unseren Vorfahren und ihrem tiefen Verständnis unserer Umwelt, dem Zyklus der Jahreszeiten und unseren Bedürfnissen verfügen wir über ein Urwissen. Aber wir können uns dieses Wissen nicht so leicht wieder aneignen. Wir müssen uns die Zeit nehmen, uns darauf einlassen und unser Wissen anwenden.

Unser Leben entsprechend anzupassen, mag sich unbequem und fremd anfühlen, aber in manchen Ländern ist diese Lebensweise tief verankert. Die Norweger etwa nennen ihre kollektive Hingabe zu einem Leben, das sich dem Erleben und der Achtung der Natur widmet, »friluftsliv« – »Leben in freier Luft«. Von der Stadt aufs Land zu ziehen, ist nicht nur etwas für Ideologen oder Romantiker, sondern auch für Menschen, die ihre Welt und ihre Bindung zur Welt neu gestalten wollen.

Wenn die Natur uns vor Herausforderungen stellt, gibt sie uns eine Chance, uns zu verwandeln. Aber diese Verwandlung können wir nur vollziehen, wenn wir zuhören, nicht nur mit unseren Ohren, sondern mit unseren Augen, unseren Herzen und unserer Intuition.

Die Natur sorgt auf kraftvolle und unbarmherzige Weise für Gleichgewicht. Unsere Aufgabe ist es, einen Weg zu finden, unser Leben anzupassen, um das Gleichgewicht in unserer Welt wieder herzustellen, bevor es zu spät ist. Mein Kopf, mein Herz, meine Sinne und meine Intuition hören zu. Deine auch?

NICHT NUR AUF DER ERDE, SONDERN AUS ERDE

Etwas zu regenerieren, heißt, seinen Urzustand wiederherzustellen. Das Prinzip kann man auf fast alles anwenden. Gelingen wird es uns aber nur, wenn wir uns zurücknehmen, nach weniger streben, die Einfachheit suchen und uns eingestehen, dass wir nur ein winziger Teil sind, der aus der Natur kommt. Wir stehen nicht über ihr, beherrschen sie nicht, noch sind wir ihr Schöpfer – wir kommen »aus ihr«. Je tiefer unsere Bindung zur Natur ist, desto besser können wir von ihr lernen und sie regenerieren.

»Du blühst auf, wenn du dir einfache Fertigkeiten aneignest, weil es die Menschen, die du liebst, nährt und dir ein Gefühl der Hoffnung gibt.«

Sophie Hansen, Autorin und Bloggerin bei Local Is Lovely

NATURZAUBER

- Geh Wolken gucken, nimm ein Kissen mit.
- Erforsch dein Wassereinzugsgebiet – woher und wohin fließt das Wasser?
- Zieh Pflanzen aus Samen (aber keine Hybride).
- Bau ein Baumhaus (auch etwas für die Großen).
- Schnitz etwas aus einem Stück Holz.
- Press Blumen.
- Lass die Kinder den Abendtisch passend zur Jahreszeit mit Schönem aus der Natur schmücken.
- Pflück Blumen und stell sie neben dein Bett.
- Sammle Blätter für eine Schale.
- Geh am Wegrand auf Nahrungssuche.
- Bemal Steine und erzähl mit ihnen Geschichten.
- Begib dich in der Natur auf Schatzsuche. Bastele aus den Funden ein Mandala, eine Krone oder Maske.

❷ Lebe einfach

Würdest du heute dein Leben hinter dir lassen und nur mitnehmen, was du wirklich brauchst, hättest du sicher kaum zu schleppen. Wenn du bei dem, was du ansammelst, die Spreu vom Weizen trennst, bleibt dir, was wirklich zählt. Wenn du deine Energie in die Dinge steckst, die bleiben, werden sie Schätze, die dich bereichern.

Erfreu dich an einfachen Rezepten, einfachen Häusern, einfachen Zeitplänen, einfachen Vergnügungen und einfachen Erwartungen. Diese Alltagsdinge sind die Bausteine unserer Existenz – an frischen Kräutern schnuppern, die Sonne auf dem Rücken spüren, dem Gesang einer Elster lauschen, an einer Spargelstange knabbern, mit einem Freund aus Kindertagen plauschen. Einfachheit ist nicht immer einfach zu kultivieren. Aber je mehr wir uns auf das Einfache konzentrieren, desto leichter finden wir unsere Balance. Es ist eine freundlichere, fröhlichere Lebensweise – und verdammt befreiend.

Neue Wege beschreiten

Um Resilienz aufzubauen, braucht man nicht nur den Wunsch, noch einmal bei null anzufangen, sondern auch die Fertigkeiten und Zutaten dazu. Wenn ich ehrlich bin, ist das gar nicht so einfach. Um ein Leben neu aufzubauen, braucht man eine Million beweglicher Puzzleteile – und alle können aus dem Ruder laufen. Aber wenn du erst einmal weißt, wie du es anstellen musst, deinen Rhythmus findest und tatkräftig bist, fügen sich die Teile nahtlos zusammen und die täglichen Rituale ergeben sich von selbst.

Mich hat eine Kindheit geprägt, in der ich alles von der Pike auf gelernt habe. Als ich meine Fähigkeiten weitergeben wollte, musste ich mich damit auseinandersetzen, wie man die Lust am Neuanfangen und Selbermachen weckt. Frag auch du dich:

- Wie belastbar und anpassungsfähig bist du, wenn die Annehmlichkeiten deines Alltags mal wegfallen?
- Baust du Lebensmittel selbst an oder kaufst du sie vom Bauern?
- Bevorratest du lose Lebensmittel?
- Kochst du Mahlzeiten selbst?
- Kannst du dich versorgen, ohne einkaufen zu gehen?
- Hast du einen großen Vorrat an Gemüsegarten-Saatgut?
- Kaufst du täglich Lebensmittel im Supermarkt?
- Hast du eine gut sortierte Hausapotheke oder einen vielfältigen Kräutergarten?
- Kannst du Verletzungen versorgen und Beschwerden lindern?
- Kannst du Kleidung selbst nähen?
- Hast du eine Gemeinschaft, die für dich da ist, wenn du Hilfe brauchst?

»Wir nähern uns einer Sharing-Mentalität an, in der die Definition von Erfolg weniger auf das Materielle fixiert ist – das ist befreiend.«

Brenna Quinlan, Illustratorin für Permakultur

Erfolg neu definieren

Du kannst alles haben! Aber zum Nachteil wovon? Zum Nachteil unserer Umwelt, unseres Miteinanders, unserer Verpflichtung, weniger Plastikmüll zu produzieren, unserer Wertschätzung für Lebensmittel? Es ist eine vernetzte, vage, schnelllebige, anstrengende Existenz, in der wir leben, aber nicht gedeihen.

Die Definition von Erfolg in den Industrienationen verführt uns zu glauben, wir könnten und sollten alles haben. Diese Erwartungen sind jedoch der Kern des Problems: Wir leben über unsere Verhältnisse. Wir leben auf einem endlichen Planeten mit endlichen Ressourcen, aber wir leben, als könnten wir ewig weitermachen wie bisher und sehen ein großes Haus, schicke Autos, Fernreisen und zahllose technische Geräte als Zeichen von Erfolg.

Dem Wachstumsdrang unserer westlichen Kultur Grenzen zu setzen, ist nahezu unmöglich. Dass wir Gewohnheiten ändern und unsere Prioritäten am Einklang mit Natur und Umwelt ausrichten müssen, ist unbequem, aber wahr.

Vielleicht sollten wir uns ein Beispiel am Gesetz der Irokesen nehmen: Es berücksichtigt bei Entscheidungen die Bedürfnisse von sieben nachfolgenden Generationen (rund 140 Jahre). Wenn wir heute Entscheidunge treffen, sollten wir dem Erbe, das wir denen, die nach uns kommen, hinterlassen, mit Fürsorge und Respekt entgegenkommen.

Himmlisch einfach

Gegen den Strom der westlichen Welt zu schwimmen, kann schwer sein. Ich gebe zu, die Freiheit, nach Außergewöhnlichem zu suchen, ist nur dem vergönnt, der genug hat. Ich bin in dieser glücklichen Lage. Obwohl viele unser »genug« für weniger halten würden, als das, was die meisten haben, habe ich Zeit, darüber nachzudenken, wie man die Magie in den kleinsten Dingen sehen und ihnen Raum geben kann, sie zu feiern. Überall um dich herum findest du Fülle und Schönheit, wenn du die Augen öffnest, mit wachen Sinnen hinsiehst und dich daran erfreust.

Diese Momente aktiv zu suchen und die Freude zu würdigen, die sie mir, unseren Kindern und Freunden bringen, ist eine bewusste Entscheidung. Ich spreche nicht nur von vierblättrigen Kleeblättern, Rosensträußen und frischen Eiern (obwohl sie mich alle glücklich machen), ich spreche von noch kleineren Wundern: dem Duft des Windes, Flechten auf einem Ast oder einer spontanen Tasse Tee mit einem Nachbarn.

Du kennst das Gefühl, wenn du dich auf etwas Aufregendes freust – es sitzt in deinem Hinterkopf, überkommt dich zu den seltsamsten Zeiten und bringt dich zum Grinsen. Welche einfachen Vergnügungen bereiten dir Freude?

EINFACHE IDEEN FÜR GLÜCKLICHE MOMENTE

- Mach deine Geschenke selbst und empfinde Stolz, wenn du sie überreichst.
- Lest euch gegenseitig vor.
- Trink frische, eiskalte, nicht homogenisierte Milch, auf der noch Rahm schwimmt.
- Warum kochen? Bereite am Wochenende Snackteller zu.
- Nimm ein Bad mit einem Freund oder einer Freundin; nicht im Spa, sondern in der Badewanne. Zieht Badezeug an und stoßt mit Wein an.
- Lach laut aus deinem Bauch heraus.
- Geh raus, ohne zu planen, wann du wiederkommst.
- Trink bei Sonnenaufgang an einem besonderen Ort eine Tasse Tee.
- Sammle Dinge, die leicht zu finden sind: Tannenzapfen, Stöcke, Blumen, Federn.
- Iss ein gekochtes Ei mit einer Prise Salz zum Abendessen.
- Schreib einem lieben Menschen einen Brief.
- Mach mit einem guten Freund eine Fahrradtour.
- Such nach Schönheit in allen Dingen.
- Tanze oder singe ungehemmt.
- Setz dich unter einen Baum und betrachte das Blätterdach.
- Rate, welcher Regentropfen als Erster das untere Ende des Fensters erreicht, wenn es regnet.

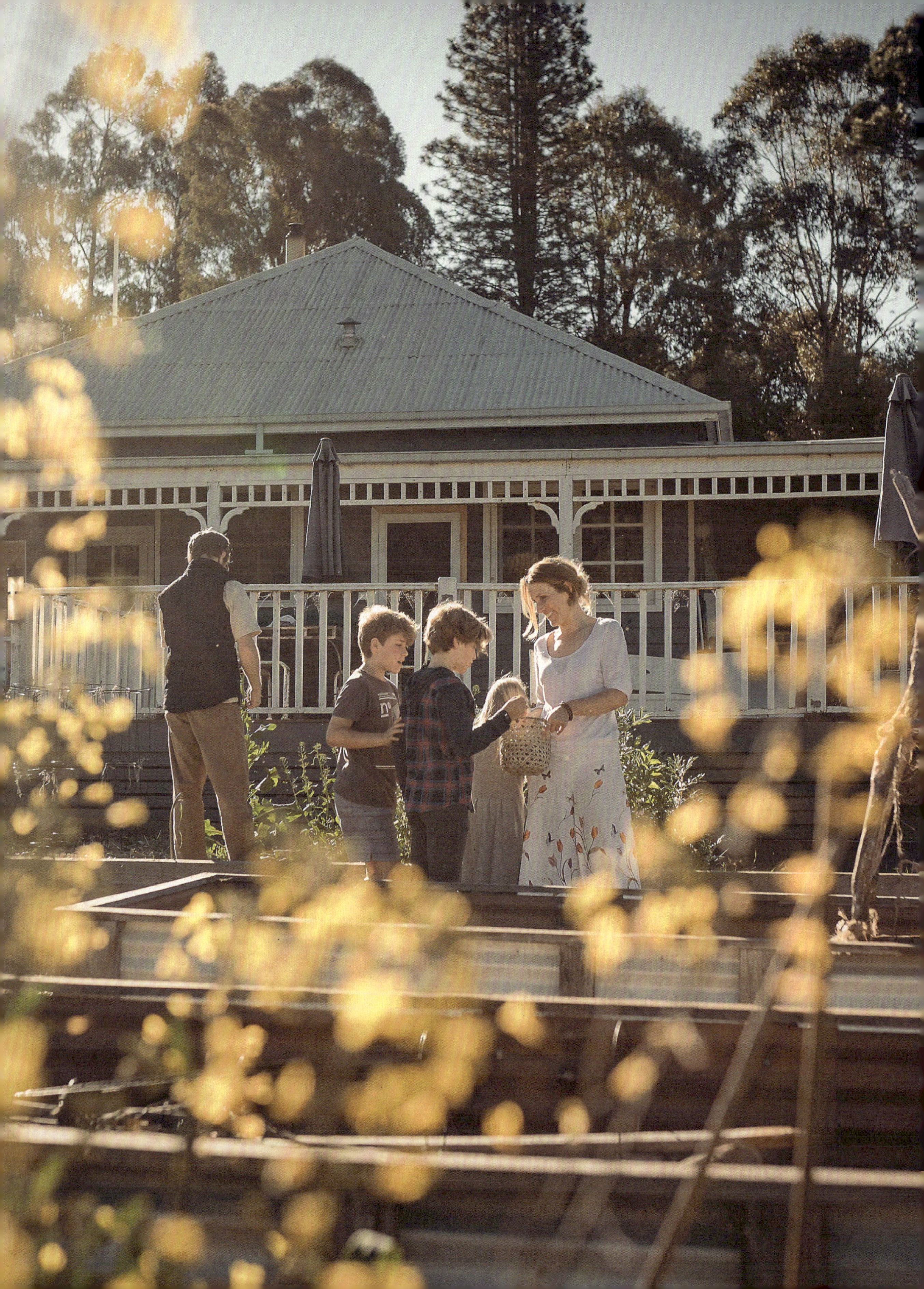

Ist weniger mehr?

Unser Haus war alt und kalt. Wir wollten es warm und gemütlich haben. Zum Glück brauchten wir vier Jahre, um einen Bauleiter zu finden. Glück deshalb, weil wir in diesen vier Jahren erkannten, was wir wirklich wollten: uns selbstständig machen und ganzjährig auf der Farm leben. Die lange Wartezeit stellte uns auch vor die Frage, was wir wirklich brauchen. Aus dem geplanten großen Haus wurde ein sonniges und gemütliches Häuschen – und das Budget hat es auch nicht gesprengt.

Das meiste Material war aus zweiter Hand. Wir haben Wände gestrichen, Böden abgeschliffen und Steinstufen selbst gebaut. Der Blick auf den Garten, eine Sitzecke in der Sonne und ein ausgeglichenes Bankkonto – die langen Tage voller Arbeit außerhalb der Farm, um für alles zu bezahlen, liegen hinter uns. Durch ausgeklügelte Genügsamkeit haben wir uns Zeit geschenkt – ein Geschenk, das uns wichtiger ist als jeder Palast.

> **FANG MIT DEM AN, WAS DU HAST**
>
> Der beste Rat, als wir uns auf den Weg in die bewusste Einfachheit machten, war: Fang mit dem an, was du hast. Das erspart dir nicht nur unnötigen Konsum, du kannst auch dein eigenes Tempo bestimmen, während du dein Leben und deine Gewohnheiten änderst. Der Rat ermutigt dich, kreativ zu sein und er lässt dich erkennen, dass Lösungen für fast alle Probleme direkt vor deiner Nase liegen.

❸ Schaffe dir deinen Platz

Unser Gefühl der Zugehörigkeit zu einem Ort ist unser Fundament. Es beeinflusst, wie wir mit anderen interagieren und unsere Beziehung zu uns selbst. Es ist der erste Schritt, um unsere Bestimmung und Aufgabe in der Welt anzunehmen. Wir können nicht alles kontrollieren, aber wir können entscheiden, welche Wirkung wir haben. Wir können bei Entscheidungen Rücksicht auf die nehmen, die nach uns kommen und die ehren, die vor uns kamen. Unser Ort umfasst so viel mehr als nur Dinge. Er ist ein tiefes Erinnern, das in der Kühle der Flüsse, dem Schwanken der Bäume und der Wärme der Sonne wohnt. Dein Ort gehört dir, dir ganz allein!

Es beginnt zu Hause

Unser Zuhause ist das Grundgerüst unseres Lebens – eines Lebens, das wir heute mehr draußen als drinnen leben. Doch du musst deine Wohnung oder dein Haus nicht besitzen, um eine starke Bindung zu deinem Ort zu kultivieren. Wenn du einen Raum mit guten Absichten, Kreativität und Energie füllst, erfüllst du ihn mit Leben, Hoffnung und Würde.

Unser Zuhause ist der Ort, an dem wir uns ausruhen, unseren Gedanken freien Lauf lassen und Halt finden. Leider ist es nicht unbedingt ein Ort voller Leben und zielstrebigem Fleiß, Zugehörigkeit und Produktivität. Es ist ein bequemer, wenn auch steriler Hafen mit Annehmlichkeiten wie Fertigmenüs, Take-away-Essen und gekauften Geschenken, in den wir zwischen Arbeit und Freizeitaktivität kurz einlaufen.

Im Corona-Lockdown haben wir das Zuhause als Dreh- und Angelpunkt unserer Entscheidungen neu entdeckt. Es wurde wieder zu einem Ort, wo wir unsere Mitte finden, wachsen, essen und lernen. Familienrituale, die Beziehung zu sich selbst und zu anderen sowie Grundfertigkeiten wie Pflanzen, Nähen, Kochen, Reparieren und Feuermachen standen im Mittelpunkt und Titel, Karriere, Meetings, Konsum und grenzenloses Wachstum traten in den Hintergrund.

Sich einen Platz zu schaffen, bedeutet nicht, sich einzurichten. Es geht darum dazuzugehören! Als Teil einer Gemeinschaft einen Beitrag zu leisten und zu wissen, dass man zu seinen Stärken stehen kann. Je wohler du dich mit deinen Stärken fühlst, desto eher setzt du sie ein, um andere zu unterstützen. Wenn jeder so gefördert wird, profitiert die ganze Gemeinschaft. Wenn Harmonie herrscht und jeder sich zugehörig fühlt, bewegt ihr euch gemeinsam im Einklang mit der Welt.

Meinen Platz finden

Mitten im Schreiben an diesem Buch zog es mich zehn Wochen »nach Hause«. Mein Heimweh nach den sanften, grünen Hügeln meiner Kindheit war so groß wie das Bedürfnis zu atmen. Ich vermisste das sanfte Licht, den süßen Duft frischer Silageballen und den roten Lehm im Milchweideland von Victoria.

Wie erwartet, waren die Verwandten meiner Mutter und meines Vaters zu Hause laut und allgegenwärtig. Da gab es den Samstagstee und Sonntagausflüge zu alten Lieblingsplätzen, Abendspaziergänge über Weiden, Picknicks und Omas neueste Geschichten. Die Kinder besuchten meine alte Schule und übernachteten bei Cousins und Cousinen zweiten Grades. Genau so wollte ich zukünftig leben. Ich atmete tiefer durch als je zuvor in meinem Leben als Erwachsene.

In der Welt meiner Kindheit kam ich zu meinem vollen, wahrhaftigen und stärksten Selbst. Ich war nie allein, aber konnte mich, wenn nötig, zurückziehen. Ich konnte große Pläne schmieden und in Ruhe nachdenken. Mein altes Zuhause gab mir immer noch Halt und ich war mir sicher, dass es mir immer Halt geben würde, solange meine riesige Familie mit all ihren Geschichten und Bindungen, die Generationen zurückreichen, hier zu Hause ist. Aber ich hatte meine Kindheit hinter mir gelassen und war erwachsen geworden, meine Vorstellung von der Zukunft und mein Zugehörigkeitssinn zogen mich fort.

Ich erkannte, dass mein Zuhause nun der Ort war, an dem ich meine Kinder aufzog und wo ich für sie das schuf, was der Ort meiner Kindheit für mich gewesen war. Wir waren tief in unserer Gemeinschaft verwurzelt, durch 20 Jahre Erfahrungen und Freundschaften, die uns durch dick und dünn begleitet hatten. Wir hatten eine gemeindeeigene Food-Coop gegründet, die uns noch stärker einband und wir hatten 20 Jahre Arbeit in unseren Traum von einer Obstplantage gesteckt, die uns ernährt, verbindet, inspiriert und Neues lehrt.

Hätte es mich früher nach Hause gezogen, wäre dies ein anderes Buch. Die feine Ironie ist, dass mein Vater in mir den Wunsch weckte, meinen Platz woanders zu finden. Charlie und ich wohnten damals seit zehn Jahren in einer kleinen Stadt. Als Pendler nahmen wir am Leben im Ort nicht teil. Eines Tages, die Zwillinge waren noch kein Jahr alt, war Charlie beruflich unterwegs und unser Auto hatte eine Panne. Weil wir uns die Reparatur nicht leisten konnten, rief ich meinen Vater an und fragte, ob er mir eines seiner drei Autos leihen würde. Seine Antwort war: »Pack die Jungs in den Kinderwagen, lauf in die Stadt und kauf dir Gemüsesamen. Wenn du kein Geld hast, solltest du anfangen, Gemüse anzubauen, damit du wenigstens Essen im Haus hast. Und wenn du kein Auto hast, solltest du zu Fuß gehen.« Verletzt und wütend legte ich auf. Ich würde beweisen, dass ich es allein schaffen kann. Ich saß da und dachte nach. Dann setzte ich die Jungs in den Kinderwagen, ging in die Stadt, kaufte Samen und pflanzte sie zu Hause ein.

In den nächsten sechs Monaten fand ich meinen Platz. Pflanzen gießen, jäten und Mahlzeiten aus dem selbst angebauten Essen planen spielten eine wichtige Rolle in meinem Alltag. Ich spazierte mit meinen Jungs durch die Straßen, begann Gesichter wiederzuerkennen, sprach mit Leuten und ließ mich einbeziehen. Meinen Tagesrhythmus passte ich dem meiner 18 Monate alten Kinder an. Ich entdeckte Glück im Häuslichen und nahm meine Realität an. Ich begriff, was mein Vater mich hatte lehren wollen. Nach monatelanger Funkstille rief ich ihn schließlich an. Vor dem Auflegen fragte er mich: »Und, fährt dein Auto wieder?« »Dir habe ich das nicht zu verdanken«, antwortete ich. Darauf erwiderte er: »Ist auch besser so.«

Die Bindung zu meinem Zuhause, meinen Kindern, mir selbst und meinem Umfeld haben das Leben, an das wir heute so gewöhnt sind, erst möglich gemacht. Ich kenne meinen Platz jetzt!

Vertrautheit schafft Stärke

Ein starkes Zugehörigkeitsgefühl macht Schweres leichter und hilft uns, Herausforderungen anzugehen, ohne zurückzuscheuen. Dinge, an denen man arbeiten muss, sind meist die lohnendsten im Leben – und oft die menschlichsten. Dabei verfeinern wir die Fähigkeiten, die uns helfen, Situationen zu meistern. Spüre tief in dich hinein, wo du hingehörst und entscheide dich für das, was zählt.

DU BRAUCHST:

- Geduld – gute Dinge brauchen Zeit.
- Güte und Ehrlichkeit – gegenüber dir selbst und anderen.
- Mut – probiere Neues aus und lerne etwas.
- eine Vision – sie gibt dir in schwierigen Zeiten Halt.
- Achtsamkeit gegenüber deiner Innen- und Außenwelt.
- Bewusstheit für deine Sinne.
- Akzeptanz – der Prozess ist emotional und unberechenbar.
- Erkenntnis – wir können auf dem Erbe früherer Generationen aufbauen.
- Verständnis – was wir tun, hat Folgen für die, die nach uns kommen.
- ein Fundament aus Erinnerungen.

Mit den Händen in der Erde zu graben, ist für mich die Tätigkeit, die mich wie keine andere erdet und an einen Ort bindet. Aus ihr schöpfe ich die Gewissheit, dass ich uns ernähren und einen lebenswerten Raum gestalten kann, der Herz und Seele berührt. Schaffe auch du dir deinen Platz. Bestimme deine Reise selbst – es lohnt sich!

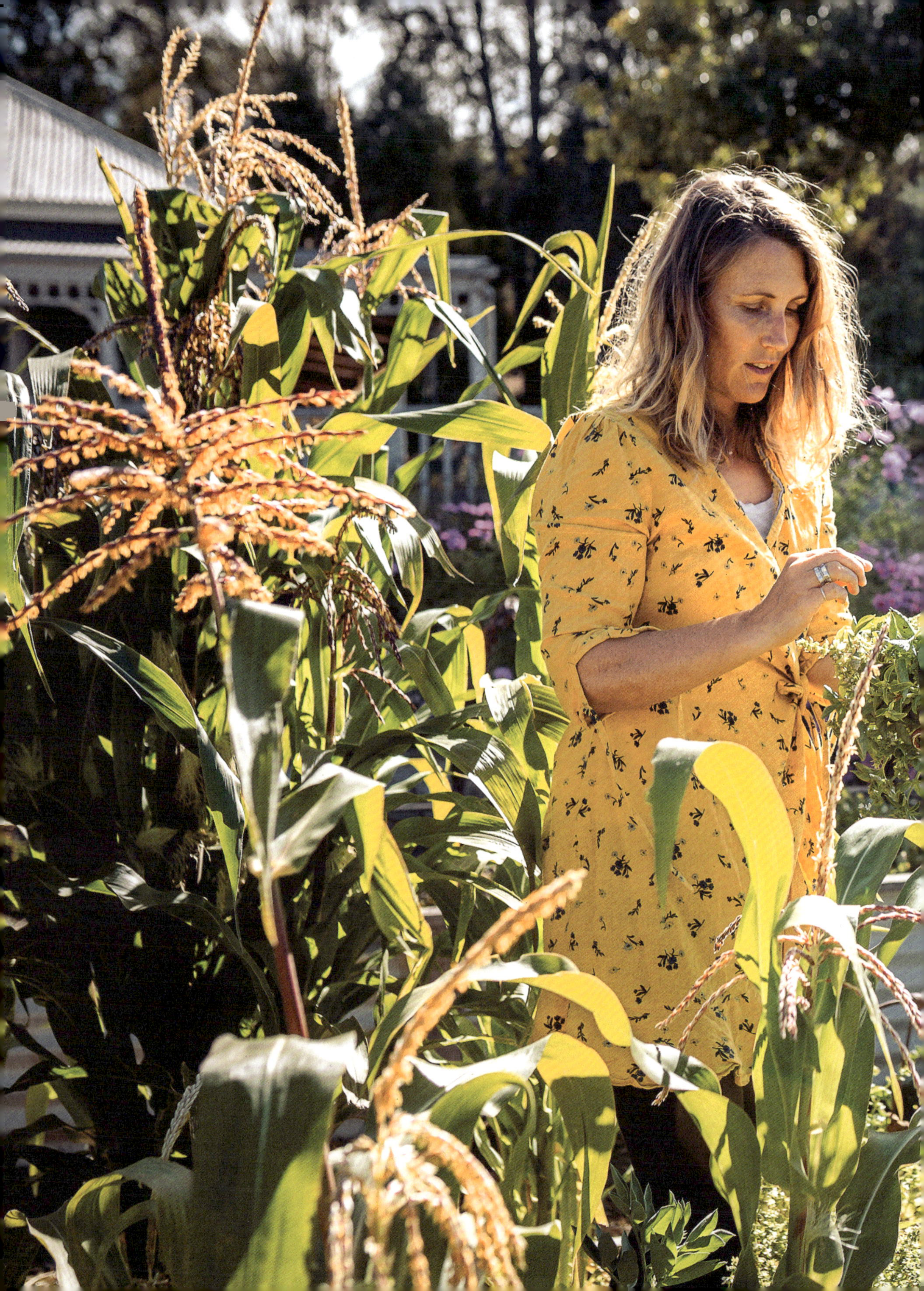

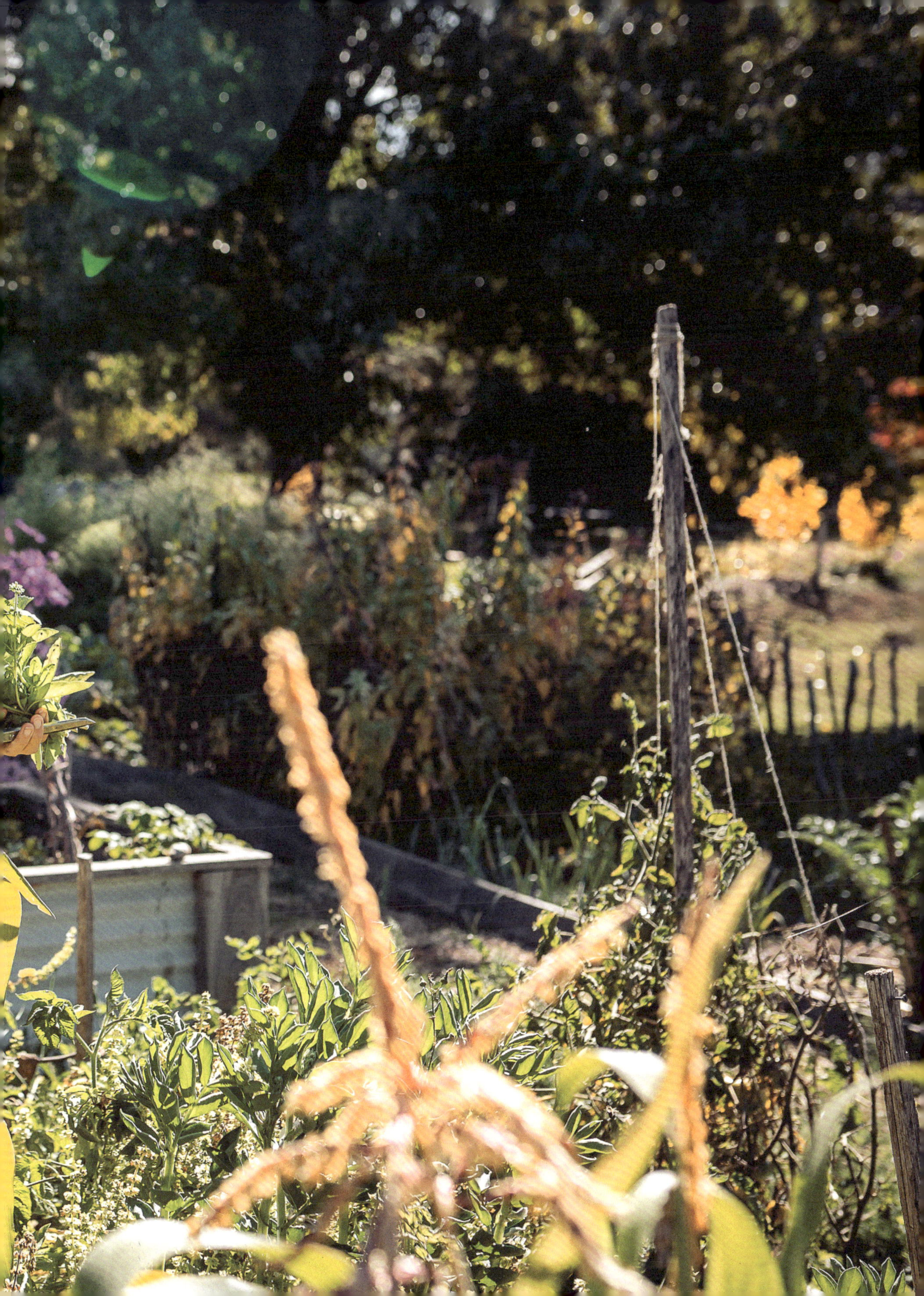

❹ Rituale suchen

Beginn deinen Tag mit etwas frisch Gebrühtem, geh ums Haus, hacke Holz, schreib Briefe, ruf einen Freund an und jäte während des Gesprächs Unkraut. Wie wir unsere Minuten verbringen, so verbringen wir unsere Tage und in kürzester Zeit unser Leben.

Der Mensch neigt von Natur aus dazu, Handlungen zu wiederholen. Es beruhigt, stärkt unsere Zuversicht und bestätigt unsere Persönlichkeit.

Kernüberzeugungen beeinflussen unsere Lebensweise, sie entwickeln sich durch Affinitäten, Schlüsselerinnerungen und die Verantwortung für die Zukunft. Unterstütze und beteilige dich an den Dingen, die dir Kraft geben und dich bereichern.

Fang zu Hause an

Ein Zuhause ist so viel mehr als nur ein Ort, an dem wir unsere Habseligkeiten aufbewahren. Es ist der Ort, wo wir Rituale entwickeln, uns wohlfühlen und sicher fühlen: wo wir Gespräche führen, wo wir Neues lernen und Chaos und Ruhe zusammenkommen. Unser Zuhause ist der Ort, wo wir wachsen, uns erholen, atmen, die Maske fallen lassen und frei sind.

Eines meiner Rituale ist das bewusste »Loslassen« gegen 18 Uhr, wenn der tägliche Druck nachlässt. Ich atme zum ersten Mal tief durch und lasse den Tag Revue passieren. Obwohl ich mich für einen Morgenmenschen halte, finde ich die Morgenstunden etwas überwältigend. Ich bin keine Nachteule: Ich genieße es, das Haus, das förmlich schreit: »Schluss, ich bin fertig!«, abends dicht zu machen. Die Vorhänge sind zu, die Hühner eingesperrt, das Feuer ist geschürt, das Abendessen fertig. Vielleicht bin ich eine »Dämmerungseule«. Für mich ist der Abend die schönste Zeit des Tages.

Zurück zur Kultur der Rituale

Wir leben in einer Welt, die schneller ist, als sich das unsere Vorfahren vorstellen konnten. Erdrückender Konsum hat kulturellen Reichtum ersetzt. Wahlen bewegen unsere Politiker eher zum Handeln als langfristiges Denken. Kurzfristigkeit dominiert unsere Kultur und hat unseren Wunsch nach Innehalten, Langsamkeit und Lebensritualen erstickt.

Wenn wir an die, die vor uns kamen und an die, die nach uns kommen, denken, bestimmt nicht rasche Wunscherfüllung den Herzschlag unserer Kultur, sondern bedächtiger Respekt. Den eigenen Tagesrhythmus, den Takt der weiteren Gemeinschaft und den Fluss der Jahreszeiten zu achten, öffnet uns die Augen für die Welt um uns herum und für Gelegenheiten, Rituale zu würdigen.

Rituale zu etablieren, kann unterschiedlich lang dauern, es kann ein persönlicher Prozess sein oder der einer Gemeinschaft. Es kann so einfach sein wie die Suche nach einer Nachmittagsbrise oder so gesellig wie der jährliche Winterpunsch. Kraftvolle Rituale wiederholen sich im Einklang mit Ereignissen, die größer sind als du.

Respektiere die Existenz von Ritualen, nicke ermutigend und unterstütze all jene, die mehr Rituale entwickeln wollen. Rituale sind ein Geschenk, wie ein prächtiger Stoff, der uns miteinander verweben kann.

LASS DICH INSPIRIEREN

- Such dir für jeden Tag ein Mantra – ich sage meines beim Morgenspaziergang auf.
- Nimm einem tiefen Atemzug – ich wiederhole das im Laufe des Tages, um mich zu erden.
- Genieße eine frische Kanne Tee in der Morgensonne – ich pflücke frische Kräuter und gebe Honig hinzu.
- Setz dich mit deinen engsten Freunden ans Lagerfeuer, redet und singt miteinander.
- Unternimm einen Ausflug in die Natur – schlage Zelte auf und plaudere bis tief in die Nacht am Lagerfeuer.
- Ruf einmal pro Woche jemanden an, den du nicht so oft siehst.
- Suche jeden Tag nach einem Abenteuer in deinem Garten – egal, ob groß oder klein.
- Komm mit deiner Familie am Abendbrottisch zusammen – wir erzählen uns Gutes, Schlechtes oder Lustiges aus unserem Tag.
- Feiere Festtage wie Geburtstage, Ostern und Weihnachten mit deinen Lieben.
- Erlebe ein Gewitter mit allen Sinnen – spüre den wilden Wind auf deiner Haut, atme die feuchte Luft ein und lauf vor dem Regen davon.

> »Wir müssen auf das konzentrieren, was uns verbindet und welche Gemeinsamkeiten wir haben – das ist weit mehr als das, was uns trennt.«

Sadie Chrestman, Miteigentümerin der Fat Pig Farm

❺ Gründe Gemeinschaften

Bau dir eine Gemeinschaft von Gleichgesinnten auf – mit Herz und Eintöpfen, Gesprächen und Zusammenarbeit. Wunderbare Dinge entstehen, wenn du spürst, dass du einen festen Platz in der Welt hast: Die Leute stehen hinter dir, du hast das Gefühl dazuzugehören und es gibt Menschen, die du anrufen kannst, um Heldentaten zu feiern, mit denen du Tee trinkst und die dich nach einem Rückschlag aufmuntern.

Das Gestalten von Gemeinschaft weckt ein Urverlangen in jedem von uns. Für einige ist das natürlich, für andere ein unschönes Minenfeld menschlicher Komplexität. Manche Menschen (wie wir) gehen die Sache von zwei Seiten an – wir können voll einsteigen und mitspielen, ziehen uns hin und wieder aber genauso gern zurück.

Wie viele andere habe ich mit dieser Ambivalenz lange gerungen. Das Gefühl dazuzugehören kam einfach nicht auf. Ich kam zu dem Schluss, ich hätte meine Leute einfach noch nicht gefunden. Als wir anfingen, Nahrung anzubauen, war es mit dem Außenseitergefühl schnell vorbei. Uns ist immer noch unklar, wie es zu der Veränderung kam: Lag es daran, dass wir uns einen Traum erfüllt hatten oder dass wir als Farmer neue Menschen anzogen? Uns vom Ertrag unserer eigenen Beete zu ernähren, hat uns geerdet, sowohl durch den Anbau selbst als auch durch die Erfahrung, uns mit anderen Erzeugern auszutauschen, mit ihnen zu diskutieren und zu scherzen. Es war eine tief greifende Erfahrung, als wir anderen durch den Lebensmittelanbau näherkamen – wir hatten endlich Bindungen, Erfüllung und Gemeinschaftssinn entdeckt.

Der Lebensmittelanbau riss uns aus der Passivität gegenüber der wichtigsten Beschäftigung des Tages: dem Essen. Er spornte uns an, die Lieferkette, Produktionsmethoden und den Abfall zu hinterfragen, den unser Konsum erzeugte. Es war ein langsames Umdenken, das aber alle Aspekte unseres Lebens einbezog.

Wir sind nur so stark wie die Gemeinschaft, deren Teil wir sind. Um eine autarke Gemeinschaft zu schaffen, musst du dir Menschen suchen, die diesem Lebensstil ebenso verpflichtet sind wie du selbst. Man muss weder derselben Partei anhängen noch dasselbe Einkommen, Alter oder den gleichen Beruf haben. Was du aufbauen willst, steht über diesen Dingen. Es verlangt Engagement für das Wohlergehen und die Weiterbildung der Menschen um dich herum. Es verlangt Einsatz, Kompromisse und Mitarbeit, aber es wird sich lohnen.

Essen verbindet

Nach vier Monaten Faktensuche in Vermont zum Thema Lebensmittelsysteme haben Charlie und ich mit Gleichgesinnten in unserer Stadt eine Food-Coop gegründet. Dabei haben wir viel gelernt. Die Arbeit in einem Team aus Freiwilligen war anstrengend, kompliziert und chaotisch. Sie hat, Herzschmerz beiseite, unsere Gemeinschaft hervorgebracht.

Was wir nicht auf der Black Barn Farm anbauen, kaufen wir in der Food-Coop. Sie wird von Freiwilligen betrieben und gehört der Gemeinschaft. Sie ist also nicht rund um die Uhr geöffnet, manchmal wird das Angebot etwas dünn, weil das Geld knapp ist . Auch wenn es manchmal etwas länger dauert, weil sich jemand erst einarbeiten muss, ist mein Einkaufserlebnis außergewöhnlich. Ich bin dankbar für die Zeit, die so viele Menschen investieren, für die Möglichkeit, saisonale Lebensmittel von lokalen Erzeugern kaufen zu können. Ich kaufe alle 14 Tage ein, nehme, was da ist und plane meine Mahlzeiten entsprechend. Alle Höhen und Tiefen der Food-Coop erlebe ich mit und bleibe dabei, weil sie nur so stark ist wie die Gemeinschaft, die hinter ihr steht.

So wichtig wie die Lebensmittel, die die Kooperative liefert, ist die Gemeinschaft, die sie hervorgebracht hat. Regelmäßig finden Abendessen statt, zu denen jeder etwas mitbringt, morgendliche Teekränzchen, Schulprogramme und Workshops. Im Gebäude, das sie verwaltet, treffen sich verschiedene Gruppen. Sie macht Gemeinschaftssinn spürbar und freut sich über jeden, der zum lokalen Lebensmittelsystem beiträgt. Nach einer rasanten Reise voller Schlaglöcher sind wir am Ziel.

Veränderungen in kleinen Schritten

Wenn du Entscheidungen bewusster triffst, wird dir der Fokus auf Nachhaltigkeit bald in Fleisch und Blut übergehen. Wir haben den Wandel langsam vollzogen: weg vom festen Vollzeitgehalt, das uns Pläne finanzieren, aber keine Zeit ließ, hin zu einem Leben, in dem wir beide in Teilzeit arbeiteten. Wir hatten weniger Geld zur Verfügung, aber dafür Zeit für langsamere, einfachere und sinnträchtigere Dinge – wie mit den Food-Coop-Freiwilligen eine Gemeinschaft zu gründen.

UMARME DIE EINFACHHEIT
Suche dir Menschen, die diese Dinge für normal halten:

- Kleidung: secondhand kaufen, mit Freunden tauschen oder selbst herstellen
- Geschenke: selbst machen, anbauen oder durch Upcycling aufwerten
- Mobilität: das Auto stehen lassen und laufen, radeln oder zu Hause bleiben
- Urlaub: ein Zelt im Garten aufschlagen oder Freunde zum Picknick einladen
- Entspannung: in der Natur wandern gehen
- Essen: eigene Kräuter, Obst und Gemüse anbauen und mit anderen tauschen
- Zuhause: lieber klein, warm und gemütlich als groß, glamourös und teuer

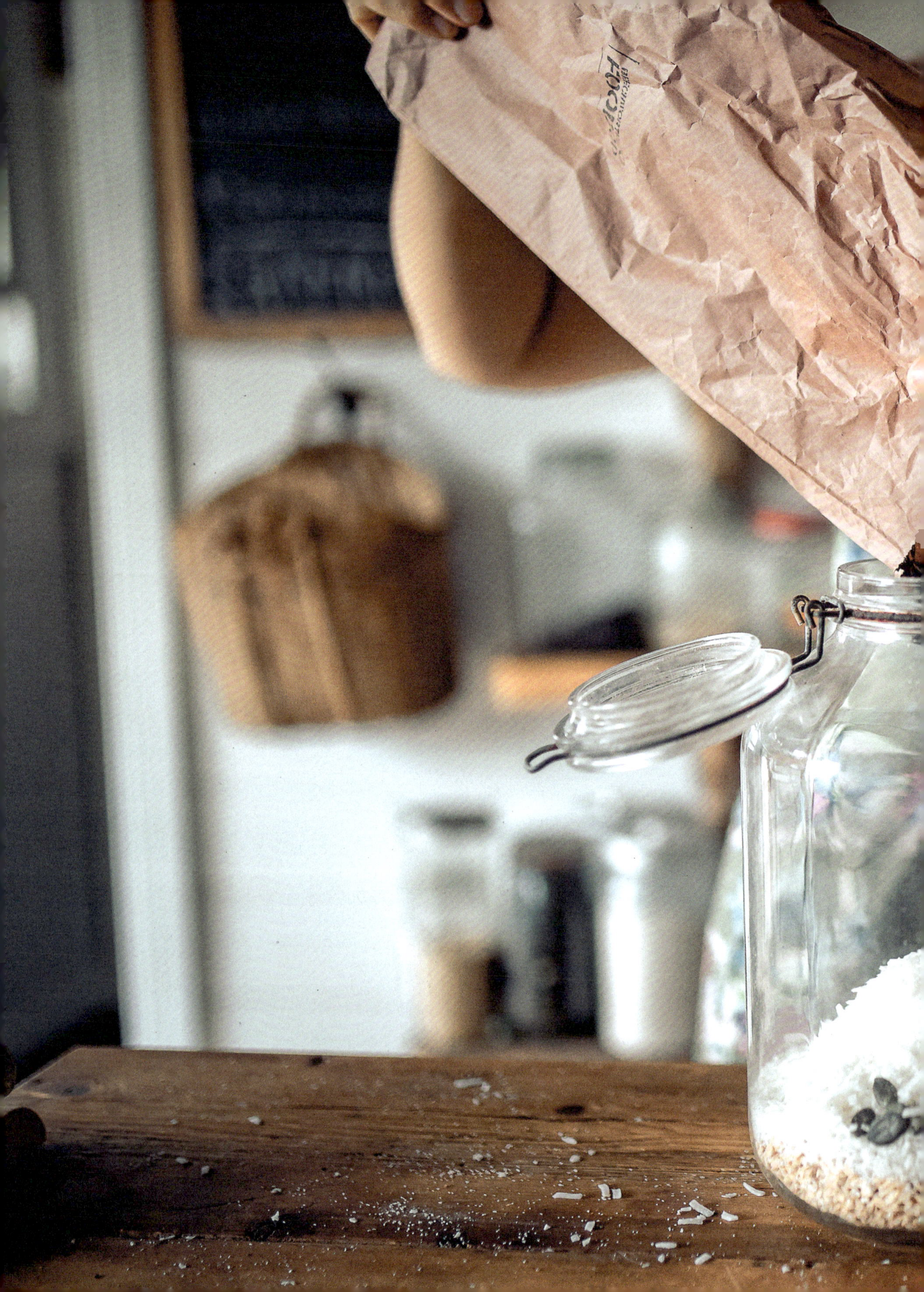

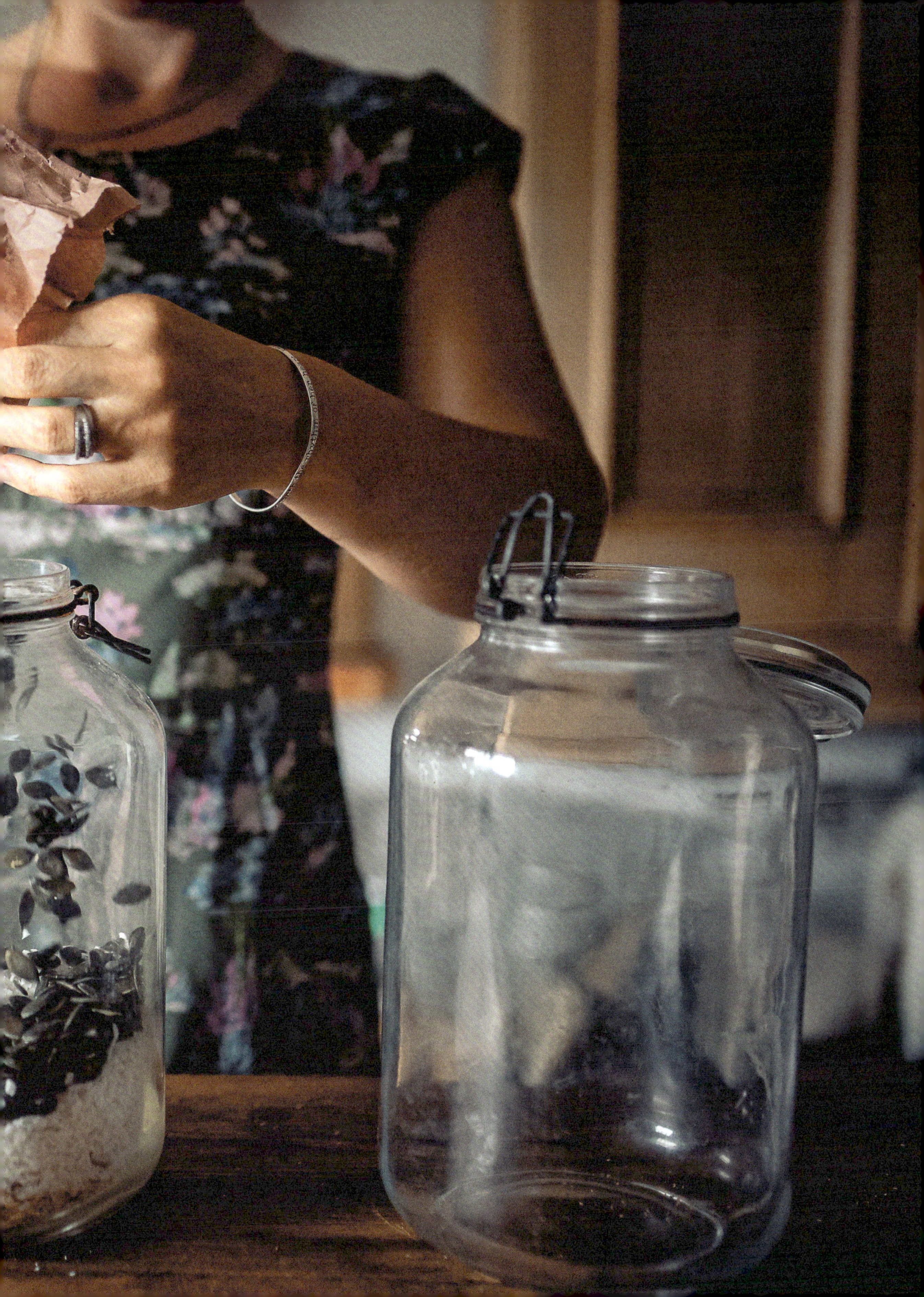

Links: Den Gemüsegarten von Hand zu gießen, ist zeitaufwendig. Aber Seite an Seite mit unseren WWOOFern ist es ein Heidenspaß.

WWOOFer sind ein Wunder

Ich vergesse oft, dass nicht jeder weiß, was ich meine, wenn ich WWOOFer erwähne. WWOOF steht für »World Wide Opportunities on Organic Farms« und WWOOFer sind freiwillige Helfer auf Biobauernhöfen oder Selbstversorgerhöfen. Jeder kann sich melden, ob er in der Stadt wohnt oder auf dem Land, ob er über Grund verfügt oder nicht.

Das Schöne an WWOOF ist, dass man sein Haus neuen Menschen öffnen kann, die bereit sind, einem in Kameradschaft und harter Arbeit bei der Verwirklichung eines Traums zu helfen. Uns verbindet eine dankbare Vertrautheit mit unseren WWOOFern, die uns erdet und ermutigt weiterzumachen, während wir unsere To-do-Liste abarbeiten.

Zwischen Essensvorlieben und Absprachen zu Duschzeiten, Selbstentdeckung und dem Erlernen neuer Fähigkeiten entsteht ein tiefes Gemeinschaftsgefühl. Wir passen uns an und lernen voneinander – über Bräuche, Sprachen und Kulturen hinweg. Die Gespräche sind authentisch und aufrichtig. Wenn man Seite an Seite arbeitet, entstehen in kurzer Zeit Freundschaften, die sich sonst vielleicht erst über Jahre hinweg entwickelt hätten.

Monotone Arbeit, die allein vielleicht langweilig wäre, wird mit anderen zusammen lebendig und aufregend. Man ist offener und unverfälscht und durch diese Ehrlichkeit und Verletzlichkeit entsteht etwas Magisches.

Selbst wenn unsere WWOOFer längst weg sind, bleibt das herzerwärmende Gefühl, dass wir zu einem wunderbaren Netzwerk von Menschen gehören, die uns verstehen, unterstützen und lieben. Im Gegenzug haben sie eine Zuflucht, wo sie immer willkommen sind. Nach all der gemeinsamen harten Arbeit ist es nur recht, dass sie sich bei uns ein wenig zu Hause fühlen.

»Du bist nur so gesund und stark wie deine Gemeinschaft. Wenn dir die Zukunft am Herzen liegt, dann werde zur nützlichsten Wissensquelle in deiner Gemeinschaft und teile dein Wissen bereitwillig.«

Kirsten Bradley, Permakultur-Ausbilderin bei Milkwood

SOLIDARITÄT SUCHEN

Was ist der beste Weg, um seine Ungeduld zu besänftigen, eine Vision neu zu beleben und neue Kraft zu schöpfen? Such nach Menschen, die vor dir denselben Weg beschritten haben und bereit sind, Freude und Fehler, das Magische und den Herzschmerz ihrer Reise zu teilen. Du musst es ihnen nicht nachtun, aber wenn ihr die gleichen Grundwerte teilt, kannst du aus ihren Geschichten lernen. Sie werden dir nicht sagen, dass sich die Reise nicht lohnt oder du verrückt bist. Sie sprechen deine Sprache, verstehen deine Sehnsüchte und ermutigen dich. Es ist Solidarität vom Feinsten. Du bist mit deinem Wunsch nicht allein, den Wandel lieber früher als später herbeizuführen. Worauf wartest du? Such dir Gleichgesinnte und schließ dich ihnen an.

VERBÜNDE DICH

- Zolle anderen Anerkennung – wir alle versuchen, unser Bestes zu geben.
- Bring Menschen zusammen – wir sind alle aufeinander angewiesen und brauchen Verbundenheit.
- Hör zu – nicht nur mit den Ohren, sondern mit dem Herzen.
- Reiß deine Mauern ein und zeig Herz – lächle, winke, versende nette Nachrichten.
- Teile den Überfluss – bring jemandem eine übrig gebliebene Mahlzeit vorbei oder reich deine Zeitung weiter, wenn du sie gelesen hast.
- Biete Älteren Unterstützung an – hilf ihnen beim Graben oder Jäten im Garten oder führe sie über die Straße.
- Schließ dich einer Gruppe an – einer Food-Coop, einem Lesezirkel, einer Klima- oder Umweltinitiative.
- Tausch dich aus – gründe eine Expertengruppe, um gemeinsam zu durchdenken, was euch bewegt.
- Denk gemeinschaftlich – teil Werkzeug oder ein Abo mit einem Freund, bilde Fahrgemeinschaften.
- Mach dein Zuhause zum Treffpunkt – organisiere eine Tauschbörse für Lebensmittel, Pflanzen, Bücher oder Saatgut.

6 Achte die Jahreszeiten

Dem Einfluss der Jahreszeiten kann sich niemand entziehen. Sie werden von Kräften bestimmt, die stärker sind als wir. Früher beeinflussten die Jahreszeiten, was wir anziehen, was wir essen und wie wir unsere Tage verbringen. In unserer modernen Welt ist das immer weniger der Fall. Wir schalten die Klimaanlage ein, wenn uns heiß ist, kaufen jegliches Obst und Gemüse, wann immer wir Lust darauf haben und halten an einem Tempo fest, das den Rhythmus der Natur ignoriert. So verführerisch ein von den Jahreszeiten losgelöstes Leben sein mag, es widerspricht unserer Natur. Durch die Jahreszeiten motiviert uns die Natur, unser Handeln mit den Kräften in Einklang zu bringen, die uns geformt haben.

Nichts bindet uns enger an die Jahreszeiten als der Anbau von Nahrung. Als wir noch Lebensmittel anbauten, haben wir Ernten gefeiert. Wir wussten, wie ungewiss sie waren. Wann hast du das letzte Mal einen Apfel gegessen und dabei an den Namen des Bauern gedacht, der ihn angebaut hat? Viele Menschen in der westlichen Welt haben die Beziehung zu dem verloren, was sie essen, woher es kommt, wie und von wem es angebaut wurde und zu dem Nährwert, der auf dem Teller neben unserem Computerbildschirm liegt, während wir die Mittagspause durcharbeiten. Stattdessen vertrauen wir Etiketten, ignorieren den Verpackungswahn und stellen Bequemlichkeit und Preis über Herkunft und Saisonalität. Essen ist nicht länger etwas, das wir zu schätzen wissen, es ist eine billige, minderwertige Ware, die Apathie und Verschwendung auslöst.

Ebenfalls verloren haben wir unser Wissen um den Landbau, die Beziehung zur Erde, den Respekt vor dem Bauern und leider auch die regionale Vielfalt. Lange Lieferketten machen Bauernfamilien zu gesichtslosen Preisnehmern. Irgendwann brechen die Bauern unter dem Preisdruck zusammen. Sie verlassen ihre Höfe und multinationale Unternehmen füllen die Lücke mit zerstörerischen Monokulturen, maximiertem Ertrag und fortschreitender Mechanisierung. Die Auswirkungen auf ländliche Gebiete und unsere Ernährungssouveränität sind verheerend. Zum Glück müssen wir alle essen – das ist unsere Chance. Wir können den Wandel herbeiführen, indem wir Fragen stellen, eine Beziehung zu unserem Essen aufbauen und es als wertvolle Ressource achten.

Die ehren, die uns ernähren

Der Obstanbau ist härter als alles andere, was ich in meinem Leben gemacht habe. Ich bin stolz, Landwirtin zu sein und allen dankbar, die ihr Leben der Produktion von Lebensmitteln widmen. Regenerative Erzeuger möchten die Menschen kennen, die essen, was sie anbauen. So bringen sie ihren Lebensmitteln Wertschätzung entgegen und bleiben ihren Überzeugungen treu. Weißt du, woher dein Essen kommt, wer es angepflanzt hat und wie es angebaut wurde?

Ein Hurra aufs eigene Beet

Selbst Essen anzubauen, ist der beste Weg, um sich mit einem Leben im Einklang mit den Jahreszeiten anzufreunden. Ein Topf mit Tomaten und Basilikum im Sommer und Kohlgemüse als Winterkultur auf dem Balkon streicheln deine saisonalen Sinne. Der beste Ort und die beste Zeit, um damit anzufangen, ist hier und heute. Fang klein an und vergiss nicht, dass alle guten Dinge Zeit brauchen. Die Fertigkeiten, die du dir dabei aneignest, haben Schlagkraft. Sie gehören dir, du kannst sie behalten, weiterentwickeln und dich von ihnen mitreißen lassen. Hast du einmal angefangen, wird es schwer, wieder aufzuhören.

Wenn die Freude an frischem Essen und saisonalem Leben ein tiefes Verlangen in dir weckt, dann endest du vielleicht wie wir: als Selbsterzeuger. Das kann ein Vollzeitjob sein. Es verlangt Fähigkeiten, die in Vergessenheit geraten, denn immer mehr Menschen arbeiten in Büros in der Stadt. Für die, die sich ein anderes Leben wünschen, bietet der Landbau eine vielseitige, lohnende und spannende Alternative. Ein »einfaches Leben« ist es nicht, aber es verbindet dich tief mit der Natur und den Jahreszeiten und belohnt dich mit selbst Angebautem in Hülle und Fülle. Eine Familie selbst zu ernähren, erfordert allerdings großes Engagement und macht viel Arbeit. Bau einfach an, wofür du Platz und Zeit hast.

Egal, was du dir vornimmst, die Jahreszeiten sind der Taktgeber für deinen Anbaurhythmus. Auf der Black Barn Farm essen wir von Spätsommer bis Spätherbst wie die Könige Frisches direkt aus dem Garten. Sobald es kälter und die Ernte karger wird, behelfen wir uns mit Vorräten sowie Kohl und Grünkohl aus dem verschlafenen Wintergarten. Dann hinken wir durch die kalte, magere Zeit, bis es wärmer wird. Dann kommt wieder Frisches auf den Tisch, aber erst im Spätsommer können wir wieder aus dem Vollen schöpfen.

Was du als Selbstversorger brauchen wirst

- Einmachgläser – Drahtbügelgläser oder Gläser mit dichtem Deckel
- ausreichend lichtgeschützter Lagerraum – er muss kühl und trocken sein, am besten in der Nähe deiner Küche
- 10-Liter-Topf
- Außenwaschbecken und -hahn oder Waschküche zum Gemüsewaschen
- Abtropfsiebe
- gute Gartenscheren
- Platz im Gefrierschrank
- Arbeitsfläche für Vorarbeiten, drinnen oder draußen
- Dörrgerät – gekauft oder selbst gebaut (oder beides)
- Platz zum Eintopfen von Pflanzen – auf dem Balkon, in der Garage, im Innen- oder Hinterhof
- Aufbewahrungslösung für Saatgut (siehe Seite 238)
- Gartentagebuch
- Gartenwerkzeuge – Handkelle, Handgabel, Harke, Schaufel, Spaten, Handschuhe und Pflöcke
- ein gutes Bewässerungssystem und eine Gießkanne mit weichem Wasserstrahl
- Platz zum Anbau von Lebensmitteln
- Komposthaufen – selbst ein kleiner Haufen aus Rasenschnitt, Laub vom Straßenrand und Essensresten liefert reichlich Kompost
- Wurmcafé jeglicher Größe, angefangen bei einem kleinen Eimer
- Hühner- oder Wachtelstall
- Entschlossenheit, Kreativität und Ausdauer – die sind am wichtigsten

❼ Liebe, was dich umgibt

Global denken, lokal handeln: Lokales Engagement bedeutet nicht, dich aufs Lokale zu beschränken. Lokal handeln hat eine fundamentale Wirkung. Es beginnt zu Hause, dem sicheren schützenden Raum, den du schätzt und achtest, wo du mehr Zeit verbringst als anderswo, wo du selbst Essen anbaust und kochst, die Jahreszeiten beobachtest, Menschen um dich sammelst, schöpferisch bist, dich weiterentwickelst und so viel teilst, wie du kannst.

Dann konzentrierst du dich auf deine Gemeinschaft: Familie, Freunde, Schule, Arbeit und Ehrenamt. Sie ist der Kern deiner Welt. Unterstütze sie nach deinen Möglichkeiten – mit Zeit, Offenheit, Ideen und Geld.

Such dir eine kurze Lieferkette

Trotz vieler Vorzüge ist es schwieriger, in einem engen lokalen Bezug zu leben, als man vielleicht denkt, nicht zuletzt, weil unsere westliche Welt im Namen des Fortschritts auf Wachstum und globale Märkte fixiert ist. Die Folge: Importierte Technologie, Lebensmittel, Leistungen und Arbeitskräfte sind oft billiger. Dadurch haben wir viel verloren. Lokales Handeln ist Ausdruck unseres Sehnens nach Verbundenheit miteinander, mit unserer Umwelt und unserer menschlichen Natur. Es macht uns eigenständig, verbessert die Lebensqualität und stärkt unsere Hoffnung auf eine nachhaltige Zukunft, die sich auf florierende angebotsgesteuerte Volkswirtschaften stützt, in denen der Mensch der Maßstab ist.

Nichts ist lokaler, als Lebensmittel direkt bei Bauern auf den Märkten in der Umgebung zu kaufen. Neben intensiveren Bindungen, weniger Verpackung, weniger grauer Energie für den Transport und einem fairen Preis für den Landwirt bietet eine kurze Lieferkette auch weniger offenkundige Vorteile wie transparente Anbaupraktiken, die Weitergabe von Lebensmittelwissen und gesündere Menschen. Lokale Erzeugung lässt Geld in den Landkreis fließen, was wiederum die Gemeinschaft lebendig hält und hilft, das Fortbestehen von familiengeführten Höfen zu sichern.

Fair zu leben, heißt, Schritt für Schritt Verantwortung für Nahrung, Gesundheit, Energie und die lokale Umwelt zu übernehmen. Indem du Obst und Gemüse anbaust, Kräutermedizin praktizierst, grüne Energie nutzt, kompostierst, Regenwasser sammelst, selbst Dinge baust und reparierst, mit Nachbarn tauschst und Freude im Einfachen findest, nimmst du den Großen die Macht. Du holst sie auf den Boden der Tatsachen zurück, wo wir Menschen sind – wo wir die Welt verändern.

GO LOCAL

- Mach »lokal, lokal« zu deinem Mantra.
- Kauf deine Lebensmittel bei lokalen Erzeugern ein.
- Engagier dich für Projekte in deiner Umgebung.
- Besuch Veranstaltungen in deiner Region.
- Stelle Menschen aus der Umgebung ein.
- Iss in Cafés und Restaurants in deiner Nähe.

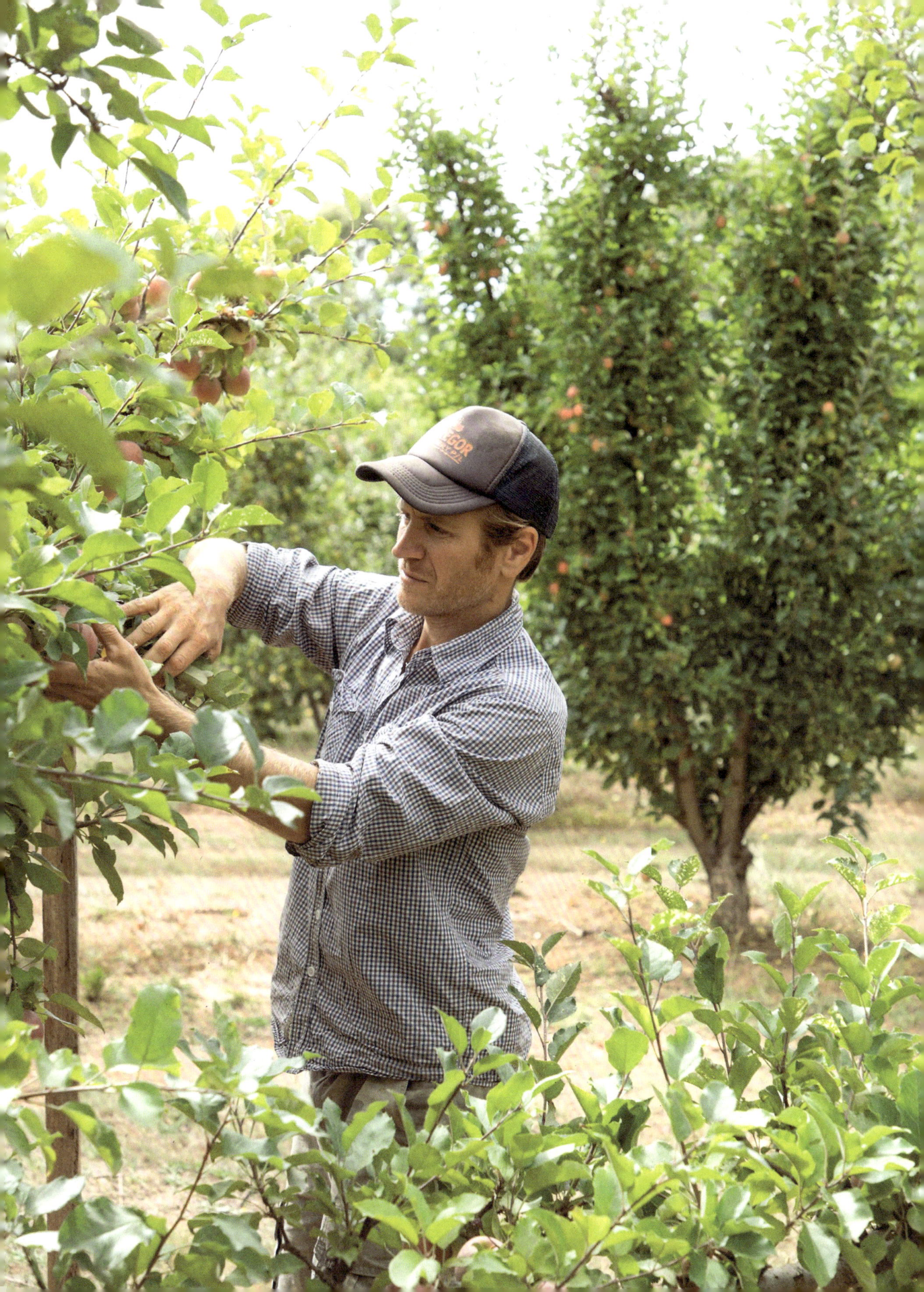

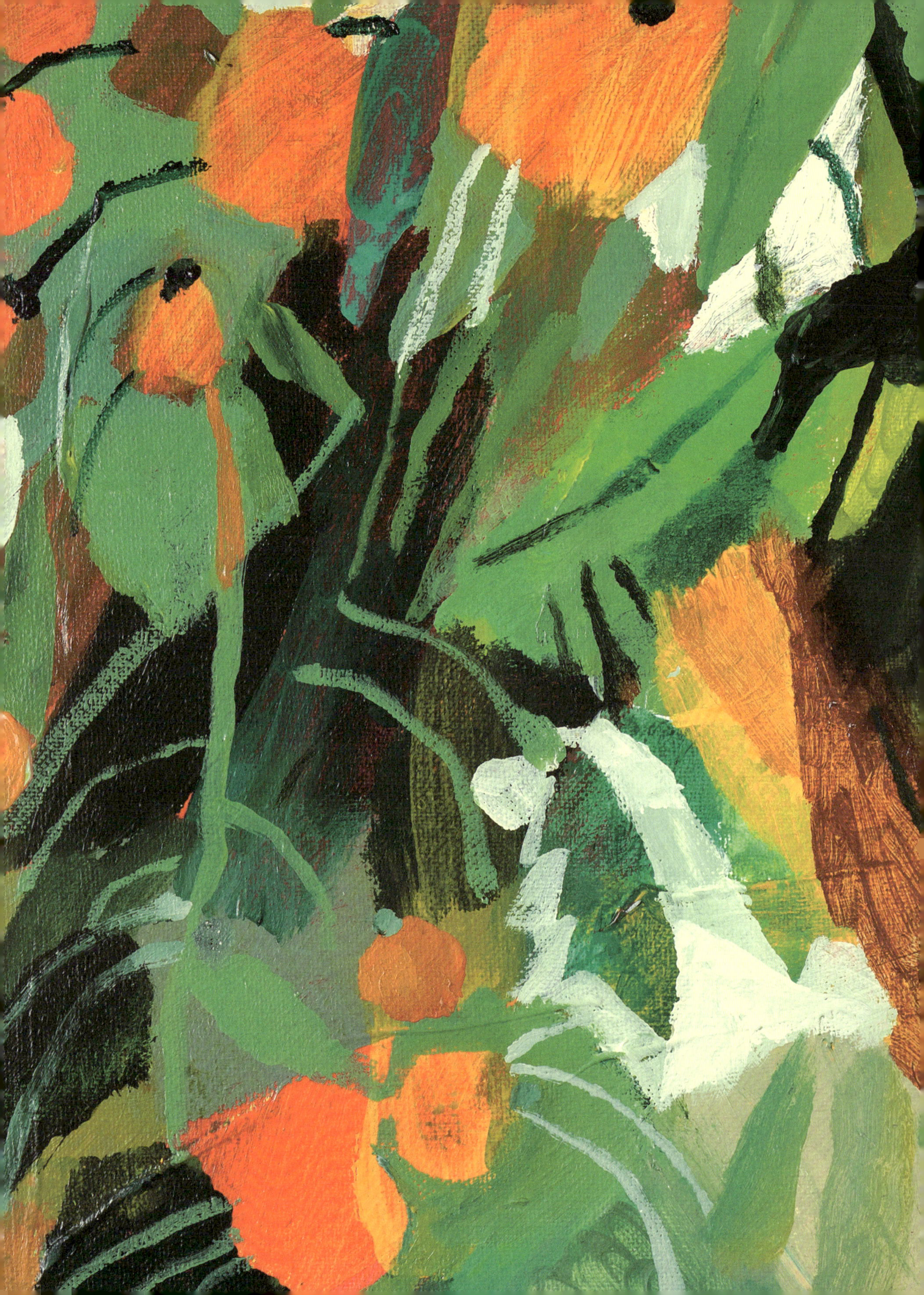

ALLES FAMILIEN-SACHE

Mit älteren Menschen zusammenzuleben, ist ein Glücksfall. Die Erfahrungen, die sie gemacht haben und an uns weitergeben und ihre Geschichten prägen uns. Auch im täglichen Miteinander lernen wir von ihnen. Mein Vater hat mir gezeigt, dass man auch mit drei Jobs die Zeit haben kann, seinen Kindern zu helfen, ihre Träume zu verwirklichen. Meiner Oma habe ich das Multitasking abgeschaut. Während sie die Kuh molk, Wäsche von Hand wusch und in der Küche backte, hat sie sich um ihre Enkel und Urenkel gekümmert. Ungeachtet aller Unwägbarkeiten im Leben einfach weiterzumachen, war Mamas wichtigste Lektion und Papa hat uns den Wert von Kreativität gelehrt.

Ich weiß jetzt, was für ein Glück ich hatte, am Morgen mit meiner Urgroßmutter zusammenzusitzen, während sie Kleiderbügelüberzüge aus in Streifen geschnittenen Plastiktüten strickte und am Nachmittag mit meiner Oma Rhabarber und Äpfel für einen Kuchen zu sammeln. Ich schätze die Zeit mit meiner Mutter, wenn ich ihr beim Abfüllen von selbst gebrautem Bier und eingemachten Früchten half. Eine meiner frühesten Erinnerungen ist das sanfte Schaukeln auf dem Rücken meines Vaters, das mich in den Schlaf wiegte, während er Löcher für Zaunpfähle grub.

Meine Kindheit war nicht reich an materiellem Besitz, aber ich habe immer noch viele Holzspielzeuge, die mir mein Vater geschnitzt hat. Weniger die Habseligkeiten selbst, sondern dieses althergebrachte und über Generationen weitergereichte Wissen ist ein Geschenk, für das ich dankbar bin. Manchmal ist dieses Wissen so tief verankert, dass es sich weniger erlernt als intuitiv anfühlt. Heute gebe ich es aktiv an meine Kinder weiter, damit sie aus diesem Erbe und ihrer Herkunft einen Sinn für Werte und ein Gefühl der Zugehörigkeit schöpfen können.

Jeder von uns verfügt über tief verwurzeltes Wissen, das über Generationen angehäuft und weitergegeben wurde. Manche nutzen es im Alltag mehr, manche weniger.

»Sozialer Erfolg bedeutet, der Welt mehr zu geben, als wir nehmen. Echter Erfolg stellt sich ein, wenn es um mehr geht als uns selbst. Er ist ein Engagement für etwas, das größer ist als wir.«

Alexx Stuart, Autorin von Low Tox Life

VERTRAU DEINER INTUITION

Ein zukunftssicheres und faires Leben mit Familie ist intuitiv und instinktiv. Bereichert wird es durch das »Weitergeben« – sei es Wissen oder Besitz. Freilich ist dies auch mit einer guten Dosis Sentimentalität gewürzt.

Unsere Kinder stehen im Mittelpunkt unseres Handelns. Wie wird ihr Leben in einer Welt aussehen, die uns heute noch versorgt und ernährt? Fragt man sich ernsthaft, wie man sein Leben gestalten möchte, mag das für die Sprösslinge nicht gerade verlockend sein. In der zweiten Hälfte dieses Buches habe ich Ideen zusammengetragen, wie man Kinder einbeziehen und motivieren kann. Aber bevor du die Ärmel hochkrempelst, hier ein paar Tipps:

- Geh die Sache locker an.
- Bleib in deinen Erwartungen realistisch.
- Lass dich von Kleinigkeiten nicht aus dem Konzept bringen.
- Bleib in Gesprächen entspannt – es geht nicht um Leben und Tod.
- Weck Neugier – sie ist der Grundstein individueller Interessen.
- Teile deine Begeisterung für die Natur.
- Lass die Kids auf eigene Faust umherstreifen, auf Entdeckungsreise gehen und im eigenen Tempo lernen.
- Such nach gleichgesinnten Familien, die dich auf deiner Reise in ein grünes Leben begleiten.
- Mach ein Spiel daraus, vermittle ein Gefühl von Magie.
- Setz den Kindern erreichbare Ziele. Kleine Erfolge spornen an.
- Bastle eine Erlebniskiste mit Dingen aus der Natur.
- Lass die Kids ihr eigenes Essen anbauen.
- Geh raus, wann immer du kannst.
- Lern deine Familien kennen: ihr Tempo, ihre Vorlieben, ihren Stil und Geschmack.
- Gestalte deinen eigenen Weg. Lass dich von dem, was für andere funktioniert, inspirieren und pass es an deine Situation an.
- Vergleich dich nicht mit anderen.
- Geh mit gutem Beispiel voran – nichts ist wirkungsvoller.

Praktisches Lernen für Kinder

Wir vermitteln unseren Kindern praktisches Wissen, damit sie anpassungsfähig und für eine unsichere Zukunft gerüstet sind. Die Schule ist für solche Fertigkeiten nicht der richtige Ort. Die Lehrer haben alle Hände voll zu tun, unseren Kindern Lesen, Schreiben und Rechnen beizubringen. Als Eltern, Mentoren und Freunde ist das unsere Aufgabe. Wenn wir uns zusammentun, ist sie gar nicht so schwer zu bewältigen.

Hast du einen Onkel, der angelt? Eine Freundin, die selbst Brot backt? Eine Bekannte, die stricken oder weben kann? Kennst du jemanden, der wandern geht? Einen Nachbarn, der Kräutermedizin herstellt? Gibt es in deinem Ort einen Gemeinschaftsgarten oder kennst du jemanden mit einem Schrebergarten? Die Möglichkeiten sind endlos. Praktisches Lernen mit anderen ist einprägsamer und die Welt mit mehr Menschen als nur ihrer nächsten Familie zu erleben, macht Kinder offener für neues Wissen.

SPROSSEN UND SPRÖSSLINGE

Kinder entwickeln eine Beziehung zu ihrer Nahrung und den Jahreszeiten, wenn sie Kräuter, Obst und Gemüse selbst anbauen. Außerdem verbringt man zusammen Zeit im Freien. Die Kids erleben in Echtzeit, wie unglaublich es ist, dass aus einem winzigen Samen etwas Köstliches wachsen kann und wie viel Geduld nötig ist. Sie lernen, Schädlinge und Unkraut erkennen, wie man Pflanzen bei heißem und kaltem Wetter pflegt, wann sie geerntet werden.

Links:
Kinder beim Gärtnern einzubeziehen, weckt Interesse und Neugier.

Rechts:
Unser »Wassail« ist eine jährliche Tradition in Australien, die den Gemeinschaftssinn stärkt.

Schreib die Geschichte neu

Wir sollten unseren Kindern eine eigene Geschichte jenseits der Jagd nach grenzenlosem Wachstum ermöglichen. Mit unserer Unterstützung können sie:

- Resilienz aufbauen,
- die einfachen Dinge schätzen,
- mit weniger glücklich sein,
- Freude an der Natur empfinden,
- ihre Vorstellungskraft nutzen,
- den Zyklus der Jahreszeiten verstehen,
- selbst Obst und Gemüse anbauen und es verarbeiten,
- kreativ mit Langeweile umgehen,
- sich Zeit nehmen, um ihre Talente zu entdecken,
- zu ihren Fehlern stehen,
- über die großen Themen sprechen,
- Andersartigkeit respektieren,
- ihre eigene Meinung formulieren,
- selbstbewusst Normen hinterfragen,
- Individualität fördern,
- Empathie und Güte würdigen.

MEILENSTEINE UND FAMILIENRITUALE

In unserer Familie empfinden wir ein besonders intensives Zugehörigkeitsgefühl zueinander. Das macht sie zum idealen Ort, um Kinder an wichtige Übergangsriten heranzuführen. Schließ dich mit anderen zusammen und schaff für sie unvergessliche Erlebnisse wie

- Meilensteine fürs Erwachsenwerden,
- Kunstwerke mit Symbolgehalt,
- Naturmandalas,
- jährliche Campingausflüge oder Wanderungen,
- Musikveranstaltungen,
- Zeremonien für Frauen bzw. Männer,
- Mahlzeiten mit allen Generationen,
- Feiern zum Eintritt ins Erwachsenenalter,
- Gespräche bei Sonnenuntergang,
- Zeiten der Stille und Einsamkeit.

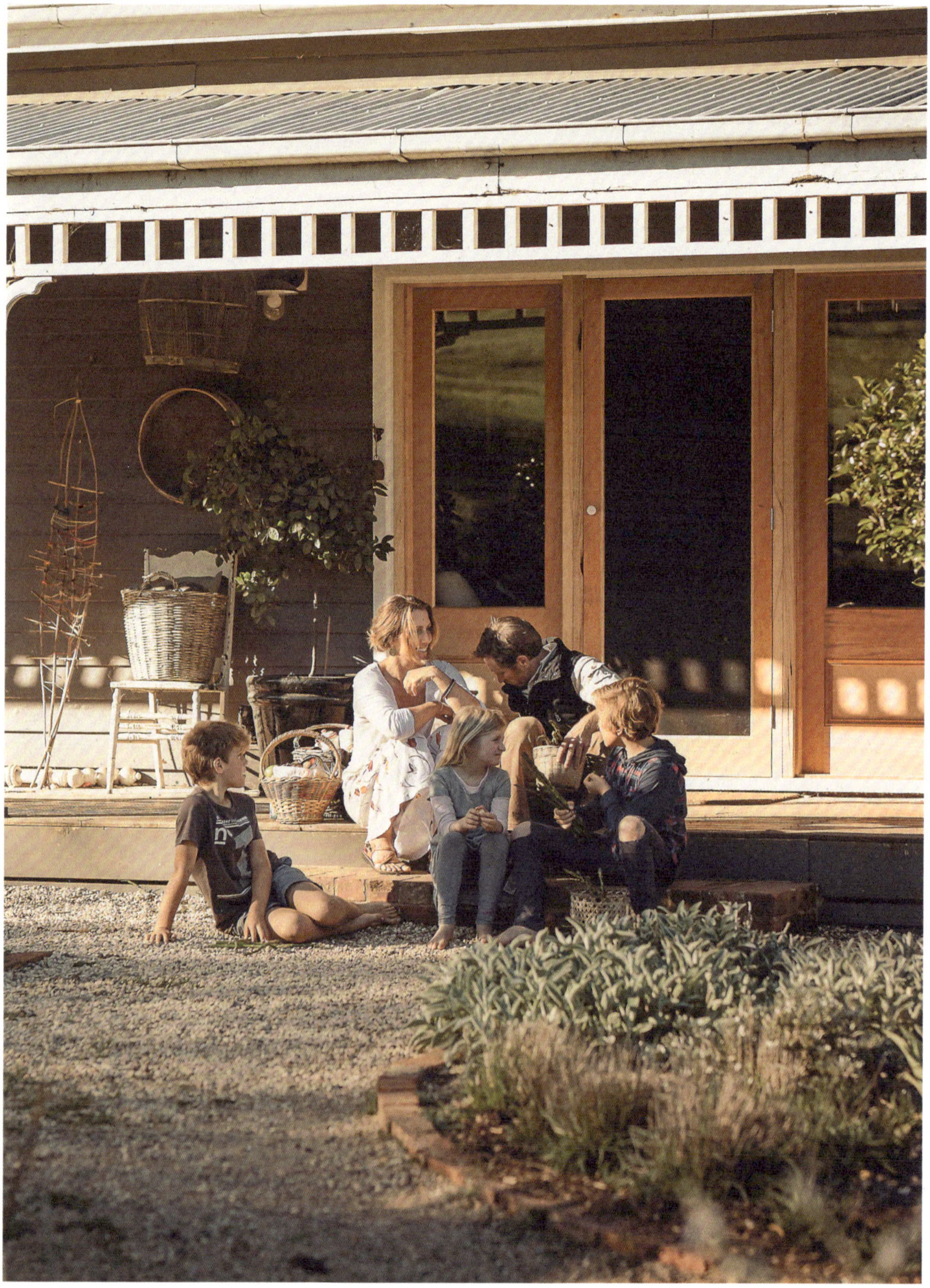

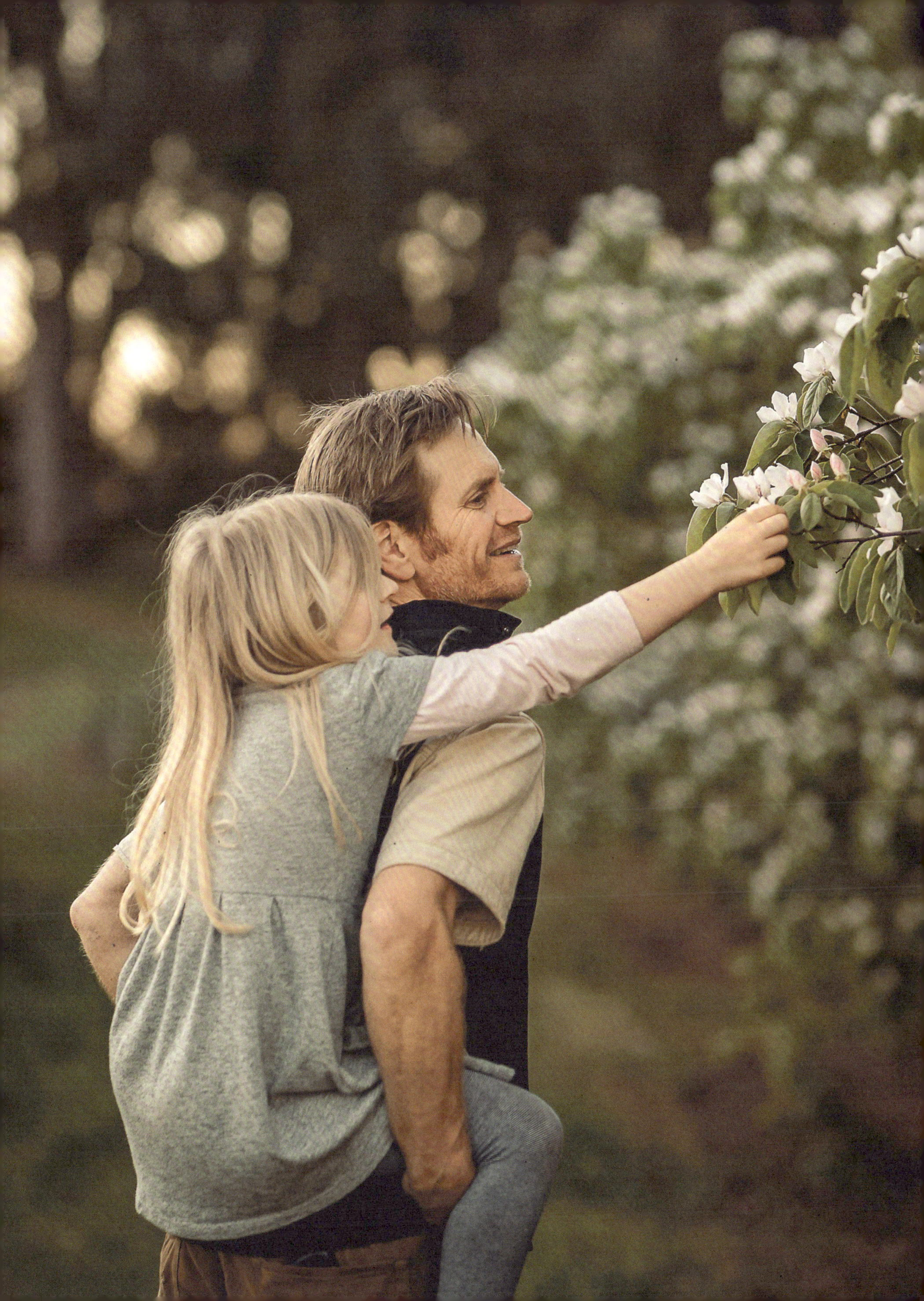

REALISTISCH BLEIBEN

Unser Weg als fünfköpfige Familie in ein neues Leben war holprig und hing von vielen Faktoren ab: Gesundheit, Zeit, neuen Erkenntnissen, Unterstützung durch andere, Erntezeiten, Geld – die Liste ist lang. Wir haben bei jedem Schritt Fehler gemacht, vor allem wenn wir dachten, etwas sei einfach (wie die Aufzucht von Schlachtgeflügel). Aber wir haben auch entdeckt, wie schnell man sich an Neues gewöhnt (wie Kräutertee).

Wir haben nicht alles auf Anhieb richtig gemacht. Wir sind Menschen, wir bemühen uns. Sich auf das zu konzentrieren, was wir nicht – oder nicht richtig – gemacht haben, würde von den Dingen ablenken, die uns gelungen sind. Wir haben schon viel erreicht, sind aber noch nicht am Ziel.

Wenig Romantik, viele Rituale

Wie wir unsere Tage gestalten, so verbringen wir unser Leben. Das heißt, bei unseren Entscheidungen im Alltag sollten wir uns von Werten leiten lassen, die über ihn hinausgehen.

Unsere Entscheidungen haben uns genau dorthin geführt, wo wir heute sind. Charlie und ich sind Bauern geworden! Selbstverständlich muss nicht jeder in die Landwirtschaft gehen. Es ist einfach das Leben, das wir für uns gewählt haben. Wir haben unsere Karrieren und festen Einkommen aufgegeben, weil wir für uns und für unsere Kinder etwas anderes wollten: vor allem mehr Zeit. Wir treffen eigene Entscheidungen, ändern manchmal unsere Meinung und schalten einen Gang runter, wenn nötig. Auch unsere Kinder sind in diesem Leben verwurzelt. Wir feiern zusammen und gehen Herausforderungen gemeinsam an. Ein Leben in der Landwirtschaft ist alles andere als romantisch. Schade, dass der Beitrag, den Bauern leisten, kaum noch gewürdigt wird. Es ist kein ruhmreiches Leben, aber doch rühmlich.

Wir arbeiten viel, oft bis spät am Abend. Wir arbeiten im Regen. Wir arbeiten, ob Kunden kommen oder nicht. Wir arbeiten, bis wir Blasen kriegen. Jeder Tag ist ein Arbeitstag. Aber kein Tag gleicht dem anderen und das Produzieren von Nahrung befriedigt uns mehr, als wir es uns je vorstellen konnten. Da kein regelmäßiges Einkommen mehr aufs Konto eingeht, sind wir kreativer im Zurückschrauben unserer Bedürfnisse geworden. Es ist nach wie vor eine Herausforderung, aber wir haben gelernt, Bedürfnisse von Wünschen zu unterscheiden und Zeit, uns klar zu werden, was wirklich wichtig ist.

Die Arbeit ist anstrengend, aber die Luft, die wir atmen, ist rein. Wir haben die Freiheit, Fehler zu machen (zu viel auf einmal wollen) und Herausforderungen zu meistern (Vögel im Obstgarten) und wir pflegen enge Beziehungen zu unserer Gemeinschaft. Für uns ist es genau der richtige Weg.

Fair Living als Familie ist chaotisch, laut und herausfordernd. Wir debattieren über Ideologie und reden uns manchmal den Mund fusselig, bis Aufgaben erledigt sind.

Wir arbeiten auf eine klare Vision hin. Ich bin dankbar dafür, wie unsere Kinder ihre Welt sehen. Ich hoffe, sie können über die Dinge, die sie nicht haben, hinwegsehen und wahrnehmen, was sie haben: Picknicks auf der Weide, Schwimmen im Stausee, Radeln im Busch – und schöne Momente mit ihrer Familie.

Eine schöne Kindheit weitergeben

Ich hatte als Kind Glück. Die Nachbarkinder waren meine besten Freunde und meine vielen Cousins und Cousinen wohnten in der Nähe. Unsere Eltern waren mit Erwachsenenkram beschäftigt und so gingen wir oft unbeaufsichtigt auf Abenteuer. Unsere wilden Unterfangen strotzten vor Magie, Kreativität, Unabhängigkeit und unbeschwerter Sorglosigkeit. Für unsere Kinder wünschen Charlie und ich uns eine Kindheit wie meine:

- Es gab nur drei Regeln: in Reichweite vom Haus bleiben, eine Kopfbedeckung tragen und vor Einbruch der Dunkelheit zurück sein.
- Unsere Räder waren unsere Freiheit.
- Wir haben im Dreck gewühlt und Baumhäuser gebaut.
- Ich bin auf dem Pferd des Nachbarn im Badeanzug zum Fluss geritten, von einem Baum aus hineingesprungen und habe mich dann neben einem Haufen frisch gesammelter Muscheln zum Trocknen in die Sonne gelegt.
- Wer braucht schon Schuhe? Wir konnten überall barfuß umherflitzen.
- Unsere Tage waren ungeregelt und unverplant.
- Wir haben Eimer um Eimer bis zum Rand mit frischen Pilzen gefüllt.

Der Wunsch, unseren Kindern eine ebensolche Kindheit zu ermöglichen, hat uns keine Ruhe gelassen, bis wir ihn in die Tat umgesetzt haben. Als Kind hatte ich keine Ahnung, dass meine Eltern sich hinter den Kulissen meiner idyllischen Kindheit der Komplexität des Lebens stellen mussten. Heute gehen Charlie und ich in ihren Schuhen und manchmal wollen die Probleme kein Ende nehmen. Aber ich denke, meine Kinder nehmen sie ebenso wenig wahr wie ich damals – und wenn sie es doch tun, ist diese Tatsache vielleicht eine wichtige Lehre.

Mehr als alles andere wünsche ich mir für meine Kinder, dass ihre Kindheit sie befähigt, der Natur mit offenen Augen zu begegnen, überlegt zu handeln und sich der Folgen ihres Handelns bewusst zu sein. Ich möchte, dass ihr Leben einen Sinn hat, reich an Ritualen und tiefen Freundschaften ist und dass sie wissen, wie wichtig der eigene Beitrag zum Gemeinwohl ist.

Ich hoffe, dass sie Gemeinnutz über Eigennutz stellen und sich gleichzeitig zu trauen Individuen zu sein, die in keine Schublade passen. Ich wünsche mir, dass sie sich ihre kindliche Neugier bis ins Alter erhalten und Einfachheit in ihnen Ehrfurcht weckt. Ich hoffe, sie sind anpassungsfähig, geschickt und erfüllt von unternehmerischem Geist. Vor allem aber möchte ich, dass sie wissen, wie es sich anfühlt, geliebt zu werden und zu lieben, dass sie viel lachen und sich selbst treu bleiben. Das ist Resilienz!

Kinder träumen auch

Im Alter von zwölf – sie hatten gerade begonnen, sich an die neue Schule und das Leben mit den WWOOFern zu gewöhnen – eröffneten die Zwillinge ein eigenes Geschäft. Sie verkauften selbst gemachte Apfelwein-Doughnuts direkt neben unserer Obstplantage, wo wir Äpfel zum Selberpflücken anboten. Sie haben sich der dreimonatigen Saison (meistens) mit Begeisterung gewidmet und sich mit Dienstplänen, Löhnen, Rückzahlung des Start-up-Kredits, quälend ruhigen Tagen, schlechtem Wetter, peinlichen Momenten mit Kunden und mehr herumgeschlagen.

Mein größter Stolz: Sie sind Tag für Tag, bei Regen, Hagel oder Sonnenschein angetreten. Sie schrubbten die Ausrüstung, füllten ruhige Tage mit Kartenspiel und Fußball und tüftelten an Lösungen, die ihnen an arbeitsreichen Tagen halfen. Sie haben gelernt, dass es frustrierend und fordernd sein kann, etwas von Grund auf aufzubauen. Es bietet aber auch Aha-Momente, Erfolge und Genugtuung, wenn man Probleme erfolgreich aus dem Weg geräumt hat. Es gab schwierige Tage, aber gegen Ende gingen sie ein klein wenig aufrechter, weil sie wussten, dass sie schaffen können, was sie sich in den Kopf setzen.

DIE VERGANGENHEIT EHREN

Als Kind habe ich meine Eltern und Großeltern nie als alt wahrgenommen. Als Tochter der Oberschwester verbrachte ich viel Zeit im örtlichen Pflegeheim. Ich half den Freiwilligen, Blumen zu gießen, und plauderte mit Patienten. Sie brachten mir Stricken bei, ich malte Bilder für ihre Zimmer.

Mein Interesse für die ältere Generation, ihre Geschichten, ihr Wissen und ihre Weisheit habe ich früh entdeckt. In einer entbehrungsreichen Zeit haben sie sich genügsam, verantwortungsbewusst und stoisch mit Fleiß, Umsicht und praktischem Wissen behauptet. Sie hatten Träume und ein gutes Leben, aber sie waren aus anderem Holz geschnitzt.

Meine Großmutter steht mir seit 43 Jahren mit ihrem Wissen und ihrer positiven Sicht der Dinge zur Seite. Was sie weiß und kann, hat sie ein hartes Leben gelehrt. Einfachheit war für sie keine Präferenz, sondern Notwendigkeit. Das Essen, das in ihrer Familie auf den Tisch kam (Kaninchen, Wild, frische Milch, Selbstangebautes und Streuobst), war »ultralokal«. Für sie heißt lokal leben, dass sie den Landkreis kaum und das Land nie verlässt. Dafür war sie ihr Leben lang von zahlreichen Freunden und ihrer Familie umgeben. Ihre grünen Daumen und Großvaters Liebe zur Jagd haben die ganze Familie ernährt. Ein Vorzug dieses Lebens war die enge Beziehung zur Natur und zu den Jahreszeiten.

Bei Begriffen wie »Wiederverwilderung« oder »Erdung« schüttelt sie den Kopf. Sie kann nicht nachvollziehen, wie uns ihr bodenständiges Leben beeinflusst hat oder warum wir versuchen, es ihr nachzutun. Von romantischen Ideen hält sie nichts, aber sie hat den Grundstein für eine generationenübergreifende Rückbesinnung gelegt – und dafür bin ich ihr dankbar. Ein Hoch auf all die Großmütter da draußen und ihre Liebe fürs Erzählen! Sie verdienen unsere Achtung und unseren Respekt. Manchmal liegt die Antwort auf die Herausforderungen der Zukunft in den Lösungen der Vergangenheit.

Dough Bros

fresh Apple Cider Doughnuts.

PRICES
- 2 Doughnuts $4
- 4 Doughnuts $7
- 6 Doughnuts $9
- 10 Doughnuts $12

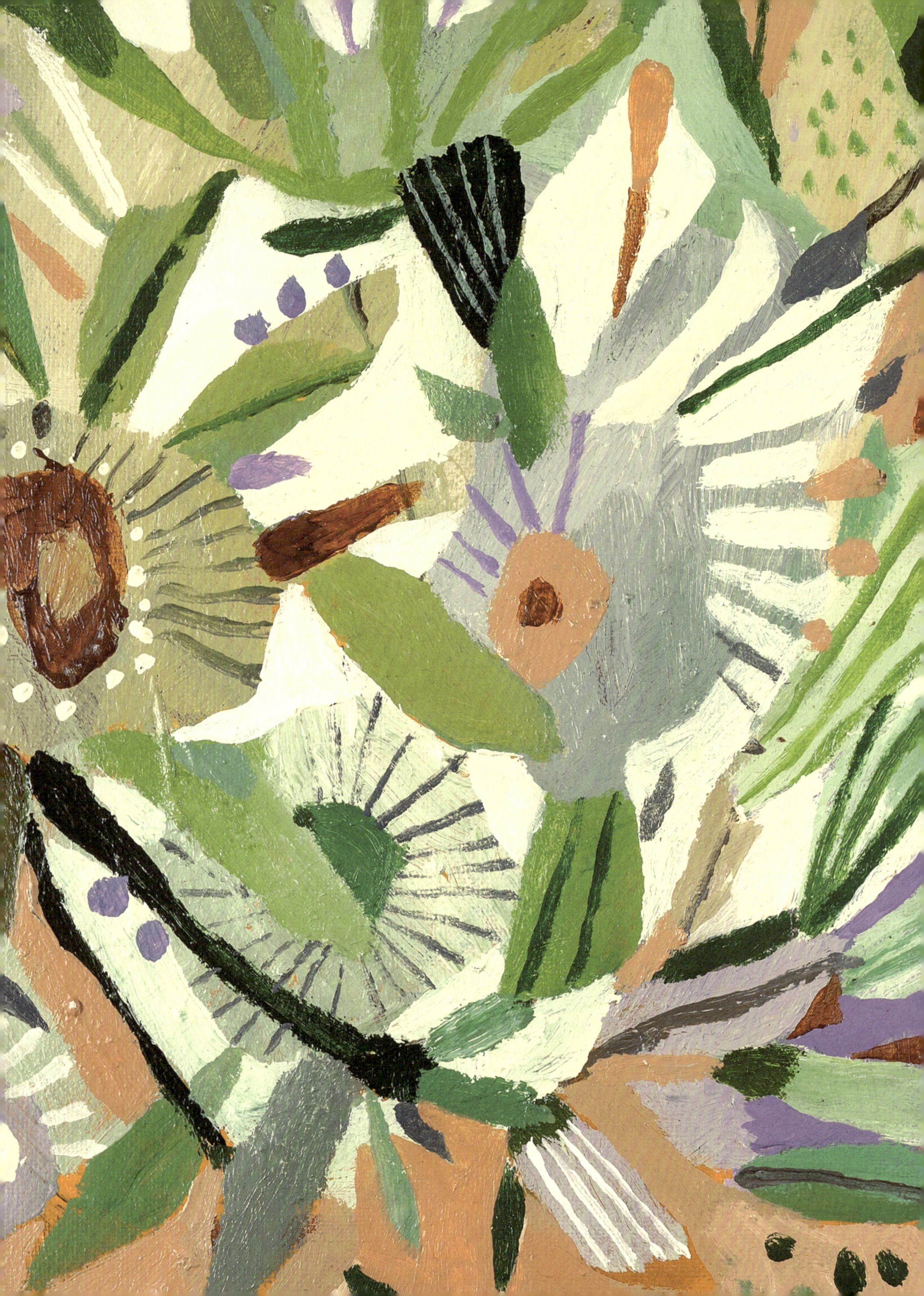

IM EINKLANG MIT DEN JAHRES-ZEITEN

So, jetzt weißt du das Wichtigste über Fair Living. Aber was machst du damit? Wo fängst du an? Je nachdem, wo und wie wir leben, sieht das für jeden von uns anders aus. Wo du auch zu Hause bist, die nachfolgenden Kapitel werden deine Sinne reizen, dich zum Nachdenken anregen und dein Herz trösten. Sie legen ein Fundament, auf dem du dir ein Leben im Einklang mit den Jahreszeiten aufbauen kannst – ein Leben reich an Ritualen, in dem du deine Welt mit wachen Sinnen wahrnimmst und mit Vergnügen am Beobachten und Vereinfachen, aus weniger ein Mehr machst.

Die Anekdoten und Rituale auf den folgenden Seiten sind Geschichten und Erfahrungen aus meinem Leben, meiner Kindheit und den Jahren auf der Black Barn Farm. Ja, wir leben auf einem Bauernhof auf dem Land im gemäßigten Klima von Victoria im südlichen Australien. Deine Realität ist wahrscheinlich ganz anders. Aber ich hoffe, du kannst in meinen Erfahrungen und Geschichten etwas für dich entdecken – ein Körnchen universeller Wahrheit.

Deine Jahreszeiten mögen anders sein, deine Freunde Ritualen abgeneigt und Zugang zu Land schwierig, aber dennoch wirst du aus fast jeder Geschichte etwas für dein Leben mitnehmen können.

Und so wird die Idee vom Fair Living lebendig.

Wir haben Dreck unter den Fingernägeln, Hühnermist an den Stiefeln, Selbstangebautes auf den Tellern und, dank all der Menschen, die wir um uns versammeln, viel Liebe im Herzen. In den nächsten Kapiteln bewegen wir uns durch sechs (ja, sechs!) Jahreszeiten:

Erwachen	**Ernten**
Sprießen	**Umschwingen**
Wachsen	**Ruhen**

Wir sind an vier Jahreszeiten gewöhnt. Aber viele Kulturen – darunter Australiens indigene Kulturen – teilen das Jahr in mehr als vier Jahreszeiten. Ihr Leben ist enger an die Produktion oder Verfügbarkeit von Nahrung gebunden. In zeitloser Wiederholung bringt das dahinschreitende Jahr in Gängen mit saisonalen Angeboten ein reiches Festmahl auf den Tisch. Die folgenden sechs Kapitel laden dich ein, diesen Zyklus in seiner Sinnlichkeit zu erleben und zu zelebrieren.

Diese jahreszeitlichen Kapitel bieten eine Fülle an Ideen, wie du ganz besondere Momente und einen eigenen Rhythmus in enger Beziehung zum jahreszeitlichen Angebot deiner Landschaft erleben kannst. Einige Vorschläge sind einfach wie Sterngucken, andere erfordern mehr Planung und Vorkenntnisse. Wir feiern die Jahreszeiten auf fünferlei Art:

1. pflanzen
2. stärken
3. speisen
4. verbinden
5. gestalten

Achtsam erlebt, helfen dir die Vorschläge, die du in diesen fünf Kategorien findest, ein ausgewogenes Leben mit Lust am Einfachen zu gestalten. Genügsamkeit kann Spaß machen!

Pflanzen

Etwas anzupflanzen, heißt, es aus dem kleinsten Samen zu ziehen. Ob Tiere, Menschen oder Pflanzen gedeihen, hängt von der Erde unter unseren Füßen ab. Ist sie gesund, blühen wir auf.

Gärtnern

Nichts, was ich tue, ist so hoffnungsfroh, erfüllend, erdend und kraftvoll wie das Anbauen von Nahrung. Es zwingt mich zur Geduld – Pflanzen lassen sich nicht drängen. Das ist beruhigend – die Arbeitsschritte verlangen Aufmerksamkeit und dass ich mit Kopf, Herz und Seele ganz da bin. Man lernt durch unglaubliche Misserfolge und völlig zufällige Erfolge.

Es gibt kein Erfolgsrezept. Das Tempo bestimmen Kräfte, die viel größer sind als ich. Das lehrt Demut. Ich verabschiede mich von dem Wunsch, Einfluss zu nehmen und tue, was ich kann. Ich buddele mit den Händen in der Erde, spüre die Jahreszeiten und wie die Samen durch meine Finger gleiten, schwelge im Beobachten und teile meine Erfolge mit anderen. Es ist ein Alleingang, aber gleichzeitig ein Unterfangen, das Bindung erfahrbar macht. Es ist lohnend, auch wenn es nicht immer zum Erfolg führt.

Die Arbeit in Gemüsebeet und Kräutergarten gibt mir Gleichgewicht und einen Stützpfeiler. Probier es aus! Auch du kannst Pflanzen zum Wachsen bringen: in Blumentöpfen und -kästen, auf der Fensterbank oder in einer Blumenampel.

Einen Samen zu säen, scheint nichts Besonderes zu sein. Tatsächlich ist es aber ein machtvoller Akt. Er schürt aus einem urzeitlichen Glimmen in jedem von uns ein neues Feuer und lässt uns spüren, dass wir ein lebendiger Teil der Natur sind.

Vielfalt wachsen lassen

Vielfalt ist der Nährboden allen Lebens. Sie manifestiert sich auf allerlei Weise: Bodenvielfalt, Samenvielfalt, Meinungsvielfalt, politische Vielfalt, gesellschaftliche Vielfalt.

Vielfalt ist ein komplexes Gewebe. Die Natur hat ein dichtes, vielschichtiges Netz geschaffen, in dem sich alle Fäden gegenseitig stützen. Wir Menschen neigen zu einseitigem, kurzfristigem Denken, wir missachten die Vielfalt, teilen sie in Schwarz und Weiß ein. Doch das Leben spielt sich im Graubereich zwischen diesen Extremen ab.

Ich möchte meinen Kindern eine Welt hinterlassen, die lebendig ist, voller Chancen und tief in der Natur verwurzelt, die zu anderen Meinungen und neuen Ideen ermutigt und ihnen respektvoll begegnet – denn Vielfalt ist der Nährboden allen Lebens!

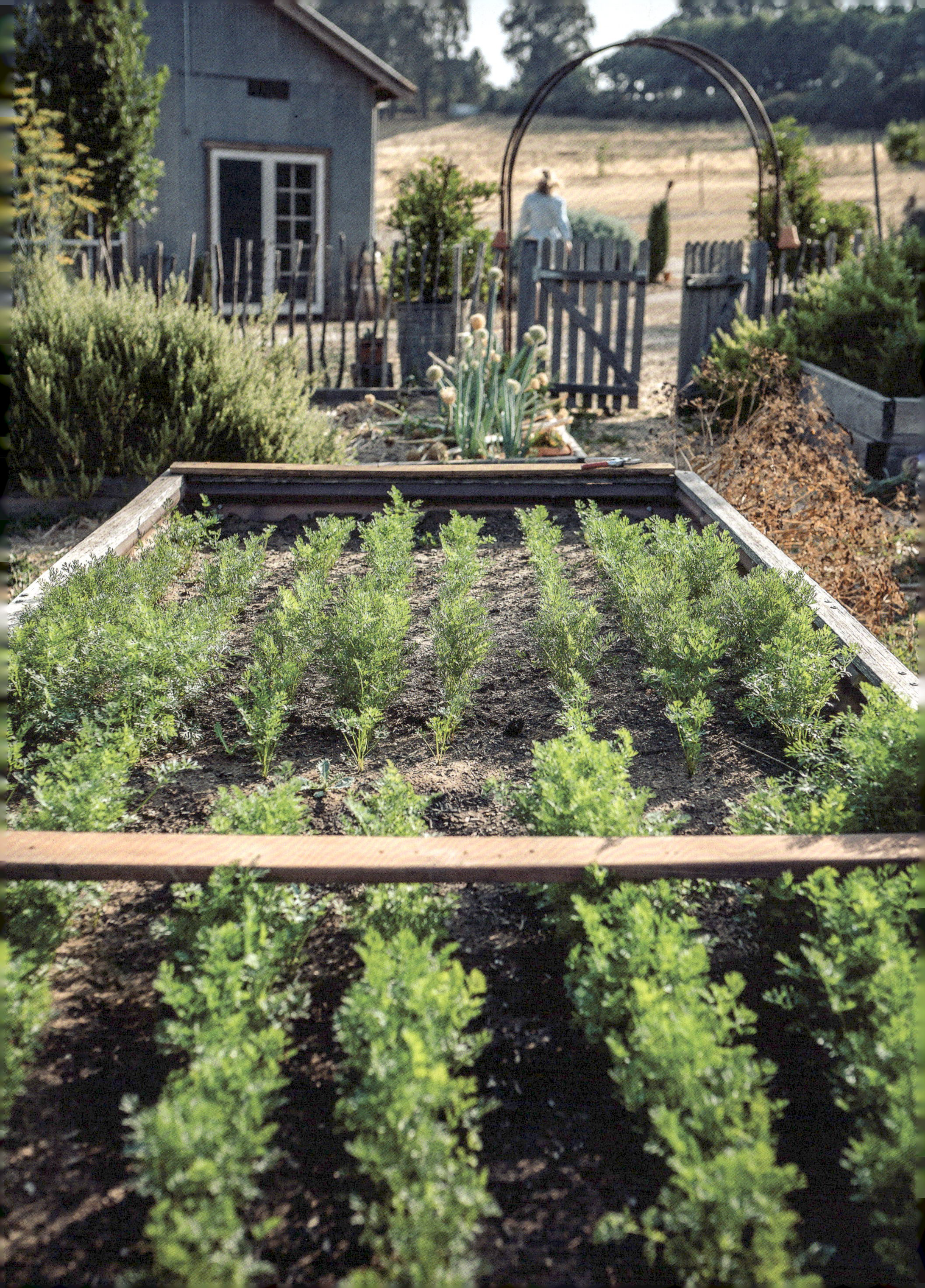

Stärken

Durch Rituale würdigen und zelebrieren wir die Bräuche einer Kultur und gründen und stärken Traditionen in einer Gemeinschaft, die uns erden. Eines der intuitivsten, kontinuierlich praktizierten Rituale der Menschheit ist das Erzählen von Geschichten. Schriftliche, gezeichnete oder mündliche Überlieferungen sind seit Anbeginn der Zeit das Kommunikationsmedium, um Wissen zu teilen, um ein Gefühl von Zugehörigkeit zueinander oder zu einem Ort zu vermitteln, um zu bereichern und zu lehren.

Das Erzählen von Geschichten mag wenig spektakulär wirken. Aber wer ein Talent dafür hat, dem eröffnet es den Weg in Geschichtsbücher und Führungspositionen. Die Fantasie, das Potenzial und die Kameradschaft in Geschichten ziehen uns magisch an, weil wir wissen, dass uns das Lesen, Hören oder Sehen der Worte bereichert.

Alte Weisheiten neu entdecken

Auf der Black Barn Farm verwenden wir oft Namen und Begriffe, die aus einer anderen Zeit stammen. Für uns verweisen sie auf Mythen, Rituale und alte Weisheiten – auf einen Reichtum, der sich uns im hektischen Leben der heutigen Zeit entzieht. Natürlich wollen wir nicht zurück ins Mittelalter, aber wir glauben, dass im Wissen der Vergangenheit eine Wahrheit nachhallt, die an unbewusste, tief verwahrte Erinnerungen rührt. Dieses Wissen wollen wir neu beleben, bewahren und weitergeben, weil es uns miteinander und mit der Natur verbindet und uns in der Welt verankert.

DEKORATION ODER BEDEUTUNG?

Was heute rein dekorativ wirkt, hatte früher in einem kulturellen Kontext tragende Bedeutung. Weihnachten und Ostern sind dafür wunderbare Beispiele. Sie sind kulturell wichtige Feste, die neues Leben und familiäre Zusammengehörigkeit feiern.

Der Konsum hat ihre Bedeutung weitgehend verdrängt und auf das rein Dekorative reduziert, schreibt David Fleming in seinem Buch *Die Zukunft überleben* und zitiert T. S. Eliot, der in *Aschermittwoch* klagte, dass »Schwingen nicht länger Schwingen sind zum Fliegen, sondern Flächen, um die Luft zu schlagen«.

Speisen

Ein Festmahl ist eine feierliche Mahlzeit, bei der wir nach Herzenslust essen und trinken. Natürlich soll es nicht in Völlerei ausarten. Aber warum sollten wir Essen nicht so sinnlich erleben, dass wir selbst den einfachsten Bissen genießen? Am Anfang jeglicher Wertschätzung für Nahrung steht das Wissen um die Launenhaftigkeit der Natur und das Bewusstsein, wie voneinander entfremdet Anbau und Verzehr sein können. Übermäßig verpackte Lebensmittel in überfüllten Regalen hell erleuchteter Läden verschleiern den Ursprung der Nahrung und unsere natürliche Beziehung dazu.

Wenn wir begreifen, wie abhängig wir von Lebensmitteln und ihrer Produktion sind, wissen wir auch, dass ein in feine Scheiben geschnittener, selbst angebauter Apfel mit etwas frischem Ziegenquark und einer gerade geknackten Walnuss kein Snack, sondern ein Festmahl ist.

> **HEISSE LUFT IM OFEN?**
> Ich gebe in meinen Rezepten die Ofentemperatur immer als Ober-Unter-Hitze an. Wenn du mit Umluft backen willst, zieh einfach 20 °C ab.

REZEPTE – EIN GESTÄNDNIS

Für meine sechs saisonalen Kapitel habe ich jede Menge Rezepte zusammengestellt. Aber ich muss gestehen: Ich bin allergisch gegen Rezepte. Beim Kochen halte ich mich selten an Details. Mir ist wichtig, dass die Jahreszeit, frisch Geerntetes und die Vorräte in der Speisekammer das Menü diktieren. Ich passe die Rezepte an das an, was ich zur Hand habe, schwelge bisweilen im Überfluss, begnüge mich aber ebenso, wenn wenig da ist.

Im Lauf der Zeit haben wir schöne Ideen für saisonale Festmähler gesammelt. Ich ändere sie jedes Mal ein bisschen ab, aber sie folgen dem vertrauten Jahreszyklus.

Meine Rezeptallergie habe ich für dieses Buch überwunden. Sie sitzt vor der Tür und schmollt. Ich freue mich, dir Ideen präsentieren zu können, die du an dich, deinen Garten, deine Zeit, dein Budget und deinen Geschmack anpassen kannst: Teste Neues, tausch Zutaten aus, gib der Sache Würze (oder Schärfe), lass das Fleisch weg. Meine Rezepte sind als Grundlage gedacht, lass dich beim Abwandeln und Anpassen von deiner Kreativität leiten.

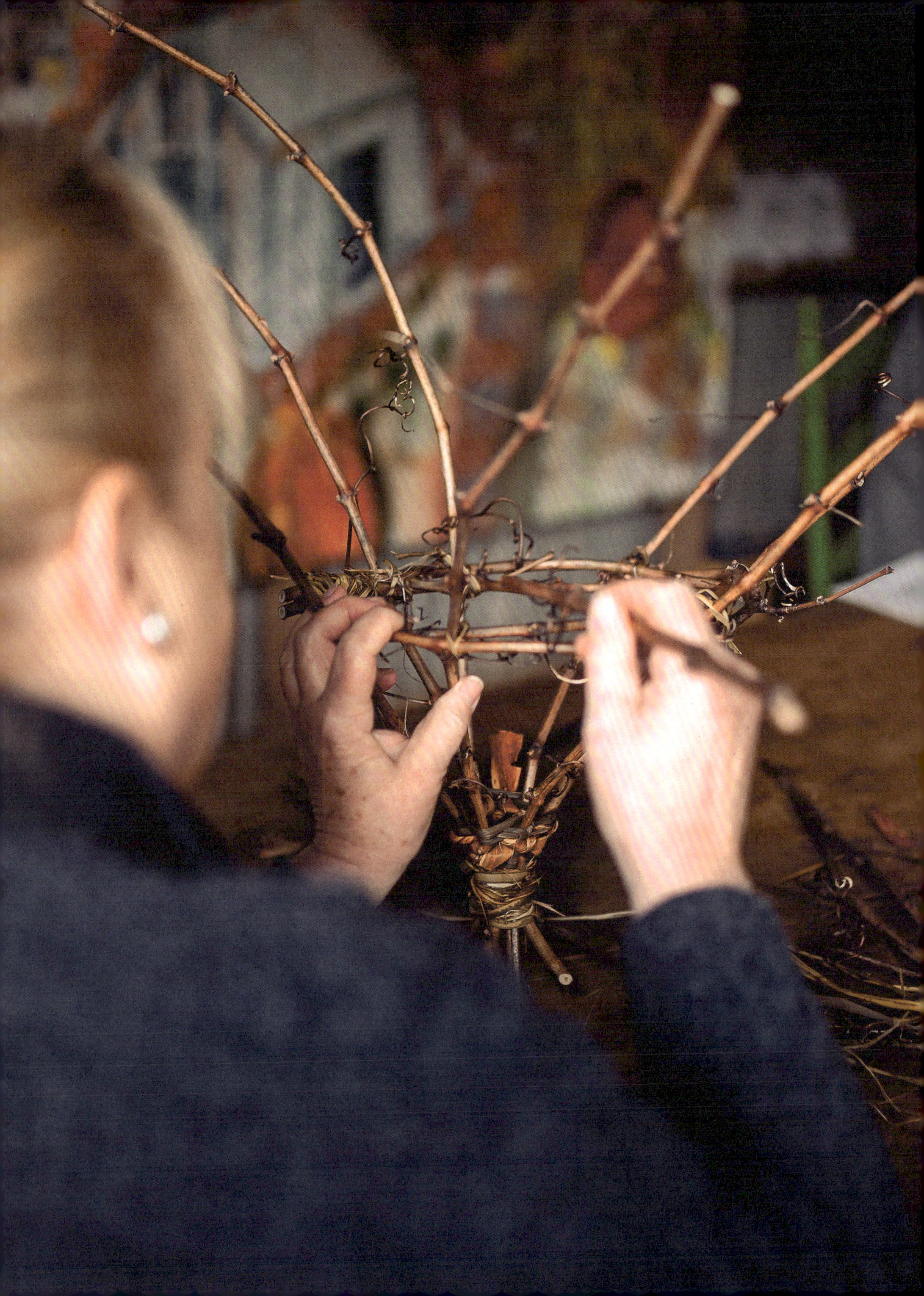

Ich will etwas zurückgeben, damit aus einer Transaktion statt einer einseitigen Verbraucherbeziehung ein Kreislauf wird. So kann ich ihn nähren und er nährt mich.

Taj Scicluna, »The Perma Pixie«, Permakultur-Beraterin

Verbinden

Wenn wir uns mit uns selbst und anderen verbinden – sei es, indem wir gemeinsam Feste feiern oder eine helfende Hand reichen –, tanken wir Energie. Es gibt uns die Kraft, unser Bestes zu geben. Zugehörigkeit ist ein menschliches Bedürfnis.

Es kann Zeiten geben, in denen du dein eigenes Ding machst – nicht für immer, aber lange genug, um sicher zu sein, dass das, wofür du stehst, authentisch ist. Findest du Gleichgesinnte, entsteht wieder der Wunsch, mit anderen an einem Strang zu ziehen und gemeinsam zu wachsen.

Wir alle wollen uns sicher, geliebt und vollwertig fühlen. Wer seine Fähigkeiten und Stärken kennt und sie seiner Gemeinschaft zugutekommen lässt, hat das Gefühl dazuzugehören. Beobachte dich und andere aufmerksam und trage deinen Teil zum großen Ganzen bei. Verbinde dich mit anderen Menschen und baue starke Verbindungen auf!

Gestalten

Neue Dinge zu gestalten, ist fantastisch. Stell dir vor, du könntest ohne Regeln, Schranken oder Wertung erschaffen, was du willst. Was würdest du hervorbringen, wenn du alle Zeit der Welt hättest, um von wunderbaren Dingen zu träumen? Ohne den Druck, dass deine Kreation etwas »sein« oder »tun« muss, könntest du besondere Dinge bewirken.

Unsere schöpferische Kraft macht uns zu Menschen. Vielleicht bringt es nicht jeder zur Meisterschaft, aber das Ausprobieren und Erforschen ist so wertvoll wie das Resultat selbst.

An einem unserer Korbflechtkurse nahm einmal eine stille Dame teil, die fast den ganzen Tag frustriert schien. Am Tag darauf erhielt ich eine überschwängliche E-Mail. Sie schrieb, der Tag sei eine der lohnendsten, erfüllendsten und befriedendsten Erfahrungen seit ihrer Kindheit gewesen. Etwas aus nichts zu schaffen, habe ihr größte Freude bereitet.

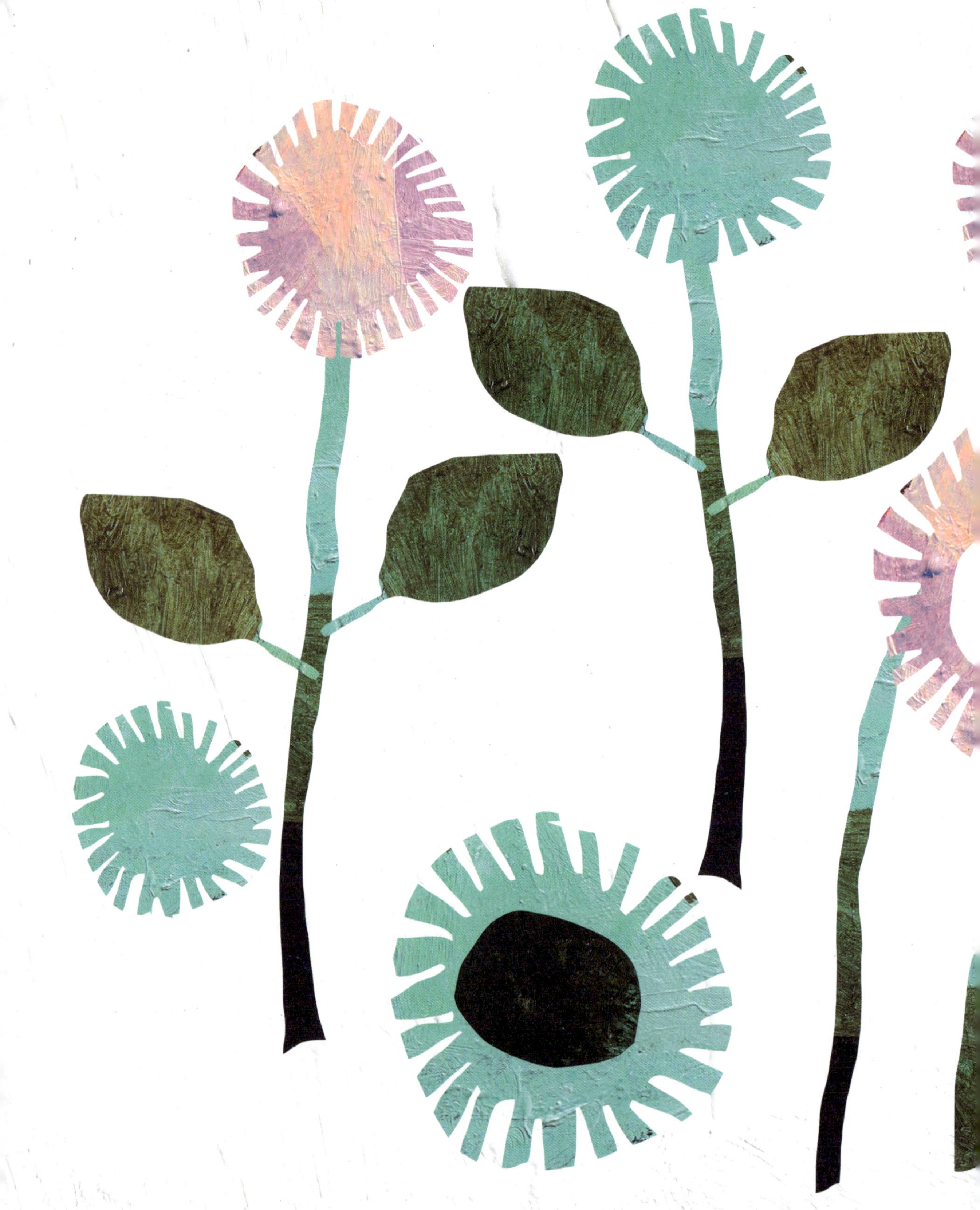

DIE JAHRES-ZEITEN

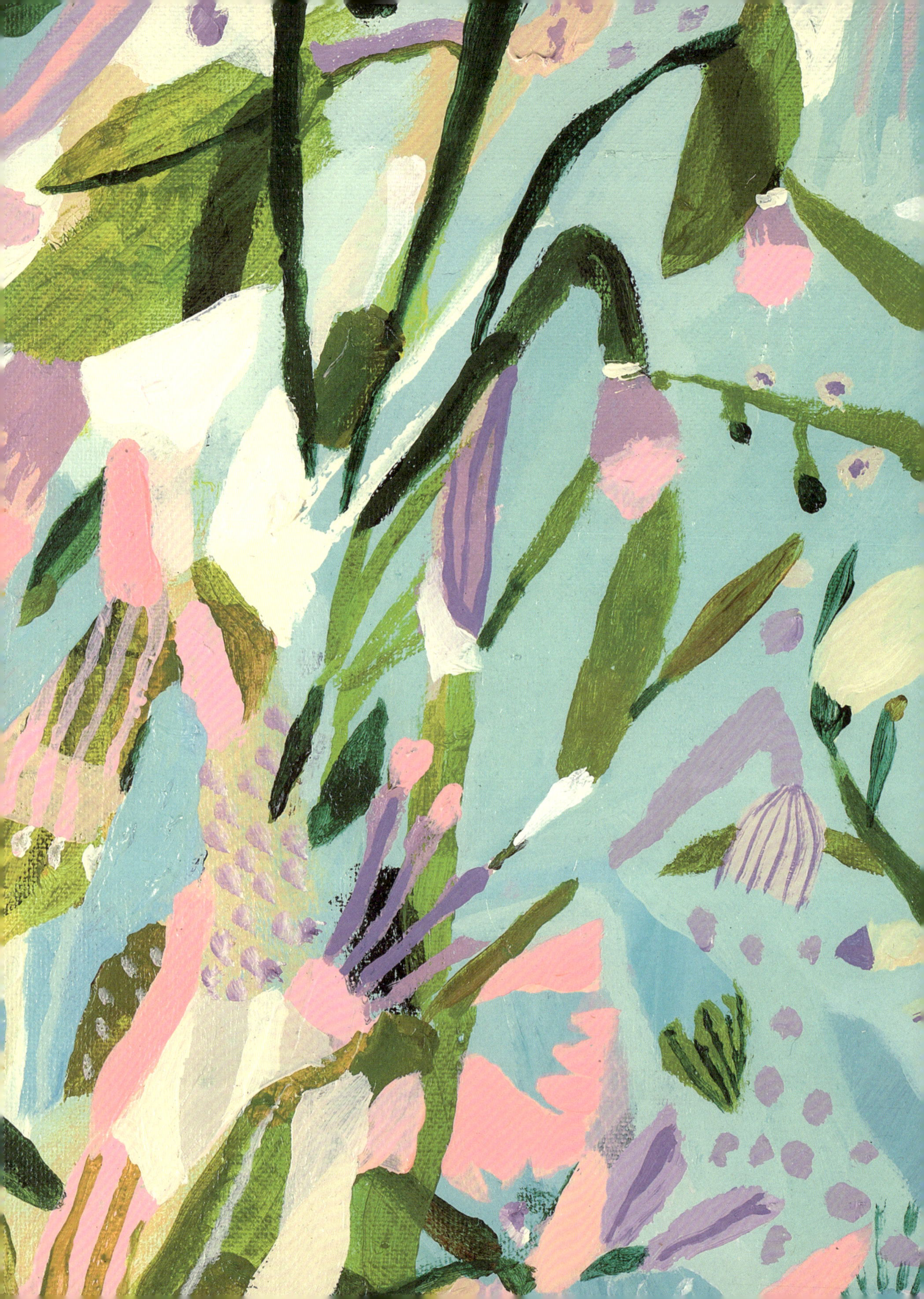

ERWACHEN

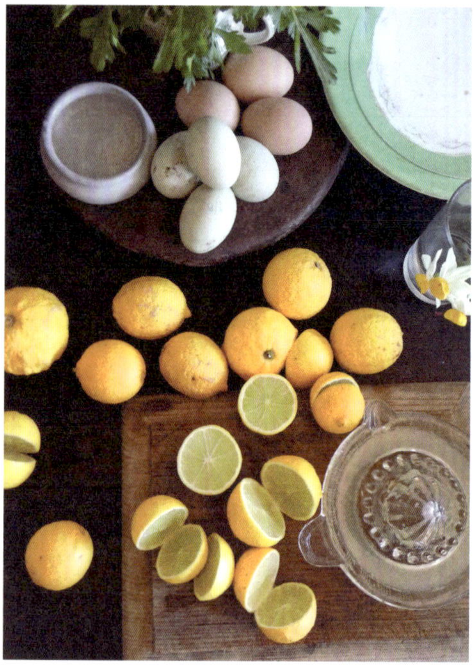
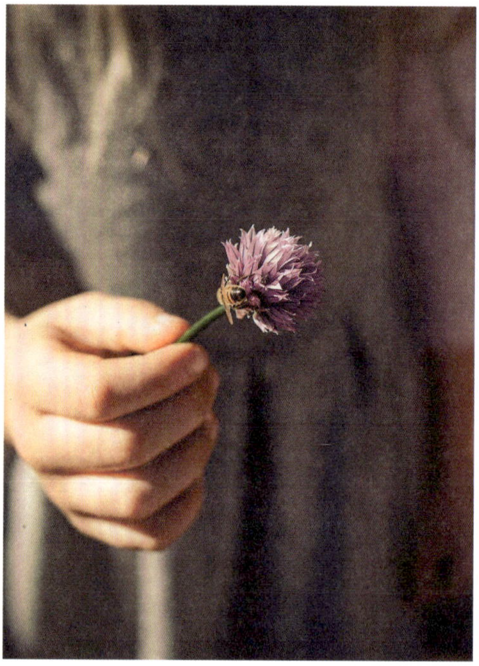
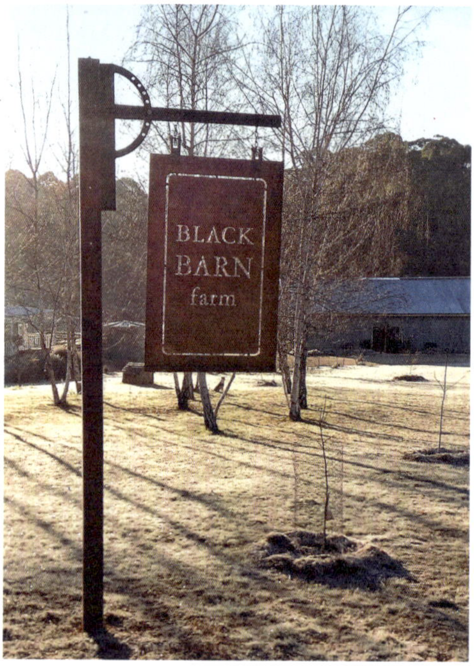
BLACK
BARN
farm
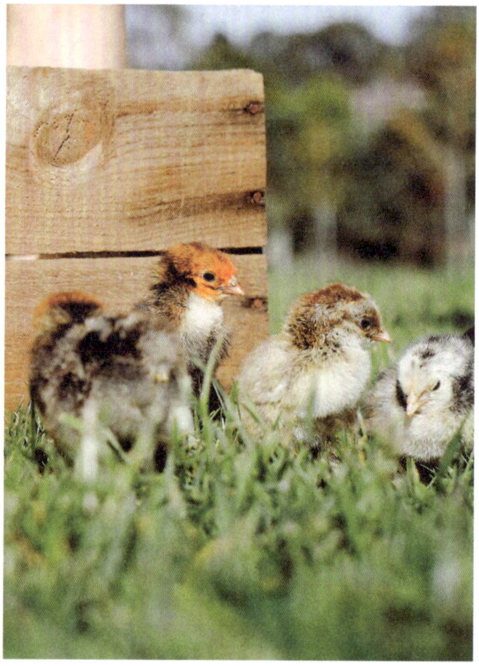

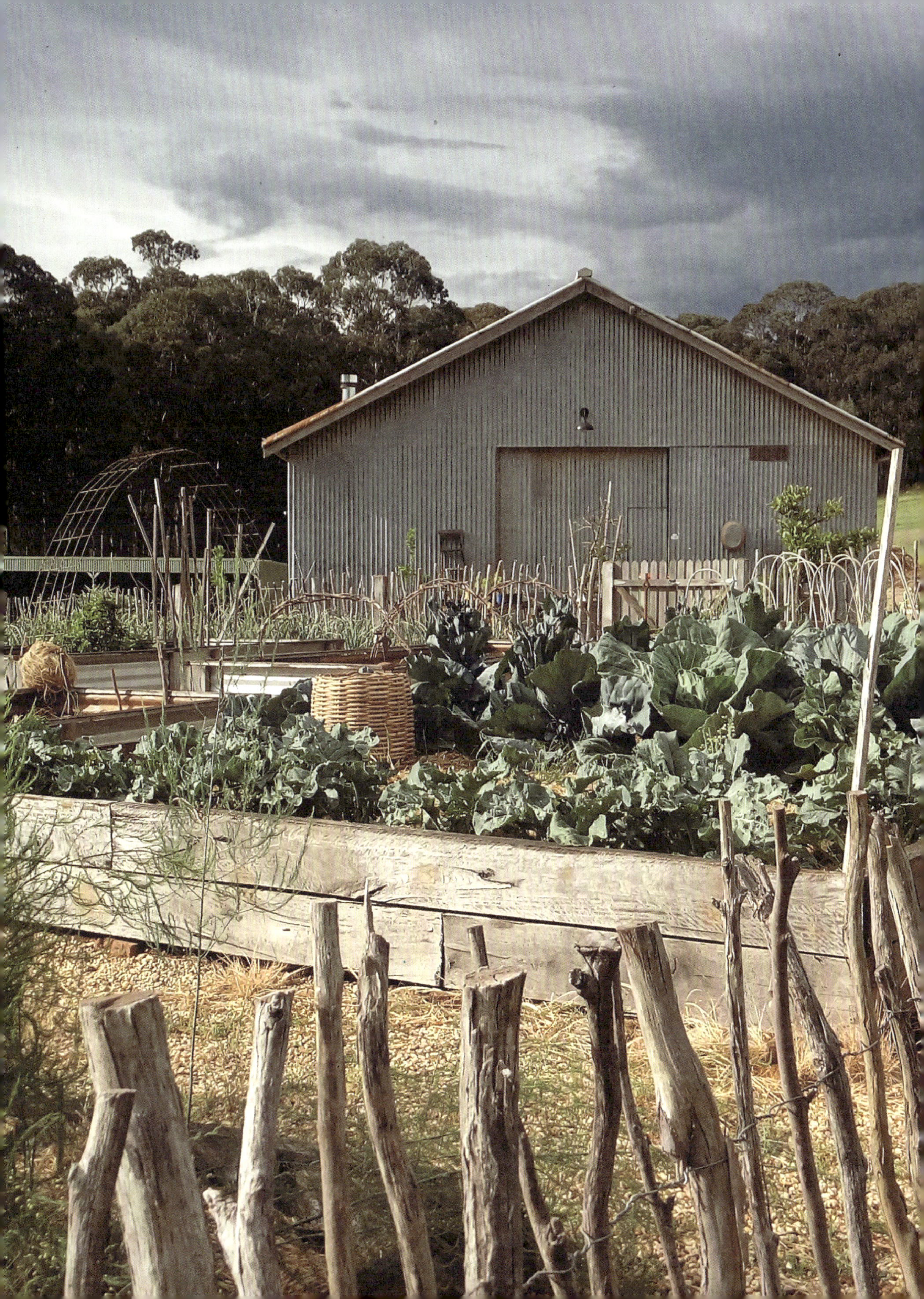

Es ist, als wüsste die Natur, dass die Dunkelheit des Winters jetzt auf uns lastet, dass uns die Tage vor dem Kamin bei einer Tasse Tee langsam erdrücken und die Sonne uns mit geflüsterten Verheißungen von frischer Luft und Wärme auf der Haut nach draußen lockt. Nach Monaten winterlich stiller Einsamkeit suchen wir die Nähe zu anderen Menschen. Es zieht uns begierig ins Freie, wir sehnen uns nach den Zeichen neuen Lebens.

Der Zeitpunkt ist gerade richtig, denn die Wintervorräte gehen zur Neige und die alljährliche Hungerlücke droht. Die Hühner legen wieder täglich Eier. Wildspargelspitzen sprießen zaghaft aus dem frostigen Boden und streben dem Himmel zu. Sie bilden das perfekte Duett für ein herzhaftes Frühstück oder eine abendliche Käsequiche.

Getrocknete Kräuter im Tee weichen frischer Minze, Rosmarin, Eisenkraut und Kamille oder einem Spritzer Saft aus den letzten Zitronen. Auf den noch kahlen gemulchten Gartenbeeten wird bald, wenn Zwiebeln und mehrjährige Pflanzen ans Licht drängen, neues Grün sprießen. Es ist Zeit, Holz zu hacken, bevor der Sommer zu trocken wird und das Saatgut zu sichten, um den Gemüsegarten zu bevölkern.

Hängt man nun Laken bei Sonne und Wind auf, sind sie zum ersten Mal seit Monaten im Handumdrehen trocken. Füll das Haus mit Vasen voller Goldakazienzweige und öffne Fenster und Türen. Plan ein Picknick mit Freunden, die du seit dem Herbst nicht gesehen hast. Narzissen und Schneeglöckchen nicken in der Brise. Winterjasmin wiegt sich in der Dämmerung, es duftet betörend. Atme tief durch und öffne alle Sinne für das Erwachen der Natur.

Lass die warmen Hüllen fallen, beobachte die Wolken am blauen Himmel und fiebere dem Sommer entgegen. Es ist Zeit, WACH AUF!

Stärken

KLEIDERTAUSCHPARTY

Lass die Korken knallen, breite ein Tischtuch aus und krame im Kleiderschrank: Es ist höchste Zeit für ein Treffen mit deinen Freunden und einen neuen Sommerlook. Wann du den Kleidertausch organisierst, bleibt dir überlassen. Ich liebe es, mich vom Winter zu verabschieden, indem ich bei einem gemütlichen Brunch im Freien oder einem Nachmittagstee mit Freunden neue-alte Lieblingsstücke hin- und herwerfe. Wir tauschen nach Herzenslust, bis jeder ein neues Outfit für den Frühling hat. Jeder bekommt einen neuen Look, ohne einen Cent auszugeben, noch gute, aber nicht mehr getragene Kleidungsstücke finden neue Freunde und man lässt zugleich die Beziehung zu seinem Freundeskreis aufleben.

WUNDERBARE WWOOFER

Fremde im eigenen Heim sind nicht jedermanns Sache. Für uns sind der Sprung über den eigenen Schatten und der Vertrauensvorschuss zum Ritual geworden. Jeden Frühling und Herbst nehmen wir Leute auf unserer Farm auf. Am besten klappt das, wenn sie mehr als drei Wochen und bis zu drei Monate bleiben. In den ersten zehn Tagen schlüpfen wir in die Rolle der Gastgeber und Lehrer, bis wir uns aneinander gewöhnt haben und einen gemeinsamen Rhythmus finden. Wir geben neuen WWOOFern gerne Zeit, bei uns anzukommen, weil wir wissen, dass sie alle – wie von Zauberhand – in der zweiten Woche morgens die Augen aufschlagen, plötzlich wissen, was zu tun ist und einfach loslegen.

Unsere Tage sind zwar flexibel, aber es gibt Fixpunkte. Das Frühstück kommt um 7.30 Uhr auf den Tisch, dann besprechen wir bei Haferbrei und frischen Frühstückseiern die Aufgaben des Tages. Und sonntags laden wir zu einem Planungstreffen am Lagerfeuer ein, trinken Bier und essen gemeinsam zu Abend. Es gibt Aufgaben, die jeden Tag anstehen: Kochen, Hühner füttern, Arbeit im Gewächshaus, Brutkästen überprüfen, Holz transportieren und Pilze suchen. Wir haben wenig Regeln, aber klare Erwartungen, über die wir von Anfang an offen sprechen. Jeder kocht, jeder putzt, der Koch spült nie ab, keine Tablets oder Handys bei Tisch und Fragen sind immer erlaubt, auch wenn es stets dieselbe Frage ist.

WWOOFer arbeiten meist etwa sechs Stunden pro Tag gegen Unterkunft und Verpflegung. Worin ihre Arbeit besteht, hängt von Jahreszeit und Wetter ab. Bei so vielen helfenden Händen vergehen die Tage zwischen Scherzen und lustigen Frotzeleien immer wie im Flug.

Sie wohnen in unserem umgebauten Versandlager. Hier haben sie einen eigenen Raum, wo sie im Internet surfen, Nickerchen oder Yoga machen, Tee kochen oder in Büchern aus unserer Bibliothek blättern, um sich weiterzubilden.

Von September bis Dezember und von Februar bis Mai sind wir ein Team mit einem gemeinsamen Ziel. Wir schaufeln Gräben, pflücken Äpfel, bewässern, bauen Zäune, machen den Abwasch, kochen, kümmern uns um den Gemüsegarten, mulchen, hüten Schafe oder Kinder – die Liste der Aufgaben ist endlos. Wenn unsere WWOOFer abreisen, fällt Stille über Haus und Farm. Ohne die lebhaften Zwiegespräche, den bunten Kulturenmischmasch, die Vielfalt der Lieblingsessen und das herzhafte Lachen breitet sich ein Gefühl der Leere aus. Fremde Menschen um uns zu haben, war anfangs gewöhnungsbedürftig, aber die WWOOFer bereichern unser Leben. Gibt es eine Möglichkeit, wie du in deiner direkten Umgebung eine Gemeinschaft bilden kannst?

VOGELZWITSCHERN

Vogelgesang im Morgengrauen ist die Muse der Dichter. Es ist ein flüchtiges Kitzeln der Sinne bei Tagesanbruch, bevor die Sonne ihr Licht wie goldenen Honig durch das Schlafzimmerfenster gießt.

Jeden Frühling warten wir voller Vorfreude auf den kleinen Streifenpanthervogel und sein hohes lebhaftes Zwitschern, das das Erwachen des Jahres verkündigt. Er verbringt die kalten Monate im Norden, bevor er mit seinem hibbeligen Hüpfen und reinen Tönen auf unsere Fensterbank zurückkehrt. Wenige Wochen später gesellt sich seine Herzensdame zu ihm.

Ihr Leben läuft wie ein feines Uhrwerk und wir haben das Glück, ihr Treiben ein oder zwei Wochen beobachten zu dürfen. Bald entziehen sie sich unserem Blick. Auf der Veranda versteckt, teilen sie sich geduldig 19 Tage lang das Brutgeschäft. Das größte Vergnügen ist, wenn wir ihre neue Familie auf der Fensterbank bewundern dürfen, bevor sie hinaus in die Welt ziehen – bis zum nächsten Jahr.

Hinreißende Gänseküken

So niedlich ihre Babys sind, die Paarungszeit der Gänse ist laut und aggressiv, vor allem wenn man unverhofft zwischen einen aufgeregten Herrn und seine Liebste gerät. Die Zurschaustellung männlicher Dominanz amüsiert uns wochenlang, bis sich unsere Gänsemamas 35 Tage lang auf ihre Eier zurückziehen. Der Bruterfolg ist alles andere als sicher. Gerade bei Toulouser Gänsen ist es nicht ungewöhnlich, dass aus 40 Eiern nur sechs Gänseküken schlüpfen.

Kurz vor dem Schlüpfen lässt der Schoof von seinem üblichen Treiben ab und schart sich um die brütenden Mütter. Wie rastlose Soldaten stehen sie Wache und lassen uns nicht in ihre Nähe, bis die Küken geschlüpft sind. Also behalten wir den Kalender im Auge und verfolgen heimlich das Geschehen, bis wir endlich einen Blick auf das neue

Rechts:
Toulouser Gänse sind groß, majestätisch und friedfertig – nur nicht in der Brutzeit. Dann sind sie laut und verstehen keinen Spaß.

Leben erhaschen. Dann müssen wir Gänse und Ganter trennen und die Gänsemütter mit ihren Kleinen ein paar Tage lang einsperren, damit die kleinen Flaumkugeln nicht über die ganze Farm marschieren. Nach einer Woche hat sich der Schoof beruhigt und darf wieder zusammenkommen.

Ein gesunder Bienenstock

In einer dichten Rauchwolke lässt sich ein von Kopf bis Fuß vermummter Mann erahnen. Es ist Zeit zu prüfen, wie gesund die vorhandenen Bienenstöcke sind. Mit etwas Glück gelingt es ihm auch, einen oder zwei neue Frühlingsschwärme einzufangen. Eine große formlose Wolke von Bienen windet sich um einen Baumstamm. Taub vom lauten Surren, hofft der Imker, dass er die Bienen mit dem Bienenkorb zum Bleiben bewegen kann. Wir haben zahlreiche Fehlschläge hinter uns, aber wir wollen diesen unglaublichen Geschöpfen näherkommen. Der süße Honig ist nur ein Bonus. Im Spätsommer vermummen wir uns und sammeln die goldene Köstlichkeit ein.

Hähne und gackernde Hühner

Plötzlich liegt es im Stroh: das zartrosa Ei! Es ist meist klein und allein, aber das erste Ei der Saison ist immer ein freudiges Ereignis. Sobald die Tage länger werden, die Sonne wärmer scheint und die Hühner Zeit zum Scharren in den Gartenbeeten haben, füllen sie die Nistkästen mit Eiern in Hellblau, Weiß, Braun und allen Schattierungen von Rosa bis Orange. Mit der Eierproduktion beginnt auch die Brutsaison. Wir warten, bis es dunkel ist, setzen Stirnlampen auf und schleichen in die Ställe. Mit unter den Arm geklemmten Hühnern huschen wir zwischen den Ställen hin und her und setzen schläfrig verdutzte Hühner auf neue Stangen, bis alle fünf Ställe nach Rassen sortiert sind.

Ganz links:
Dieser Bienenstock steht unter Laubbäumen. So hat er es im Winter warm und im Sommer kühl.

Links:
Es gibt nichts Schöneres, als ein flauschiges Gänseküken in der Hand zu halten.

Rechts:
Gänse (oben) und Hühner (unten) brüten zu Anfang des Frühlings.

Dann machen wir eine Bestandsaufnahme. Wir versuchen, jedem Hahn mindestens drei Hennen zu geben, aber meist verlieren wir in den Wintermonaten ein paar gefiederte Freunde an Füchse. Diese missliebigen Räuber sind das ganze Jahr über zugange, aber zum Frühlingsanfang sind sie besonders aktiv, denn dann müssen sie ihre Jungen versorgen und sind mutiger. Die Hennen fliehen in ihre Verstecke, aber der Hahn plustert sich auf und stürzt sich in den Kampf. Leider hat noch keiner unserer Hähne gewonnen.

Wenn wir einen Hahn verlieren, können wir diese bestimmte Rasse nicht mehr züchten. Also drehen sich viele SMS, E-Mails und Gespräche auf dem Postamt um die Suche nach geeignetem Ersatz. Die führt uns auf nächtliche Fahrten zu nahen und fernen Nachbarn, um Hähne abzuholen, die einen eigenen Harem suchen.

Am besten ist es, wenn man die Hennen ihre Eier selbst ausbrüten lässt. Die Schlupfrate ist dann viel höher als von Eiern im Brutkasten – und man muss den Brutkasten in der Scheune nicht sechs Wochen lang mit einer Wärmelampe bestrahlen. Leider kommen wir nicht immer drum herum. Dann heißt es, Brutkasten abstauben, 48 Eier hineinlegen und 21 Tage warten.

Der Aufwand ist zwar größer, gibt aber Groß und Klein die Chance, sich mit den watschelnden Flauschbällchen anzufreunden. Jedes Jahr haben die Kinder Lieblingsküken, denen sie Namen geben und die sie mit Streicheleinheiten verwöhnen. In Jackentaschen und unter Pullovern versteckt, gehen sie mit auf Abenteuer und werden Freunde. Ab dem Zeitpunkt, wenn die Küken in den Stall umziehen, leben sie als Nutztiere und nicht als Haustiere.

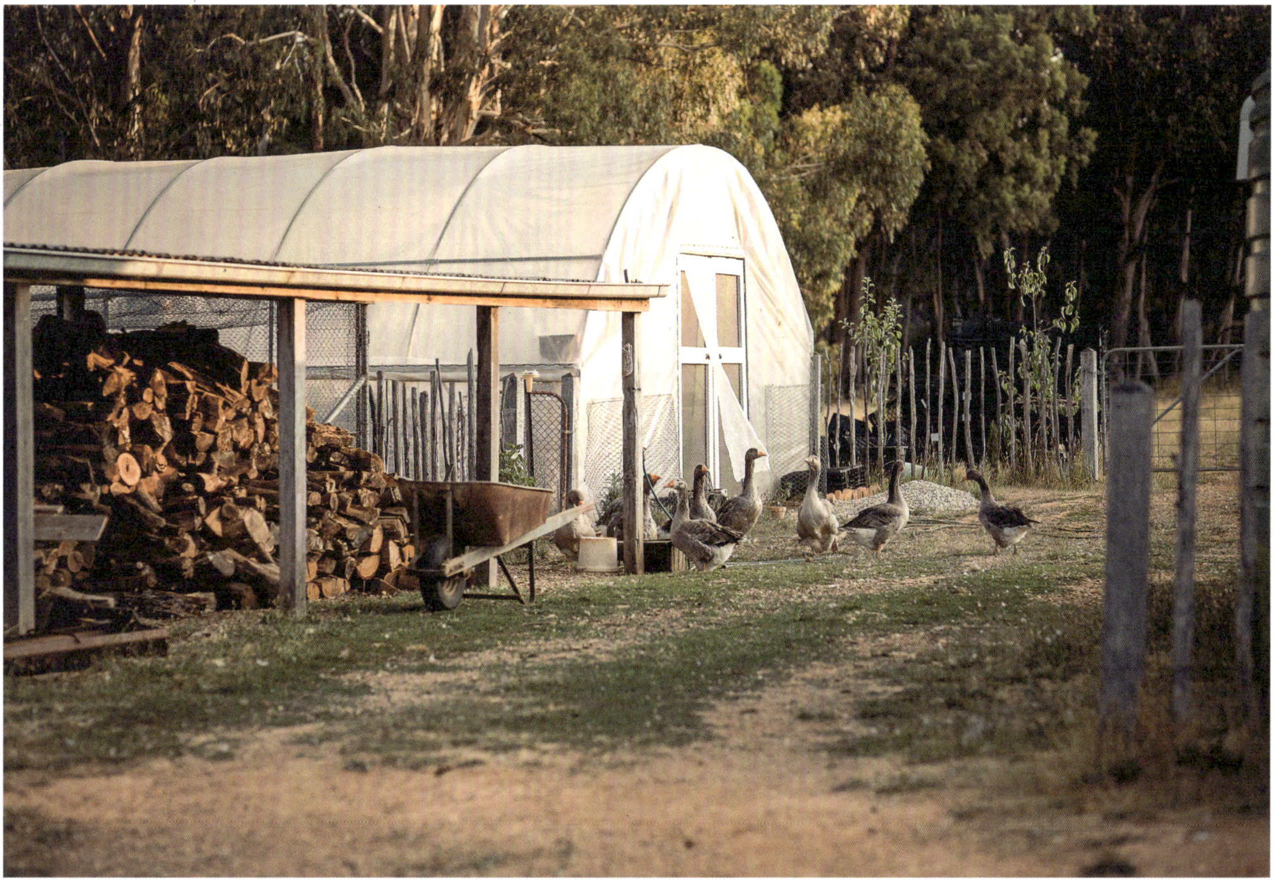

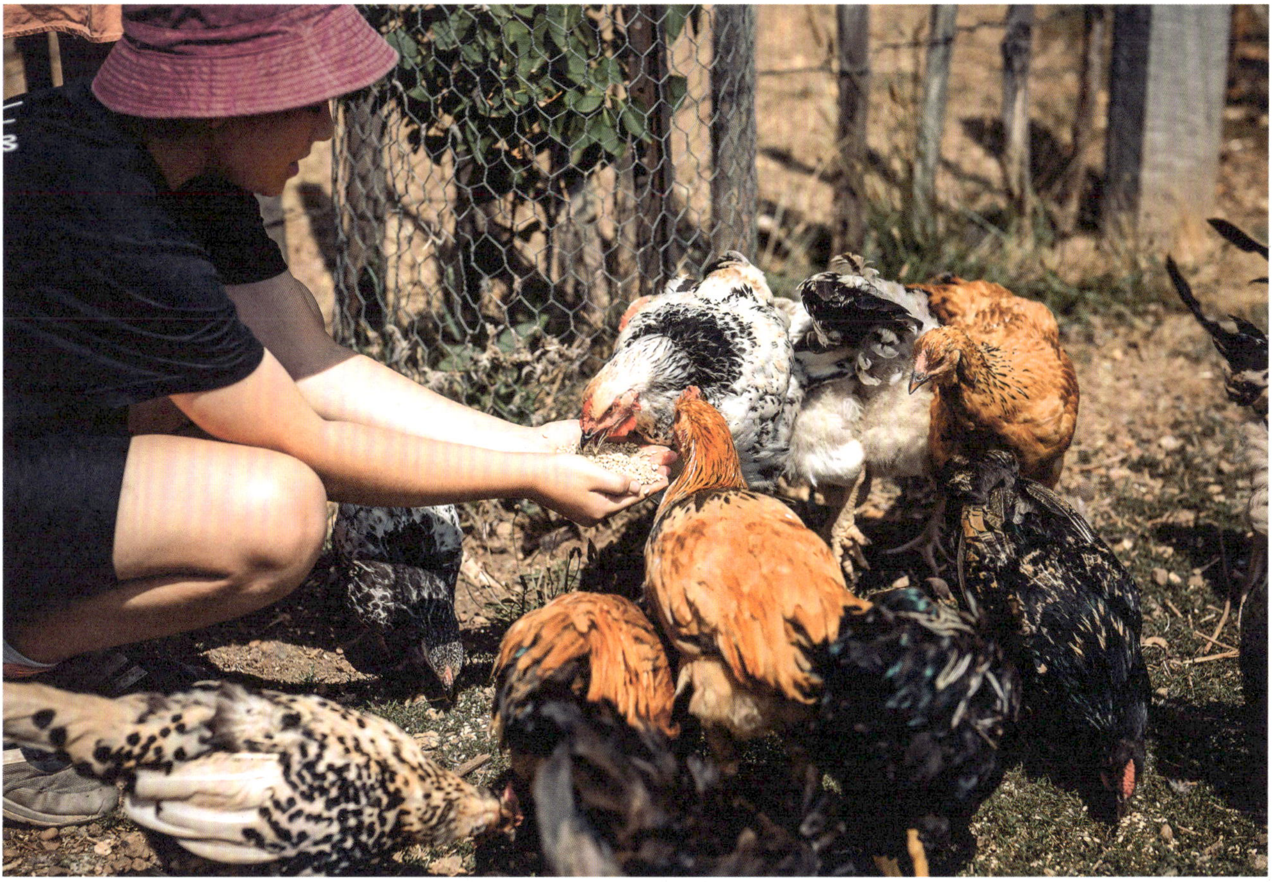

»Das Leben in einer Kultur, die auf Mechanisierung setzt, lässt uns glauben, auch wir seien Maschinen. Tatsächlich bevorzugen unser Körper und unser Geist aber ein Leben in natürlicher Gangart.«

Meg Ulman, Bloggerin bei Artist as Family

Verbinden

POTLUCK MIT FREUNDEN

Gerade zu dieser Jahreszeit kann man frische positive Energie tanken, wenn man die Stille der Wintermonate abstreift und bei einem Essen Freundschaften aufleben lässt. Sich in Wiedersehensfreude zu sonnen, macht bis in die Zehenspitzen glücklich. Deine Gäste? Zuverlässige Menschen, denen du vertraust und die Verletzlichkeit und Offenheit einem Drei-Gänge-Menü und einem feinen Tischtuch vorziehen.

Was könnte besser sein als ein Treffen mit den Leuten, die du magst – und die mit dem letzten selbst gemachten Chutney, einem halben Laib Brot oder der halb vollen Flasche Wein vom Vorabend antreten? Ein Potluck ist wunderbar erwartungsfrei. Jeder packt mit an, damit es – ganz mühelos – ein geselliger und launiger Abend wird.

Beim Potluck geht es in erster Linie um das Zusammensein, erst danach ums Essen. Gerade dadurch, dass nicht alles genauestens geplant ist, ist die Zusammenstellung der Gerichte oft erstaunlich gut. Auch die Location ist Nebensache. Warm und trocken soll sie sein, aber es reicht auch ein fünf Minuten vor Eintreffen der Gäste gefegter Schuppen.

Das Schöne am Potluck? Man trifft sich spontan, wenn sich die Gelegenheit – oder die Notwendigkeit – ergibt. Einige Bauern in unserem Freundeskreis sind Weltmeister darin. Sie schicken am späten Nachmittag eine SMS, dass es Zeit für Potluck ist, weil sie, wir oder wir beide mal wieder eine Pause vom Farmleben brauchen. Es ist ein Geschenk und Ausdruck von Fürsorge, weil sie unser Leben wirklich verstehen. Wenn wir verzweifelt versuchen, ein Projekt auf der Weide fertigzustellen, helfen sie die letzte halbe Stunde bei der Arbeit und kochen aus ihren und unseren Kühlschrankresten eine Mahlzeit.

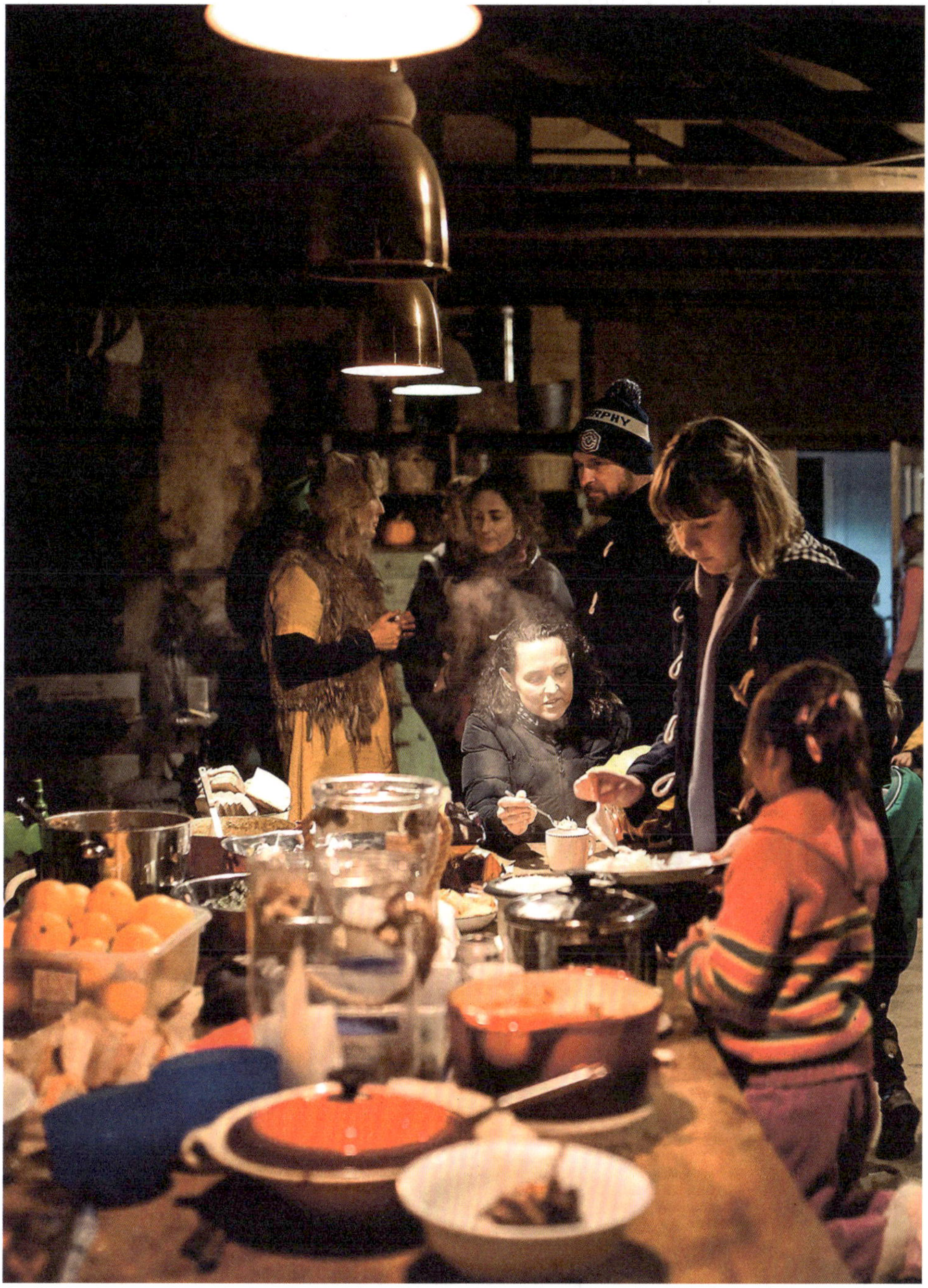

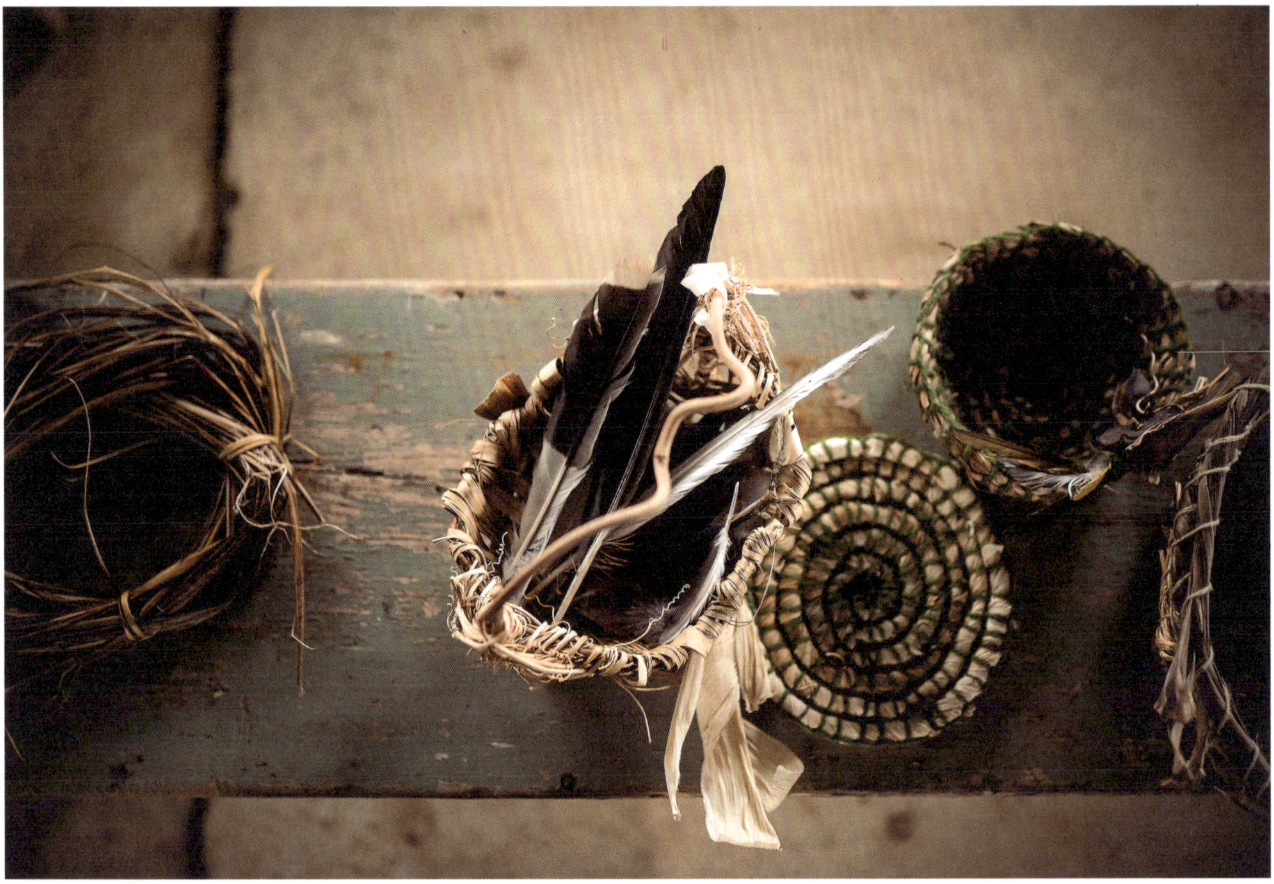
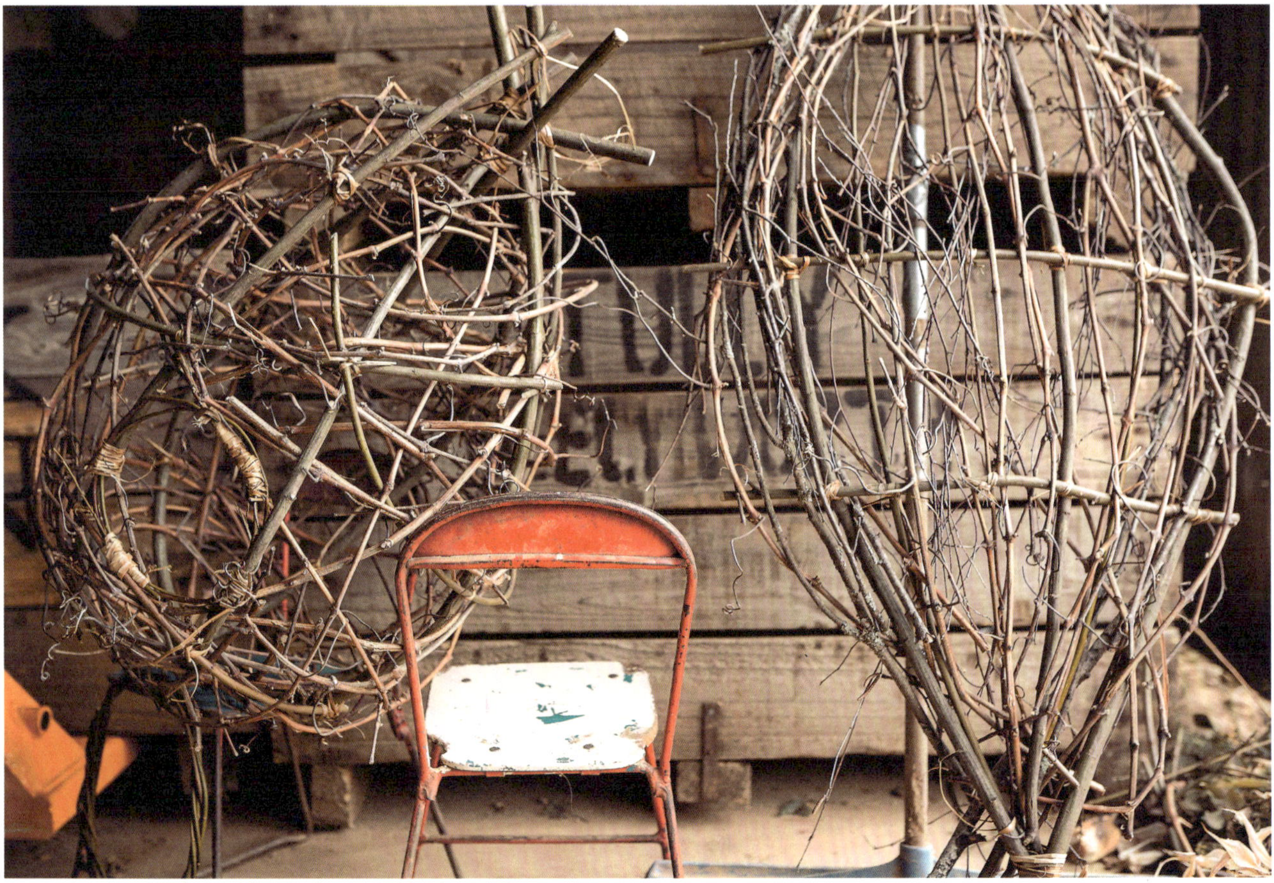

Gestalten

MAGISCHES FLECHTWERK

Seit der Mensch Essen transportieren, Babys tragen, sich kleiden oder im Trockenen sitzen will, ist Korbflechten eine geschätzte Fertigkeit. Korbflechten war ein notwendiges Mittel zum Zweck, aber der schöpferische Prozess brachte Menschen zusammen und schuf durch Gespräche, Gemeinsamkeit und Gegenwärtig-Sein Verbundenheit.

Heute gibt es Konfektionskleidung, industriell gefertigte Kinderwagen sowie Teppiche und somit für das Flechten von Hand kaum noch Bedarf. Diese Annehmlichkeiten produzieren jedoch Massen von Einwegplastikmüll jenseits aller Vorstellungskraft. Außerdem berauben sie uns der Gelegenheit, Naturmaterialien kreativ zu verarbeiten, zusammenzukommen, zu erzählen und Traditionen zu schaffen.

Im hektischen Alltag schenken wir uns Auszeiten, in denen wir zum Beispiel in Achtsamkeit Körbe flechten. Stell dir vor, Korbflechten wäre wie früher eine nützliche Fertigkeit! Wir würden die Zeit, die wir für das Herstellen robuster, nützlicher und schöner Dinge aufwenden, als wert- und sinnvoll erleben – und als Chance, uns selbst, anderen und der Natur in der Fülle der Materialien, die sie uns bietet, nahe zu sein.

Wenn der Winter weicht und die Natur erwacht, laden wir jedes Jahr zum Korbflechten auf die Black Barn Farm ein. Dann sind die Materialien noch weich und formbar. Wir schaffen aus Zweigen von Apfelbaum, Birke, Pappel und Weide, von Haselsträuchern, Wein und Flachs Vogelnester, Kugeln, Kuppeln, Bögen, Körbe und andere fantastische Dinge, tauschen uns dabei aus, trinken viele Tassen Tee und genießen Gerichte aus frischen Zutaten. Es ist einfach umwerfend, was kreative Zusammenarbeit hervorbringt.

Während wir Neues lernen und geflochtene Schönheiten erschaffen, stellt sich im Arbeiten an den Stücken unter unseren Händen und mit den Menschen um uns herum fast immer ein wohltuender (und oft stiller) Rhythmus ein. Nach nur wenigen Stunden spüren wir untereinander eine Verbundenheit, die uns in ihrer Stärke überrascht und erstaunt.

Korbflechten ist eine flüchtige Kunst, der wir uns in einem gemütlichen und erholsamen Tempo widmen, während wir Frauen unter uns sind. Ohne den Stress durch Wettbewerb, Wertung oder Erwartungen sind wir beim Zusammenarbeiten hilfsbereit, neugierig, aufgeschlossen und offenherzig.

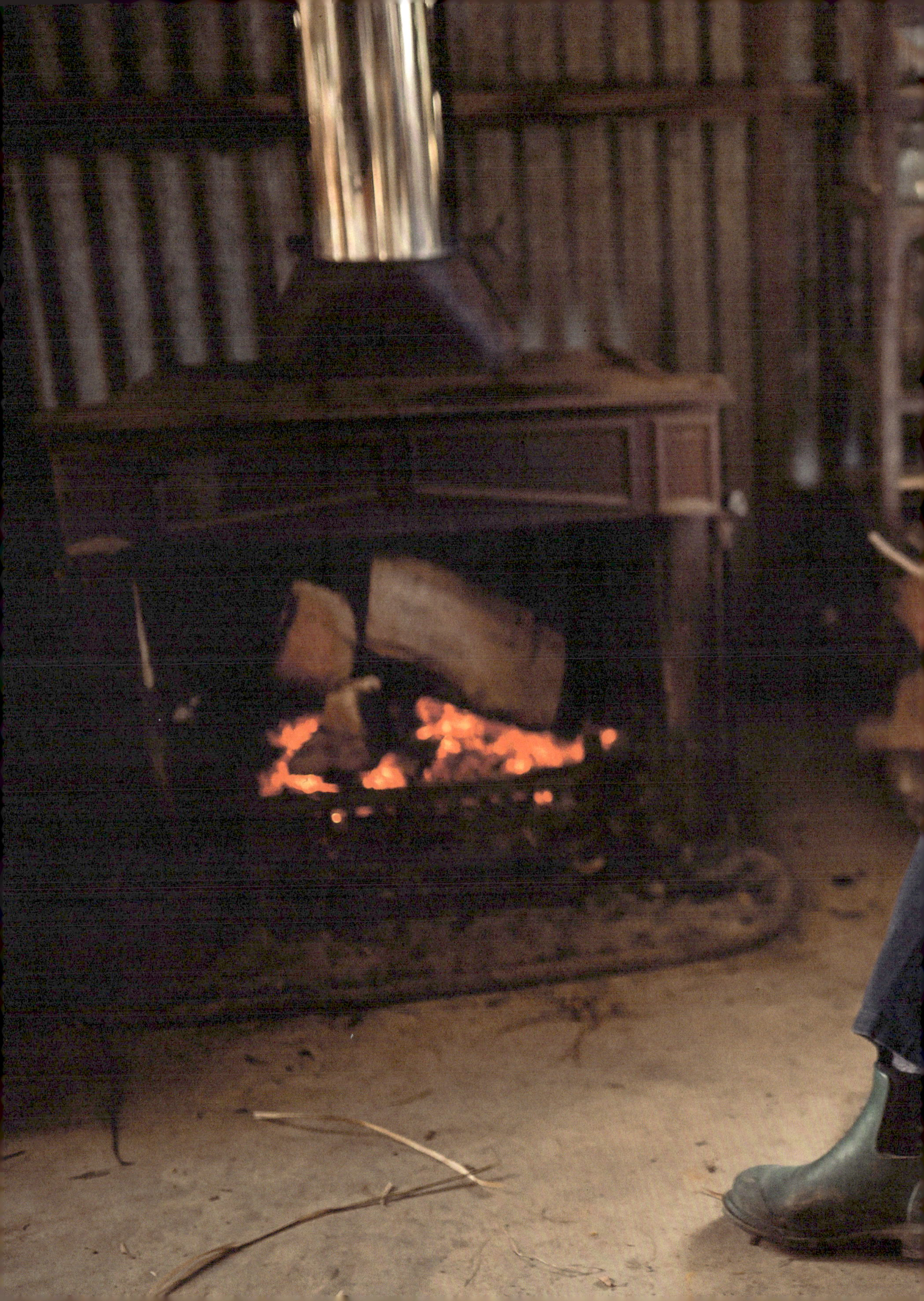

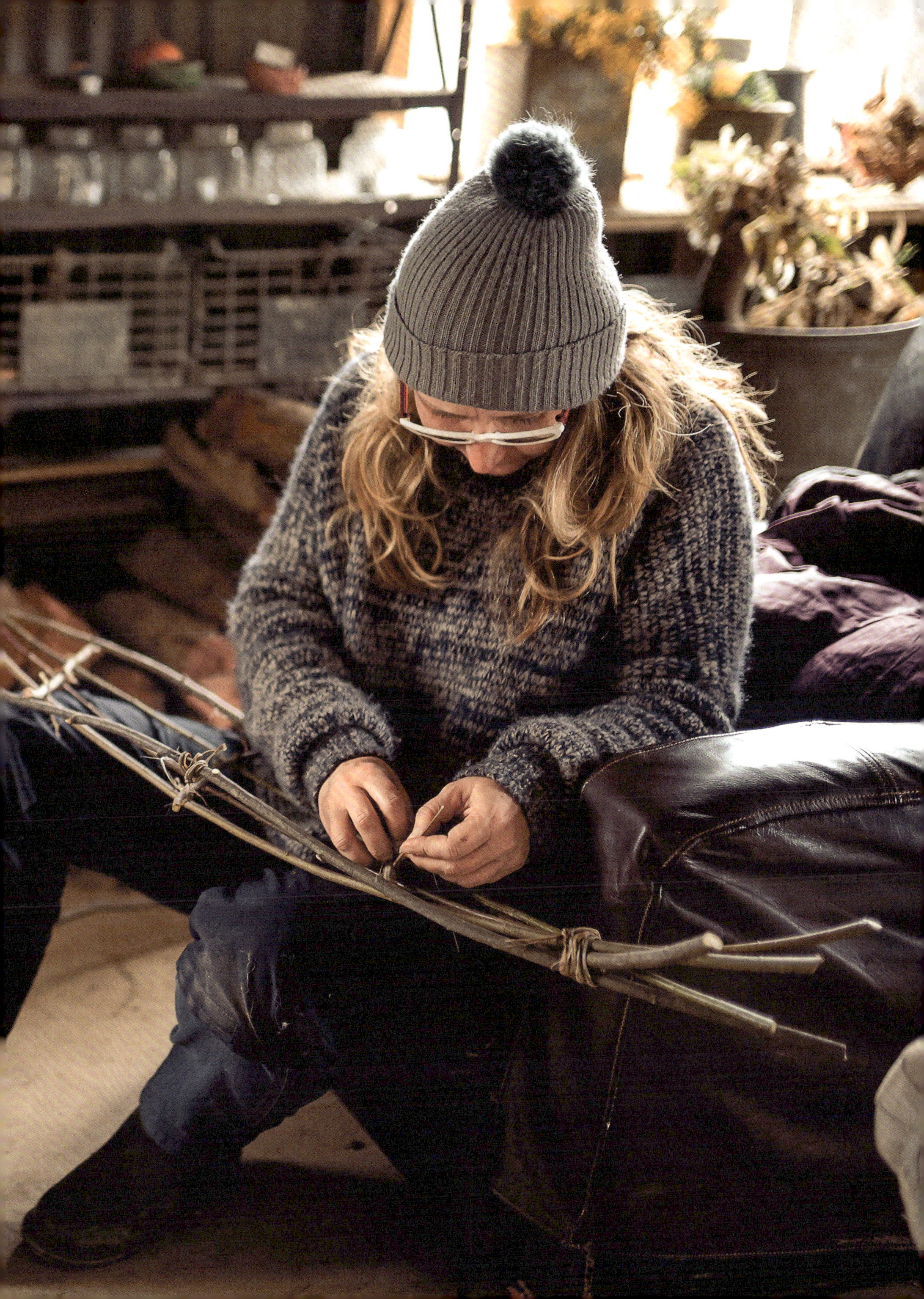

Pflanzen

DEN ESSBAREN GARTEN PLANEN

Im Winter haben wir viel Zeit, um über die Feinheiten der Fruchtfolge nachzudenken, Revue passieren zu lassen, was gut oder gar nicht funktioniert hat und neue Pflanzen auszusuchen.

Planung ist wichtig. Auf diese Weise beugt man Krankheiten vor, gestaltet die Fruchtfolge und stellt sicher, dass man in der richtigen Menge und Abfolge anbaut, um gut versorgt durch die Saison zu kommen (siehe Seite 103).

- Vermehre zum Ausgleich von Saatgutverlusten etwa 10 Prozent mehr Pflanzen, als du später abernten willst.
- Verwende frisches, zur Region passendes Saatgut.
- Rotier die unterschiedlichen Kulturen im Jahreswechsel immer in dieselbe Richtung (z. B. im Uhrzeigersinn).
- Plane mindestens zwei Jahre Pause ein, bevor du in einem Beet erneut dieselbe Fruchtfolge pflanzt.
- Kalkulier spätestens alle vier Jahre eine Gründüngung in jedem Beet ein.
- Lass jedes Beet alle zwei Jahre für mindestens eine Saison brach liegen.
- Setz nur 50 Prozent deiner Setzlinge aus. Die andere Hälfte pflanzt du nach und nach über die nächsten 8–12 Wochen ein.
- Bleib realistisch, was die Zahl der Gemüsearten angeht.
- Berücksichtige bereits beim Anlegen deines Sommergartens die Bedürfnisse deines Gartens im Winter. Einige Beete benötigst du vielleicht früher, um Winterkulturen zu starten.
- Achte auf die Zeit, die Gemüsearten im Boden brauchen, um zu wachsen. Knoblauch und Rosenkohl brauchen sechs Monate, Radieschen aber nur zwei. Das kann sich auf die Fruchtfolge auswirken.
- Bau Pflanzen mit kurzem Reifezyklus später in der Saison an, wenn kein Frost mehr droht.
- Bau Pflanzen mit langem Reifezyklus weiter vom Haus entfernt an. Sie brauchen weniger Aufmerksamkeit.
- Pflanzen, deren Blätter und Früchte du oft pflückst, sollten nah am Haus stehen. Das erspart lange Wege.
- Stell Blumentöpfe auf sonnige Fensterbänke.
- Halt nach Zwergsorten Ausschau.
- Erwäge Pflanzen wie Karotten und Sellerie, von denen alles essbar ist.
- Befestige für Spalier- und Kletterpflanzen Rankhilfen an den Wänden.
- Bau nur so viel an, wie du verbrauchen kannst:

Rechts:
Wir ziehen Setzlinge früh im geschützten Gewächshaus, um die Wachstumssaison zu verlängern.

DIE BEETE WACHEN AUF

Es ist Zeit für Anzuchtmischung und Setzlingkästen. Fängst du früh genug an, kannst du deine Setzlinge ausbringen, sobald es draußen warm genug ist und du den Mulch entfernt hast. Bei uns findet die Anzucht im Folientunnel statt, weil es dort deutlich wärmer ist als im Freien. Wenn du kein Gewächshaus hast, kannst du ein altes Fenster über Strohballen legen, transparente Plastikfolie über Kunststoffrohre spannen oder dir ein sonniges Plätzchen auf der Fensterbank suchen.

Anzuchtmischung

Du brauchst mehr als nur ein bisschen alte Erde, um Setzlinge zu ziehen. Die Erde darf nicht zu nass sein, weil die Samen sonst verrotten. Sie muss ausreichend Nährstoffe und Feuchtigkeit enthalten, damit die Samen wachsen. Durchmische die Zutaten gut:

- zwei Teile vorgesiebter Kompost (siehe Seite 294–295), um die Setzlinge beim Wachsen mit Nährstoffen zu versorgen,
- zwei Teile eingeweichte Kokosfaser, um Feuchtigkeit zu speichern,
- ein Teil feiner Sand als Drainage,
- ein Teil hochwertiger Mutterboden, um dem Ganzen Halt zu geben.

VEREDELUNG DURCH KOPULATION MIT GEGENZUNGE

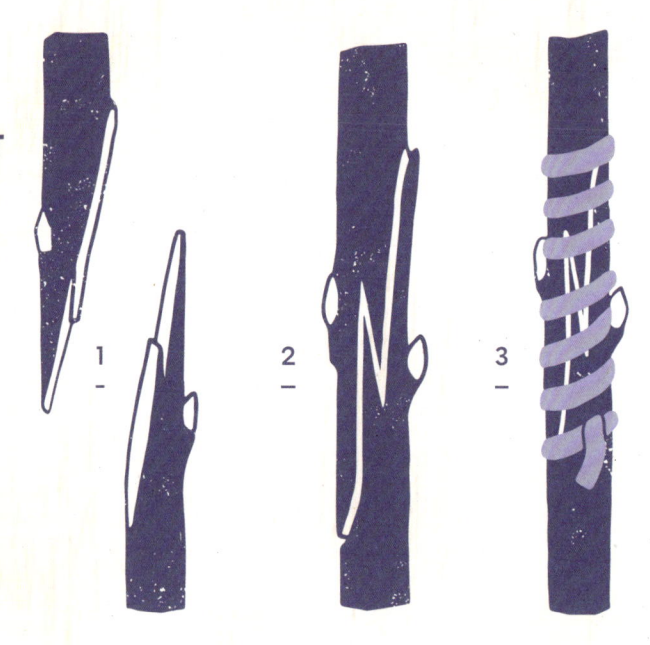

1

2

3

MACH DICH ANS PFROPFEN!

Sobald die Natur erwacht, steht bei uns das Pfropfen auf dem Programm. Was für manche Leute wie »Stöckchen« aussieht, ist für uns reine Magie. Es sind wertvolle »Edelreiser«, aus denen wir neue, sortenreine Obstbäume kultivieren.

Man nimmt an, dass in China 2000 v. Chr. die ersten Pflanzen veredelt wurden. Beim Veredeln – oder »Pfropfen« – setzt man ein Holzstück von einem Baum in den Stamm eines anderen Baumes ein. Wir tun das, um neuen Bäumen Eigenschaften niedriger Wuchsformen zu verleihen, damit sie weniger anfällig für Krankheiten sind und die Obstsorte produzieren, die auf dem Etikett steht. Pfropfen ist einfach, aber es gibt viele verschiedene Methoden, um das gleiche Ergebnis zu erzielen. Wir veredeln unsere rund 1500 Bäume durch eine Methode, die man »Kopulation mit Gegenzunge« nennt.

Obwohl wir auch Kirschen, Quitten, Birnen und Beeren lieben und anbauen, kultivieren wir vor allem Äpfel. Zu Beginn des Winters schneiden, beschriften und bündeln wir sorgfältig Edelreiser für jede unserer historischen Sorten. Dann lagern wir sie in feuchtem Sägemehl und lassen sie im Kühlschrank ruhen. Sobald es wärmer wird – kurz bevor die Bäume austreiben –, legen wir mit Pfropfen los.

Es ist ein tägliches Ritual, das schon vor Sonnenaufgang beginnt. Wir ziehen uns warm an, machen Feuer, kochen Tee, setzen Stirnlampen auf und gehen in den Schuppen. Man kommt beim Veredeln nur langsam voran. Aber wenn die Teekanne leer ist, hat man einen Eimer mit frisch veredelten, beschrifteten Bäumen, die man auspflanzen kann. Mit jedem Sonnenaufgang werden wir munterer und haben nach der Arbeit am frühen Morgen noch den ganzen Tag vor uns, um die restlichen Aufgaben zu schaffen, die auf unserer To-do-Liste stehen.

FÜNF-JAHRES-PLAN

Beet 1
Kohlgemüse

Beet 2
Nachtschattengewächse

Beet 3
Doldenblütler

Beet 4
Rote Bete und Kürbisgewächse

Beet 5
Lauchgewächse und Hülsenfrüchte

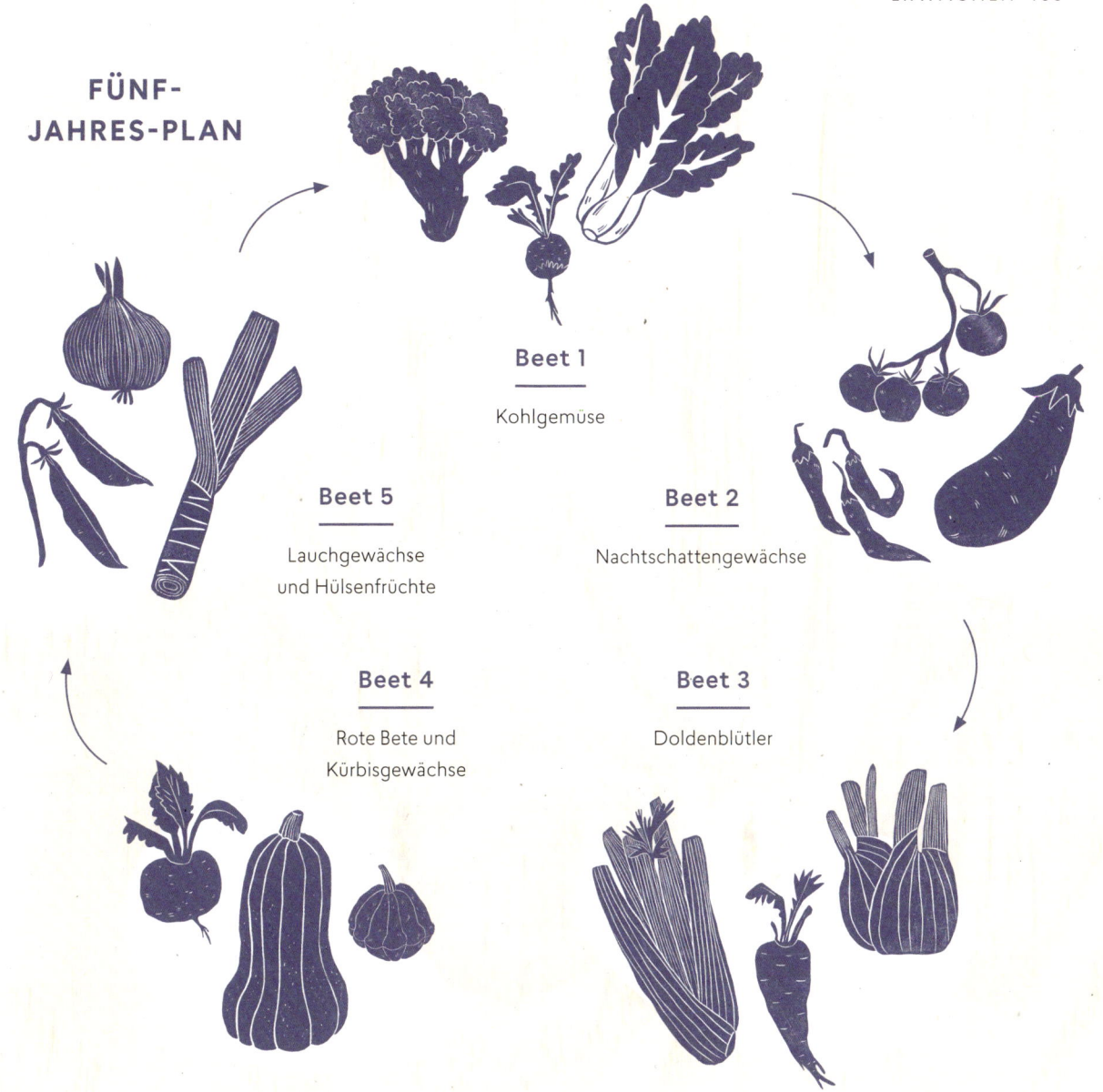

PFLÄNZCHEN, WECHSEL DICH

Die Fruchtfolge mag knifflig scheinen, aber man sollte sie nicht unterschätzen. Sie sorgt für Nährstoffe, beugt Krankheiten vor und fördert die Bodengesundheit. So wirft der Boden Jahr für Jahr eine üppige Ernte ab. Die ist wichtig, unabhängig davon, ob man riesige Felder bewirtschaftet, ein Gartenbeet hegt oder Pflanzen auf dem Balkon anbaut.

Fruchtfolgen sind nicht übermäßig kompliziert, aber man braucht ein wenig Grundwissen über Gemüsefamilien (siehe Seite 105). Verschiedene Gemüsesorten gehören zu unterschiedlichen botanischen Familien, einige von ihnen kann man im Wechsel anpflanzen. Nicht jede Gemüsesorte braucht ein Beet für sich, wichtig ist nur, dass sie jedes Jahr umzieht. Hast du mehr Platz, dann ist ein Fünf-Jahres-Plan die perfekte Lösung.

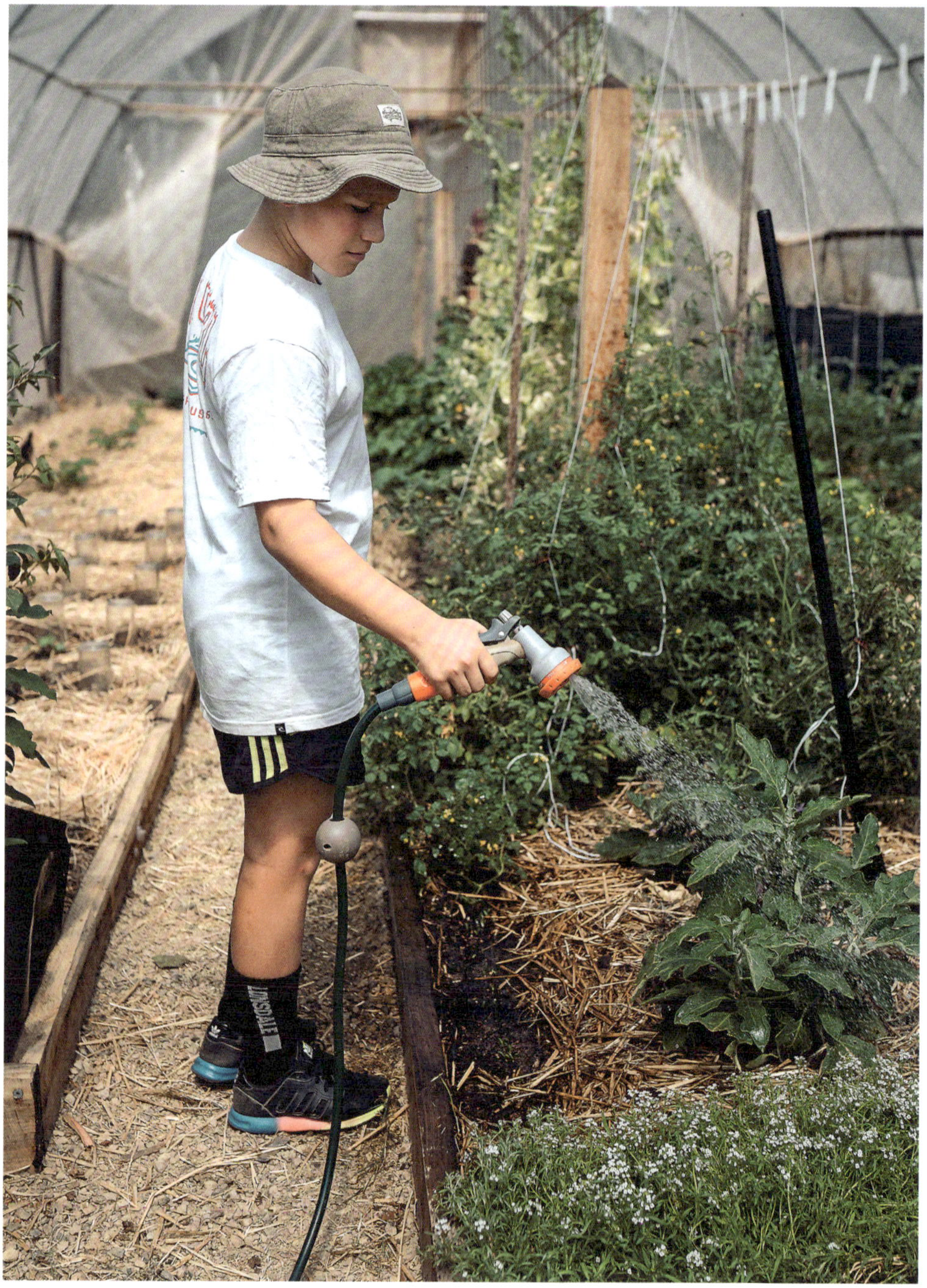

FRUCHTFOLGEN

Lauchgewächse können mit Hülsenfrüchten abwechseln, Kürbis- mit Fuchsschwanzgewächsen. Kohlgemüse, Nachtschattengewächse und Doldenblütler wechseln sich nur in der eigenen Kategorie ab. Andere Gemüse können sich mit allen Kategorien abwechseln.

LAUCHGEMÜSE

- Schnittlauch
- Knoblauch
- Lauch
- Zwiebel
- Schalotte
- Wanderzwiebel

HÜLSENFRÜCHTE

- Bohnen (alle)
- Erbsen (alle)

KOHLGEMÜSE

- Brokkoli
- Rosenkohl
- Blumenkohl
- Grünkohl
- Kohlrabi
- Mizuna
- Pak Choi
- Rettich
- Rauke (Rucola)
- Kohlrabi
- Steckrübe

NACHTSCHATTENGEWÄCHSE

- Paprika
- Chili
- Aubergine
- Kartoffel
- Tomate

DOLDENBLÜTLER

- Karotte
- Knollensellerie
- Staudensellerie
- Koriander
- Dill
- Fenchel
- Pastinake

KÜRBISGEWÄCHSE

- Muschelkürbis
- Melonenkürbis
- Gurke
- Zucchini

FUCHSSCHWANZGEWÄCHSE

- Amarant
- Rote Bete
- Gemüseampfer
- Mangold

ANDERE GEMÜSESORTEN

- Mais
- Endiviensalat
- Kopfsalat
- Chicorée

PFLANZE EINEN BESTÄUBERGARTEN

Wenn du jemals eine Ausrede gesucht hast, um schöne Blumen zu pflanzen, hier ist sie! Blüten bieten bestäubenden Insekten an warmen Sommertagen Nahrung. Wenn die Pollenquellen gut erreichbar sind, müssen sie keine weiten Wege zurücklegen. Also einfach Samen in die Erde streuen oder einjährige Setzlinge pflanzen und die kleinen Helfer finden Futter – und bestäuben deine Nahrungspflanzen. Wir haben diese so schöne wie einfache Lösung entdeckt, als uns klar wurde, dass der Grund für unsere mageren Erträge an Gurken, Melonen und Kürbissen die fehlende Bestäubung war.

Weil Insektenpopulationen durch den übermäßigen Einsatz von Pestiziden, steigende Temperaturen und landwirtschaftliche Monokulturen stark gefährdet sind, ist es wichtig, Blumen zu pflanzen, die unseren kleinen Helden, den Bestäubern, einen Lebensraum bieten. Ein Bestäubergarten kann groß oder klein sein. Wir pflanzen überall, wo wir Obst und Gemüse produzieren, auch Blumen: beim Hühnerhaus, im Gemüsegarten, im Feld auf der Weide und zwischen den Baumreihen im Obstgarten. Seitdem hat sich unser Ertrag verzehnfacht und die Zahl der Insekten und kleinen Vögel, die sich von diesen Insekten ernähren, hat merklich zugenommen.

Bestäubungspflanzen spielen nicht nur bei der Produktion von guter Nahrung eine wichtige Rolle. Einige sind essbar, andere sind zudem Heilpflanzen und damit gleich doppelt so wertvoll. So manche Blüte im Bestäubergarten schmeckt auch den Hühnern.

Praktische Anbautipps

- Sei auf der Hut vor Fruchtfliegen und wende alle Vorsorgemaßnahmen an. Ist die Bestäubung erledigt, solltest du Bäume und anfälliges Gemüse (etwa Tomaten) mit Netzen schützen.
- Setz mit »Unkraut« wie zum Beispiel Brennnesseln eine stickstoffreiche Jauche an und dünge damit schnell wachsende Pflanzen, etwa Gemüse und einjährige Gartenpflanzen.
- Verwende große Gläser als Minigewächshäuser, um frisch ausgepflanzte Setzlinge mit ein wenig zusätzlicher Wärme zu versorgen. Nimm die Gläser an heißen Tagen ab, damit die Pflanzen nicht verbrennen!

> **Weil Insektenpopulationen stark gefährdet sind, ist es wichtig, Blumen zu pflanzen. Sie schaffen unseren Helden der Bestäubung mehr Lebensraum.**

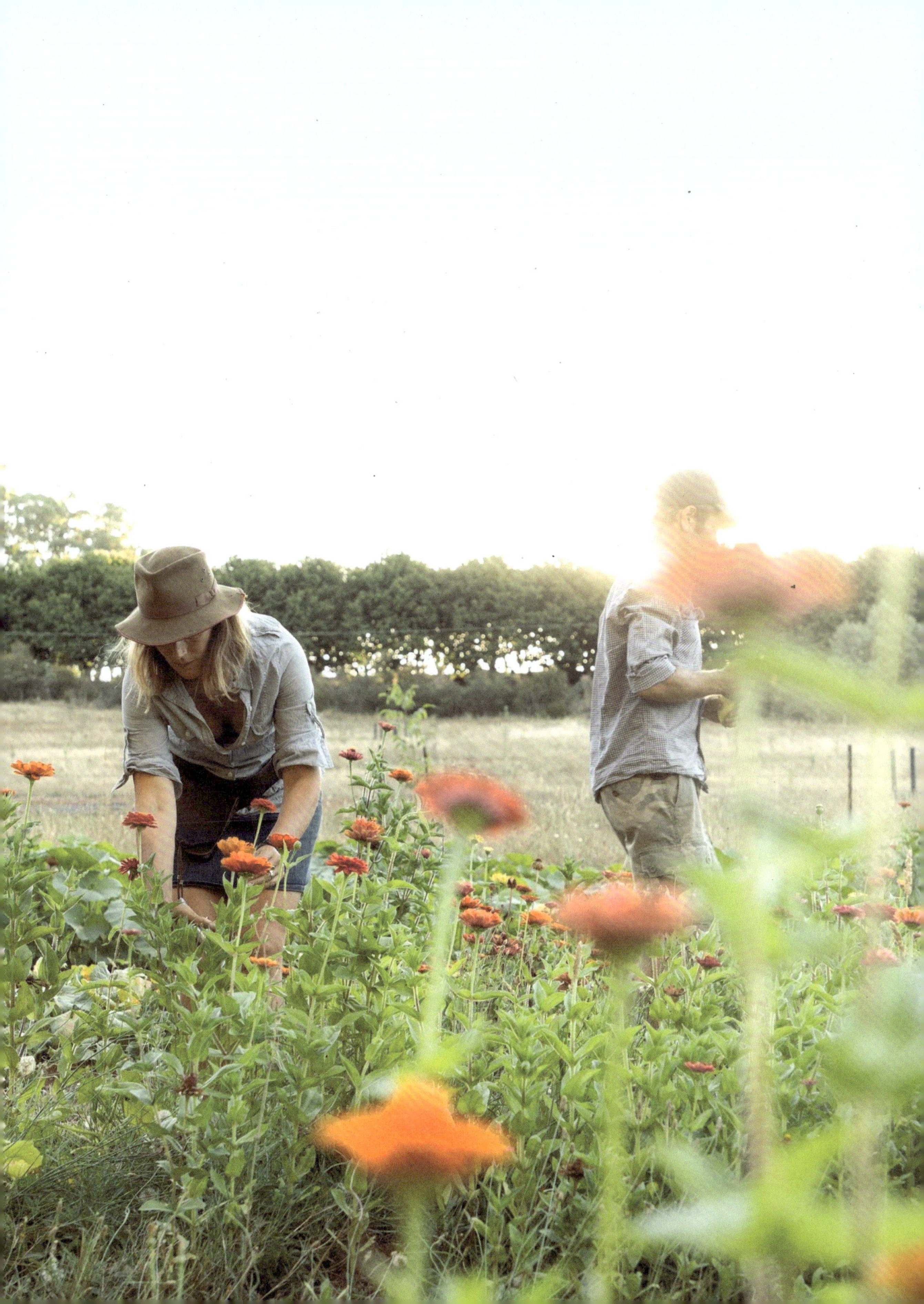

BESTÄUBUNGSPFLANZEN UND IHRE VERWENDUNG

PFLANZE	SAMEN ODER SETZLING?	UNGEFÄHRE BLÜTEZEIT	HEILPFLANZE?
Amarant *Amaranthus*	Samen	Juni bis Oktober	bei Geschwüren, Durchfall und hohem Cholesterinspiegel
Beinwell *Symphytum*	weder noch (Vermehrung durch Wurzelstecklinge)	Mai bis August	zur kurzzeitigen Anwendung bei Verstauchungen, Schwellungen und Blutergüssen, aber nicht bei offenen Wunden; Langzeitanwendung kann Leberschäden verursachen
Bienenbalsam *Monarda*	Setzling	Juni bis September	als harntreibendes Mittel
Borretsch *Borago officinalis*	Setzling	Juni bis Oktober	bei Fieber, Husten, Nebennierenschwäche und Depressionen
Duftsteinrich *Lobularia maritima*	Samen	Juni bis Oktober	für eine Reihe von Anwendungen, aber hauptsächlich bei Zahnfleischbluten, Gonorrhö und Harnwegserkrankungen
Erbse *Pisum sativum*	Samen	Mai bis Juni	als Fungizid auf der Haut
Fenchel *Foeniculum vulgare*	Samen	Mai bis September	bei Verdauungsproblemen, Blähungen und Sodbrennen
Kamille *Matricaria recutita* und *Chamaemelum nobile*	Samen	Mai bis September	beruhigt das Nervensystem und Hautreizungen
Klee *Trifolium*	Samen	Mai bis September	bei Fieber und Husten
Kosmeen/ Schmuckkörbchen *Cosmos*	Samen	Juni bis November	wegen des hohen Vitamin-C-Gehalts
Lavendel *Lavandula*	Setzling	Juni bis August	bei Angstzuständen, Stress und Schlaflosigkeit

FUTTERPFLANZE?	UNKRAUTPOTENZIAL?	MEHRJÄHRIG ODER EINJÄHRIG?
Sie produzieren haufenweise Samen und Hühner lieben sie	fleißiger Samenproduzent	einjährig
hervorragend für Hühner geeignet	Nimm sterilen Futter-Beinwell (Hybrid aus Rauem Beinwell und Echtem Beinwell) für eine kontrollierte Ausbreitung	mehrjährig (ruht im Winter)
nein	nein	mehrjährig
Hühner picken ihn rasend schnell weg, also gut bewachen, wenn er nicht als Hühnerfutter gedacht ist	ja, aber alles als Mulch oder Hühnerfutter verwendbar	mehrjährig
nein	verbreitet sich aus Samen, ist aber einfach einzudämmen	einjährig, kann aber durch Selbstaussaat mehrjährig sein
Hühner mögen die grünen Blätter und die Samen	nein	einjährig
ja	ja	mehrjährig (erfordert im Winter vollständigen Rückschnitt)
nein	ja	einjährig *Matricaria recutita*; mehrjährig *Chamaemelum nobile*
Hühner mögen die Jungpflanzen und Blüten	ja, wenn es in Gartenbeeten wächst, aber auf der Weide ist es okay	einjährig
nicht während der Blütezeit, aber wenn die Pflanze sich selbst aussät	nein	einjährig
nein	nein	mehrjährig

WEITERE BESTÄUBUNGSPFLANZEN

PFLANZE	SAMEN ODER SETZLING?	UNGEFÄHRE BLÜTEZEIT	HEILPFLANZE?
Liebstöckel *Levisticum officinale*	Setzling	Juli bis August	bei Harnwegsinfekten und zur Vorbeugung von Nierensteinen
Mutterkraut *Tanacetum parthenium*	Setzling	Juni bis Oktober	bei Fieber, Kopfschmerzen und Migräne
Ringelblume *Calendula officinalis*	Samen	Juni bis Oktober	bei Magenverstimmungen, Hautreizungen, Entzündungen und zur Wundheilung
Rosmarin *Rosmarinus officinalis*	Setzling	Mai bis Juli	bei Muskelschmerzen, zur Förderung des Erinnerungsvermögens und zur Kreislaufstärkung
Salbei *Salvia officinalis*	Setzling	April bis Oktober	bei Verdauungsproblemen wie Durchfall und Blähungen
Schnittlauch *Allium schoenoprasum*	Samen	Juni bis August	für Knochengesundheit und Blutgerinnung, hat einen hohen Vitamin-K-Gehalt
Sonnenblume *Helianthus*	Samen	Juni bis Oktober	als harntreibendes und fiebersenkendes Mittel
Wicken *Vicia*	Samen	April bis September	nein
Wilde Möhre *Daucus carota*	Samen	Mai bis Oktober	bei Kater und zur Unterstützung des Magen-Darm-Trakts, vor allem zur Unterstützung des körpereigenen Ausscheidungssystems
Wermut *Artemisia absinthium*	Setzling	Juli bis September	zur Parasitenbekämpfung, insbesondere bei Würmern
Zinnien *Zinnia*	Samen	Juni bis November	für eine breite Palette von Anwendungen, aber auch als natürlicher Farbstoff

FUTTERPFLANZE?	UNKRAUTPOTENZIAL?	MEHRJÄHRIG ODER EINJÄHRIG?
nein	nein	mehrjährig
nein	nein	mehrjährig
nein	nein	einjährig
nein	nein	mehrjährig
nein	nein	mehrjährig
nein	nein	mehrjährig
Sie kann getrocknet und im Winter an Hühner verfüttert werden	nein	einjährig
Hühner fressen gerne die weichen, jungen Triebe	in Gartenbeeten ja, aber auf der Weide sind sie kein Problem	einjährig
nein	ja	einjährig
gut für die Parasitenbekämpfung	nein	mehrjährig (erfordert im Winter vollständigen Rückschnitt)
nein	sie produzieren Setzlinge und lassen sich selbst unter extremen Bedingungen vermehren	einjährig

Links:
Umgedrehte Gläser bieten neuen Setzlingen zusätzliche Wärme und schützen vor Insekten.

Nachfolgende Seiten: Folientunnel (links); Im frühen Frühling befestigen wir an Flechtbögen über den Kartoffeln Frostschutznetze (rechts).

AUF MULCHMISSION

Wenn du nur die geringste Chance haben willst, das Unkraut im Griff zu behalten, musst du jetzt mit dem Mulchen anfangen. Welchen Mulch du verwendest, hängt davon ab, was du anbaust, was verfügbar ist, wie viel du ausgeben willst und wie lange der Mulch halten soll.

Auf der Black Barn Farm mulchen wir jedes Jahr mitten im Frühling. Es dauert ein paar Wochen und ist reine Handarbeit – auf der Obstplantage und in allen drei Gärten, in denen wir Essen anbauen. Es ist eine gewaltige Aufgabe. Die Tage sind lang und anstrengend, aber das Ergebnis ist eine produktive, nährstoffreiche Fläche, die biologisch lebendig, frei von Chemikalien und rund um Obstbäume, Baumschulen, Kräuter und Gemüse frei von Unkraut ist. Wir verwenden fast überall gut kompostierte Holzhackschnitzel. Im kleinen Gemüsegarten und im Gewächshaus nehmen wir Erbsenstroh oder Luzerneheu.

Sei vorsichtig bei Mulch, den du ihn nicht selbst herstellst. Wir sind einmal an Erbsenstroh geraten, das angeblich spritzmittelfrei war. Aber es war mit einem chemischen Trocknungsmittel belastet, das bei einer Weizenernte in der Nähe eingesetzt wurde. Durch die Rückstände hat die Hülsenfruchternte im Gemüsegarten zwei Jahre lang gelitten. Ein anderes Mal wurde uns versichert, unser gekaufter Strohmulch sei frei von Samen. Dann standen wir überall, wo wir gemulcht hatten, vor gekeimtem Weizen, der fröhlich vor sich hin wucherte.

Stolperfallen

Du liegst im Kampf mit einem Heer Asseln? Dann solltest du den Strohmulch von neuen Setzlingen fernhalten und Bierfallen aufstellen. Die finden sie unwiderstehlich.

Mulchen ist aufwendig, aber du hast danach produktive, nährstoffreiche Beete, die biologisch lebendig und frei von Chemikalien und Unkraut sind.

Vorsicht vor schwarzem Schimmel im Mulch! Er ist gesundheitsschädigend und kann zu Entzündungen von Nervengewebe führen und Müdigkeit, Migräne, Übelkeit, Schwindel, Hautkribbeln sowie Darmprobleme hervorrufen. Ob Stroh oder Hackschnitzel, beim Arbeiten mit Mulch sollte man immer Maske und Handschuhe tragen und anschließend seine Kleidung waschen, um keine Sporen zu verbreiten.

Leg bei Nahrungspflanzen nie schwarze Folie oder alte Teppiche unter den Mulch. Sie enthalten manchmal synthetische Chemikalien, die in den Boden gelangen können.

FROSTSCHUTZ

Mit Spätfrost kennen wir uns (leider) aus. Hier in der Gegend heißt es, der letzte Frost des Jahres kann in der Silvesternacht kommen, der erste am Neujahrstag. Wir sind also auf der Hut und behelfen uns mit ein paar Tricks. Es gibt allerlei schicke, Instagram-würdige Frostschutzhilfen zu kaufen. Die sind aber recht teuer und funktionieren nicht immer. Probier stattdessen diese Ideen aus:

- Einmachgläser – du kannst alle möglichen Gläser verwenden. Einmachgläser mit ca. 10 cm Durchmesser sind ideal als Minigewächshäuser und schützen Setzlinge vor Frost.
- Flechtbögen – wir flechten aus Restmaterial vom Korbflechtkurs Bögen, die über das ganze Beet reichen, und drapieren ein Laken oder Frostschutzfolie darüber.
- Strohballen – wir stapeln sie neben empfindlichen Setzlinge auf und legen ein altes Glasfenster darüber. So dienen sie tagsüber als Gewächshaus, nachts decken wir das Fenster mit einem Handtuch ab.
- Später Rückschnitt – mit dem Rückschnitt zu warten, ist eine einfache Lösung. Oft lassen wir verholzte mehrjährige Pflanzen bis weit in den Frühling ungeschnitten stehen, um ihre empfindlichen jungen Triebe vor Frost zu schützen.
- Korbglocken – sie sind skurril, wunderschön, einfach anzufertigen und ein effektiver Schutz für Pflänzchen, die noch empfindlich sind. Außerdem sehen die im Garten verteilten Glocken im Frühling sehr charmant aus.
- Recycelte Glasflaschen – wir haben jede Menge davon, weil wir Apfelsaft verkaufen. Hast du keine parat, dann kauf deine Getränke in Glasflaschen. Wenn sie leer sind, schneidest du mit einem Glasschneider die Böden der Flaschen ab und verwandelst sie in Miniglocken mit Belüftungrohr.

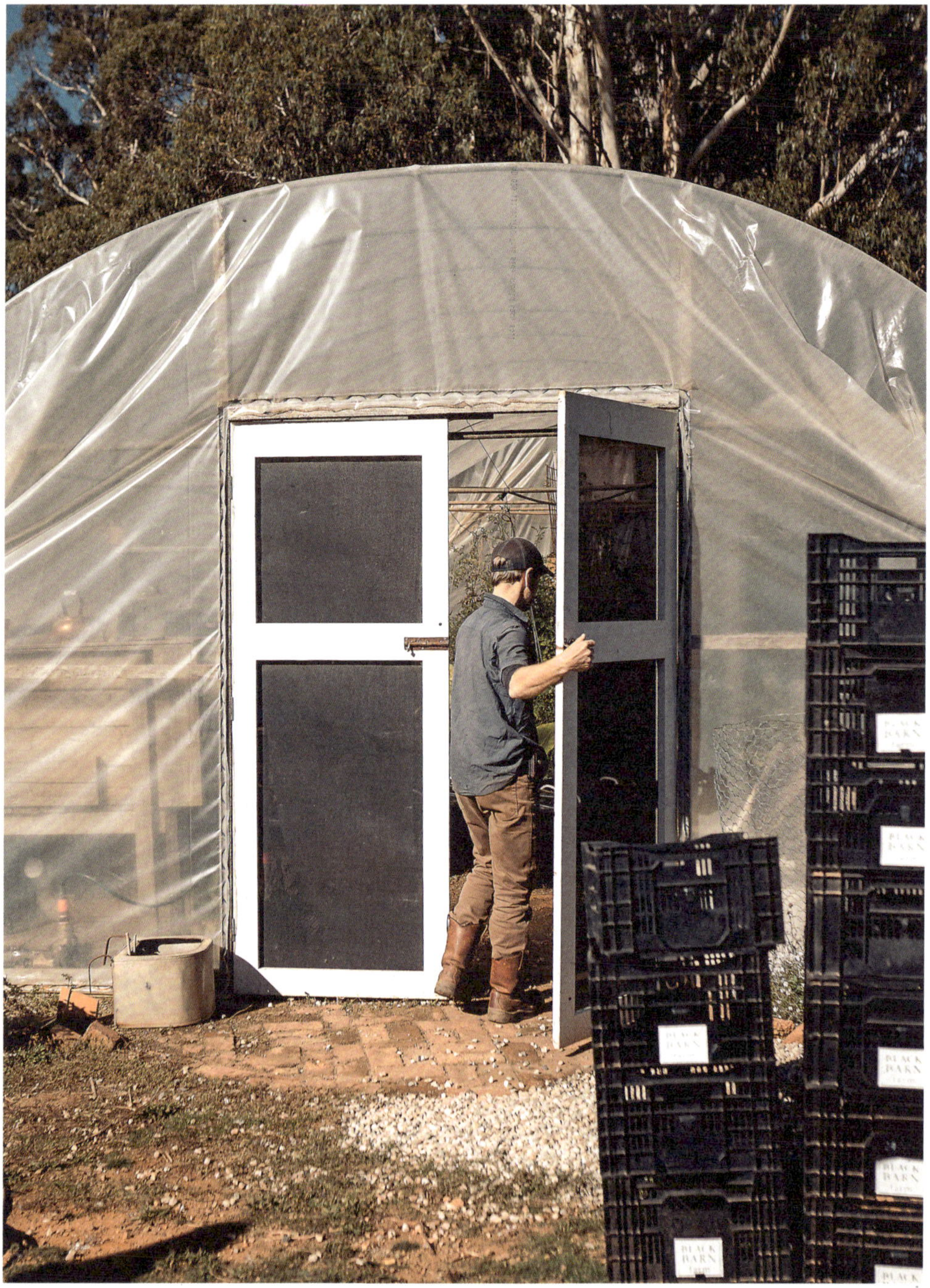

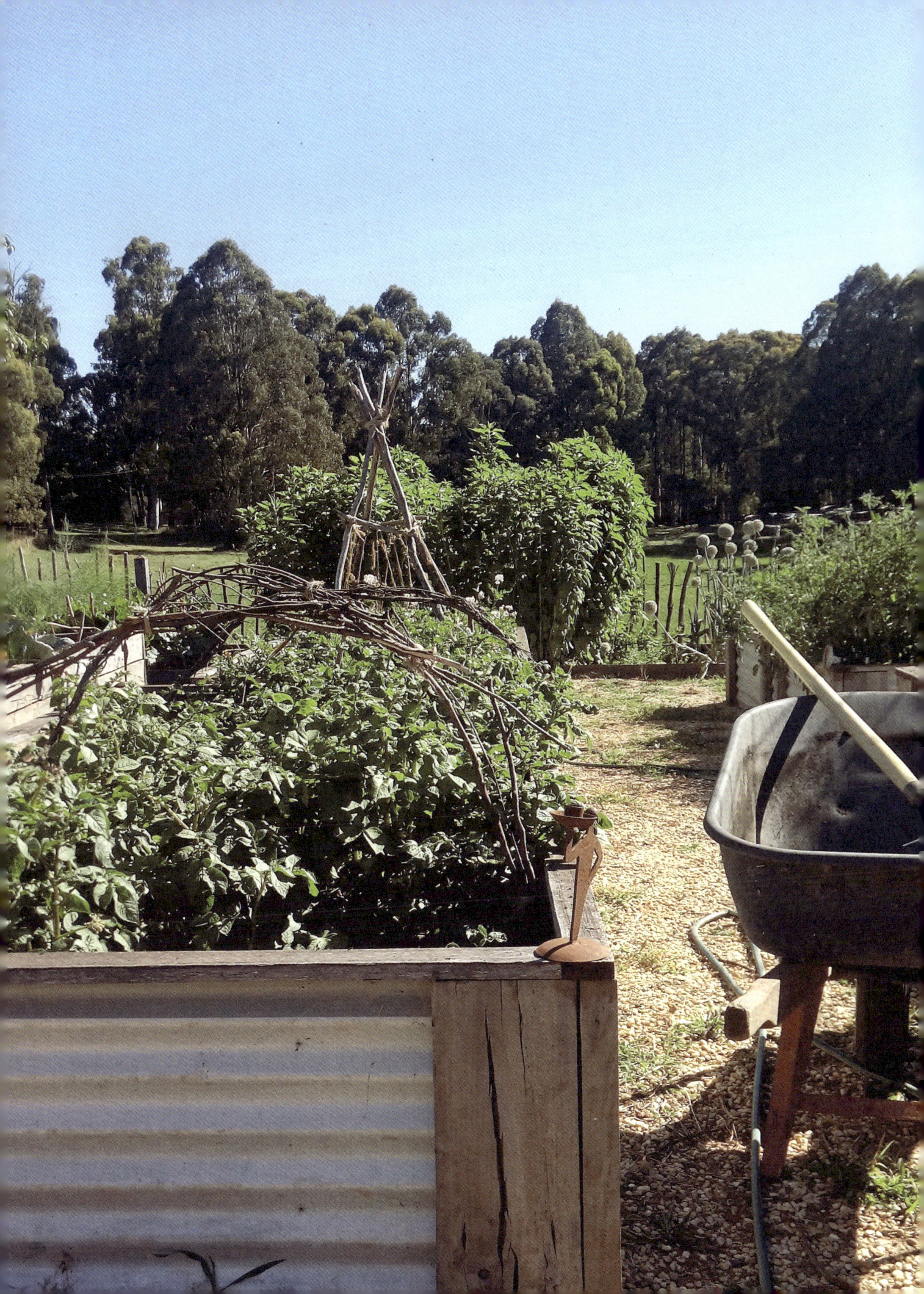

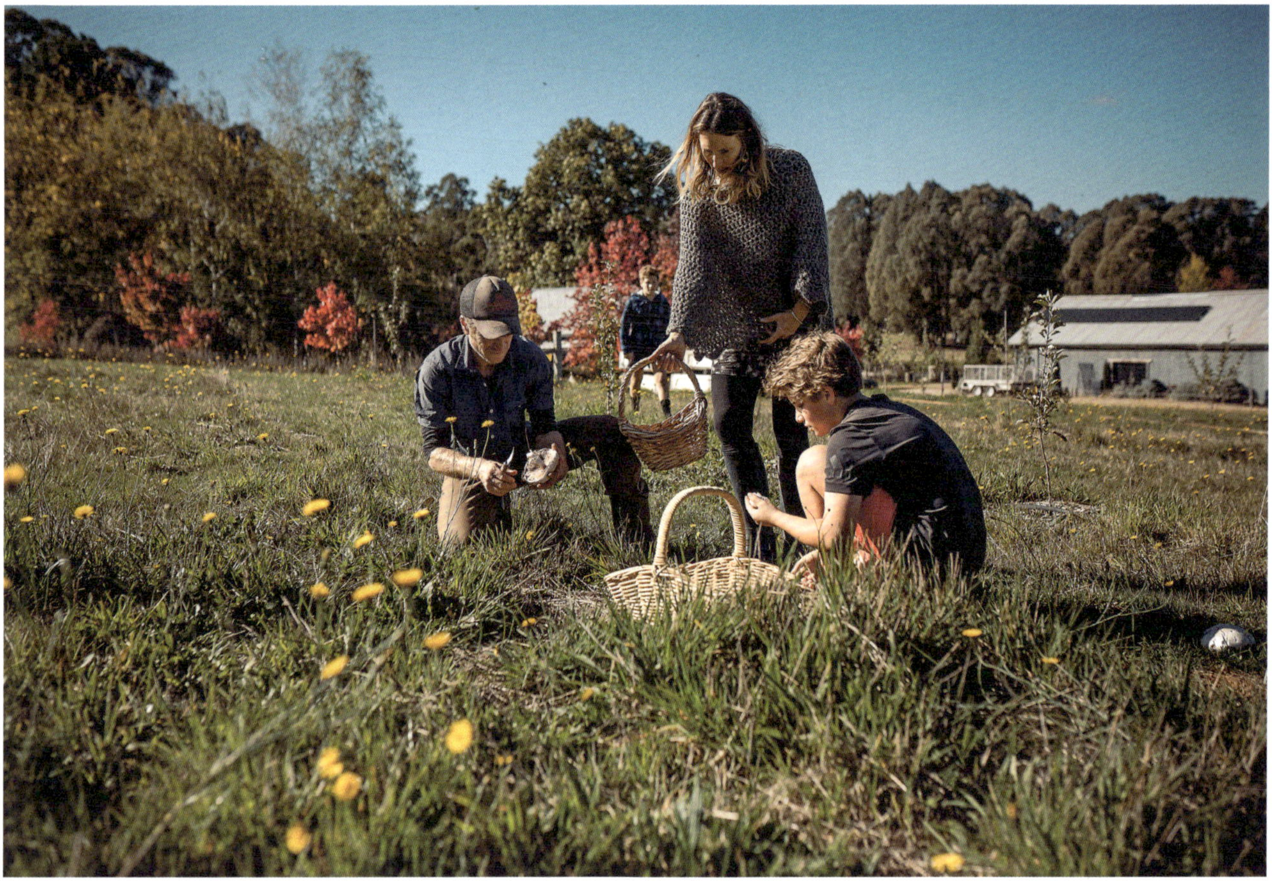

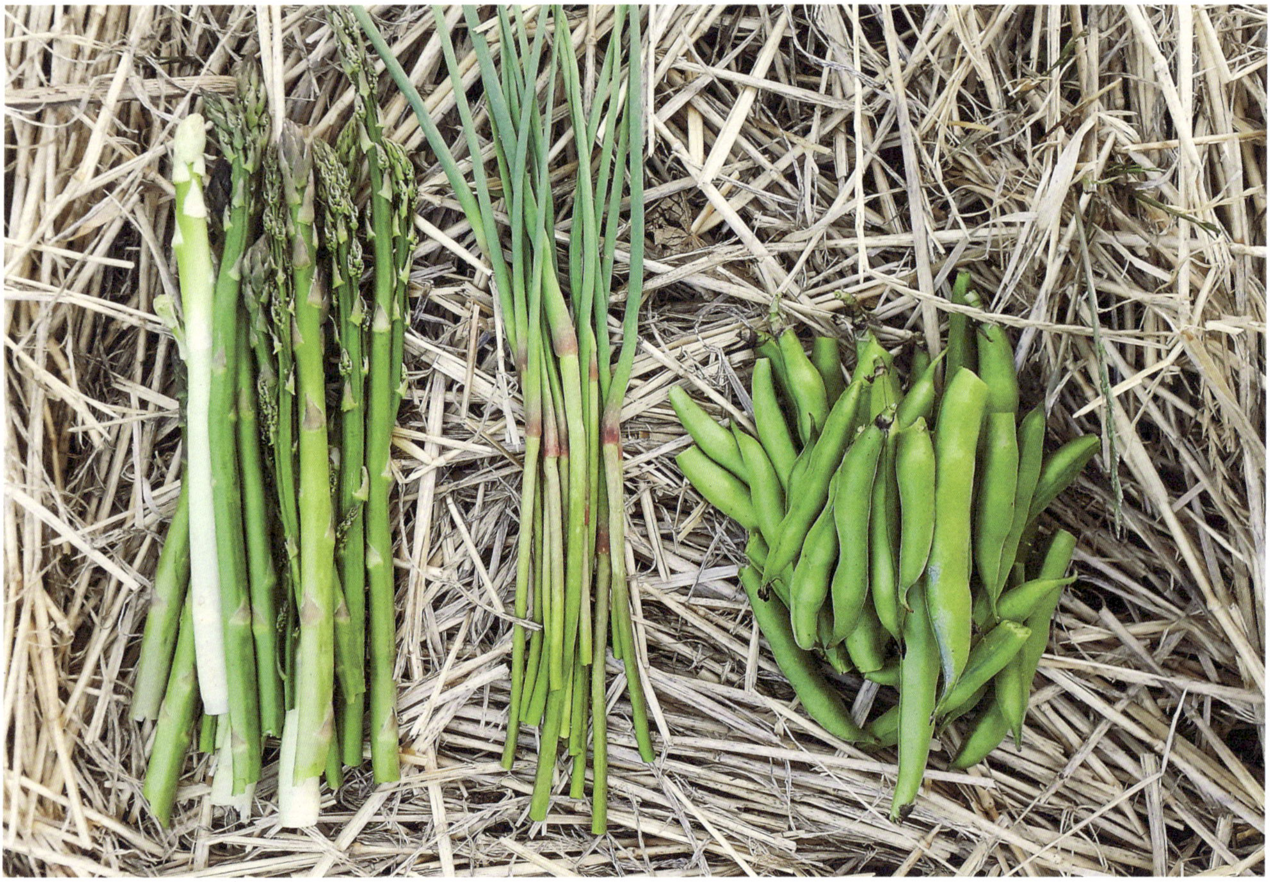

Speisen

DIE MAGERE ZEIT IM FRÜHLING

Die Zeit des Erwachens ist auch eine magere Zeit. Manche nennen sie die »sechs Wochen des Mangels«, weil der Vorrat an Wurzelgemüse und Eingemachtem zur Neige geht, der Garten noch wenig Frisches bietet und die Setzlinge gerade erst gepflanzt werden. Alle, die von der Lebensmittelindustrie weniger abhängig sein wollen, sich an örtlichen Food-Coops beteiligen oder Lebensmittel anbauen und tauschen, wissen, dies ist die schwierigste Zeit im Jahr. Die wenigsten Menschen merken das, denn Supermärkte und Zeitschriften werben für frische Frühlingslebensmittel und die Regale sind voll. Ein Blick auf die Etiketten verrät allerdings, welche enormen Strecken diese Frischwaren zurücklegen, bevor sie auf dem Teller landen.

Sich saisonal und regional zu versorgen, ist nicht nur eine ethische Frage. Es befriedigt evolutionäre Bedürfnisse. Unser Körper verlangt zu bestimmten Zeiten des Jahres nach bestimmten Arten von Nahrung. Gleichzeitig braucht er für eine intakte Darmflora eine Vielfalt an regionalen Nahrungsmitteln. Finde deiner Gesundheit und der Umwelt zuliebe heraus, was es zu dieser Jahreszeit bei regionalen Erzeugern und in der Natur an Essbarem gibt.

Suchen, pflücken, sammeln

Wer noch nie auf Nahrungssuche war, findet die Idee vielleicht abwegig. Aber du wirst überrascht sein, wie viel Nahrhaftes es in der Natur zu finden gibt. Es ist Zeit, einen Salat aus wilden Zutaten zu zaubern oder Malvenkraut in einem anderen Licht zu sehen.

Es gibt wunderbare Nachschlagewerke, die erklären, was du wie und wann ernten kannst. Deshalb stelle ich hier nur ein paar Frühlingsleckereien vor, um dir einen Vorgeschmack zu geben. Um sie zu finden, musst du in die Wildnis gehen: den örtlichen Park, nahe Seitenstraßen, den Gemeinschaftsgarten oder den heimischen Wald. Informiere dich zuvor, wo du legal ernten darfst, zum Beispiel auf mundraub.org. Wo du auch hingehst, bei der Nahrungssuche geht es um mehr als nur das Essen, das du in deinen Korb legst. Es geht um das Erkunden, das Abenteuer und darum, der Natur mit offenen Augen zu begegnen.

Als passionierter Sammler braucht man eine Ausrüstung: Gummistiefel, eine scharfe Schere, Behälter mit Deckel. Handschuhe und Taschenmesser sind praktisch, aber nicht zwingend notwendig. Vorkenntnisse, was man ernten kann, sind hilfreich, aber man kann auch einfach losziehen. Sei abenteuerlustig und offen und vergiss nicht, um Erlaubnis zu fragen, wenn du Essbares auf Privatgrundstücken erspähst, etwa hinter einem Zaun oder auf einem Grünstreifen.

Oben links:
Mit den Kindern gehen wir gemeinsam auf Pilzsuche.

Unten links:
Wildspargel, Knoblauchsprossen und Saubohnen werten im Frühling Omelett und Pfannengericht auf.

WILDE LECKERBISSEN

Brennnessel *Urtica dioica*
Für Köche ist die Brennnessel ein Geschenk. Man kann sie in Suppen geben, zu grüner Soße verarbeiten, in Butter und Salz dünsten oder Chips daraus backen. Mein Opa hat sie als Tee gegen Gicht getrunken. Außerdem kann man sie bei Arthritis, Ekzemen, Anämie und Blasenproblemen einsetzen und zur Linderung von Symptomen bei Prostatakrebs im Frühstadium. Weil Brennnesseln »brennen«, verflucht man sie manchmal, reißt sie als Unkraut aus, doch als Brennnesseljauche sind sie ein wertvoller stickstoffreicher Flüssigdünger. Zudem ernähren sie Bienen, Raupen und andere Insekten. Marienkäfer leben von den Blattläusen, die sie anlocken. Nimm Handschuhe mit, wenn du sie ernten willst!

Brombeere *Rubus*
Ab Juli ist die schwarzen Beeren überall zu finden, also greif zu! Pflücke nur die Beeren, die nicht mit Chemikalien besprüht wurden.

Klee *Trifolium pratense oder Trifolium repens*
Die Blüten beider Arten sind süß und essbar. Ich erinnere mich daran, wie ich mich als Kind stundenlang im Feld räkelte und Kleeblüten aß. Sie eignen sich für Salate, als Zutat beim Backen und zum Aromatisieren von Honig und Vanilleessenz. Rotklee *(T. pratense)* ist reich an Vitaminen und Mineralstoffen. Rotkleetee ist köstlich, man kann ihn heiß oder kalt genießen.

Löwenzahn *Taraxacum officinale*
Er ist der Inbegriff einer Sammelpflanze, weil man Blüten, Blätter und Wurzeln verwerten kann, nicht jedoch die Stängel. Er wächst in Park und Garten, auf Schulhof und Grünstreifen. Mach Tee aus den Wurzeln oder Blüten und Pesto aus den Blättern.

Malve *Malva neglecta*
Mit ihren fünf- oder siebenlappigen Blättern und den zierlichen, zartrosa Blüten ist die weitverbreitete Malve leicht zu erkennen. Die Magie steckt in den Wurzeln. Sie enthalten einen Schleim, der reich an Proteinen und Kohlenhydraten ist. Man setzt sie ein, um Harnwegsinfektionen zu behandeln, eine gereizte Verdauung zu beschwichtigen und Entzündungen zu lindern. Zudem kann man bei Bissen, Wunden und geschwollenen Muskeln einen Umschlag daraus machen. Die Malve ist essbar, schmeckt aber recht fad. Sie enthält die Vitamine A, B und C sowie Kalzium, Kalium und Magnesium. Das macht sie als Beigabe zu Salaten interessant.

Minze *Mentha*
Eine alte Volksweisheit sagt, Minze sei die Fruchtbarkeitspflanze schlechthin. Das mag der Grund sein, weshalb man sie überall in Gräben und in sumpfigen Gebieten findet. Pfefferminze, Krauseminze, Bananenminze, Orangenminze, Apfelminze, Asiatische Minze, Basilikumminze und Schokoladenminze sind nur einige der vielen weitverbreiteten wilden Minzarten. Alle wirken »kühlend«. Man setzt sie ein, um die Nerven zu beruhigen, bei Übelkeit und als Schlafhilfe. Alle Varianten schmecken würzig frisch, ob als Tee oder im Salat.

Morcheln *Morchella*

Diese kleinen, fleischigen Pilze sind so begehrt, dass Sammler ihre Standorte gern geheim halten. Sie sind zwar eher schwer zu finden, aber wo sie stehen, wachsen sie oft nach, wenn sie ungestört bleiben. Im Gegensatz zu anderen Pilzarten wachsen sie im Frühling und nicht im Herbst. Wir hatten das Glück, ein Stück Land zu kaufen, auf dem sie gedeihen. Morcheln sind in rohem Zustand giftig, ihr Gift wird durch Kochen zerstört. Am besten schmecken sie, wenn man den ganzen Pilz kocht. Getrocknete Morcheln stehen ihrer frischen Variante geschmacklich nicht nach, müssen vor der Zubereitung jedoch eingeweicht werden. Butter ist ihr bester Freund.

Portulak *Portulaca oleracea*

Diese sukkulente Pflanze haben wir jahrelang als Unkraut verflucht, weil wir nicht wussten, dass sie schmackhaft und gesund ist. Das auch als Burzelkraut oder Bürzelkohl bekannte Wildgemüse ist reich an Omega-3-Fettsäuren, Mineralstoffen, Vitaminen und Antioxidantien. Man kann es wie Brokkoli dünsten, mit Chinagemüse braten oder roh im Salat essen. Es schmeckt säuerlich-salzig und hat ein leicht nussiges Aroma. Portulak hilft bei Harnwegs- und Darmentzündungen, Verstopfung und Zahnfleischentzündungen.

Veilchen *Viola sororia* oder *Viola odorata*

Mein Vater erinnert sich noch daran, wie er im Alter von fünf Jahren für seine Mutter einen Strauß Veilchen gepflückt hat, ihre Zartheit und intensive Farbe macht sie unwiderstehlich. Die Blüten und Blätter haben Heilkraft und sind essbar. Duftveilchen blühen in dichten Kissen am Frühlingsanfang, andere Arten wie das Hornveilchen erst ab Mai. Du kannst Veilchenblüten in Salate und Essig geben oder Eis am Stiel mit ihnen verschönern. Verwende die Blätter wie Kopfsalat. Blätter und Blüten »kühlen« den Körper von innen. Sie werden bei Atemwegserkrankungen und als Lymphstimulans eingesetzt.

Vogelmiere *Stellaria media*

In unserem Beet haben wir sie nicht, aber bei Sammlerfreunden in wärmeren Gefilden ist die Vogelmiere ein begehrtes Gewächs. Sie ist eine einjährige Pflanze mit bodennahen Ausläufern, die meist gegen Frühlingsende wuchern. Die feinen Blätter schmecken ein wenig wie Maisbart und machen sich gut im Salat oder als Pesto. Als Heilpflanze wirkt die Vogelmiere unter anderem bei Schuppenflechte, Verstopfung und Darmreizungen lindernd.

Wildspargel *Asparagus acutifolius*

Wir bauen in unserem Gemüsebeet reichlich Wildspargel an. Das ist gut so, denn hier in Victoria wird er als Unkraut ausgemerzt. In den warmen und gemäßigten Regionen Süd- und Mitteleuropas ist wilder Spargel leicht zu finden, er kann auch in Deutschland im eigenen Garten kultiviert werden. Zu Frühlingsbeginn schiebt er – wie der weiße Speisespargel – den Kopf aus dem Boden. Bereite ihn genauso wie Weiß- oder Grünspargel zu. Je näher man die jungen Triebe an der Spitze abbeißt, desto süßer schmeckt er. Sobald er ins Kraut schießt, wird er zum Essen zu holzig, sieht dann aber mit seinen Blüten oder Beeren in der Vase hübsch aus.

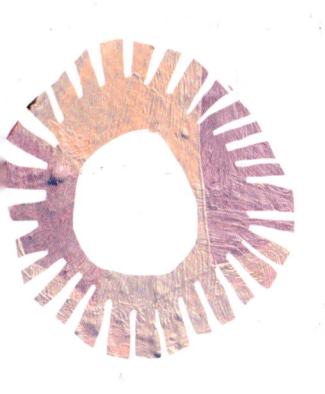

FRÜHJAHRSBRUNCH

Die Tage sind ein wenig wärmer, die Sonne hat mehr Wumms. Aber morgens ist es noch zu kalt für ein Frühstück im Freien – Brunch ist angesagt!

Die Ernte im Garten ist noch spärlich, also beschränken sich die Optionen auf Grünkohl, Spargel, Eier, Rübstiel, Mangold, Blattkohl und Sprossen. Die Zutaten kommen zusammen zu einer schmackhaften Brunchtarte! Die ist schnell zubereitet und schmeckt fantastisch. Dazu passt das cremige Joghurtdressing (siehe Seite 186) oder vielleicht sogar ein Birnenchutney (siehe Seite 222). Koch dir eine Kanne frischen Kräutertee (siehe Seite 180) und gib etwas Honig dazu. Trag alles auf einem Tablett nach draußen und voilà – fertig ist der Frühlingsbrunch!

Es herrlich, wieder draußen zu sitzen, die Sonne auf dem Rücken zu spüren, tief durchzuatmen und sich ein köstliches Gericht mit frischen Zutaten auf der Zunge zergehen zu lassen.

Spargel und Eier

Zu dieser Jahreszeit produziert das Spargelbeet weiße Herrlichkeiten im Akkord und die Hühner legen reichlich Eier. Mach das Beste draus! Neben den Rezepten auf Seite 124 kannst du auch diese ausprobieren:

- Gebratener Spargel mit gegrillten Mandeln und Speck
- Spargelcremesuppe
- Pochierte Eier mit Sauce hollandaise
- Weich gekochte Eier auf Toast
- Rührei mit angedünstetem Blattgemüse
- Hart gekochte Eier als Picknicksnack

EIEREINMALEINS

Wenn du Hühner oder Gänse hältst, wirst du nun im Garten unweigerlich über versteckte Nester mit Eiern stolpern. Lege die Eier in ein Gefäß mit Wasser, um zu testen, wie frisch sie sind. Schwimmen sie an der Wasseroberfläche, dann wirf sie weg. Diese Eier sind schlecht. Wenn sie am Boden liegen bleiben, lass sie dir schmecken.

Du kannst die Eier verschiedener Vögel zum Kochen verwenden. Sie unterscheiden sich in Größe, Textur und Geschmack:

> - 1 Gänseei = 2–3 Hühnereier
> - 1 Entenei = 2 Hühnereier
> - 2 Zwerghuhneier = 1 Hühnerei
> - 4 Wachteleier = 1 Hühnerei

DIE REALITÄT DER FLEISCHESSER

Konsequent fair zu leben, heißt, den Großteil der Nahrung, die wir konsumieren, selbst zu produzieren. Dazu gehört auch Fleisch. Wir essen nicht viel, sind aber auch keine Vegetarier.

Wir halten weder Rinder noch Schweine, tauschen aber oft andere Dinge wie Eier oder Gemüse gegen Rind- und Schweinefleisch. Wenn das Wasser wärmer wird, bestücken wir unseren Stausee mit Silberbarschen. Überzählige Hähne schlachten wir. Lammfleisch macht den Großteil unserer Fleischvorräte aus. Wir ziehen jedes Jahr sechs Lämmer auf. Sie kommen zur Zeit des Erwachens auf die Black Barn Farm und verbringen ihr Leben auf einer schattigen Weide voll frischem Gras, bis es an einem Tag im Spätherbst endet.

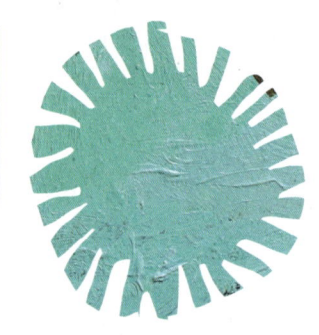

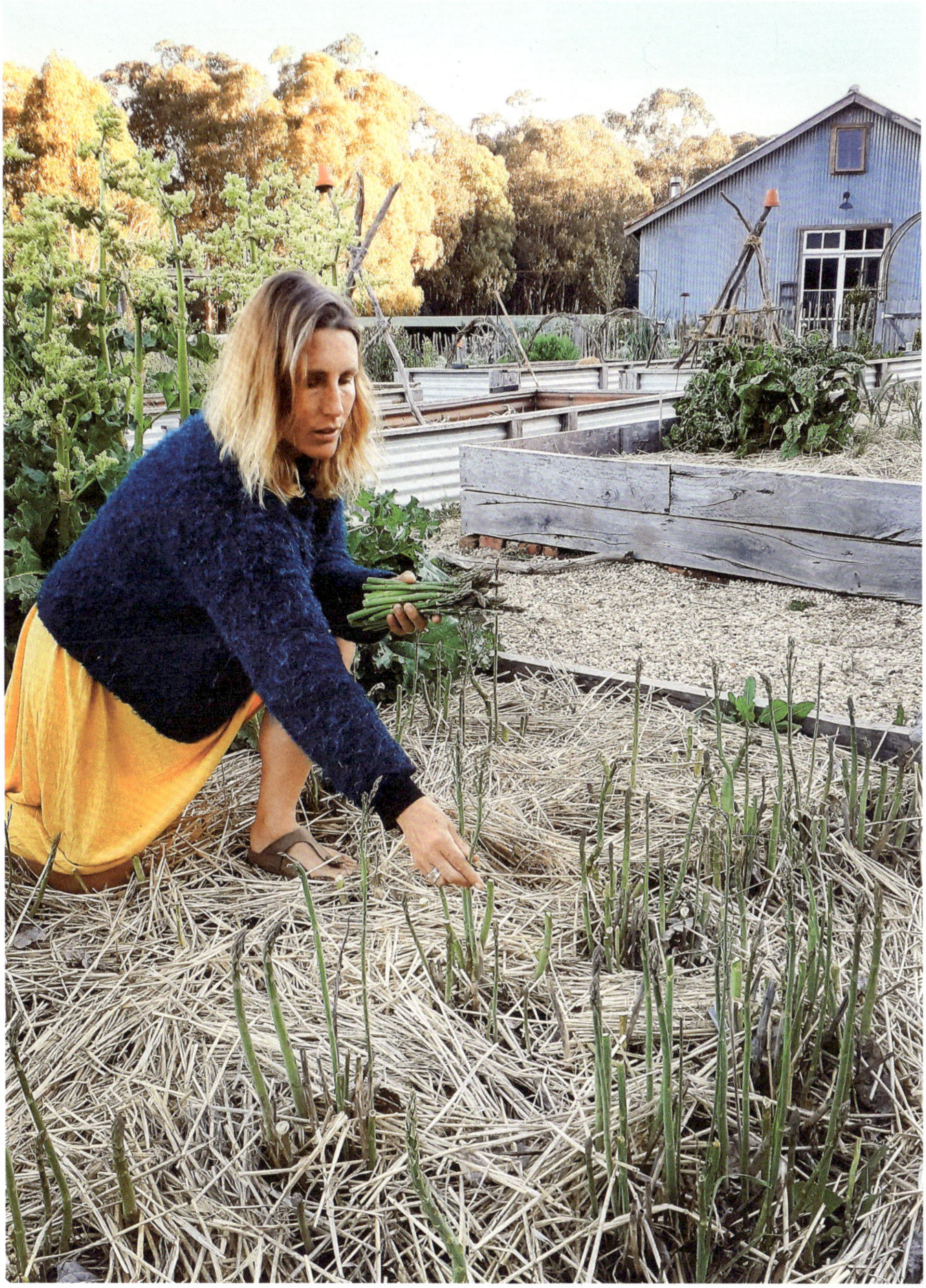

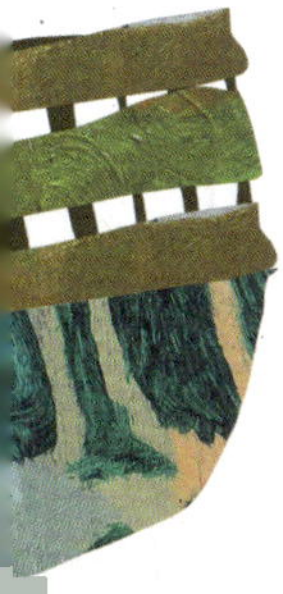

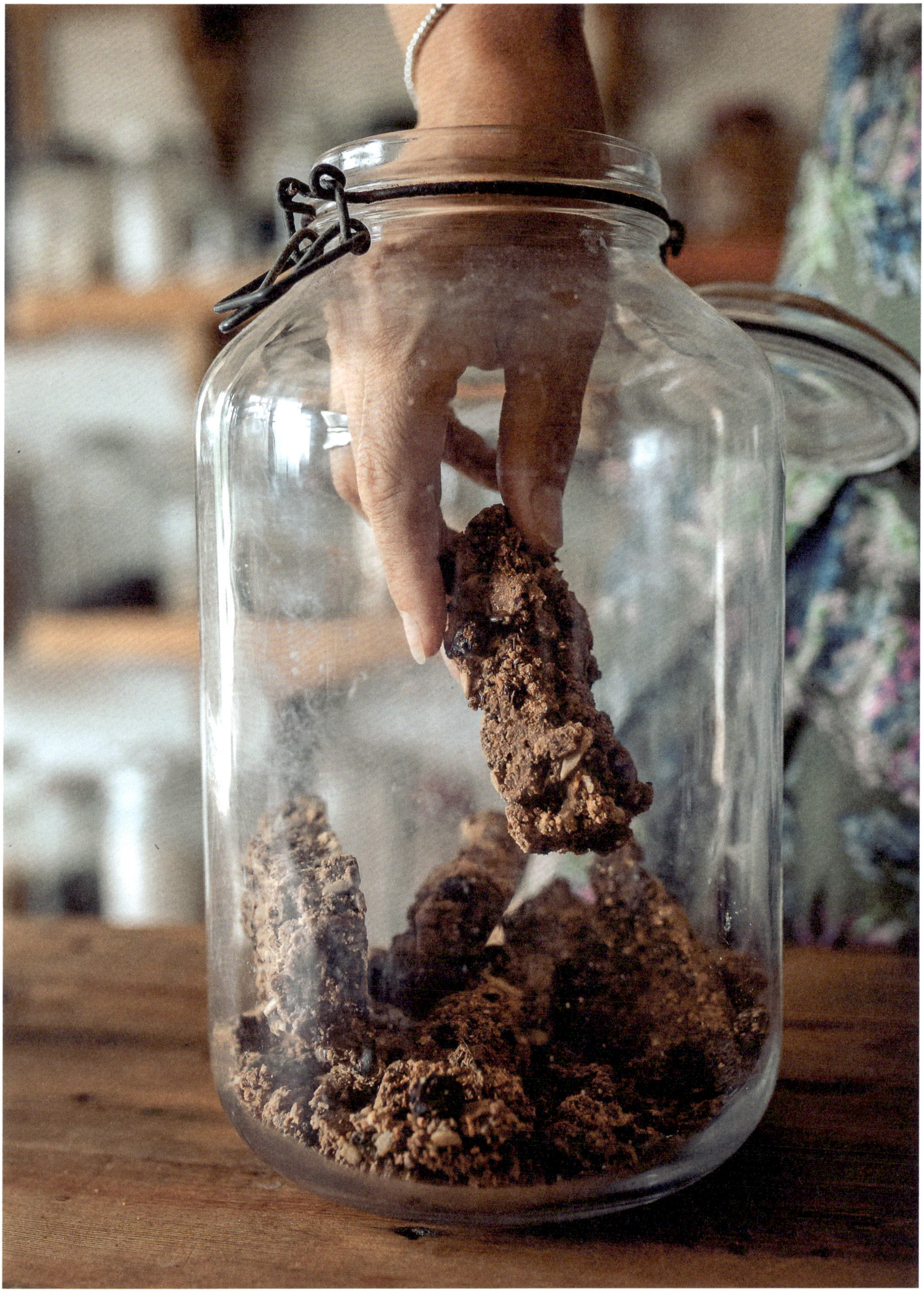

Nusszwieback aus Südafrika

Eine wunderbare WWOOFerin namens Margot hat uns mit dieser Leckerei bekannt gemacht, die in fast jeder südafrikanischen Speisekammer zu finden ist. Wir schieben den Zwieback einfach in den AGA-Ofen (siehe Seite 296), um ihn langsam über Nacht zu garen. Wer keinen AGA-Herd hat, sollte den Zwieback in Massen herstellen, damit es sich lohnt, den Backofen über Nacht anzulassen. Ob mit Kompott, Honig oder weniger Zucker, das Grundrezept kann man nach Belieben abwandeln. Wenn du glutenfreien Zwieback magst, ersetze das Weizenmehl durch deine bevorzugte Kombination aus Mandel-, Kastanien-, Kokos- oder Tapiokamehl. Diese Mehlsorten sind »durstiger«, du wirst also mehr Flüssigkeit brauchen – ich füge gern gedünstete Äpfel hinzu.

Ergibt ca. 50 Zwiebäcke

Öl, zum Einfetten

2 TL Salz

2 TL Backpulver

1 kg Weizenmehl Typ 550

75 g Trockenfrüchte deiner Wahl (z. B. Cranberrys, Aprikosen, Apfel), fein gehackt

85 g kernlose Rosinen

75 g Sesamsamen

145 g Sonnenblumenkerne

150 g grob gehackte Nüsse deiner Wahl

400 g Kokosblütenzucker oder 180 g Kokosraspeln, wenn du es weniger süß magst

150 g Kleie

500 g ungesalzene Butter, geschmolzen

2 große Eier

500 ml Milch (Ziegenmilch ist gut, Kuhmilch besser und Buttermilch am besten – wer sich milchfrei ernährt, kann Nussmilch nehmen, siehe Seite 297)

1. Heize den Ofen auf 180 °C vor.
2. Fette eine große Backform mit Öl ein (je mehr Teig, desto größer muss die Backform sein, oder du backst in mehreren Etappen).
3. Siebe Salz, Backpulver und Mehl in eine große Schüssel.
4. Gib Trockenfrüchte, Rosinen, Samen, Nüsse, Kokosblütenzucker oder Kokosraspeln und Kleie hinzu und vermenge alles gründlich.
5. Rühre in einer separaten Schüssel Butter, Eier und Milch glatt und vermische sie mit den trockenen Zutaten.
6. Vermenge die Masse mit einem Holzlöffel gut.
7. Drücke den Teig in die Form und schneide ihn mit einem scharfen Messer in Würfel oder Rechtecke.
8. Decke die Backform mit Alufolie ab und backe den Zwieback 60 Minuten im Backofen (oder bis an einem in den Teig gesteckten Stäbchen keine Teigreste mehr kleben bleiben). Nimm dann die Backform aus dem Ofen.
9. Reduziere die Ofentemperatur auf 60 °C.
10. Lasse den Zwieback abkühlen, lege ihn dann auf Bleche und trockne ihn im Ofen über Nacht bei 60 °C und lass ihn steinhart werden.
    Den Zwieback kann man in einem luftdichten Behälter bis zu 12 Monate lagern.

Rührei mit Spargel und Salami

Dieses Gericht bringt Schwung in deinen Frühling.

Für 2 Personen

5 Eier, verquirlt

1 Schuss Milch oder Nussmilch (siehe Seite 297)

1 Prise Selleriesalz oder Nährhefe

½ braune Zwiebel, gewürfelt (oder 4 Lauchzwiebeln)

1 Knoblauchzehe, gewürfelt (2 Knoblauchzehen, wenn du es würziger magst)

6 dünne Salamischeiben

10 Spargelstangen, in Scheiben geschnitten, die holzigen Enden wegwerfen

Eine Handvoll Alisander (siehe Seite 243)

Thymian- oder Petersilienzweig

1. Verrühre Eier, Milch und Selleriesalz oder Nährhefe in einer Pfanne bei mittlerer Hitze. Die Eier sollen fluffig bleiben, also nicht zu lange garen.
2. Bräune in einer zweiten Pfanne Zwiebel, Knoblauch und Salami bei mittlerer bis hoher Hitze.
3. Gib den Spargel in die zweite Pfanne und brate ihn 2–3 Minuten an, dabei immer wieder schwenken.
4. Kurz bevor der Spargel gar ist, eine Handvoll frischen Alisander (gedeiht zu dieser Jahreszeit besonders gut) und ein wenig Thymian darüberstreuen. Petersilie ist eine gute Alternative.
5. Verteile das Rührei auf zwei Teller und serviere es mit Spargel und Salami.

Eingelegte Picknickeier

Dies ist eine so einfache wie raffinierte Kombination aus Schärfe und cremig hartem Eigelb. Die Farbe der Eier hängt von den Gewürzen ab, die du hinzugibst. Kurkuma zum Beispiel färbt sie gelb, Senfkörner violett. Es sieht großartig aus, wenn du verschiedene Varianten machst und die bunten Eier in einer Schüssel servierst.

Ergibt 600 g

10 Eier

250 ml Apfelessig (siehe Seite 213)

250 ml Wasser

1 EL Gewürzmischung (meine Lieblingsmischung besteht aus grob in einem Mörser zerstoßenen Pfefferkörnern, Senfkörnern, Dillsamen und Fenchelsamen)

zerdrückter frischer Knoblauch, nach Geschmack

1. Koche die Eier in einem Topf Wasser bei hoher Temperatur 4 Minuten. Pelle die Eier pellen und stellen sie beiseite.
2. Lasse in einem anderen Topf Apfelessig und Wasser 8–10 Minuten kochen.
3. Gib die Gewürzmischung und den Knoblauch hinzu und rühre gut um.
4. Drehe die Temperatur herunter und lasse die Flüssigkeit bei geschlossenem Deckel 10 Minuten köcheln, damit nichts verdunstet. Lass dann die Flüssigkeit abkühlen.
5. Gib die Eier in ein Einmachglas, übergieße sie mit der Flüssigkeit, bis die Eier vollständig bedeckt sind und verschließe das Glas gut. Die eingelegten Picknickeier können bis zu sechs Monate im Kühlschrank aufbewahrt werden.

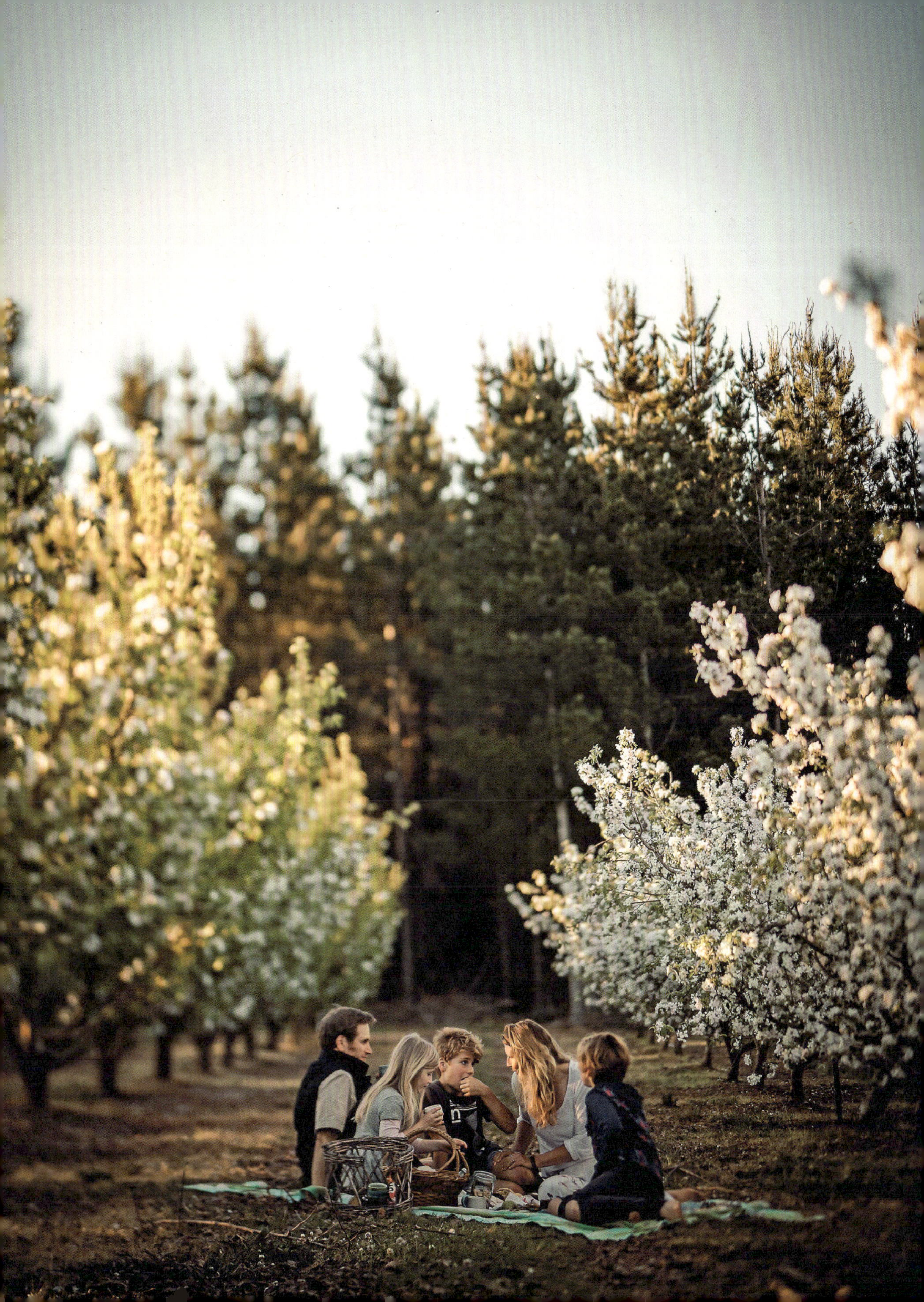

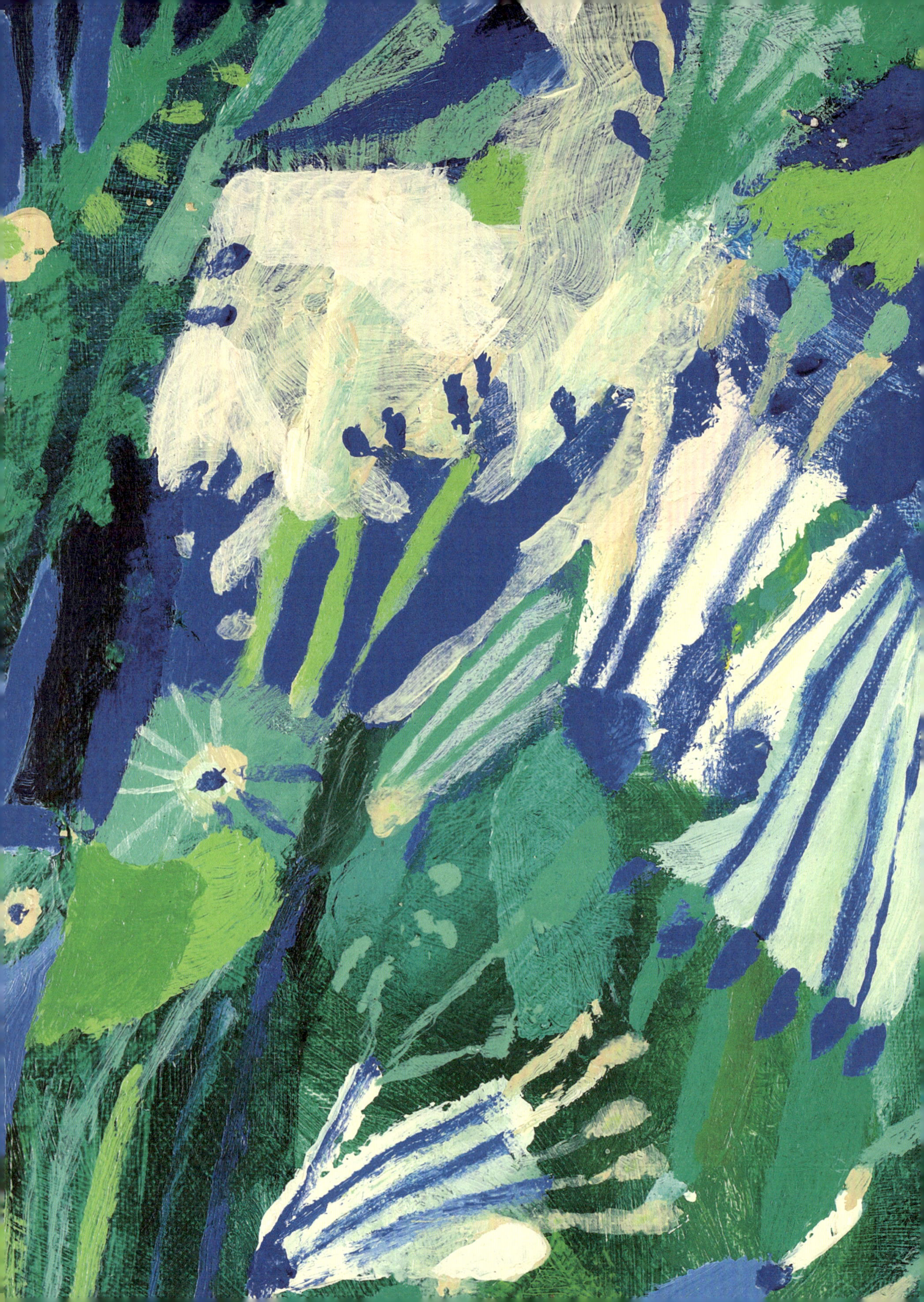

SPRIESSEN

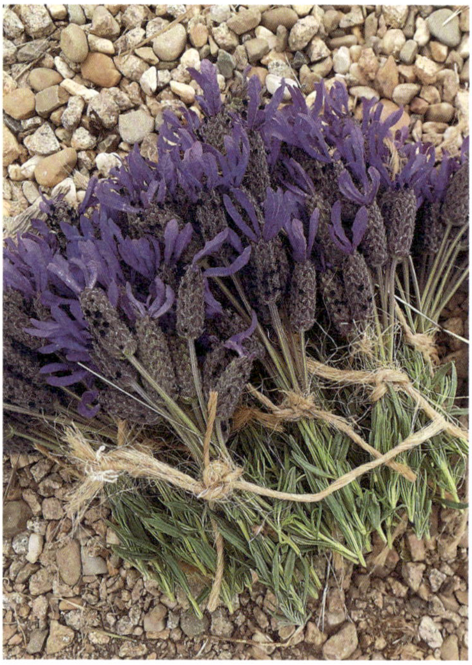
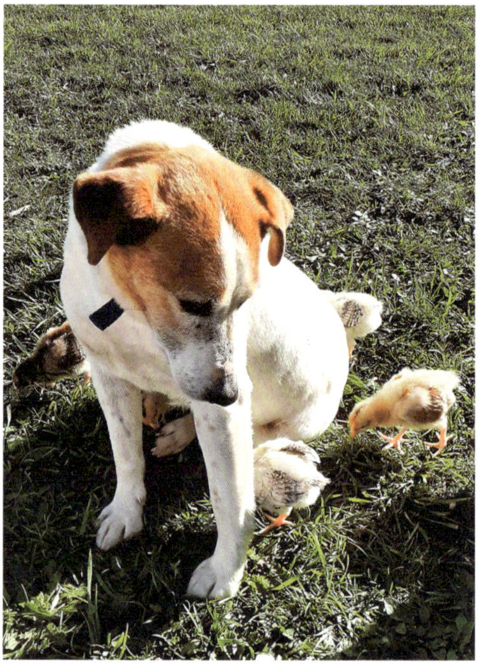
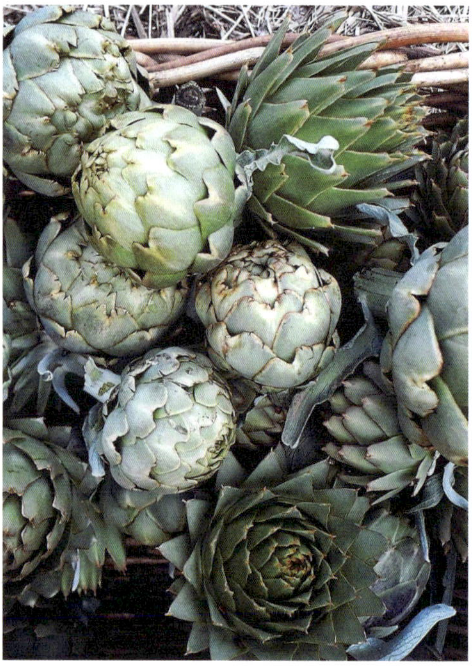
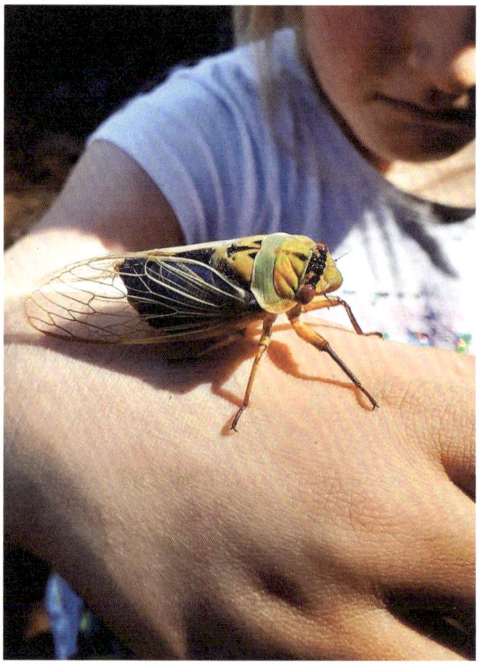

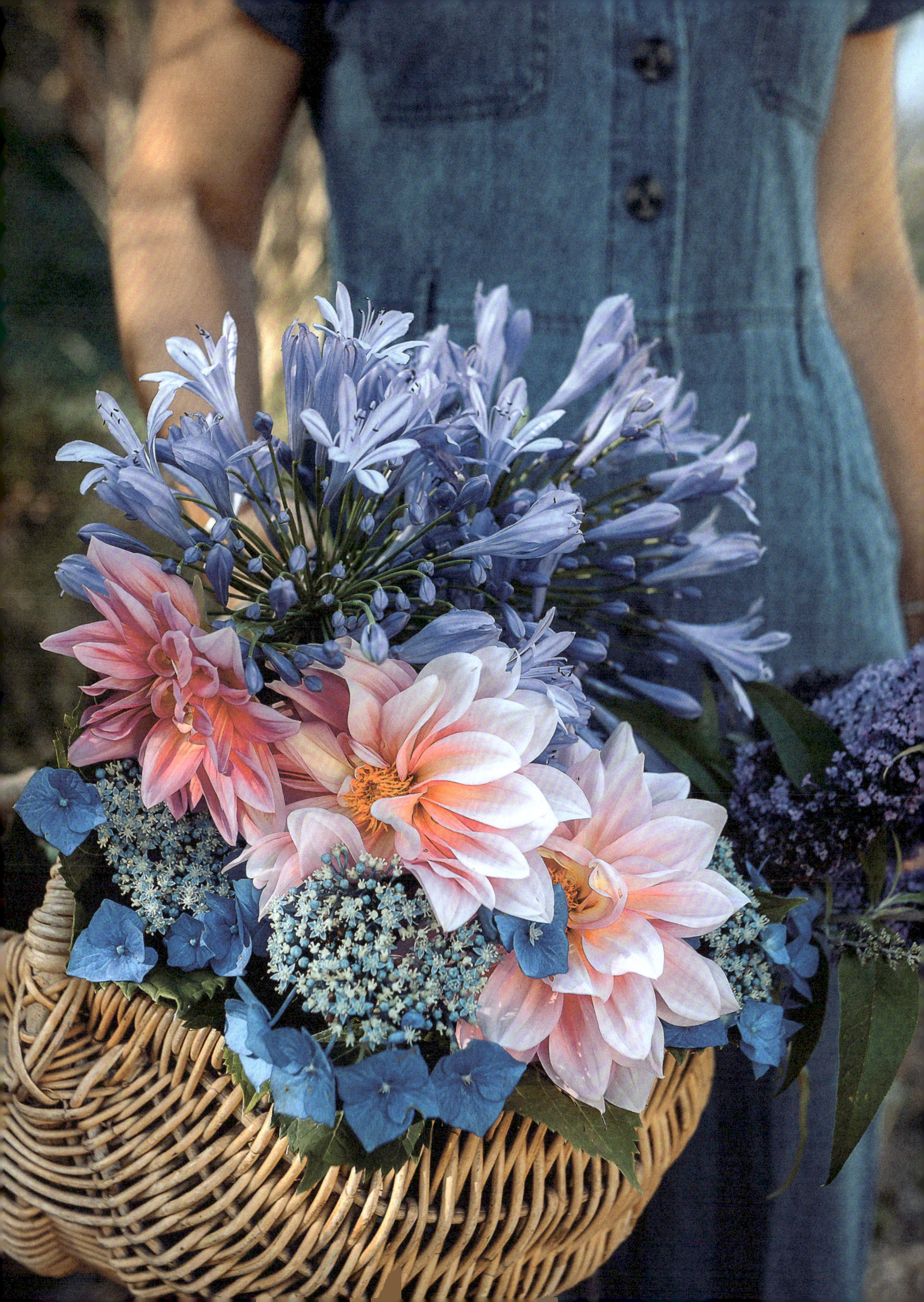

Spürst du die Energie um dich herum? Nach einem langsamen Erwachen strotzt die Natur plötzlich vor sattem Grün und macht Lust auf Leben. Lass dich inspirieren, greif mit beiden Händen zu und genieß die unbeschwerte Zeit zwischen sonnig sanften Frühlingstagen und ersten sommerlichen Tagen in vollen Zügen.

Die Tage sind länger, die Erde wärmer. Es sprießt und grünt. An Bäumen, die den Winter verschlafen haben, wetteifern Knospen um Licht und Wasser und junge Blätter spenden Schatten. Früchte schwellen, Gemüsebeete verheißen reiche Ernte. Der Sommer nimmt Fahrt auf und der Höhepunkt der Jahreszeit rückt näher: die Sommersonnenwende. Uns erfasst die überschwängliche Vorfreude auf die Feste, die vor uns liegen.

Genieß das Summen und Brummen der Natur und freu dich auf die Sommertage, die vor dir liegen.

WAHRNEHMEN UND BEOBACHTEN

Es ist die ideale Zeit im Jahr, um achtsame Wahrnehmung für sich (neu) zu entdecken. Man kann zusehen, wie sich die Natur verändert, sie lädt uns ein, genau hinzusehen und über sie zu staunen.

Offline zu gehen und sich den Erwartungen einer Welt zu entziehen, in der virtuelle, soziale und wirtschaftliche Räume ständige Aufmerksamkeit und Erreichbarkeit fordern, ist ein so profunder Akt, dass er dein Leben völlig verändern kann. Es ist so einfach wie ein tiefer, bewusster Atemzug. Aber Newsfeeds, Stundenpläne, Termin- und Familienkalender, Verpflichtungen, Konsumfreuden und die allgemeine Geschäftigkeit halten uns so effektiv auf Trab, dass wir gar nicht merken, dass uns der Impuls zum Innehalten und Lauschen verloren zu gehen droht.

Lehn dich zurück und genieße …
- die warme Sonne auf deinem Nacken,
- das Aufblühen der Blumen,
- die Farbe der Blätter,
- die kühle Morgenluft,
- den Geschmack einer frisch gepflückten Tomate,
- die langen Tage,
- das Keckern einer Elster.

Aktiv wahrzunehmen, heißt dein Recht wahrzunehmen zu entscheiden, worauf du deine Sinne richtest und dich dem Moment hinzugeben.

Achtsam sein und Dinge bewusst wahrnehmen können wir alle. Bewusste Wahrnehmung ist immer neu, sie entwickelt sich weiter und wird nie langweilig. Sie stärkt unsere intuitive Gabe für Beobachtung und Interaktion. Das wiederum sensibilisiert uns für den Alltag und lässt uns aus kleinen Beobachtungen Einsichten schöpfen.

Bewusstes Wahrnehmen ist ein Akt der Rebellion. Wenn du dein Bewusstsein aktiv auf winzige und magische Momente konzentrierst, entziehst du dich für einen Augenblick dem Dauerfeuer der Alltagsbotschaften. Du ersetzt den Drang, immer neue Reize passiv zu konsumieren, durch selbstbestimmte Handlungen, die niemand manipulieren oder dir nehmen kann.

Ob im Garten, im Hinterhof oder im Park um die Ecke, nimm jeden Tag die gleichen wenigen Dinge bewusst wahr und beobachte, wie sie sich verändern. Sei neugierig auf ihre Entwicklung, denk über ihr Schicksal nach und erfreu dich an ihrer Verwandlung!

Stärken

OSTERRITUALE

In Australien ist Ostern eine viertägige Auszeit mit meist spektakulärem Wetter. Die Flüsse, Seen und das Meer sind noch warm genug für kleine und große Badenixen und wir entspannen mit Freunden am Lagerfeuer bei Grillgut und selbst gebrautem Bier.

Auf der Obstplantage ist dies die geschäftigste Zeit des Jahres – die Ernte ist in vollem Gange. Auch wenn die Tage arbeitsreich sind, die Zeit, Ostern zu feiern, nehmen wir uns immer.

Das liebste Ostervergnügen der Kinder findet am Ostersamstag statt. Dann suchen sie wie kleine Vögel den ganzen Hof nach Nestbaumaterial ab.

Sie sammeln auf, was ihnen gefällt – Kordel, Draht, Stoff, Federn, Steine, Blätter, Blumen, Samenköpfe, Rinde und Stroh –, und füllen ihre Körbe mit Kostbarkeiten. Dann suchen sie sich ein hübsches Eckchen und bauen ihre Nester.

Ihre fantasievollen Kunstwerke sind mal groß, mal klein, liegen mal auf einer Fußmatte, mal im Gras. Manche erheben sich Schicht um Schicht, andere sind einlagige Ringe. Es sind organische Kreationen aus den Fundstücken der Kinder. Farben kontrastieren, mischen sich, gehen ineinander über und ergänzen sich.

Wir setzen den Kindern keine kreativen Grenzen in Hinblick auf Farbe, Material, Größe, Form oder Zeitaufwand. Manchmal basteln die Kinder stundenlang an ihren Nestern und es ist ein Vergnügen zu sehen, wie sorgfältig sie ihre Kunstwerke gestalten. Das größte Ei setzen sie prominent in ein kleines Gelege aus Schafswolle, aus einer Handvoll Federn oder Stroh.

Die Kinder machen sich morgens um fünf Uhr auf die obligatorischen Eiersuche (ihre bevorzugte Zeit, nicht unsere) und kommen mit einer Handvoll bunter, süßer Schokoeier zurück. Die verschlingen sie noch vor dem Frühstück wie zuckersüchtige Barbaren.

Auf die Eiersuche folgt ein festlicher Brunch. Dann blasen wir Eier aus. Es ist ein Familienritual: Wir sitzen alle zusammen am Tisch und stechen mit einer Nadel oben und unten Löcher in ein Ei und pusten kräftig in eines der Löcher. Eiweiß und Eigelb landen im Mittagessen. Nun geht es ans Verzieren mit dem Bastelmaterial, das wir übers Jahr gesammelt haben: Farbe, Buntstifte, Kleber, Stoff, Wolle, Glitter, Bilder aus Zeitschriften, Geschenkpapierreste und mehr.

Im Lauf der Jahre haben wir viele dieser zerbrechlichen Meisterwerke geschaffen. Wir versuchen, sie sicher aufzubewahren, aber dennoch zerbrechen immer mal wieder welche.

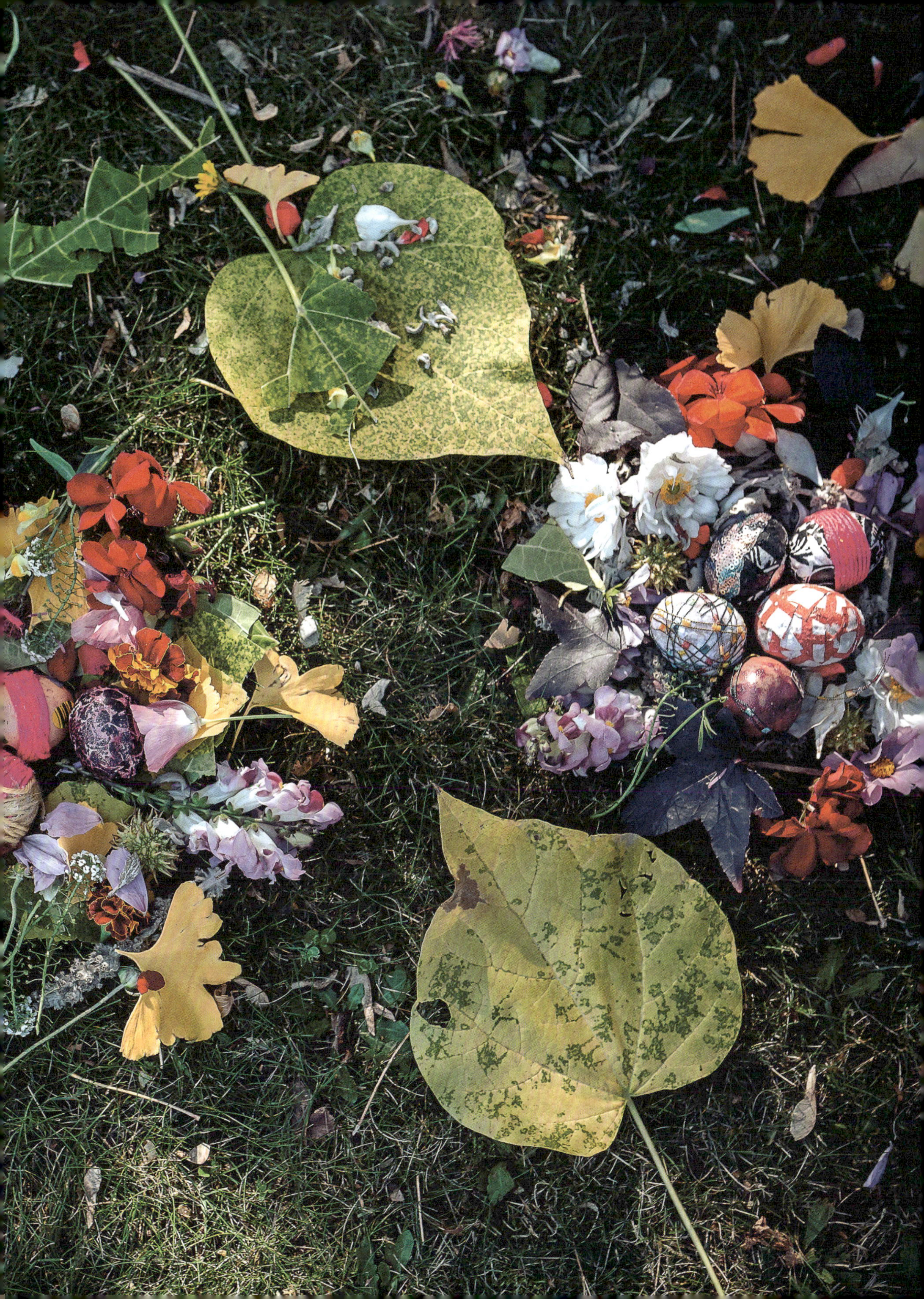

FREUDENFEUER ZU BELTANE

Beltane hat seinen Ursprung in Irland und Schottland. Es ist ein gälisches Fest zum Beginn der Weidesaison, wenn das Vieh auf die Sommerweiden getrieben wird. Seine Rituale, unter anderem das symbolische Entzünden von Feuer, sollen die Fruchtbarkeit des Landes, Menschen und Ernten schützen. Beltane bedeutet »helles Feuer«, durch dieses wird die Sonne geehrt und der Sieg des Sommers über den Winter gefeiert.

In der nördlichen Hemisphäre begeht man Beltane um den 30. April, in der südlichen Hemisphäre am 31. Oktober.

Hier in Australien ist das die perfekte Zeit für Lagerfeuer – das Brennholz ist nach dem Winter trocken und Brandschutzauflagen gelten noch nicht. (Frag bei der Feuerwehr nach, ob du eine Genehmigung brauchst.)

Die symbolischen keltischen Rituale stehen auf der Black Barn Farm eher im Hintergrund. Wir freuen uns über den Anlass, Freunde einzuladen, ein Feuer anzuzünden und den Sommeranfang zu feiern. Wir ehren das Wissen unserer heidnischen Vorfahren, trinken auf den Reichtum der Natur und zelebrieren eigene Rituale.

Oben: Begrüß die neue Jahreszeit mit einem Lagerfeuer – wie wir an Beltane.

Verbinden

TAG DER OFFENEN OBST- UND GEMÜSEGÄRTEN

Zu Beginn des Frühlings tun wir uns mit einer Horde von Leuten mit grünen Daumen zusammen und öffnen unsere Obst- und Gemüsegärten der Öffentlichkeit. Die Besucher fahren von Beet zu Beet, lernen Neues und sammeln Anregungen für ihre eigenen Beete. Sie nutzen den Tag, um über ihren eigenen Bedarf nachzudenken, nach Lösungen für Probleme zu suchen, Erfahrungen und Samen auszutauschen, Tee zu trinken und Setzlinge zu kaufen.

Das Event entsprang einer spontanen Idee. Mittlerweile ist es ein traditionelles Frühlingsritual, das inspiriert, Solidarität stärkt und praktisches Wissen hilft. Es ist ein Event, das man ohne großen Aufwand überall organisieren kann. Deine Nachbarn sind leidenschaftliche Gärtner, Schrebergartenbesitzer oder Selbstversorger? Steckt doch mal die Köpfe zusammen und überlegt, ob ihre eure Gartentore für Interessierte öffnen wollt. Wenn dann noch ein Freiwilliger Würstchen grillt und Setzlinge verkauft, könnt ihr mit einer handgezeichneten Einladungskarte loslegen.

Gestalten

AROMATISIERTES LAVENDELÖL

Blumen sind nicht nur schön, sondern auch nützlich. Dieses Rezept für Lavendelöl ist einfach und ergibt Öl für ein ganzes Jahr.

1. Ernte Lavendelzweige oder kauf getrocknete Lavendelblüten. Alle Sorten eignen sich. Auf eine Tasse Lavendel kommen 250 ml Öl.
2. Wenn du frischen Lavendel verwendest, trockne ihn ein paar Tage auf einer sonnigen Fensterbank.
3. Reibe den Lavendel zwischen deinen Händen in einer Schüssel, um das ätherische Öl freizusetzen.
4. Gieß das Öl über die Blüten. Du kannst jedes Öl verwenden. Für Massage- oder Speiseöl eignen sich Macadamia- oder Mandelöl besonders gut.
5. Fülle die Lavendel-Öl-Mischung in eine dunkelbraune Flasche und lass sie bis zu vier Wochen an einem warmen Ort ziehen.
6. Seihe das Öl durch ein Sieb ab – fertig!
7. Ich reibe den Kindern Lavendelöl auf Handgelenke und Schläfen, um sie abends zu beruhigen und auf meine Handgelenke, wenn ich aufgeregt bin. Außerdem gebe ich das Öl an Salatsoßen und leichte Pfannengerichte.

Ganz links:
Neue Setzlinge solltest du vorsichtig mit der Gießkanne gießen.

Links:
Zur jährlichen Artischockenernte gehören immer auch viele Helferpflanzen (siehe gegenüberliegende Seite).

EINE VOGELSCHEUCHE BASTELN

Vogelscheuchen ähneln fast immer Menschen. In Deutschland bestehen sie meist aus Holzlatten, die Amerikaner stopfen sie mit Stroh aus. Manche sehen wie Hexen aus, andere tragen Pfeil und Bogen. Heute haben vielerorts Reflektorband, Drohnen, Knallschreckgeräte und Raubvogeldrachen den einsamen Helden vom Feld verdrängt.

Lustig oder gruselig, mit Hut oder Rechen, klein oder groß: Vogelscheuchen kann man aus Holzlatten, Stroh und alten Kleidern selbst basteln. Sie sind eine charmante Dekoration und schützen Beete vor gefräßigen Schnäbeln. Gestaltet man sie als Raubvogelattrappe oder als Mobile aus reflektierenden Teilen, wird die Vogelscheuche zum Taubenschreck und hält unerwünschte Besucher von Blumenkasten, Balkon oder der Fensterbank fern.

FÜHR EIN REGENTAGEBUCH

Zu wissen, wo dein Trinkwasser herkommt, ist ebenso wichtig, wie zu wissen, woher dein Essen kommt. Wie viel regnet es bei dir zu Hause? Wo sind Wasserscheiden oder Trinkwasserspeicher? Die Suche nach den Antworten schärft dein Bewusstsein für diese lebenswichtige Ressource.

Eine meditative Art, sich mit dem kostbaren Nass auseinanderzusetzen, ist die Regenbeobachtung. Eine Regentabelle kann ein einfaches Blatt Papier mit einem Kästchen für jeden Tag des Jahres sein. In den Kästchen notiert man die Regenmenge, die man von einem Regenmesser abliest. Was ist spannender, als ein Jahr lang die Niederschläge zu beobachten? Viele Jahre! Langfristige Niederschlagsmuster zu verstehen, erdet dich. Es vertieft deine Beziehung zu dem Ort, an dem du lebst.

Pflanzen

HÖHERE ERTRÄGE DURCH FOLIENTUNNEL

Wenn du wie wir in einem rauen Klima lebst, kannst du Anbauzeiten mit einem Folientunnel verlängern. Er hat unseren Anbau revolutioniert. Vorher mussten wir ohne Tomaten, Paprika und Auberginen auskommen, weil es nicht genug warme Tage gab, um sie vorzuziehen. Auch Zitronengras oder Süßkartoffeln konnten wir nicht anbauen, weil es bei uns Spät- und Frühfröste gibt. Für unseren Folientunnel haben wir Rundbögen, Gewächshausfolie und als thermische Masse einige gebrauchte, mit Wasser gefüllte 200-Liter-Fässer verwendet. Die Anbausaison konnten wir so auf neun Monate ausdehnen.

Der Folientunnel dient der Produktion von Nahrungspflanzen in speziellen Gartenbeeten, als Kinderstube für Setzlinge, als Hospital für kranke Pflanzen und Stecklinge sowie als sicherer Ort zum Überwintern. Durch ihn gelingen uns jetzt zuverlässig ganzjährige Fruchtfolgen. Früher war das ein Glücksspiel. Das Wintergemüse musste bis Ende Januar in der Erde sein, damit es den Winter überlebt. Aber das Sommergemüse war oft erst im April erntereif.

Heute müssen wir mit dem Auspflanzen des Wintergemüses nicht warten, bis die Beete frei von Sommergemüse sind: Wir pflanzen die Wintersetzlinge einfach im Folientunnel. Die drei zusätzlichen Monate Wärme darin haben unsere Produktion verdoppelt.

Wenn dir der Platz für einen Folientunnel fehlt, kannst du in den frühen Stadien des Wachstums Gläser als Minigewächshäuser verwenden. Sie schützen neue Setzlinge vor Frost und Ungeziefer. Nimm recycelte Gläser: Je größer sie sind, desto besser. Wenn es tagsüber sehr heiß wird, solltest du die Gläser abnehmen – sonst machen deine Pflanzen schlapp.

HELFERPFLANZEN

Jede Pflanze, die im Garten eine Lücke füllt und Schädlinge fernhält, sollte gefeiert werden! Wir freuen uns über:

- Alisander, auch Pferdeeppich oder Schwarzer Liebstöckel genannt (*Smyrnium olusatrum*)
- Artischocke (*Cynara scolymus*)
- Borretsch (*Borago officinalis*)
- Fenchel (*Foeniculum vulgare*)
- Lauch (*Allium ampeloprasum*)
- Schlafmützchen (*Eschscholzia californica*)
- Schmuckkörbchen (*Cosmea*)
- Duftsteinrich (*Lobularia maritima*)

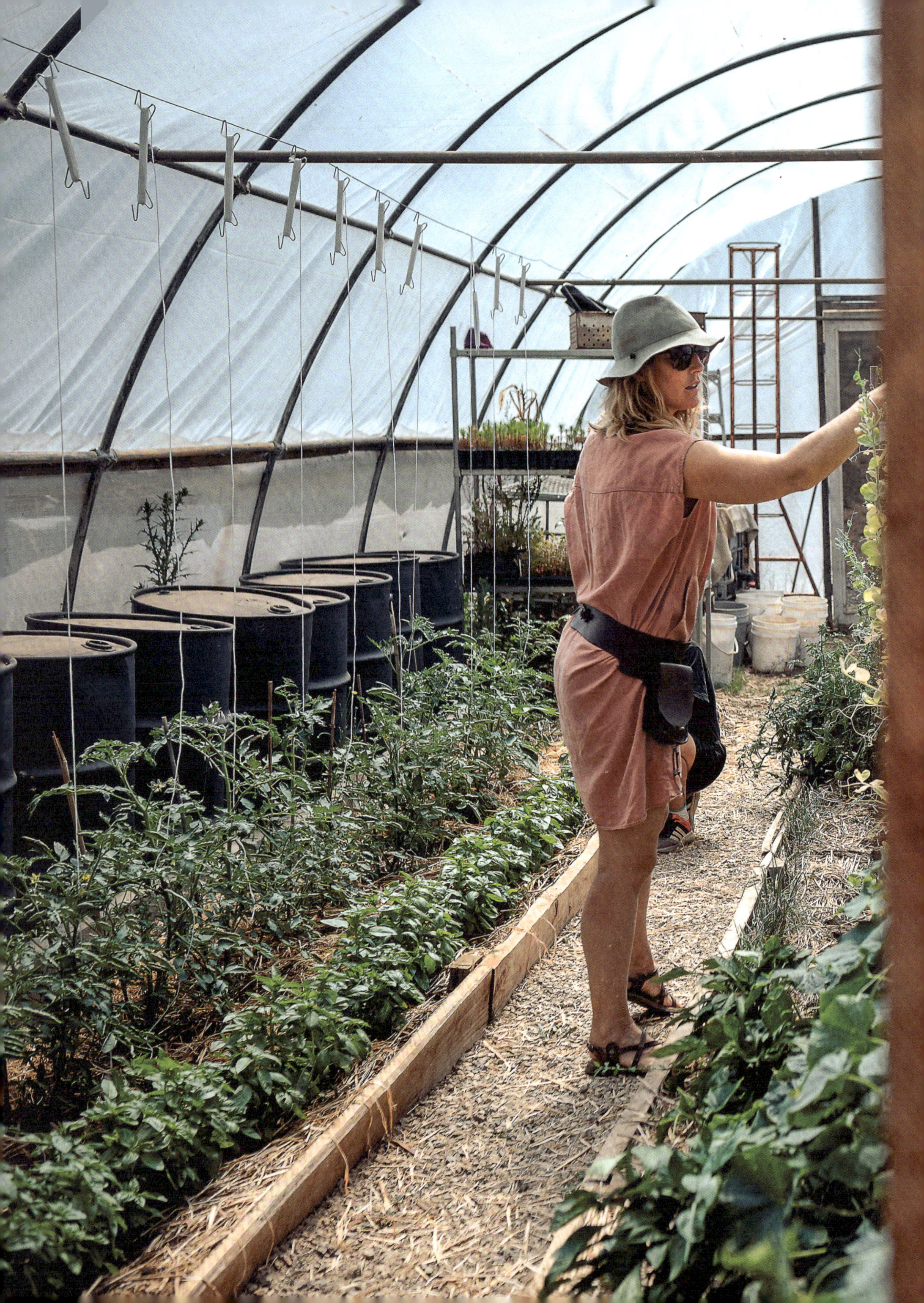

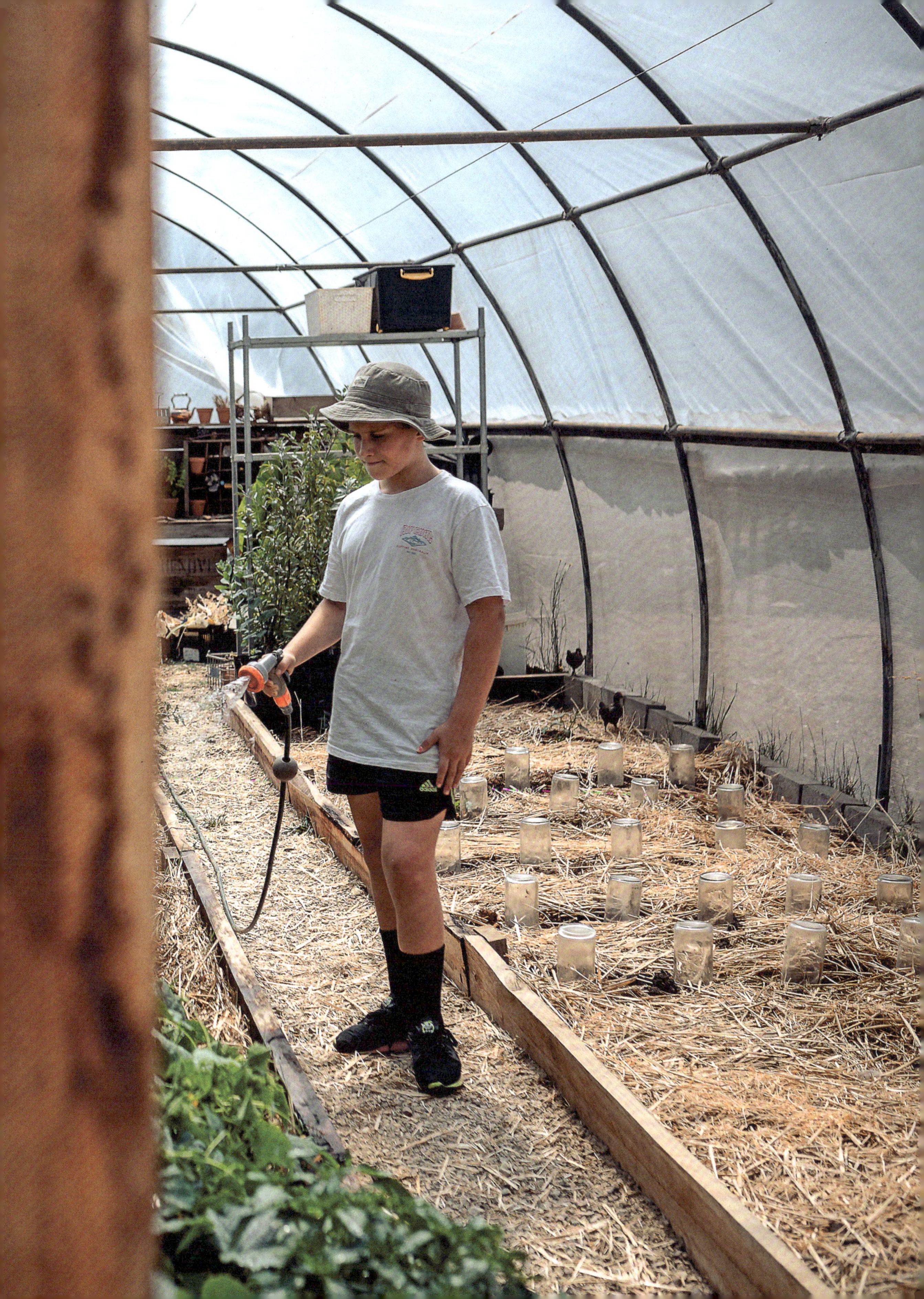

KÖSTLICHER KNOFI

Knoblauch ist nach sechs bis acht Monaten erntereif. Vor dem Ernten solltest du ihn eine Weile nicht gießen, damit er eine Zwiebel entwickelt – also aussieht wie der Knoblauch beim Gemüsehändler und nicht wie eine Frühlingszwiebel. Sobald die grünen Halme gelb und welk sind, ist die Erntezeit gekommen. Entferne die Halme vor dem Einlagern der Knollen. Wenn du Hühner hast, kannst du sie an sie verfüttern.

Knoblauch ist geschmacksintensiv, nährstoffreich und kinderleicht anzubauen und zuzubereiten. Er ist die perfekte Einsteigerpflanze für angehende Kräutergärtner.

Knoblauch ist eines unserer Lieblingsgewürze auf der Black Barn Farm. Die Knoblauchpflanze ist Nahrung und Heilmittel zugleich. Sie schmälert andere Kulturen nicht, weil sie in der Nebensaison wächst, wenn die meisten Pflanzen ruhen und auf Wärme warten. In unserem subalpinen Klima pflanzen wir sie im Herbst, wenn der Boden noch warm ist. Jedes Jahr säen wir rund 400 Zehen aus, die dank der unzähligen Einsatzmöglichkeiten schnell verbraucht sind.

Wir setzen die Pflanzen dicht an dicht. Nach der Ernte knoten wir sie zusammen und hängen sie zum Trocknen an die Dachsparren im Schuppen oder auf die Veranda. Danach lagern wir sie an einem kühlen, trockenen Ort.

Knoblauch ist nicht nur wirksam gegen Krankheitserreger bei Mensch und Tier, sondern auch gegen Schädlinge. Wir pflanzen ihn in unserer Fruchtfolge nach den Kartoffeln, um den Kreislauf von Schädlingen und Krankheitserregern zu durchbrechen. Nach der Kartoffelernte ist der Boden bereits gut gelockert und wir können den Knoblauch direkt in die Erde setzen.

Becherform

Spindelform

Spalierobst

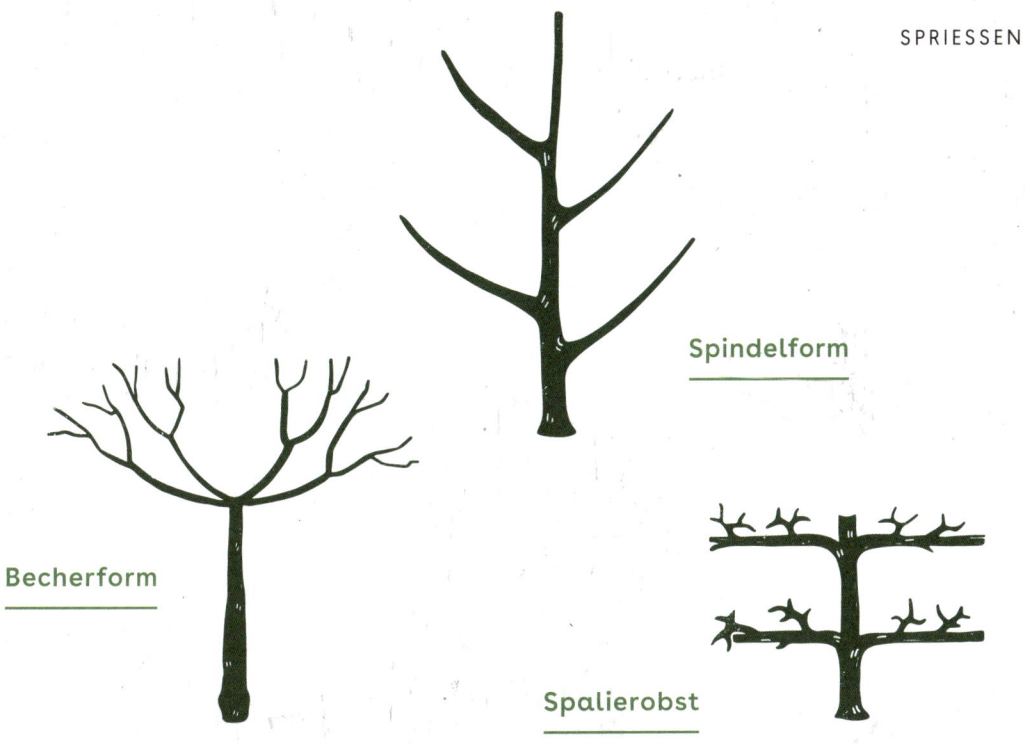

Knoblauch nimmt Nährstoffe wie Stickstoff, Phosphor und Kalium auf, die von den Frühlings- und Sommerkulturen zurückgeblieben sind. Er ist pflegeleicht: Wir geben nur etwas Blut- und Knochenmehl an die Wurzeln, um die Entwicklung der Zwiebel zu fördern und halten Unkraut mit etwas gut zerkleinertem Rindenmulch in Schach.

OBSTBAUMERZIEHUNG

Ähnlich wie Menschenkinder muss man auch Babyapfelbäume erziehen. Anders als Kindern weisen wir ihnen den Weg mit Schnur, Pflock und Bambuspfahl. Die Erziehung legt fest, wie früh der Baum Obst produziert und welche Form er künftig haben wird.

Unsere Obstbäume erziehen wir in einer Form, die man »Spindel« nennt. Sie hat einen Mitteltrieb und waagrechte, versetzte Seitentriebe, die Früchte tragen. Die erste Ebene beginnt etwa auf Kniehöhe. Für unsere Besucher, die selbst pflücken, sind die unteren drei Reihen gut erreichbar, die Früchte auf den oberen Ebenen ernten wir mit Leitern.

Eine weitere gängige, aber sehr pflegebedürftige Obstbaumform ist der »Becher«: Eine Reihe von fünf oder sechs Ästen beginnt auf Oberschenkelhöhe und strebt dann senkrecht nach oben.

Wenn du im Garten wenig Platz hast, könnte Spalierobst das Richtige für dich sein. Die Äste des Baums werden an einen Rahmen oder ein Gitter gebunden. Der Nachschnitt ist aufwendig, aber ein Spalierbaum ist nicht nur ein beeindruckender Blickfang, er kann auch sehr produktiv sein. Du ersparst dir das ermüdende Ringen mit kräftigem Astwachstum, wenn du für deinen Spalierbaum eine zwergwüchsige Unterlage nimmst.

»Ich glaube, wir denken zu sehr an das Glück des frühen Vogels und nicht genug an das Pech des frühen Wurms.«

Franklin D. Roosevelt (1882–1945), ehem. Präsident der USA

NACHWACHSENDES BRENNHOLZ

Brennholz ist an den kältesten und dunkelsten Wintertagen von unschätzbarem Wert. Das Holzhacken hingegen ist ein Ritual, das beginnt, sobald die Tage länger und wärmer werden. Der Grund: Holz braucht Sonnenlicht und Wärme, um sich von einem eben noch lebendigen, grünen Baum in eine brennbare Wärmequelle zu verwandeln. So seltsam es sich anfühlt, zu Beginn des Sommers an den Winter zu denken, es ist wichtig, dass man für die Trocknung des Holzes genug Zeit einplant.

Jeder, der genug Platz hat, sollte sich eine eigene Brennholzquelle pflanzen und selbst nachhaltig Wärme erzeugen. Für uns in Australien eignet sich Eukalyptus am besten. Wir haben 300 einheimische Eukalyptusbäume gepflanzt, als wir die Black Barn Farm übernahmen. Jetzt pflanzen wir jedes Jahr zehn bis 15 Bäume in die Lücken, die durch das Holzfällen oder absterbende Bäume entstanden sind.

WILLKOMMEN IM WURMCAFÉ

Wenn die Erde die Grundlage unserer Existenz ist, dann ist der Boden die Grundlage aller Dinge, die unser Leben ermöglichen: von den Pflanzen, die er wachsen lässt, bis zu den kleinen, zappelnden Geschöpfen, die ihn lebendig machen.

Der Beitrag, den Würmer zur Qualität unserer Böden leisten, wird selten angemessen gewürdigt. Mit dem Anlegen eines Wurmcafés und dem Einbringen von Wurmhumus oder Wurmtee in deine Beete kannst du selbst aktiv helfen, Böden aufzuwerten.

Wurmcafés oder -komposter gibt es in vielen Formen und Größen und aus allerlei Materialien. Du kannst kleine oder große Eimer verwenden, eine Styroporbox, einen Gittertank oder eine Holzkiste. Ganz gleich, welchen Behälter du wählst, folgende Kriterien müssen erfüllt sein:

- Die Würmer haben genug Platz, um sich bei Bedarf an einen kühlen, dunklen Ort zu wühlen.
- Den Würmern steht ausreichend Futter zur Verfügung.
- Das Wurmcafé ist gut durchfeuchtet, aber nicht nass. Es muss gut entwässert sein, weil Würmer keine Staunässe vertragen.
- Das Wurmcafé muss kühl bleiben.

Oben rechts: Holzhacken steht fast jeden Tag auf unserer To-do-Liste.

Unten rechts: Die Belohnung für das Anlegen eines Wurmcafés ist ein gesunder, nährstoffreicher Boden.

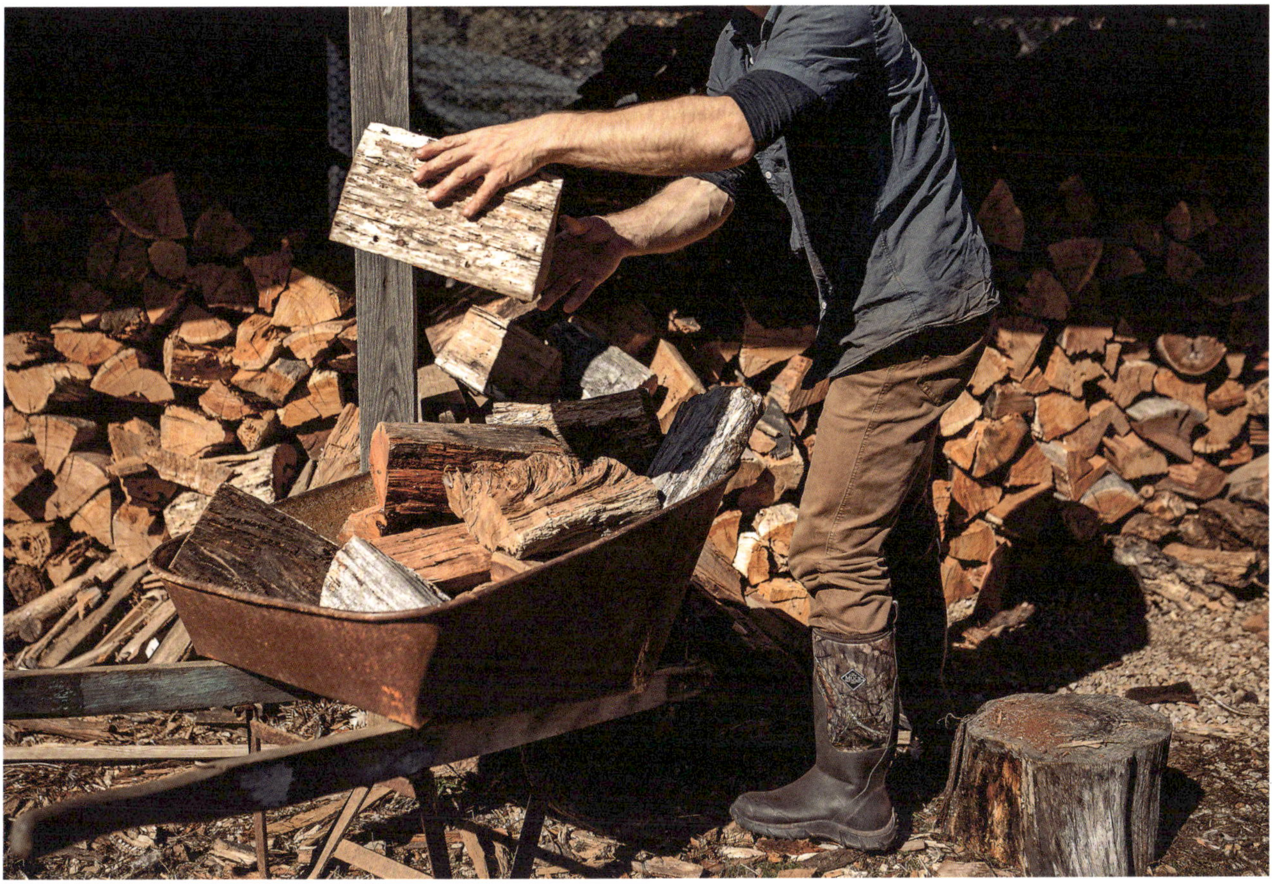

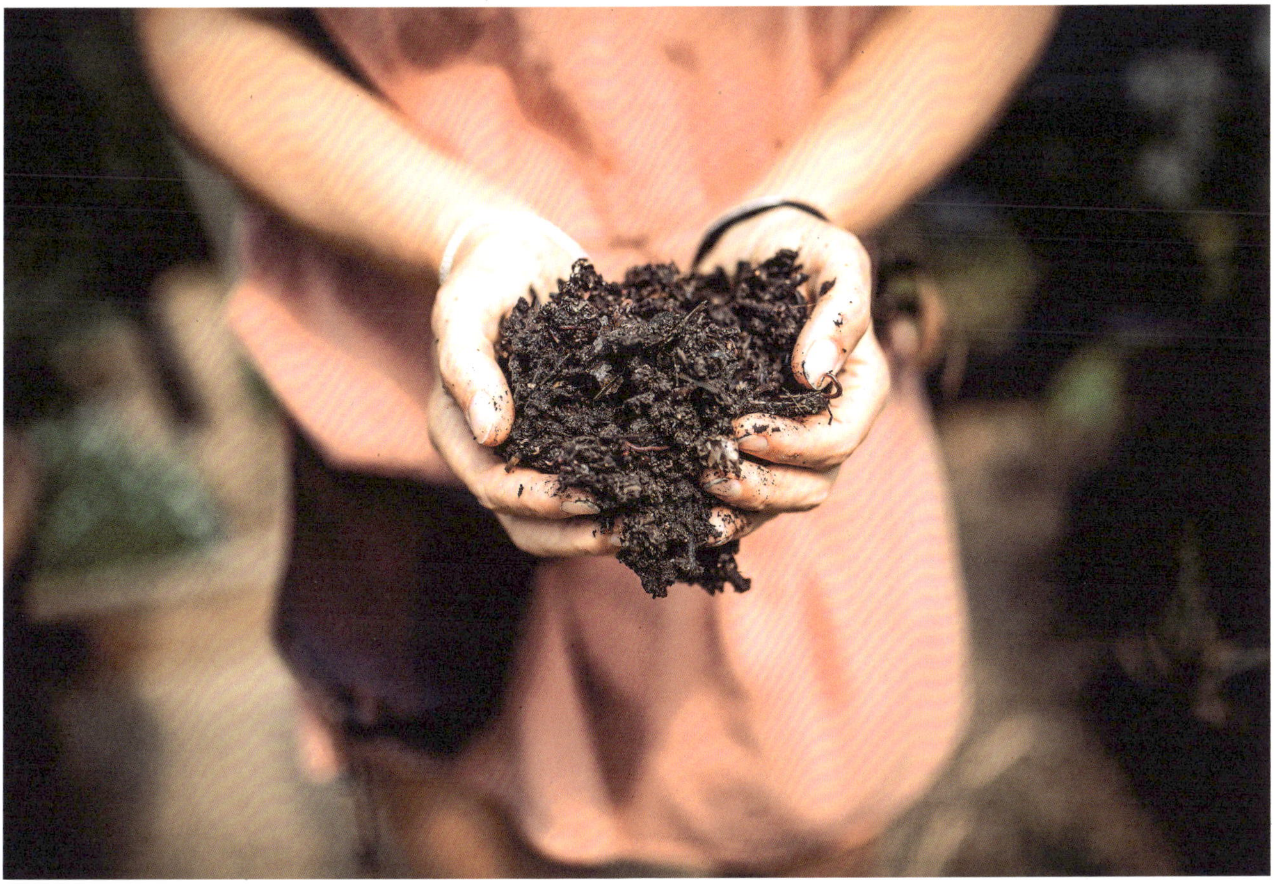

Warum wir ein Wurmcafé betreiben

- Die Würmer machen mit Bioküchenabfällen kurzen Prozess.
- Wurmhumus ist der ideale Dünger für alle frisch eingetopften Pflanzen.
- Wurmtee – die Flüssigkeit, die aus einem Wurmcafé abfließt – ist das billigste und einfachste Mittel, um hilfreiche Mikroben und Bakterien in deine Gartenbeete einzubringen.
- Ein Wurmcafé direkt in der Erde belüftet den Boden.
- Mit einer Handvoll Wurmkot (der voll mit Kokons ist) kann man ein weiteres Wurmcafé bevölkern.
- Die Kinder lieben Wurmcafés.
- Wurmcafés sind in sich geschlossen und pflegeleicht.

Mit dem bisschen Pflege und Liebe, die wir dem Wurmcafé angedeihen lassen, ist es kurz vor der Sommerhitze vorbei, denn Kompostwürmer sind nur bis 30 °C überlebensfähig. Wird es wärmer, legen sie Kokons, die kleine Regenwürmer enthalten. Erst wenn die Bedingungen stimmen, schlüpfen sie.

Unsere Würmer wohnen in großen alten Gittertanks. Diesen Umfang benötigen wir für unsere Obstplantage. Nach dem Rechten zu sehen, dauert alles in allem etwa eine Stunde. Wenn man nur ein kleines Wurmcafé hat, braucht man natürlich weniger Zeit.

- **Beobachten** – ein Wurmcafé neu zu starten, ist einfach: Man hebt die Abdeckung ab und prüft: Ist das Substrat zu nass, zu trocken, zu heiß oder schimmlig? Sind Anzeichen von Würmern und Unkraut zu sehen oder gibt es kühlere Bereiche? Nimm dir Zeit, genau hinzusehen, bevor du deine nächsten Schritte planst, um Mängel zu beheben.
- **Reagieren** – wenn das Wurmcafé zu nass ist, sollte man mehr Löcher in den Boden bohren. Ist sie zu trocken, kann man etwas feuchten Kompost hinzufügen oder das Wurmcafé öfter bewässern. Entferne das Unkraut und bring das Wurmcafé an einen kühleren Platz, falls es zu heiß ist.
- **Füttern** – füttere die Würmer mit dem, was du gerade zur Hand hast: Küchenabfälle, Stroh, Holzschnitzel, Grasschnitt, etwas Laub (aber nicht zu viel) und Fallobst (auch nicht zu viel). Ich fülle den Behälter nach und nach in Schichten, bis er etwa zu zwei Dritteln gefüllt ist, wässere ihn vorsichtig und setze die Abdeckung auf.

Ich finde, ein Wurmcafé sollte nicht viel Arbeit machen. Wir haben daher unsere Aussaatplatten auf Metallregalen direkt über den Wurmcafés platziert. Beim täglichen Gießen der Setzlinge verirren sich immer ein paar Tropfen. Das Wurmcafé fängt sie auf und wird durchfeuchtet.

DAS LIEBE FEDERVIEH

Bei Hühnern denkt man an Selbstversorgung und Hausmannskost und diesem Ruf werden sie gerecht. Sie liefern Eier, lassen sich von den Kindern herumtragen und gackern von früh bis spät, während sie im Mulch scharren. Durch sie wirkt unser Garten »belebt«. Hast auch du schon einmal überlegt, ob du dir Hühner anschaffen könntest? Sie sind pflegeleicht und führen Kinder an Verantwortung und Tierpflege heran,

Rechts:
Das Verteilen der wöchentlichen Strohration im Hühnerstall ist zwar mühselig, aber notwendig.

Ganz rechts:
Wir sammeln jeden Tag Eier aus den Nestern.

lehren sie, wo ihr Essen herkommt, wie man Küchenabfälle verwertet und vieles mehr. Wenn du in der Stadt lebst, solltest du dich bei der Gemeinde- oder Stadtverwaltung über die gesetzlichen Vorgaben informieren, etwa die Anzahl an erlaubten Hühnern. Hähne zu halten, ist selten erlaubt.

Hühner sind nicht anspruchsvoll, aber sie brauchen tägliche Pflege. Man muss ihnen Futter (Küchenabfälle und Legepellets) und jeden Morgen frisches Wasser geben. Sie benötigen ein Sandbad und Schatten sowie einen fuchssicheren Schlafplatz und Nistkasten. Außerdem braucht man einen Plan, wenn sie krank sind. Soll man die kranken Hühner schlachten, ihnen pflanzliche Heilmittel geben oder sie zum Tierarzt bringen? Über all das sollte man nachdenken, bevor man Hühnerhalter wird.

Wenn man wenig Platz hat, sind Wachteln eine gute Alternative für Hühner. Ihre Eier sind zwar nur halb so groß wie Hühnereier, aber Wachteln legen das ganze Jahr.

Schöner Wohnen im Hühnerstall

Hühnerstallpflege ist eine lausige Arbeit, aber sie hat auch ihre guten Seiten: Die Bewohner sind lustig und decken für den Großteil des Jahres den Frühstücks- und Backbedarf an Eiern. Sie beschert einem auch eine Schubkarre voll Mist, der nach einem Kurzaufenthalt im Komposthaufen oder, wie bei uns, im Holzschnitzelhaufen Nährstoffe für die Gartenbeete liefert. Zur Hühnerstallpflege gehört:

1. alle 14 Tage den Nistkasten reinigen,
2. zweimal jährlich den Stall ausmisten,
3. Weizen im Wechsel in den Ställen verteilen.

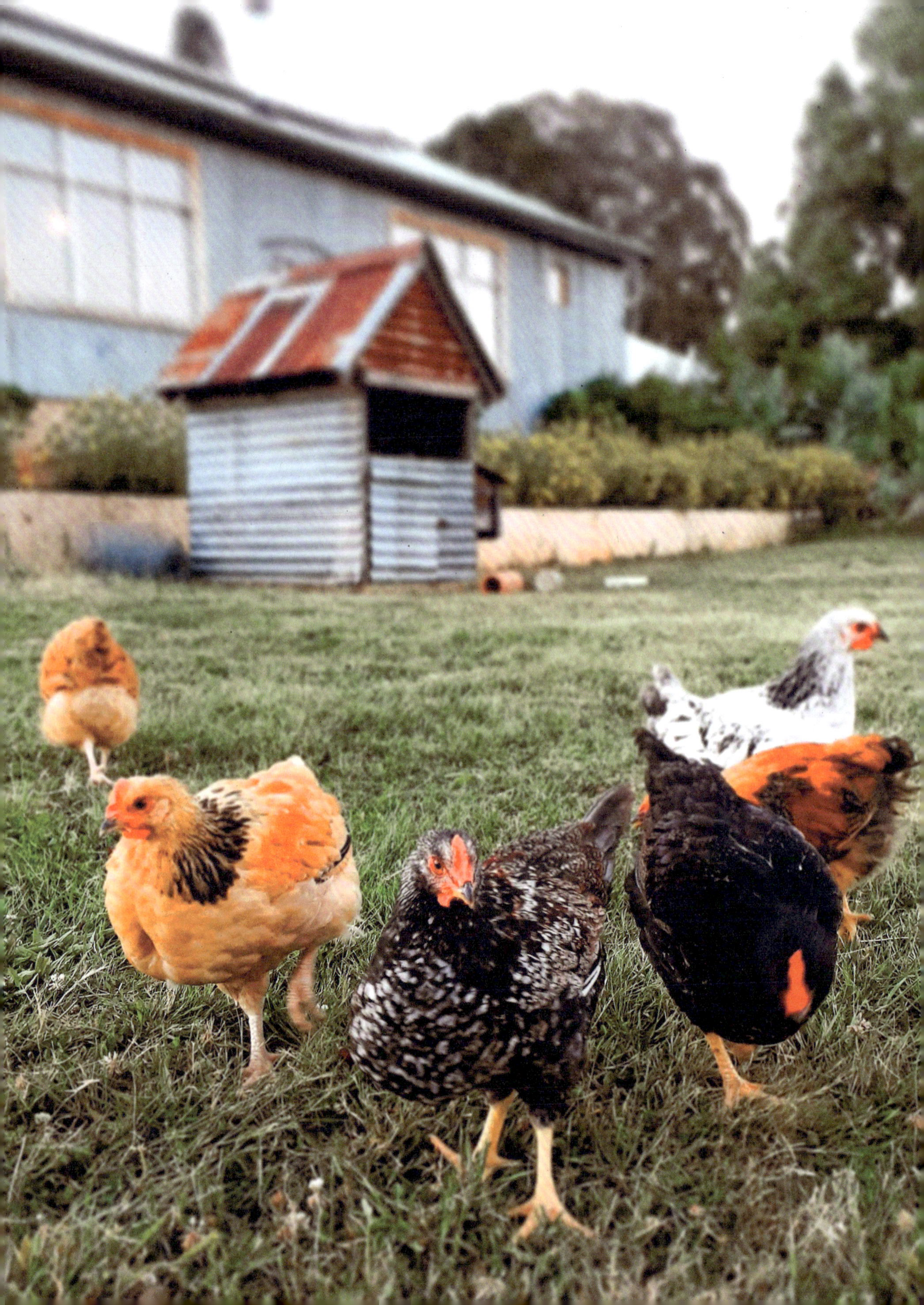

Links:
Wir halten unsere Hühner freilaufend. Sie fressen mit Vorliebe Insekten und halten so die Mückenpopulation in Schach.

Rechts:
Wenn man die Hühner früh daran gewöhnt, kann man sie auf den Arm nehmen und streicheln.

NISTKASTENREINIGUNG

Wir säubern unsere Nistkästen alle zwei Wochen, um sicherzugehen, dass die Hühner sauber bleiben, keine Milben bekommen und ihre Eier nicht in Kot legen. Das alte Nistmaterial werfen wir auf den Boden, weil es die Zersetzung des Kothaufens im Schlafstall fördert.

Wir verwenden Stroh für unsere Nistkästen, aber Holzspäne oder Sägemehl von unbehandeltem Holz sind ebenso gut. Wichtig ist, dass das Material trocken ist. Schlafen Hühner nachts im Legenest, sammelt sich dort rasch Kot an. Daher sollte man es ihnen möglichst abtrainieren. Wenn ein Ei im Legenest zerbricht, muss das Stroh ersetzt werden.

STALL AUSMISTEN

Wir säubern den Hühnerstall zweimal im Jahr: einmal kurz vor dem Winter und einmal kurz vor dem Sommer. Hühnerkot ist sehr stickstoffhaltig, also ein wertvoller Dünger für Gemüsebeet und Rasen. Er enthält allerdings auch viel Phosphor und muss deshalb vor der Verwendung gut kompostiert werden. Vier bis sechs Monate im Komposthaufen sollten reichen. Einige Pflanzen vertragen Hühnerkot nicht. Verwende deshalb sicherheitshalber nur kompostierten Hühnerkot im Gemüsegarten.

Sobald unsere Obstbäume größer sind, sollen unsere Hühner in Hühnertraktoren zwischen den Baumreihen umziehen. Dort werden sie potenzielle Ungezieferprobleme in Dünger verwandeln. Nützlichkeit in Perfektion!

WEIZENZUGABE IN DEN HÜHNERSTÄLLEN

Idealerweise sollten in einem Stall nicht mehr als 15 Hühner leben, damit die Hackordnung intakt bleibt. Wie viel Platz

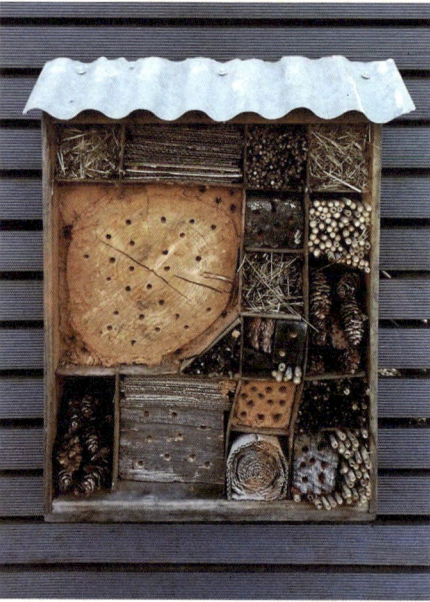

Ganz links:
Während der Brutzeit freuen sich die Hühner – im Gehege und im Stall – über gekeimten Weizen.

Links:
In Gärten, in denen wir Essen anbauen, verbessern Insektenhotels die Bestäubung.

ein Huhn braucht, hängt von der Rasse ab. Für Biohühner gilt allgemein als Faustregel: bis zu sechs Hühner pro Quadratmeter im Stall und pro Huhn vier Quadratmeter Freilandauslauf. Wenn sie mehr Platz zur Verfügung haben, ist das natürlich besser.

Ideal ist es, wenn man die Hühner frei laufen lassen kann. Wir halten das neun Monate im Jahr so. Nur in der Brutsaison müssen wir die Rassen getrennt halten. Damit sie trotzdem genug Auslauf bekommen, haben wir ein zusätzliches Gehege, das wir mit Weizen besäen. Die unterschiedlichen Hühnerrassen frequentieren es reihum. Zusätzlich verfüttern wir gekeimten Weizen an die Tiere, die gerade nicht im Gehege sind. Es versorgt die Hühner mit frischem Grün zum Grasen und sie bekommen jeden zweiten Tag etwas anderes als Küchenabfälle und Legepellets, wenn sie noch eingesperrt sind.

INSEKTENHOTEL

Zu diesem kleinen Kunstwerk haben uns die Insekten in der freien Natur inspiriert. Ein Insektenhotel zu entwerfen und zu bauen, gibt einem die Gelegenheit, mit den Kindern Achtsamkeit zu üben und gemeinsam kreativ zu sein. Hängt das Insektenhotel erst einmal im Garten, lockt es die ganze Familie ins Freie. Jeder will sehen, welche geflügelten und ungeflügelten Krabbeltiere einziehen.

Ein Insektenhotel kann man aus allem, was man zur Hand hat, in jeder Größe und Form bauen. Einige Punkte sollte man beachten:

- Verwende Naturmaterialien.
- Je mehr unterschiedliche Materialien man verwendet, desto hübscher wird das Insektenhotel.
- Ein Metallrahmen hält länger als ein Holzrahmen.

- Ein Insektenhotel ist vergänglich. Einmal im Jahr sollte man die Füllmaterialien erneuern.
- Das Bauen dauert länger, als man denkt. Je mehr Ritzen und kleine Hohlräume es hat, desto mehr Gäste werden einziehen.
- Wenn man das Insektenhotel unter einem Metallvordach aufhängt, verlängert das die Lebensdauer.
- Es ist ein tolles Geschenk.

Materialien, die sich gut eignen und leicht zu beschaffen sind:

- frisches Stroh
- Schilfröhren (auf Maß geschnitten)
- quer zur Faser angebohrte Holzklötze
- Lehmziegel mit Löchern
- Totholz oder Baumrinde
- Niströhren aus Hartpapier (Durchmesser 4, 6 und 8 mm)

Speisen

ZU TISCH, ZU TISCH!

Erinnerst du dich an alte Filme, in denen der Koch die Arbeiter vom Feld mit einer Tischglocke zum Essen ruft? Wenn man draußen in ein Projekt vertieft ist, verliert man leicht das Zeitgefühl. Der Klang von Metall auf Metall ist wie ein plötzlicher Riss in der Stille und schreckt einen aus der tiefsten Konzentration.

Was Rituale angeht, ist das Läuten zu Tisch weder erdend noch saisonspezifisch. Wenn unsere WWOOFer im Frühling und Herbst bei uns sind und wir überall auf der Farm verteilt an Projekten arbeiten, nutzen wir das Läuten als Einladung und Aufforderung, das Werkzeug aus der Hand zu legen und zum Essen ins Haus zu kommen. Auf dem Weg lassen wir die Arbeit los, richten unsere Gedanken auf die Gruppe und das gemeinsame Essen: eine bunte Mischung aus frischen Tomaten, Gurken oder gerade ausgebuddelten Karotten, hausgemachtem Chutney, Reis oder Nudeln, grüner Soße und gekochten Eiern.

Links:
Wenn Artischocken blühen, sind sie nicht mehr zum Verzehr geeignet.

Was auf den Tisch kommt, ist abhängig von der Jahreszeit. Immer besteht die Mahlzeit aus Selbstangebautem. Nicht nur weil unsere Arbeit anstrengend ist, ist das gemeinsame Mittagessen in unserem Haus ein großes Ereignis. Wir erzählen von unseren Erlebnissen, lösen Probleme vom Vormittag, teilen Neues von Podcasts und planen den Nachmittag.

Wenn man zu Hause arbeitet, arrangiert sich so ein Mittagessen natürlich leichter. Wie wäre es mit einer gemeinsamen Mahlzeit, die du mit deiner Familie täglich oder wöchentlich einnimmst?

ARTISCHOCKEN IM GLAS

Gebraten, mariniert oder gedünstet und in Butter getunkt: Artischocken sind köstlich und überraschend einfach zuzubereiten. Hier ein paar Tipps für dich:

- Entferne den Stiel, das Heu, die unteren Blätter und die Blattspitzen mit einem scharfen Messer.
- Lass die Artischocken in einem Topf mit kochendem Salzwasser und dem Saft einer halben Zitrone pro Artischocke 15 Minuten garen und weich werden. Gieß das Wasser ab und lass sie abkühlen.
- Gib je nach Geschmack frischen Rosmarin, schwarze Pfefferkörner, frischen Thymian, frische Knoblauchzehen, Senfkörner, Fenchelsamen und Salz in ein trockenes Einmachglas.
- Leg die Artischocken hinein und fülle das Glas bis zum Rand mit Olivenöl.
- Verschließ das Glas mit einem dichten Deckel. Artischocken im Glas sind an einem trockenen, dunklen und kühlen Ort bis zu sechs Monate haltbar.

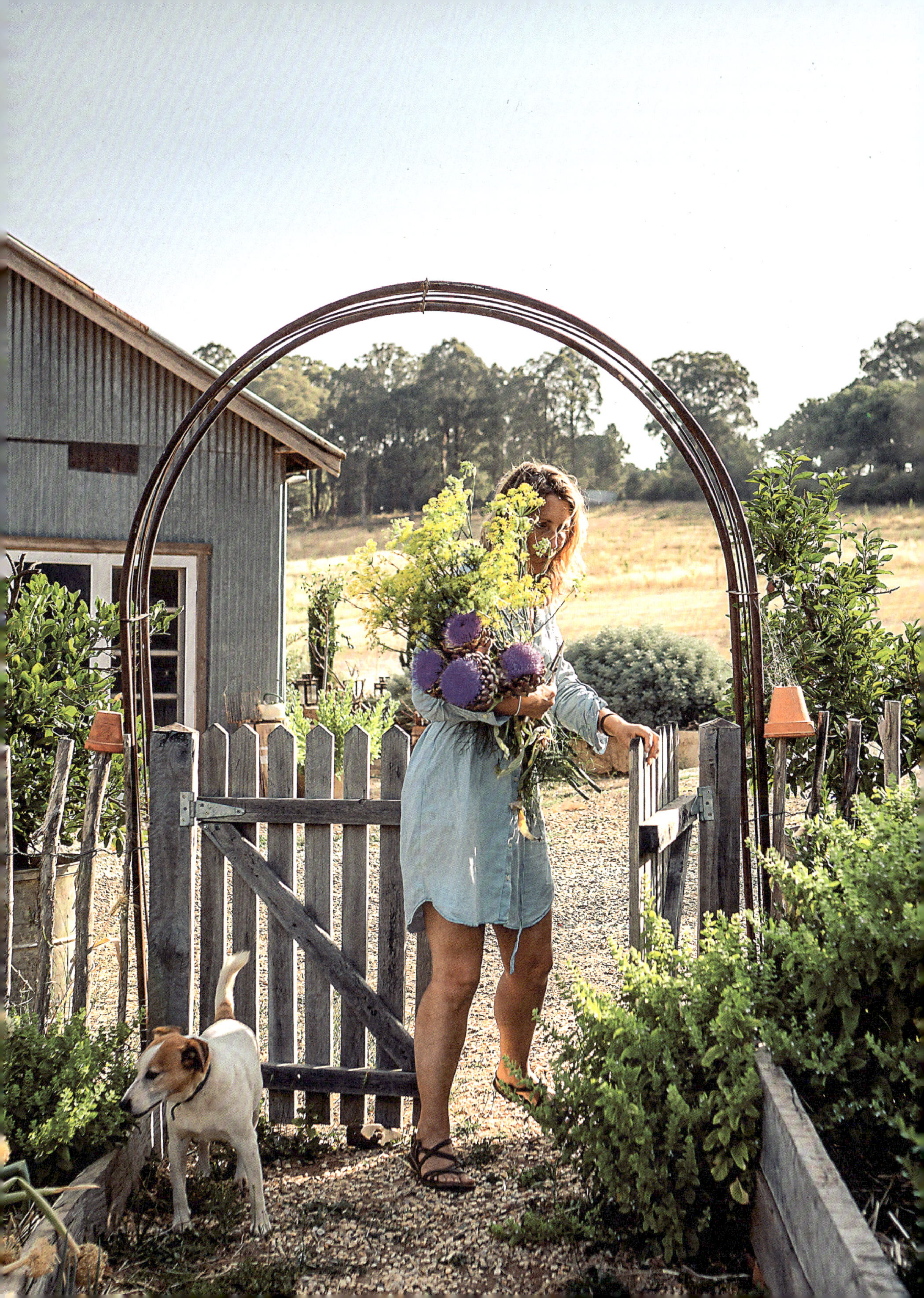

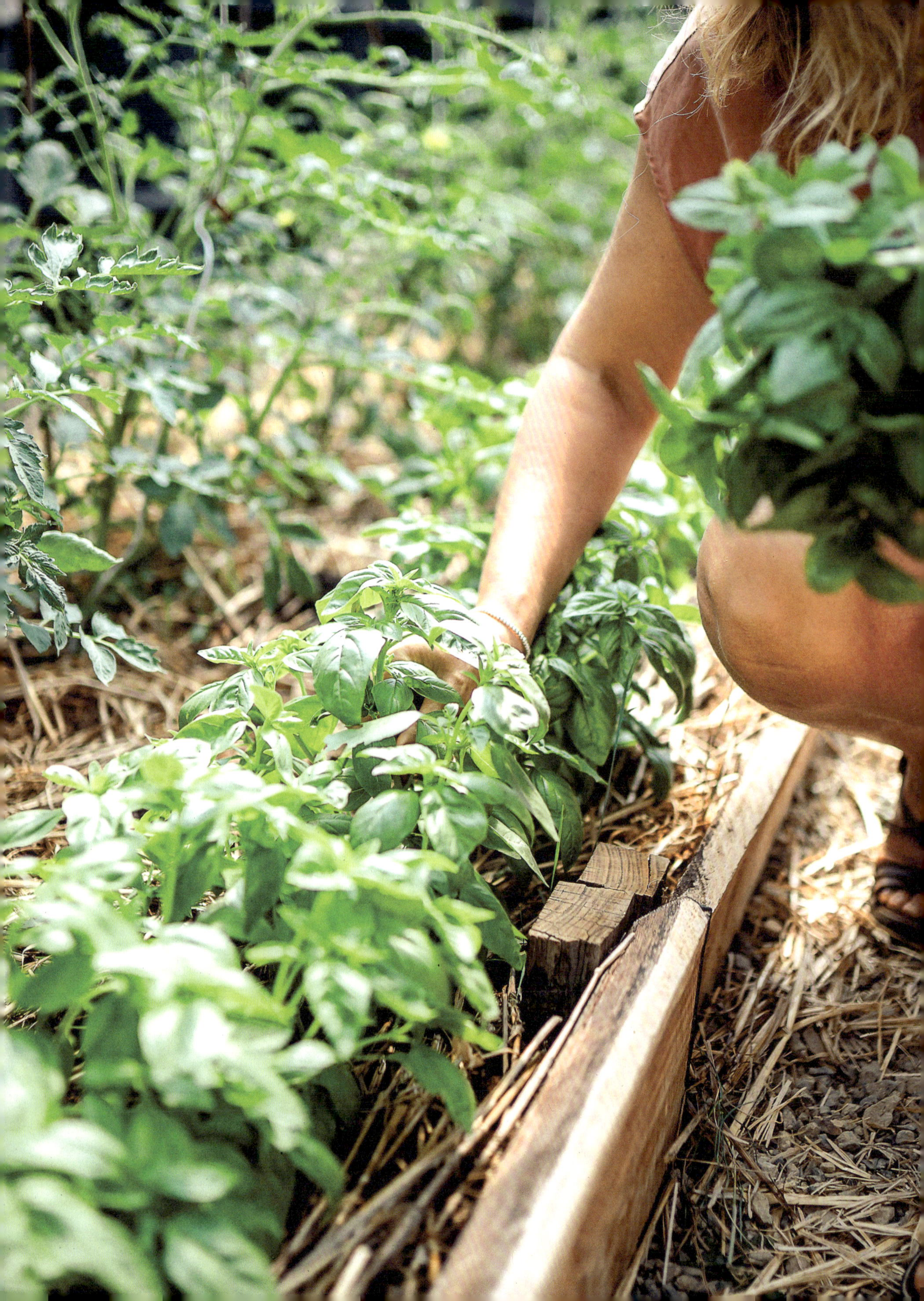

Pesto, leicht gemacht

Basilikum gibt es im Hochsommer in Hülle und Fülle. Pflanzt man schon im Frühjahr etwas Basilikum an, kann man sich im Frühsommer seinen einmaligen Geschmack auf der Zunge zergehen lassen. Wir bauen ihn in Massen an, weil wir ihn gerne frisch verwenden und Pesto für den Rest des Jahres zubereiten.

Jeden Sommer machen wir etwa 50 Portionen Pesto und frieren sie in recycelten Gläsern oder Gefrierbeuteln ein (ich verwende jede Tüte bis zu vier Mal). Wir stellen mehrere Varianten her – etwa ohne Käse und mit weniger Knoblauch –, so ist für jeden etwas dabei.

Pesto verfeinert Pizzas, schmeckt in Reis- und Nudelgerichten und passt hervorragend zu gebratenem Gemüse.

Ergibt ca. 750 g

200 g frische Basilikumblätter

160 g Mandeln

125 ml Olivenöl

50 g fein geriebener Parmesan (oder Nährhefe für ein Pesto ohne Milchprodukte)

1 EL gerösteter Knoblauch

Saft von 2 Zitronen

Salz zum Abschmecken

1. Püriere alle Zutaten zusammen in einen Mixer, bis die Masse glatt ist. Wenn jemand in deiner Familie keine Milchprodukte verträgt, kannst du den Käse durch die halbe Menge Nährhefe ersetzen.
2. Füll das Pesto portionsweise in saubere Behälter. Pesto hält im Gefrierschrank bis zu zwölf Monate.

Hausgemachter Zitronensirup

Unsere Zitrusbäume produzieren nicht viele essbare Früchte. Wir versuchen, die Früchte so lange wie möglich haltbar zu machen. Wir frieren den Saft als Eiswürfel für unsere Getränke ein oder bereiten Sirup für selbst gemachte Zitronenlimonade zu. Das erfrischende Getränk weckt Kindheitserinnerungen. In Europa kann man hervorragende Biozitronen kaufen.

Ergibt ca 2,5 Liter

2 EL geriebene Zitronenschale

2 EL geriebene Limettenschale

500 ml Zitronensaft

250 ml Limettensaft

3 TL Zitronensäure

3 TL Weinsäure

660 g Puderzucker (nimmst du stattdessen Rapadura-Vollrohrzucker, musst du ihn vorher im Mixer zerkleinern. Er gibt dem Sirup eine bräunliche Farbe)

2 l kochendes Wasser

1. Misch in einer Schüssel alle Zutaten außer dem kochenden Wasser.
2. Gib das kochende Wasser dazu und rühre, bis sich der Zucker aufgelöst hat.
3. Seihe den Sirup in einen hitzebeständigen Krug ab, gieße ihn in heiße, sterilisierte Flaschen und verschließe sie. Ungeöffnet ist der Sirup bis zu sechs Monate ungekühlt haltbar; geöffnet bis zu zwei Wochen im Kühlschrank.
4. Ich fülle den Sirup in kleine Flaschen ab. So kann ich sicherstellen, dass der Sirup nach dem Öffnen nicht verdirbt.
5. Sehr kalt servieren, gerne mit einem Zweig frischer Minze.

WACHSEN

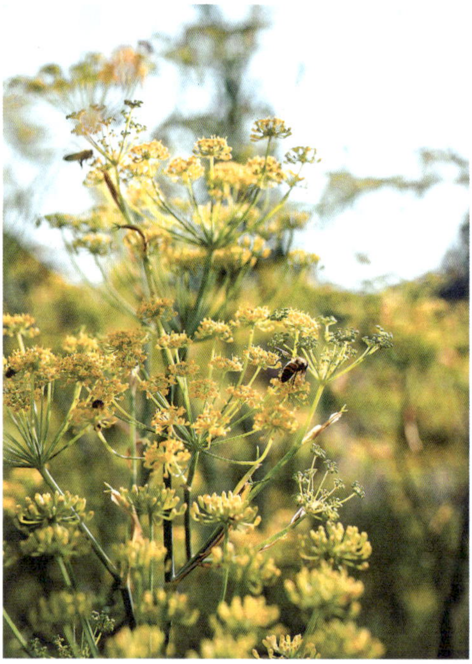
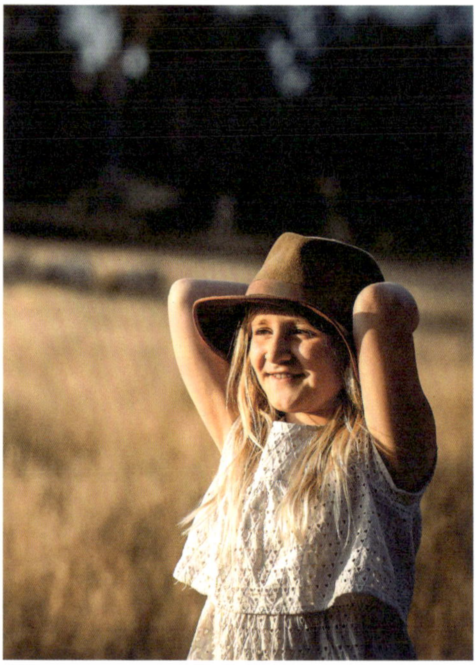
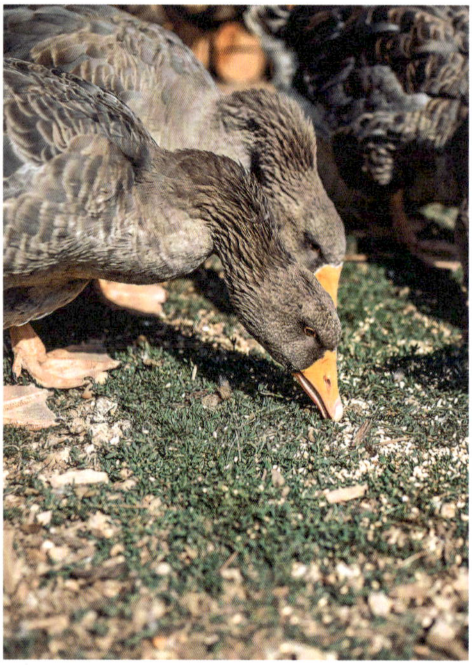
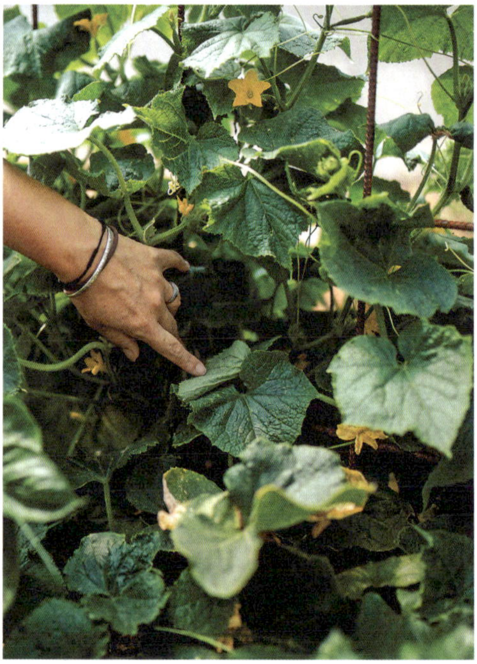

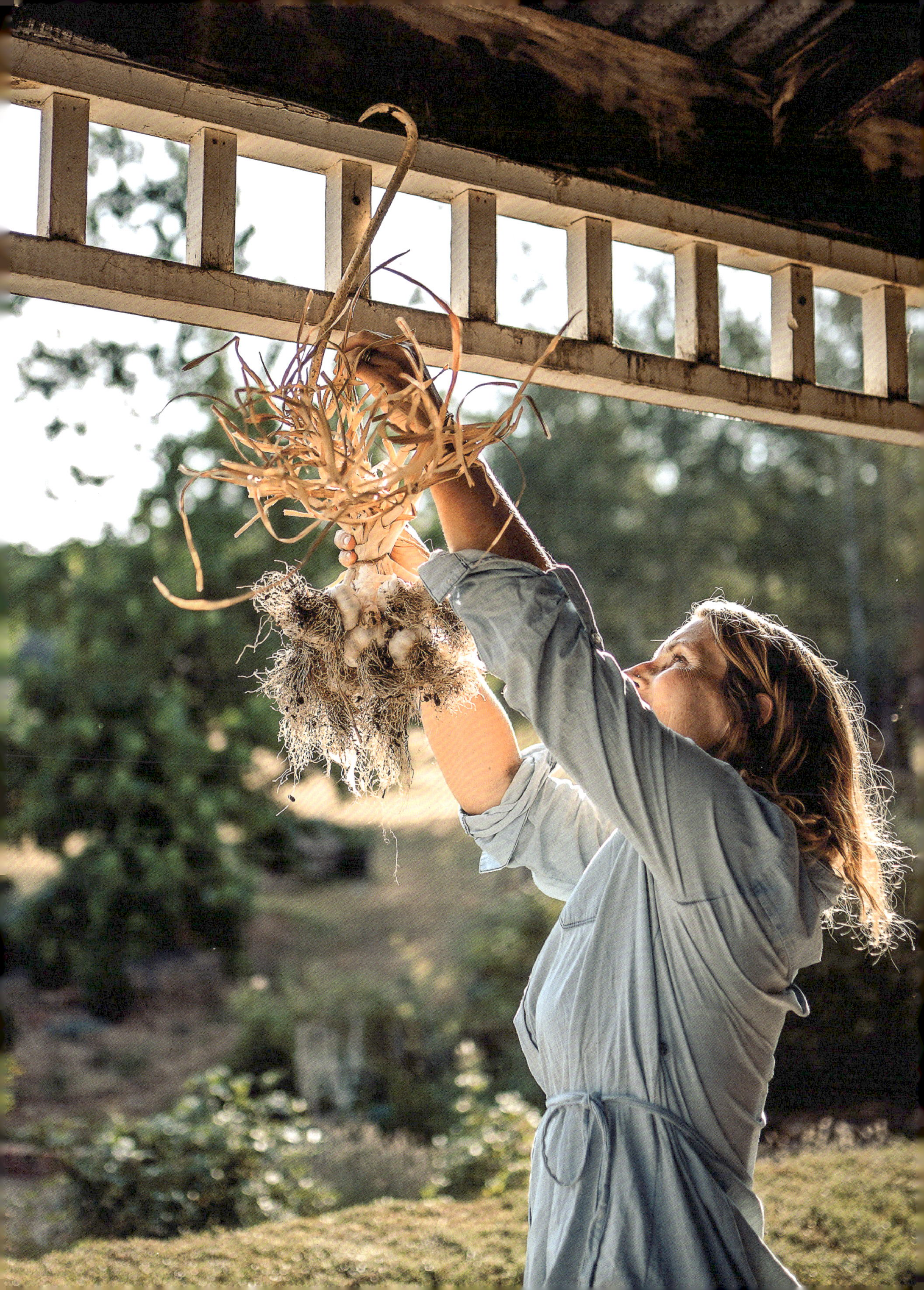

Ich ziehe Badesachen aus der untersten Schublade und überlege, was in den Picknickkorb kommt. Mit der Gluthitze kommen lange Abende, die warm genug für ein Picknick am Fluss und ein Bad bei Mondschein sind. Das Wasser fühlt sich wie Seide auf unserer Haut an.

Wir gehen bei Sonnenaufgang spazieren, füttern die Hühner und gießen den Garten. Dann flüchten wir vor der sengenden Hitze – und dem ohrenbetäubend lauten Zirpen der Zikaden – ins kühle, stille Haus, um zu lesen, hausgemachtes Eis am Stiel zu schlecken oder leckere Slushies mit frischen Früchten zu machen. Gegen den Durst füllen wir Krug um Krug mit Wasser und einer Handvoll Minze (wir haben zum Glück so viel Minze, dass wir kaum wissen, wohin damit).

Abgesehen vom gelegentlichen Sprung in den Garten, um die Bewässerung einzuschalten oder die von der Sonne aufgeheizte Wäsche von der Leine zu holen, sind unsere Tage entspannt und träge.

Es ist die Zeit der großen Hitze. Die Ernte beginnt, aber noch läuft sie nicht auf Hochtouren.

Kakadus kreisen unermüdlich auf der Suche nach Nahrung. Tomaten- und Maispflanzen recken sich gen Himmel und junge Sämlinge blinzeln grün aus der Erde. Als Kind war das meine liebste Jahreszeit; als erwachsene Bäuerin mit eigenem Hof ist es die Jahreszeit, die mich auf die Probe stellt.

Sobald die glühende Sonne untergegangen ist, geht es wieder nach draußen. Die Kinder hüpfen auf dem Trampolin und spielen Fußball, während die Erwachsenen über Feuer Koteletts wenden. Das erste selbst geerntete Gemüse findet seinen Weg in unsere Küche und wir tafeln und schlemmen – nicht alles, was an Leckerem pflückfrisch aus dem Garten kommt, hält auch lange.

ES WIRD HEISSER

Selbst in den gemäßigteren Klimazonen in Australien ist die glühend heiße Jahreszeit immer schwieriger zu bewältigen. Menschen flüchten in klimatisierte Umgebungen. Tiere können sich nicht schnell genug anpassen und sterben den Hitzetod. Pflanzen welken, geraten zu klein oder tragen Früchte mit Hitzeschäden.

Angesichts der drohenden Klimakatastrophe sind wir wie der sprichwörtliche Frosch im Kochtopf. Erhitzt sich das Wasser darin nur langsam genug, tut er nichts, um sich retten, und wird bei lebendigem Leib gekocht. Die Folgen des Klimawandels sind unübersehbar. Klimawandel ist ein komplexes Thema, auf das ich hier nicht näher eingehen will, aber ich möchte auf die Auswirkungen aufmerksam machen, die er auf eine entscheidende Existenzgrundlage des Menschen hat: die Nahrung. Der Klimawandel trifft nicht nur Agrargroßbetriebe, sondern alle landwirtschaftlichen Betriebe, bis hin zum Kleinsterzeuger. Steigende Temperaturen, veränderte Niederschlagsmuster, die neue Normalität von Extremwetter und die schwindende Wasserverfügbarkeit bedrohen unsere Nahrungssouveränität. Die unberechenbaren Klimabedingungen stellen selbst die vor Herausforderungen, die sich dem regenerativen Anbau verschrieben haben.

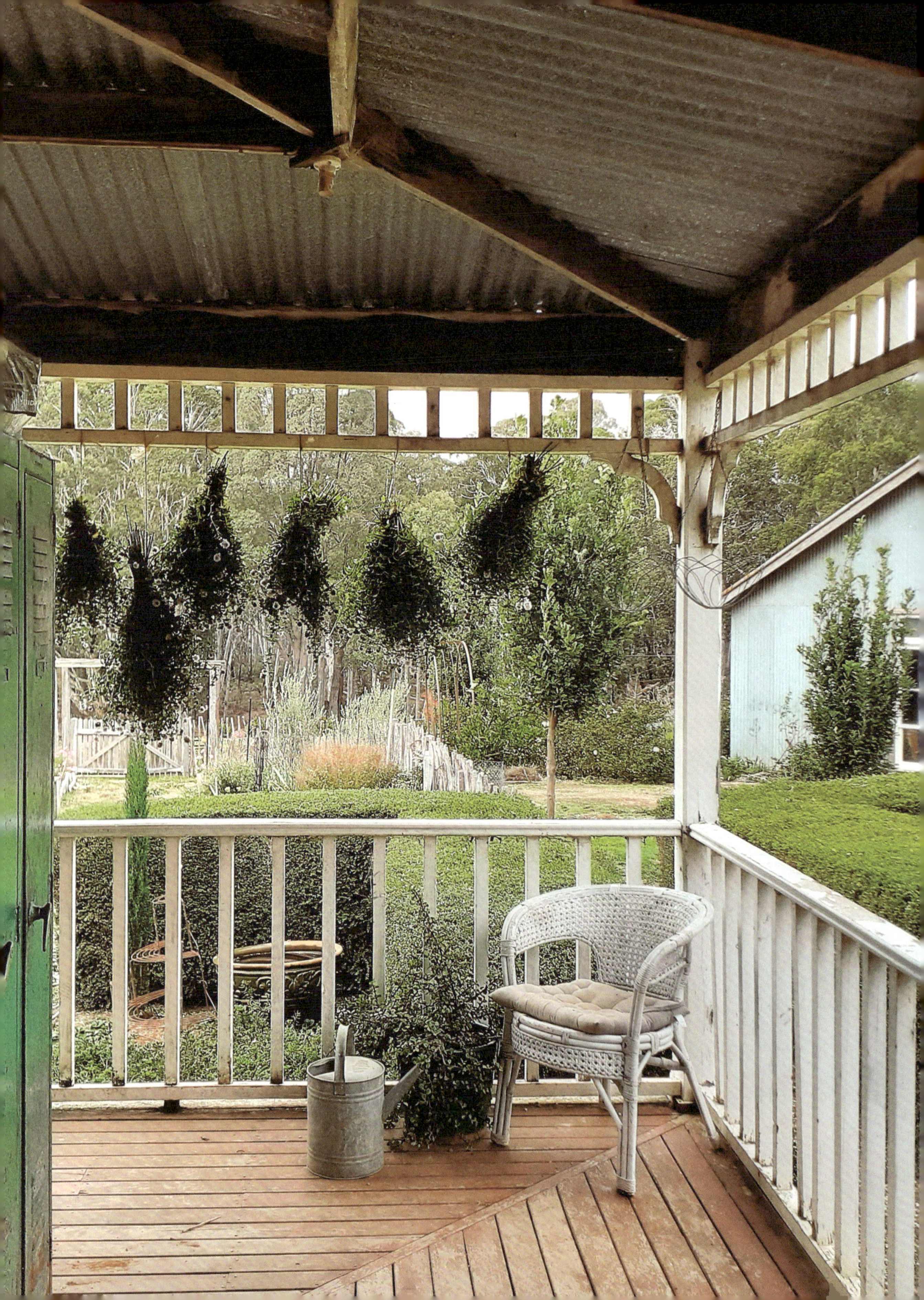

Nimm Decke und Kissen, such dir ein schönes Fleckchen im Freien und lass dich nieder.

Stärken

WOLKENBEOBACHTER ODER STERNENGUCKER?

Die sengende Hitze zwingt uns, eine Verschnaufpause einzulegen. Ich nehme Decke und Kissen mit ins Freie, suche mir ein schönes Fleckchen und lege mich hin. Die Erde unter mir, blicke ich in den Himmel, atme durch und empfinde tiefe Demut. Ich verbinde mich mit der Natur, meine Gedanken kommen zur Ruhe und ich tanke Kraft – ich fühle mich geerdet.

Bist du ein Wolkenbeobachter oder Sternengucker? Ich lasse meiner Fantasie freien Lauf, suche in den Wolken nach Gesichtern, Tieren und Geschichten oder warte geduldig auf die ersten Sterne. Mein Atem verlangsamt sich, in meinem Kopf wird es still – für eine Weile bin ich ein winziger Fleck auf einem blauen Ball, der durchs All eilt.

Zu dieser Jahreszeit kann es Mitternacht werden, bevor es so dunkel wird, dass die rätselhaften Formen am Himmelszelt verschwinden. Es dauert lang, bis einen die tiefschwarze Nacht umhüllt.

PICKNICK AM SEE

Unter der Woche treibt es uns an Sommerabenden oft an den See, wo es ein paar Grad kühler ist als zu Hause. Wir packen ein, was gerade im Kühlschrank steht, und breiten es am See auf einem Tisch aus – alle, die kommen, bringen etwas zu essen mit. Wir sitzen am Ufer, bohren unsere Füße in den weichen Sand und wackeln genüsslich mit den Zehen. Diese Picknicks sind herrlich dekadente Sommerrituale, spontan und frei von Förmlichkeiten. Wir scherzen, lachen und diskutieren. Die Großen nehmen ein kurzes Bad, um sich abzukühlen, die Kleinen bleiben im Wasser, bis ihre Finger runzlig sind. Oft kommen sie nicht einmal zum Essen heraus – ihre Würstchen verschlingen sie beim Spielen. Trotz der langen Stunden auf flauschigen Handtüchern kommt die Dunkelheit immer viel zu früh. Wir packen alles zusammen, umarmen und verabschieden uns – bis zum nächsten Tag, an dem wir uns vielleicht wiedersehen.

Ob am See, im Park oder auf einer nahen Wiese, wo kommst du mit Freunden und Bekannten zusammen, um gemeinsam den Sommer zu genießen?

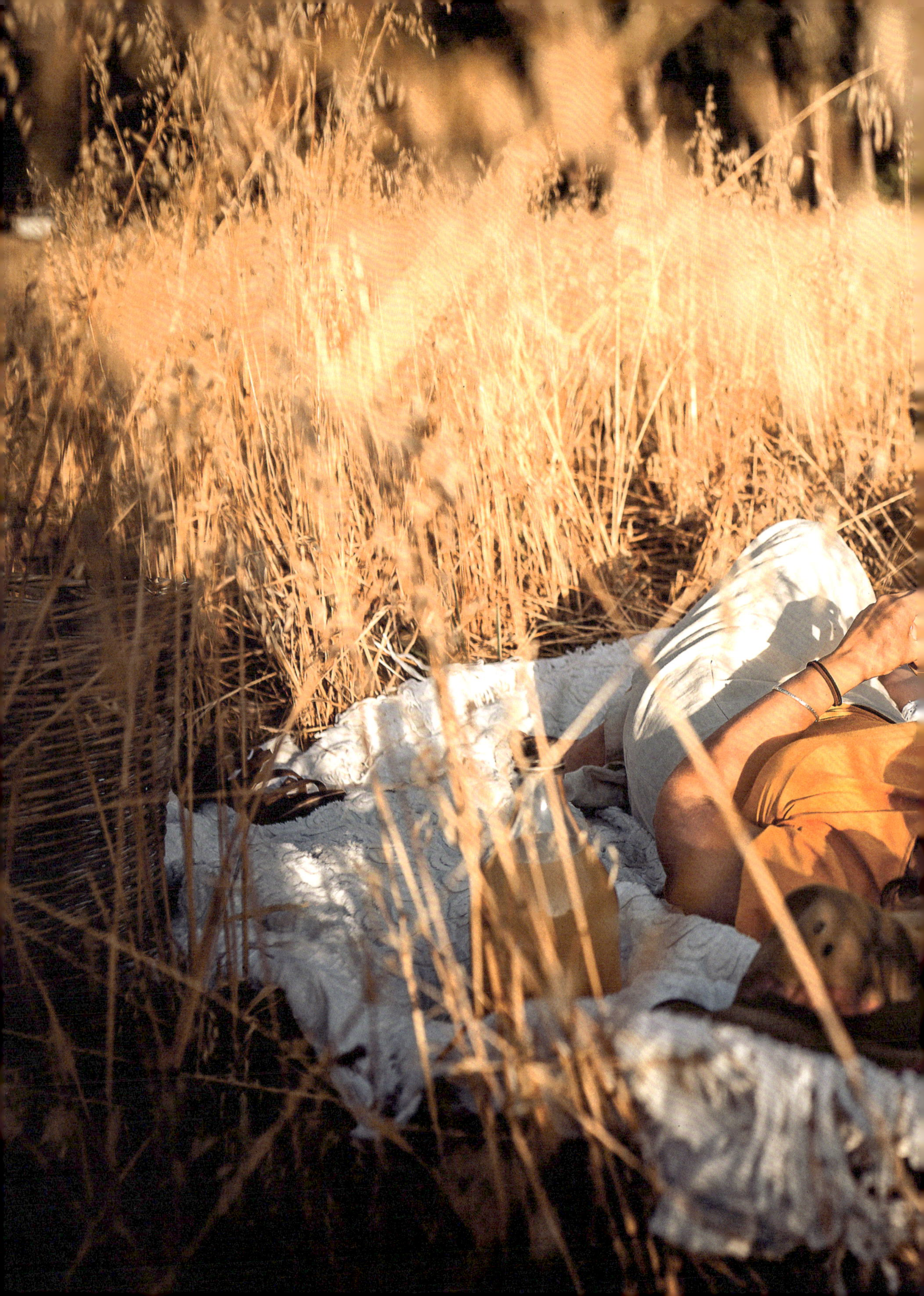

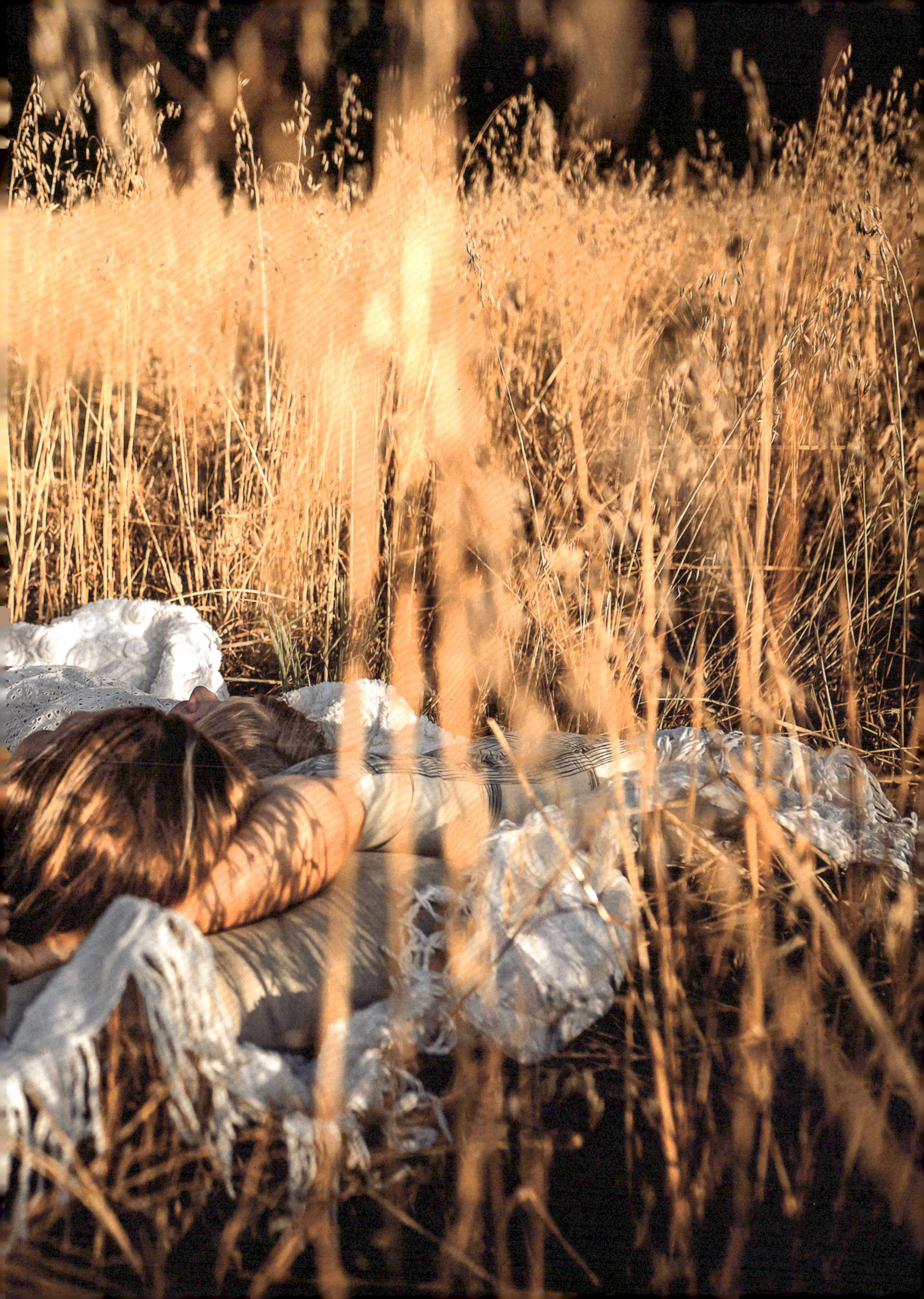

Verbinden

SIESTA

Wir haben auf der Black Barn Farm die spanische Sommertradition der »sechsten Stunde« übernommen: die Siesta. Sie beginnt in der sechsten Stunde nach dem Morgengrauen. In der größten Tageshitze lassen wir die Arbeit für ein oder zwei Stunden liegen. Lässt die Hitze nach, wagen wir uns – frisch ausgeruht – wieder hinaus.

FÜHL DICH WOHL IN DEINER HAUT

Wir sind die Hüter unserer eigenen Integrität, Absichten, Stärken, tiefsten Wünsche und größten Ängste. Wir sind so viel mehr als der Beruf, dem wir nachgehen, die Kinder, die wir großziehen, die Kultur, die uns hervorgebracht hat und die Träume, denen wir nachjagen. Unsere Lebenswege sind kompliziert und entwickeln sich, mit jedem Jahrzehnt, das vergeht, erlangen wir mehr Klarheit darüber, was wir wollen und wer wir sind.

In meiner Jugend strotzten die Sommertage vor Aktivitäten. Mit dem Alter ist der Sommer zu einer Zeit geworden, in der ich das meiste frühmorgens und abends erledige und es in der Mittagshitze ruhig angehen lasse. Längere Tage sind unweigerlich mit mehr Aufgaben gefüllt, ich gestalten sie so, dass sie nicht an meiner Kraft zehren, sondern mir Kraft spenden.

MEDITATION

> Sei still.
> Sei lange genug still, um zu sehen, was um dich ist. Was dich umgibt, ist, was du geschaffen hast.
> All das ist dein: das Gute, das Mäßige, das Wunderbare!
> Mach es dir zu eigen, feiere es, lerne daraus. Verändere dich, pass dich an, denk nach, schaffe Großes.
> Nur du kannst deinem Leben Sinn geben.
> Was erfüllt dich?

YOGA AM MORGEN, SPAZIERGANG AM ABEND

Yoga ist für mich erholsam und kraftspendend. Auch wenn ich nur zehn Sonnengrüße und ein paar Dehnübungen schaffe, danach setze ich mich hin, das Gesicht der aufgehenden Sonne zugewandt und spüre, wie die Wärme des Tages sich über den Baumwipfeln ausbreitet. Wenn ich tief atme und am Gefühl der Dankbarkeit festhalte, schärft sich mein Bewusstsein für die Welt um mich herum.

Auch bei Sommerspaziergängen in der Dämmerung, wenn ich die Tierwelt um mich herum beobachte, tanke ich Energie. Wenn ich heute durch die Straßen schlendere, nehme ich das Zirpen der Zikaden und den Duft geselliger Grillabende ganz bewusst wahr.

Gestalten

EIN BEOBACHTUNGS-TAGEBUCH

Ob man es ein Tagebuch, Hand- oder Notizbuch nennt, ist unwichtig. Es ist einfach ein Heft, in dem du Beobachtungen, die du machst und Dinge, die dir wichtig sind, festhalten kannst. Du greifst darauf zurück, um Dinge zu vergleichen, Fortschritte zu erkennen, zu planen und etwas nachzuschlagen.

Ich notiere, was ich wo gepflanzt habe, um die Fruchtfolge für die nächste Saison zu planen. Ich mache Notizen zu Insekten, Vögel, Brutzeiten (für Hühner und Gänse), dem ersten und letzten Frost, Mulch und Kompost. Ich halte Erfolg oder Misserfolg von Stecklingen fest, Tipps von Gartenfreunden, Listen von Saatgutsorten, wie man Nährstoffe ausbringt, Pflanzen, die ich gerne anbauen würde und vieles mehr.

Neben Aktivitäten kann man seinen Gefühlszustand aufzeichnen, Skizzen kritzeln, Diagramme malen, Blumen pressen. Wenn man in der Stadt wohnt, kann ein Tagebuch festhalten, was im Nachbargarten gedeiht oder wo Streuobstwiesen sind. Es ist eine schöne Art, saisonale Beobachtungen festzuhalten und über Muster, Wetter und Erfolge nachzusinnen.

Links: Sonnenblumen sind Zier- und Nutzpflanzen – sie sind schön anzusehen, fördern die Bestäubung und die Samen schmecken den Hühnern.

Pflanzen

SONNIGE GESICHTER

Ein Leben im Einklang mit den Jahreszeiten hat einen Rhythmus. Bei uns signalisieren die Ernte und das Verblühen der Sonnenblumen den nahen Abschied von langen Tagen und warmen Nächten.

Sonnenblumen sind unsere Lieblingsblumen. Diese blühenden Schönheiten sind einfach zu züchten und zaubern uns ein Lächeln ins Gesicht. Wenn sich ihre großen Blüten nicht mehr im Sommerwind wiegen und die Blütenblätter abfallen, hängen wir sie im Schuppen auf und verfüttern die Sonnenblumenkerne in den Wintermonaten an die Hühner. Die übrig gebliebenen Samen säen wir im nächsten Jahr aus. Ein perfekter Kreislauf!

Das Wunder der Samen

Obwohl es bis nach der Herbsternte (siehe Seite 238) Samen in Hülle und Fülle gibt, fangen wir mit dem Sammeln zeitig an. Starten wir zu spät, wächst uns die Aufgabe schnell über den Kopf: Überall im Schuppen häufen sich Samen und bei den Samensorten herrscht ein buntes Durcheinander.

Sommertage, an denen wenig zu tun ist, sind ideal, um Samen einzusammeln. Es fasziniert mich, dass jedes winzige Samenkorn alle Informationen enthält, die es braucht, um etwas Schönes, Essbares zu schaffen, dass durch neue Blumen mehr Samen produziert werden – der Zyklus wiederholt sich immerzu.

Die Erde unter unseren Füßen gehört uns nicht. Wir tanzen und pflanzen auf ihr, sind Teil von ihr und auf sie angewiesen. Besitzen können wir sie nicht.

Auch wir Menschen tragen mächtiges Wissen in uns – das Wissen der Generationen vor uns. Die indigenen Völker Australiens haben reiche Kulturen und eine komplexe Beziehung zur Natur. Das Wissen der Aborigines um das Land, seine Zyklen und die Fertigkeiten, wie man sich dem Land anpasst und von ihm ernährt, haben sie über einen Zeitraum von mehr als 40 000 Jahre angehäuft. Dieses tiefe und intuitive Wissen, das Australiens Ureinwohner besaßen und weitergaben, haben wir durch koloniale Übergriffe nahezu ausgelöscht.

DOCHTBEETE

Durch die heißeren Sommer werden die Wachstumsbedingungen härter. Auch die Gemüsebeete bekommen das zu spüren. Mit Docht- oder Kapillarbeeten kann man einen Ausgleich schaffen: Ein Hochbeet wird auf ein ebenso großes, mit Sand, Kies oder Splitt gefülltes Reservoir gebaut. Über ein Rohr wird Wasser eingebracht, das durch die Kapillarwirkung nach oben steigt. Die Pflanzen werden also von unten bewässert. Je nach Größe des Reservoirs hält es den Boden bis zu zehn Tage lang feucht und reduziert die Oberflächenverdunstung und Blattverbrennungen, die mit dem Bewässern von oben einhergehen.

Für ein Dochtbeet brauchst du:

- ein Hochbeet mit festem Rahmen,
- Ziegelsand (sehr feinen Sand), um den Boden des Hochbeetes mit 50 mm Sand zu bedecken,
- lebensmittelsichere Plastikfolie,
- ein geschlitztes Drainagerohr (50 mm), ein Drittel der Länge des Gartenbeets,
- Dichtmasse, um den Spalt zwischen Überlaufrohr und Beetwand abzudichten,
- Polyrohr (25 mm), die Länge entspricht der halben Höhe des Gartenbeets,
- ein gebogenes Polyreduzierstück, um das kürzere Drainagerohr und das Polyrohr (25 mm) zu verbinden,
- ein geschlitztes Drainagerohr (50 mm) in der Länge des Gartenbeets,
- Polyrohr (50 mm), so lang, wie das Beet hoch ist,
- einen 90-Grad-Winkel zum Verbinden des langen Drainagerohrs und des Polyrohrs (50 mm),
- Drainagekies (ca. 14 mm Körnung), um das Beet bis zur Hälfte zu befüllen,
- geotextiles Gewebe, um das Wasserreservoir und das Beet abzutrennen,
- hochwertigen Mutterboden, um das Beet von der halben Höhe bis zum Rand zu füllen,
- Mulch (Erbsen- oder Luzernenstroh).

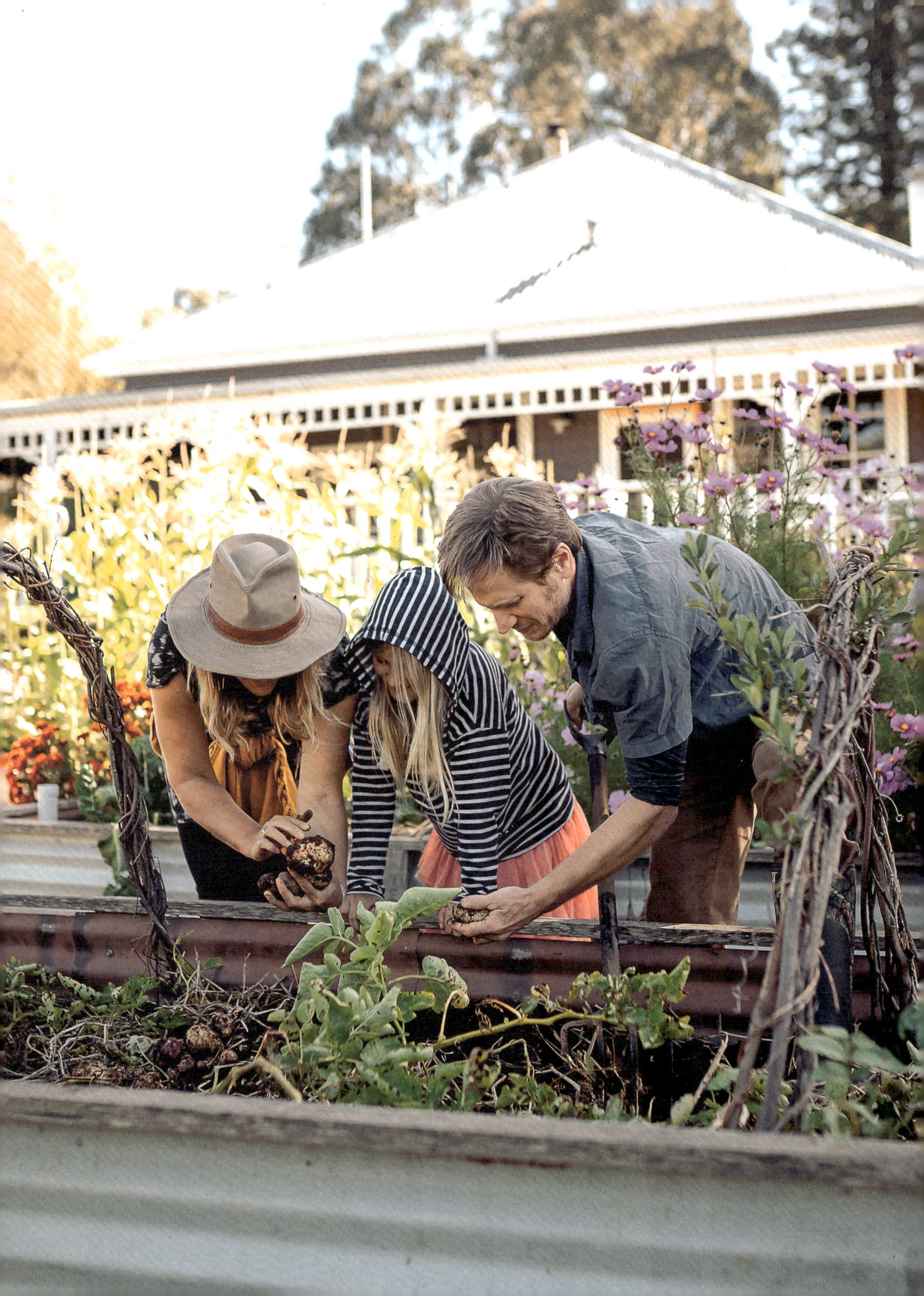

1. Schritt: Hochbeet

Wellblechcontainer, Holzkiste oder alte Badewanne: Das Beet kannst du aus dem bauen, was du gerade zur Hand hast. Der Behälter muss mindestens 50 Zentimeter hoch sein, einen soliden Rahmen und Boden haben und auf einem stabilen ebenen Untergrund stehen.

2. Schritt: Innenverkleidung

Entferne zuerst alle scharfen Objekte vom Boden des Gartenbeetes. Bedecke den Boden sicherheitshalber mit einer Schicht Ziegelsand (oder einem alten Teppich). Kleide den Boden und die Innenseiten (bis zum oberen Rand des Beets) mit der lebensmittelsicheren Plastikfolie aus.

3. Schritt: Überlaufrohr

Schneide in eine Schmalseite des Beets in Bodennähe ein Loch mit einem Durchmesser von etwas über 50 mm (auch durch die Innenverkleidung). Schiebe das kürzere 50-mm-Drainagerohr in das Loch, bis es ein Stück herausragt. Versiegle das Loch auf beiden Seiten der Beetwand wasserdicht. Bringe das gebogene Polyreduzierstück und das 25er-Polyrohr außen so an, dass es auf der Höhe endet, wo die Kiesdrainage enden wird. Wenn das Reservoir voll ist, läuft über dieses Rohr Wasser ab. Schwenke es ab und zu zur Seite, um Wasser abzulassen und Staunässe zu vermeiden.

4. Schritt: Wasserreservoir

Lege das längere 50er-Drainagerohr der Länge nach in das Beet und verbinde es mit dem kurzen Drainagerohr, das aus dem Beet herausragt. Stelle an dem Ende, das dem Überlauf abgewandt ist, das 50-mm-Polyrohr senkrecht ins Beet und verbinde es mit dem langen Drainagerohr mit dem 90-Grad-Winkel. Das obere Polyrohrende ragt über die Beetoberkante hinaus. Fixiere es, damit es an Ort und Stelle bleibt. Dies ist das Einlassrohr, durch das du dein Beet mit Wasser versorgst. Fülle das Beet nun bis zur halben Höhe mit Kies.

5. Schritt: Lecks

Fülle das Kiesreservoir über das Einlassrohr mit Wasser und lasse es über Nacht stehen, um zu prüfen, ob es undichte Stellen gibt.

6. Schritt: Geotextiles Gewebe

Wenn es keine Lecks gibt, decke das Kiesreservoir vollständig mit geotextilem Gewebe ab. Es lässt Wasser nach oben durch, verhindert aber, dass Erde in das Kiesreservoir gelangt.

7. Schritt: Mutterboden

Fülle nun das Beet mit Erde. Damit die Erde nährstoffreich und gesund bleibt, solltest du jedes Jahr vor dem Bepflanzen eine etwa 10 cm dicke Schicht frischen Komposts ins Beet geben.

8. Schritt: Bepflanzung

Ein Dochtbeet bepflanzt man ebenso wie ein normales Hochbeet. Die höchsten Gemüsesorten kommen in die Mitte, niedrigere oder kriechende Arten an die Ränder. An der Oberfläche ist der Boden am trockensten. Das dämmt das Unkrautwachstum ein. Setzlinge muss man einige Wochen von Hand angießen, bis ihre Wurzeln lang genug sind, um vom Wasserreservoir versorgt zu werden. Bringe dann eine Schicht Mulch aus.

Rechts:
Fenchel ist selbstsäend. Auf der Black Barn Farm breitet er sich überall aus.

BLUMENMEER

Die heißen Monate sind auf der Black Barn Farm auch die Zeit der Blumenmeere. Um den wenigen Züchtern von Bioblumen in der Umgebung keine Konkurrenz zu machen, pflanzen wir nur Blumen, die man essen kann oder die zwischen den Apfelbäumen der Bestäubung dienen. Das bedeutet, dass wir jede Menge Fenchel, Zinnien, Lauch, Beinwell, Sonnenhut und Artischocken haben. Sie locken Bienen an, vermehren sich selbst und wachsen auch auf kargen Böden. Sie eignen sich hervorragend als Bodendecker und bescheren uns zudem eine wunderbare Ernte.

GÄNSELIEBE

Meine Gänse von Hand zu füttern, ist für mich der Höhepunkt des Tages. Mehr als jede andere Arbeit auf der Farm spricht diese Aufgabe meine Sinne an. Manchmal gerate ich bei der Arbeit in einen apathischen Trott, aber sobald ich mich mit einer Handvoll Weizen hinhocke, holen mich die lärmenden Gänse ins Hier und Jetzt. Gierig nach mehr, kitzeln sie mit ungeduldigen Schnäbeln meine Finger. Alle lassen sich von mir streicheln, aber zwei drängen sich gern mit ihrem weichen Federkleid an mich. Toulouse-Gänse sind schwer zu züchten und sollen trotz ihrer Größe sanfter als andere Gänsearten sein.

Meine sanften Gänseriesen sind ausgezeichnete Wächter. Sie machen einen Riesenlärm, wenn sich Unbekannte dem Garten nähern. Sie halten das Gras im unteren Garten kurz und ihr Kot düngt den Obstgarten. Im Frühling legen sie Eier, die etwa dreimal so groß sind wie Hühnereier. Lässt man versehentlich das Gartentor offen, machen sie sich allerdings über die Setzlinge und die Rinde der jungen veredelten Obstbäume her.

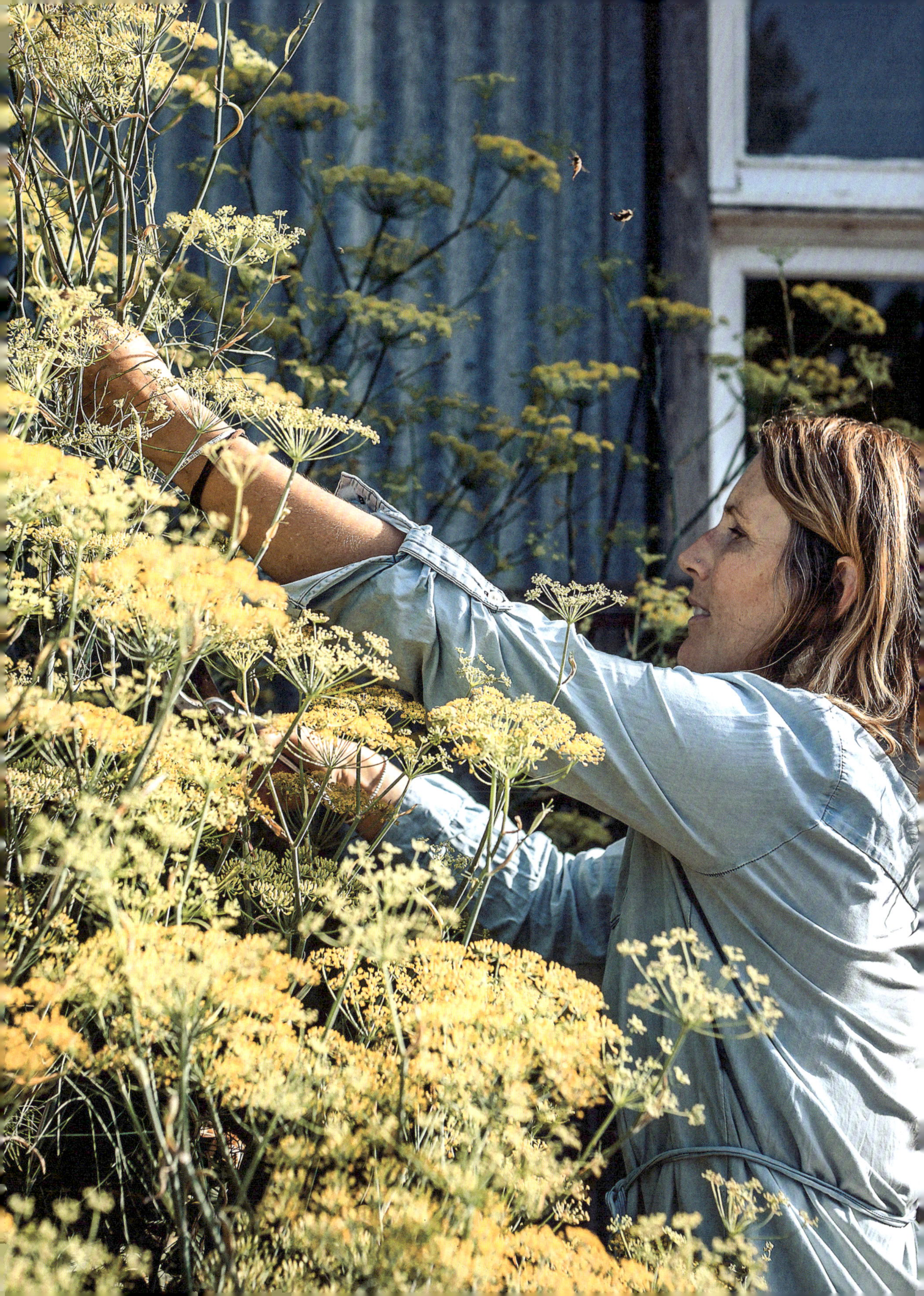

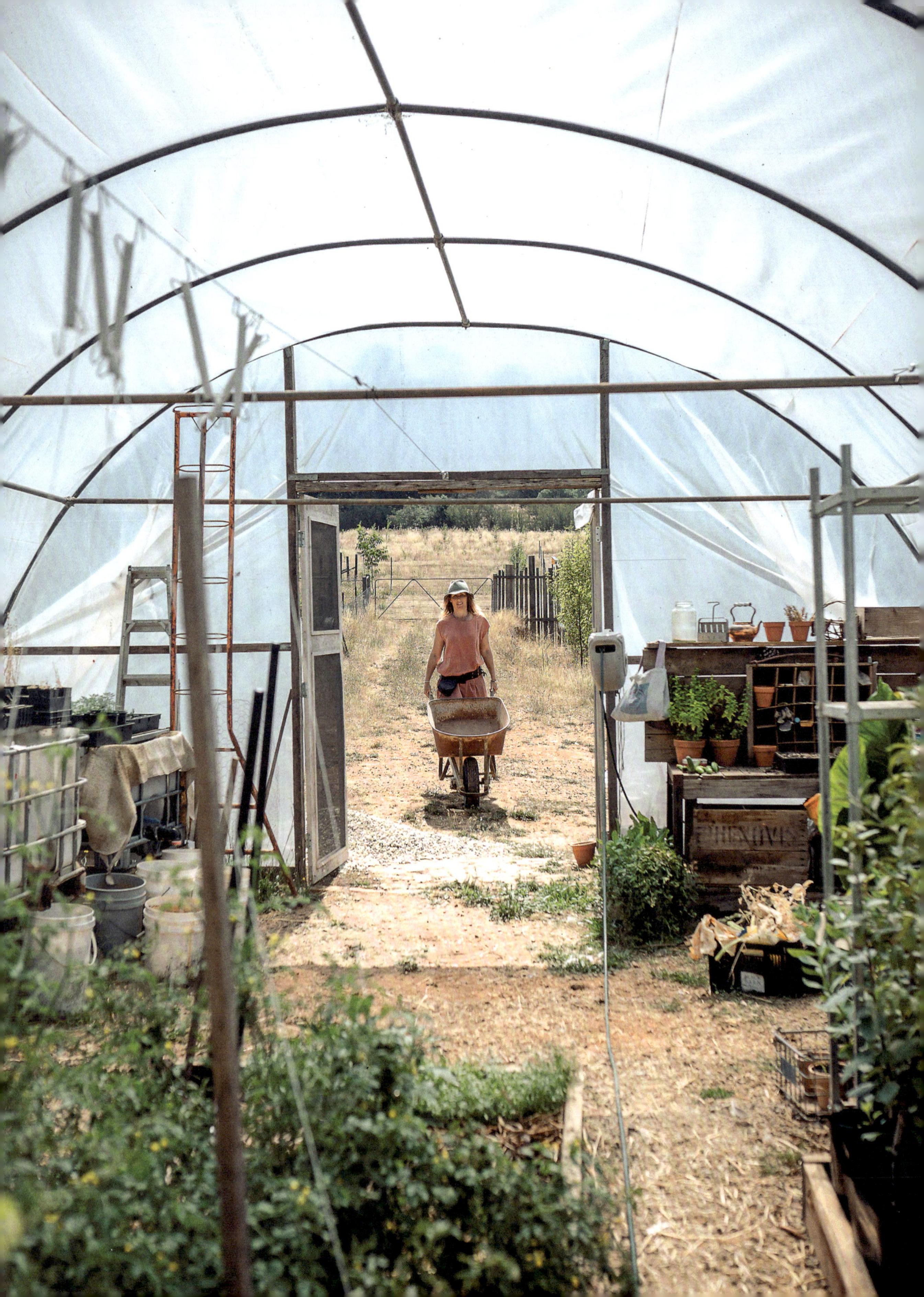

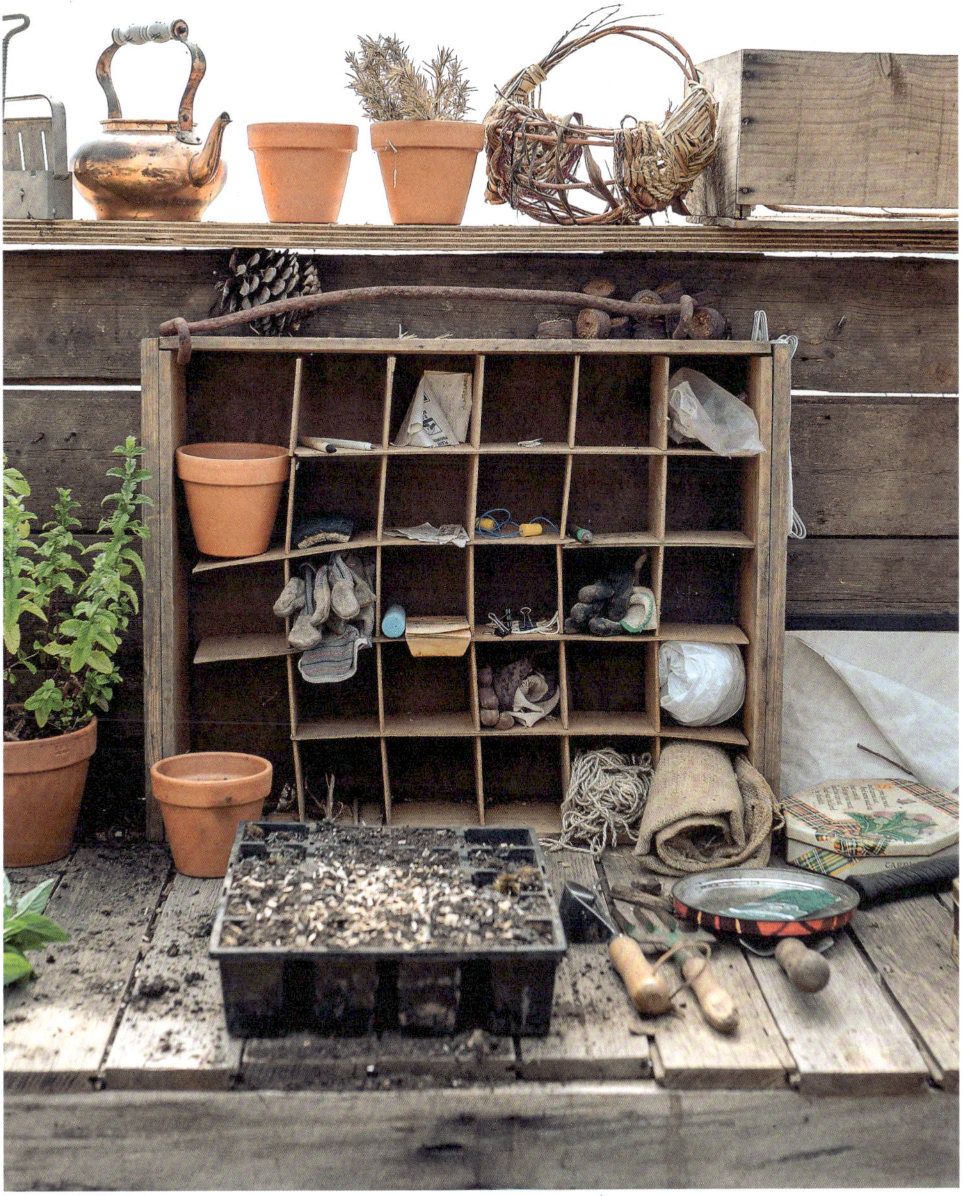

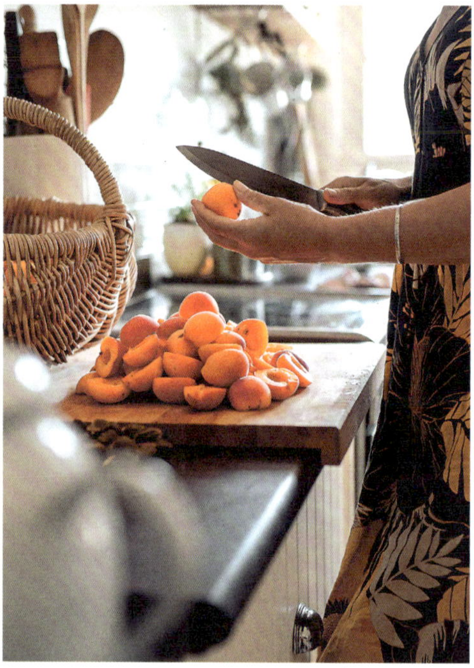

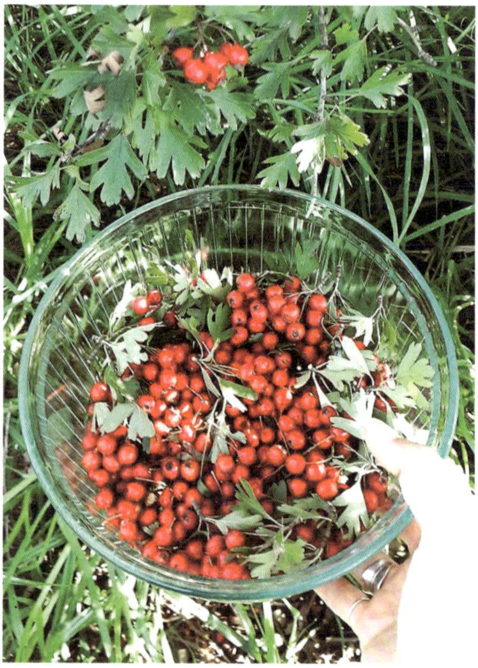

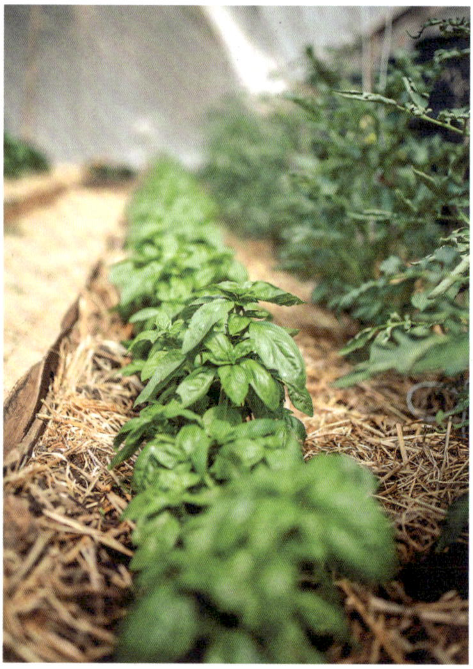

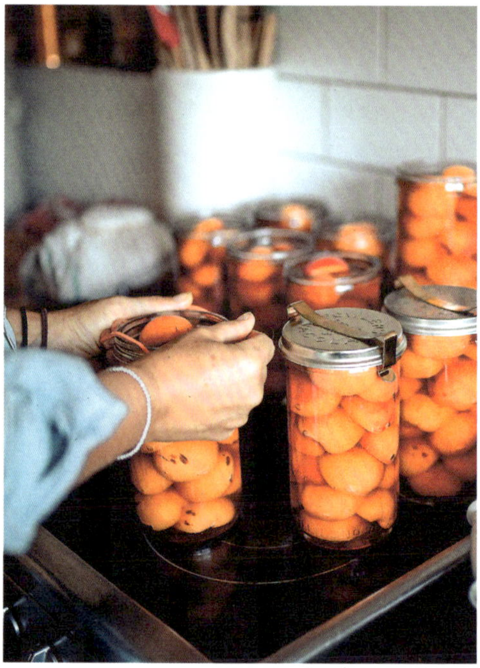

Speisen

SOMMER IM GLAS

Süße Sommerfrüchte für Herbst und Winter einzumachen, hat etwas Tröstliches an sich. Noch besser fühlt es sich an, wenn es Früchte sind, die man selbst gesammelt hat. Es gibt nichts Besseres, als spontan ins Auto zu steigen und auf Sammelabenteuer zu gehen. Beim Sammeln von Essbarem am Wegrand, in der Natur und auf verlassenen Feldern empfindet man eine tiefe Verbundenheit zur Jahreszeit und ein wenig Jagdfieber – und man kommt mit einer Fülle an Leckereien nach Hause, die sonst verrotten oder auf dem Abfall landen würden.

Du reckst dich, stehst auf den Zehenspitzen und es enden ebenso viele Früchte in deinem Mund wie im Eimer. In Victoria beginnt die Erntezeit mit Pfirsichen, Aprikosen und Nektarinen. Auch Brombeeren gibt es in Hülle und Fülle. Im Februar reifen die Pflaumen und im März die Äpfel. Wer Obst liebt, für den bergen das Pflücken und Sammeln Suchtgefahr. Ich hatte einmal eine Karte, auf der ich die besten Bäume und Streuobstwiesen eingetragen habe und die Jahreszeit, zu der sie Früchte tragen.

Ich habe immer einen Eimer und Kisten im Auto – man weiß ja nie, wann man einen üppig beladenen Baum entdeckt. Ich liebe es, anzuhalten und Früchte zu pflücken, bis mir die Arme wehtun.

Im Uhrzeigersinn von oben links: beim Aprikosen-Entkernen; frisch gepflückte Weißdornbeeren; beim Aprikosen-Einmachen für den Winter; Basilikum für ein Pesto.

Steinfrüchte einmachen

Wenn ich mit frisch geerntetem Obst zu Hause ankomme, füllen wir uns erst die Bäuche und legen dann die restlichen Früchte ein. Da ich viel einmache, nehme ich für Steinobst diese einfache Einmachmethode:

- Wasche und halbiere jede Frucht und lege die Stücke in sterilisierte Gläser.
- Gib ein paar kleine Stückchen Vanilleschote in jedes Glas.
- Rühre genug leichten Zuckersirup an, um jedes Glas bis zum Rand zu füllen. Ich nehme auf 1,5 Liter Wasser 220 Gramm Zucker. Wir lieben den Karamellgeschmack von Rapadura-Vollrohrzucker (wenn du nicht magst, dass sich das Wasser bräunlich verfärbt, nimm weißen Zucker).
- Fülle jedes Glas bis zum Rand mit Sirup, sodass der Sirup die Fruchtstücke vollständig bedeckt.
- Setze die Gummiringe, Deckel und Bügel auf die Einmachgläser bzw. die Deckel auf die Gläser deiner Wahl.
- Stelle die Gläser in einen Topf mit Wasser und lasse sie bei 60 °C eine Stunde leicht köcheln. Das Wasser darf die Deckel nicht berühren. Behalte die Temperatur im Auge, sonst werden die Früchte zu Mus – und dann muss man sie sofort mit Eiscreme verspeisen.

PICKNICKVERGNÜGEN

Im Sommer ist jede Tageszeit perfekt für Picknicks. Oft setzt sich unsere Familie zum Essen einfach draußen unter einen Baum, manchmal treffen wir uns mit Freunden an einem schönen Platz mit Aussicht zum Abendessen oder wir speisen gemeinsam am Fluss.

Picknicks machen mehr Spaß und weniger Arbeit als ein Essen im Haus. Die Gerichte müssen einfach zuzubereiten, leicht zu transportieren und ohne Aufwand zu verspeisen sein. Die folgenden Rezepte kannst du abwandeln. Lass dich von den Zutaten im Kühlschrank, in der Speisekammer, im Garten oder im Gemeinschaftsbeet inspirieren.

Auf unsere Picknickteller kommen fast immer aufgeschnittene Möhren, Tomaten und gekochte Bohnen aus dem Garten. Dies sind unsere Lieblingspicknickgerichte, wenn wir Lust auf etwas Ausgefalleneres haben:

- Sommergemüsetarte (siehe Seite 185)
- Chia-Pudding (siehe Seite 186)
- Blumiger Blattsalat mit dem besten Dressing aller Zeiten (siehe rechts)
- Salat aus gebratenem Gemüse und schwarzen Linsen mit frischen Kräutern und Ziegenkäse (siehe Seite 182)
- Dillgurken (siehe Seite 181)
- Birnenchutney (siehe Seite 222)
- Apfel-Pudding-Tarte mit Blitzblätterteig (siehe Seite 256)
- Eingelegte Picknickeier (siehe Seite 124) mit grüner Tahinipaste und Sauerteigbrot
- frische Medjool-Datteln
- Kalte Koteletts mit Chutney
- Zucchinipuffer
- Pfannkuchen mit selbst gemachter Marmelade

BLUMIGER BLATTSALAT

Wir essen diesen Salat im Sommer als Beilage zu fast jeder Mahlzeit, selbst zum Frühstück. Man kann ihn leicht in großen Mengen zubereiten, weil alles, was man an Grünem zur Hand hat, hineinkommt, zum Beispiel Schwarzkohl, *Red Russian* Grünkohl, Kopfsalat, Feldsalat, Zwergsauerampfer, Rauke und Spinat. Ich peppe den Salat gern mit »Unkraut« wie Breitwegerich, Echtem Eibisch, Kapuzinerkresse, Löwenzahn und Weißem Gänsefuß auf. Verwende nur Pflanzen, die du eindeutig identifizieren kannst. Frische Kräuter wie Petersilie, Koriander, Alisander, Basilikum und Minze geben dem Salat einen pikanten Pfiff.

Entscheide ganz nach Lust und Laune, welche essbaren Blüten du hinzufügst. Diese Blumen sind essbar, leicht erhältlich und einfach selbst zu züchten:

- Apfel-, Kirsch-, Birnen-, Pflaumen-, Aprikosen-, Nektarinen- oder Pfirsichblüten
- Dill
- Fenchel
- Kamille
- Kapuzinerkresse
- Schmuckkörbchen
- Ringelblume
- Rosmarin
- Salbei
- Schnittlauch
- Thymian
- Veilchen

Mische Salat und Blüten und gib ein paar geröstete Samen und Nüsse hinzu. Serviere den Salat mit dem Joghurtdressing (siehe Seite 186). Gib das Dressing erst kurz vor dem Essen an den Salat, damit Salat und Blüten knackig bleiben.

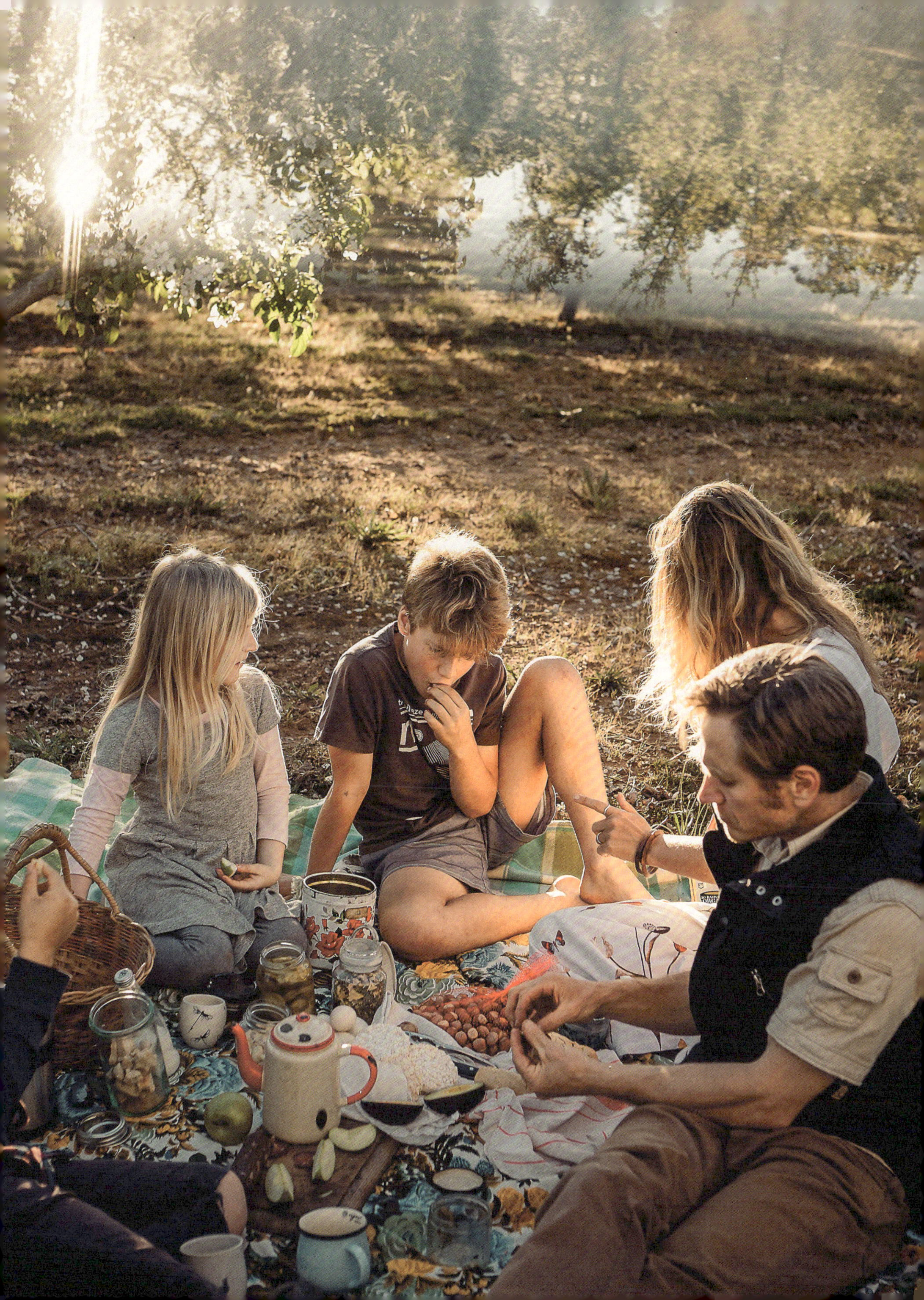

DURSTLÖSCHER MIT SOMMERAROMEN

Lange Zeit habe ich nicht genug getrunken. Erst seit ein paar Jahren verspüre ich ein Durstgefühl. Wenn es dir so geht wie mir, kostet es dich Überwindung, jeden Tag acht Gläser Wasser zu trinken. Ich habe alles Mögliche ausprobiert, um dem Wasser Geschmack zu verleihen. Für mich sind die einfachsten Rezepte am interessantesten. Variiere sie gerne mit allem, was du im Garten, im Kühl- oder Gefrierschrank hast. Je länger die Zutaten im Wasser ziehen, desto intensiver wird der Geschmack.

Hier ein paar Anregungen für Zutaten, die das fade Nass aufpeppen:

- Apfelscheiben (sie werden aber schnell braun und lassen das Wasser weniger ansprechend aussehen)
- Beeren
- Honig
- Ingwerscheiben
- kalter Kräutertee
- Kiwi in Scheiben
- Lavendel
- Minze
- Orangenscheiben
- Rosenblätter
- Rosmarin
- Steinobst, etwa Pflaume oder Pfirsich, in Scheiben
- Zitronenscheiben
- Experimentiere mit Aromen, die du magst und lass dir dein selbst aromatisiertes Wasser schmecken!

EIS AM STIEL

Obwohl es wie eine Süßigkeit schmeckt, ist Eis am Stiel aus den frischesten Zutaten der Saison supergesund! Mich erinnert es an die Sommer meiner Kindheit am Strand.

Experimentiere mit verschiedenen Geschmacksrichtungen und kombiniere unterschiedliche Zutaten. Der Fantasie sind keine Grenzen gesetzt, man kann nichts falsch machen. Verwende am besten Frisches aus der Region. Hier ein paar hilfreiche Tipps (keine Regeln!):

- Zutaten auf Saftbasis gefrieren schneller als Zutaten auf Sahnebasis.
- Vorsicht beim Nachsüßen von Fruchteis mit Zucker: Saft enthält von Natur aus viel Fruchtzucker.
- Lass dich nicht zum Kauf von bunten Eis-am-Stiel-Förmchen oder ausgefallenen Eismaschinen verführen.
- Auch einfache Mischungen sind prima. Du brauchst keine komplizierten Rezepturen, um köstliche, farbenfrohe Desserts zu kreieren.
- Für cremiges Eis am Stiel verwenden wir Naturjoghurt, Kokosnussmilch oder Bananen. Für Wassereis nehmen wir Apfelsaft – wir haben raue Mengen davon und er ist so süß, dass wir ihn verdünnen müssen. Eis aus Ananas- und Orangensaft ist nicht ganz so süß, zergeht aber ebenso fruchtig frisch auf der Zunge.

Rechts:
Aromatisierte Wasserkreationen machen Lust auf mehr.

Ganz rechts:
Selbst gemachtes Eis am Stiel ist eine Augen- und Gaumenweide!

Unsere Lieblingssorten

Für cremige Eiskreationen gebe ich an zwei Teile Sahne einen Teil puren oder gemischten Saft. Die Mischung gieße ich in kleine Trinkbecher und Gläser. Sie leisten ebenso gute Dienste wie spezielle Eisbehälter aus Silikon, Plastik oder Edelstahl. Wenn ich keine Eisstiele aus Holz zur Hand habe, nehme ich einen Löffel oder Metallstrohhalm als Stiel. Für fruchtigeres Eis gibt man einen Teil Früchte in die Förmchen und gießt einen Teil Flüssigkeit darüber. Hier sind einige leckere Varianten zum Ausprobieren:

- Apfelsaft + Pfirsichstücke + Minze
- Kokosmilch + Banane + Schokosplitter
- Kokosmilch + Banane + Muskat
- Limettensaft + Kokosmilch + Himbeere
- Mangopüree + Bananenscheiben + Erdbeerstückchen
- Naturjoghurt + Erdbeerpüree (in der Form miteinander vermischen)
- Naturjoghurt + Beeren
- Orangensaft + Kokosmilch + Litschi
- Orangensaft + Kiwischeiben + Zitronenmelisse
- Ananassaft + Minze + Kokosmilch
- Wassermelonensaft + Erdbeerscheiben + Mangostückchen

Das Auge isst mit: Du kannst frei mit Farben und Konsistenz spielen, essbare Blüten hinzufügen oder gestreiftes Eis zaubern. Dazu gibst du die Flüssigkeit für einen Streifen in die Form und lässt sie gefrieren, bevor du – Streifen für Streifen – weitermachst.

Ganz links:
Schon Aussehen, Haptik und Duft der getrockneten Kräuter für den eigenen Tee sind berauschend.

Links:
In der heißen Jahreszeit legen wir fast täglich Gurken ein.

EIGENE TEEKREATIONEN

Kräuterteemischungen sind ein Fest für alle Sinne. Der Duft betört, die Farben leuchten und die Versuchung ist groß, die Blüten und Blätter immer wieder durch die Finger rieseln zu lassen.

Wir bauen unsere Teekräuter im Garten selbst an: Kamille, Lavendel, Pfefferminze, Grüne Minze, Schokoladenminze, Zitronenmelisse, Zitronenverbene, Rosmarin, Basilikum, Fenchel und Salbei. Auch weitere Teezutaten kommen aus dem Garten, zum Beispiel Löwenzahn, Rosen, Holunder, Tasmanischer Bergpfeffer und Schneeball (nur die Blüten, die Beeren sind leicht giftig).

Wir legen die Blätter, Blüten, Beeren und Schalen im Sommer auf Trockenregale. Dann lagern wir sie separat ein, damit wir das ganze Jahr über immer neue Mischungen herstellen können. Jeder Tee hat einen einzigartigen aromatischen Geschmack.

Auf der Black Barn Farm sind Fenchel, Zitronenmelisse und Minze besonders beliebt. Lässt man die frischen Kräuter in kochendem Wasser ziehen und schmeckt sie mit Zitronensaft und etwas Honig ab, beruhigen sie die Nerven.

GURKENGLÜCK

Unsere Kinder essen Gurken wie andere Kinder Äpfel. Deshalb pflanze ich sie in unserem Beet auf der Weide, im Küchengarten und im Folientunnel an. Zu Beginn und am Ende der Erntezeit liefern sie die perfekte Menge, aber mitten in der Saison bricht eine Flut von reifen Gurken über uns herein. Dann lege ich rund 20 Gurken pro Tag ein (Dillgurken, siehe rechte Seite).

Weißdornbeeren-Soße

Die Soße schmeckt hervorragend zu gebratenem Fleisch. Vor dem Einkochen muss man die blausäurehaltigen Kerne der Beeren entfernen (siehe Punkt 3).

Ergibt ca. 0,6 Liter

500 g Weißdornbeeren
300 ml Apfelessig (siehe Seite 213)
300 ml Wasser
170 g Zucker
½ TL Salz
½ TL schwarzer Pfeffer, frisch gemahlen

1. Wasche die Weißdornbeeren gründlich und entferne alle Stiele und Blätter.
2. Bringe die Beeren zusammen mit Wasser und Apfelessig in einem Topf zum Kochen. Reduziere dann die Hitze und lasse sie 30 Minuten köcheln, bis die Schalen platzen.
3. Nimm die Weißdornbeeren vom Herd und streiche sie durch ein Sieb, um Kerne und Schalen zu entfernen.
4. Fülle die Flüssigkeit in einen sauberen Topf und gib den Zucker dazu. Lasse sie bei niedriger Hitze unter ständigem Rühren köcheln, bis sich der Zucker aufgelöst hat.
5. Koche die Flüssigkeit 10 Minuten oder bis sie eine siruparige Konsistenz hat. Nimm sie dann vom Herd.
6. Schmecke die Soße mit Salz und Pfeffer ab und fülle sie in sterilisierte Flaschen. In gut verschlossenen Flaschen ist die Soße ungekühlt bis zu ein Jahr haltbar.

Dillgurken

Dieses Rezept wandle ich ständig ab. Hinein kommt, was ich gerade in der Speisekammer habe. Auch die Mengen variieren, da sie von der Menge der täglichen Ernte abhängen. Ich fange erst an, Gurken einzulegen, wenn wir mit dem Essen nicht mehr nachkommen. Dann muss ich schnell große Mengen verarbeiten. Das Rezept ist einfach, jeden Morgen lege ich in der Erntehochzeit etwa sieben Ein-Liter-Gläser ein.

Ergibt 7 Gläser

½ TL Senfkörner pro Glas
½ TL Dillsamen pro Glas
½ TL Koriandersamen pro Glas
1 Knoblauchknolle pro Glas, geschält
½ TL schwarzer Pfeffer pro Glas, grob gemahlen
2 TL Zucker pro Glas
1 TL Salz pro Glas
Gurken (ganz, in Scheiben oder geviertelt)
1 l Apfelessig, aufgeteilt auf sieben Gläser
Fenchel- oder Dillblüten, falls gewünscht

1. Gib alle Zutaten außer den Fenchel- oder Dillblüten in die Gläser.
2. Fülle die Gläser bis zum Rand mit Wasser auf.
3. Lege die Fenchel- oder Dillblüten oben auf die Gurken. Achte darauf, dass sie von der Flüssigkeit bedeckt sind.
4. Verschließe die Gläser und lasse die Gurken 45 Minuten bei 60 °C köcheln. Kocht man sie länger oder bei höherer Temperatur, zerfallen die Gurken schnell zu Brei.
5. Die Dillgurken sind im Glas ungekühlt bis zu drei Jahre haltbar. Man kann sie auch sofort nach dem Einlegen verzehren, aber sie schmecken besser, wenn man sie eine Weile durchziehen lässt.

Salat aus gebratenem Gemüse und schwarzen Linsen mit frischen Kräutern und Ziegenkäse

Dieses Rezept ist großartig, um all die feinen Sachen aufzubrauchen, die ich auf Vorrat zubereite (wie Reis, Linsen, Salate und angedünstetes Gemüse) und im Kühlschrank aufbewahre. Es passt zu den verschiedensten Gerichten. Der Salat ist gesund, einfach und superschnell zuzubereiten. Variiere bei diesem Gericht gerne die Zutaten. Verwende einfach, was du gerade zur Hand hast.

Ergibt ein Hauptgericht für 5 Personen oder eine Beilage für 10 Personen

600 g vorgekochte Hülsenfrüchte wie Linsen oder Reis – nimm, was du im Kühlschrank oder in der Vorratskammer hast, koche es mit Brühe oder schmecke es nach dem Kochen mit Nährhefe oder Salz ab.

450 g angedünstetes Gemüse, zum Beispiel Rote Bete, Zwiebeln, Kartoffeln, Kürbis oder Süßkartoffeln – brate das Gemüse mit viel Knoblauch, Salz und Kräutern an, damit es kräftig im Geschmack ist.

30 g blanchiertes oder frisches Blattgemüse wie gehackte Rauke, Spinat, Kopfsalat, Wildgemüse (oder von allem ein bisschen)

30 g frische Kräuter wie Schnittlauch, Basilikum, Petersilie, Minze, Koriander (eine Kräuterart oder gemischt)

75 g gemischte geröstete Samen und Nüsse wie Kürbiskerne, Sonnenblumenkerne, Mandeln, Hasel- oder Walnüsse

75 g Korinthen

1 Handvoll frische essbare Blüten zum Garnieren

1 Handvoll frischer Schafskäse (Feta), zerbröckelt als Garnitur

Senfvinaigrette oder cremiges Joghurtdressing (siehe Seite 186) zum Anrichten

1. Gib Hülsenfrüchte, Gemüse, Blattgemüse, die Kräuter, die Samen/Nüsse und Korinthen in eine große Schüssel und mische alles gut.
2. Richte den Salat auf einer Platte oder in Schüsseln an.
3. Streue Blumen und Feta darüber.
4. Richte den Salat mit einer Senfvinaigrette oder dem cremigen Joghurtdressing an.

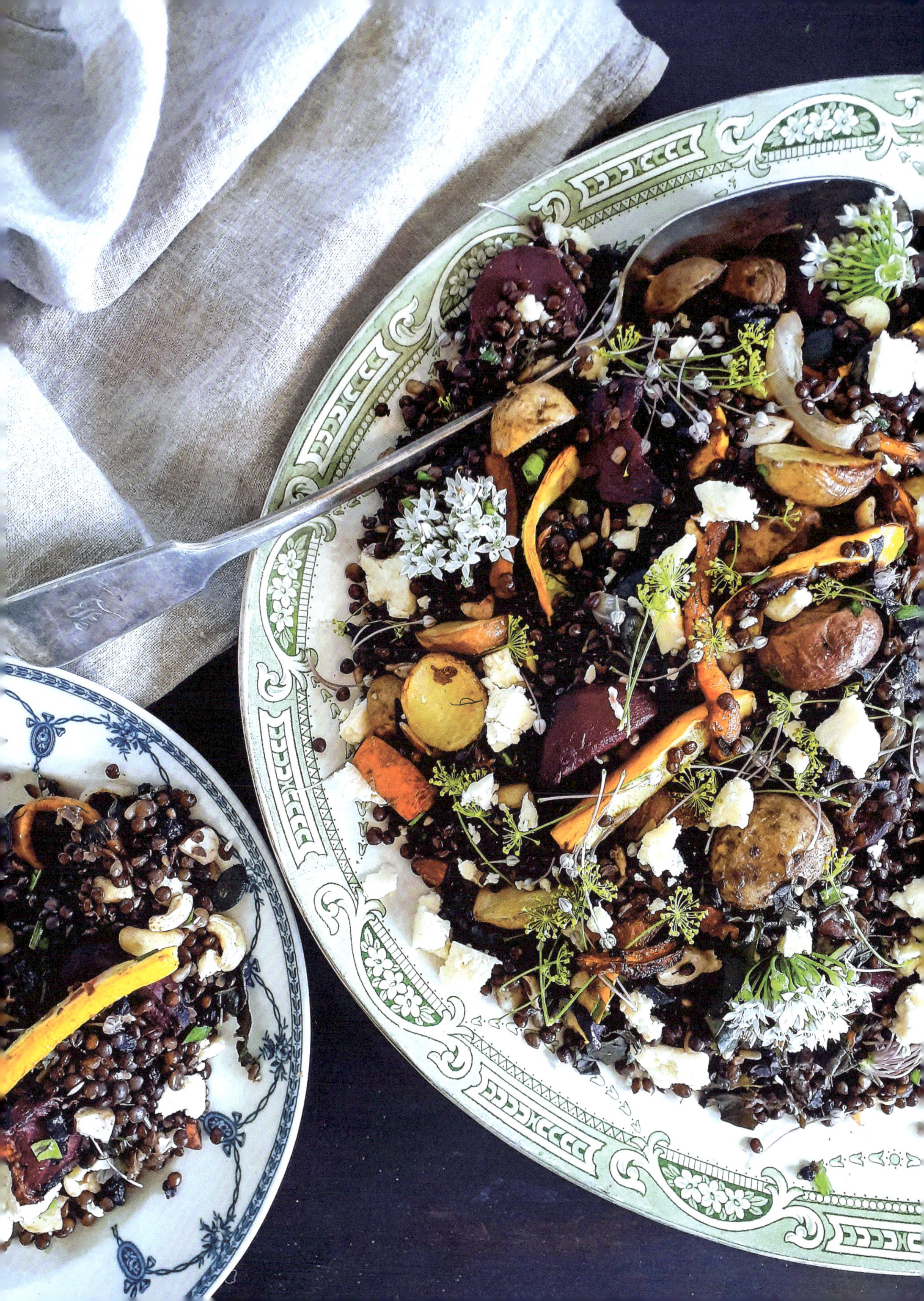

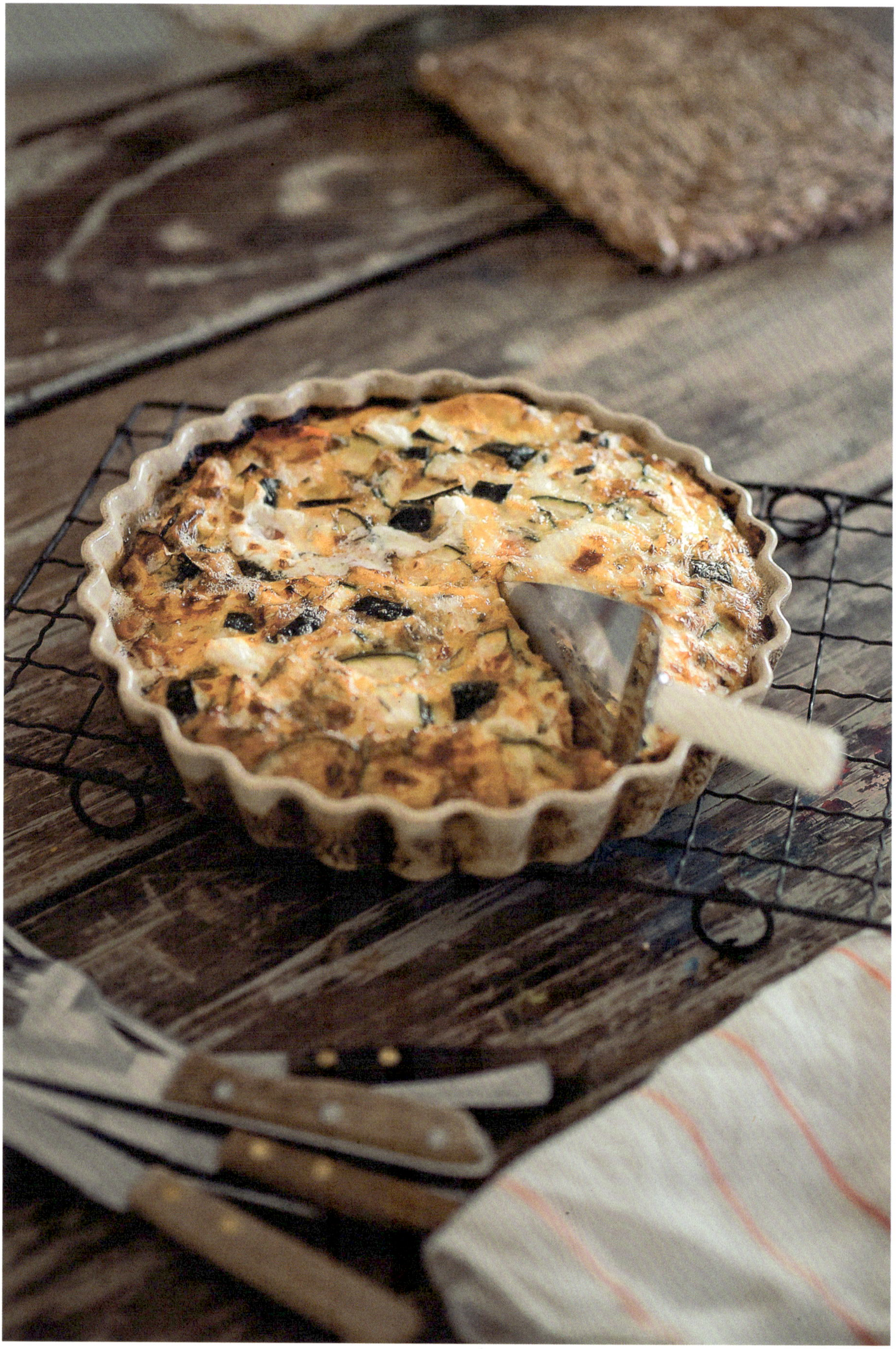

Sommergemüsetarte

Der Inbegriff eines sommerlichen Gerichts ist diese einfache Gemüsetarte. Eier kommen immer hinein, aber die sonstigen Zutaten der Tarte variieren und verraten, was gerade im Beet erntereif ist. Aus den frisch geernteten Zutaten zaubern wir eine Leckerei, die mittags und abends, warm oder kalt schmeckt und mit ein wenig Chutney (Birne ist unser Favorit, siehe Seite 222) zum exotischen Hochgenuss wird.

Ein Hauptgericht für 5 Personen

450 g gewürfeltes Gemüse der Saison wie Zucchini, Tomaten, frische Kräuter, Mangold, Grünkohl, Mais, Frühlingszwiebeln, Erbsen, Bohnen

Salz, nach Geschmack

8 Eier, verquirlt

etwas Pesto (siehe Seite 153)

1 Handvoll zerbröckelter Käse (ideal, um Reste zu verwerten)

Chutney, zum Servieren

1. Heiz den Ofen auf 180 °C vor.
2. Gib das gewürfelte Gemüse in eine Pfanne, schmeck es mit Salz ab und brate es bei geringer Hitze an. Wenn du Kürbisse, Kartoffeln oder Karotten verwendest, dauert das Andünsten etwas länger.
3. Gib das angedünstete Gemüse, die verquirlten Eier, das Pesto und den zerbröckelten Käse in eine Auflaufform. Backe die Tarte 25 Minuten oder bis das Ei fest und die Käsekruste goldbraun ist.
4. Serviere die Tarte mit Chutney.

Cremiges Joghurtdressing

Von diesem Dressing mache ich immer mehr, als wir gerade brauchen und hebe den Rest im Kühlschrank auf. Man kann das Dressing auch laktosefrei zubereiten. Dazu ersetzt man den Joghurt durch Mayonnaise. Dadurch wird das Dressing öliger und weniger cremig.

Ergibt ¼ Liter

130 g griechischer Joghurt

Saft von 2 großen Zitronen, frisch gepresst

60 ml Olivenöl

1 EL Apfelessig (siehe Seite 213)

2 Knoblauchzehen, fein gehackt

1 TL fein geschnittener Schnittlauch

Etwas Honig (vorher anwärmen, damit er sich verflüssigt und gut vermischen lässt)

1 TL Vollkornsenf

1 Prise Salz

1 Prise Pfeffer, frisch aus der Mühle

1. Gib alle Zutaten in ein sauberes Glas, verschließe es und schüttle es, bis sich die Zutaten gut vermischt haben.
2. Mache deinen Lieblingssalat mit dem Dressing an. Im Kühlschrank ist der Rest bis zu vier Tage haltbar.

Chia-Pudding

Dieses Dessert ist eine wahre Gaumenfreude! Wir beziehen die Zutaten, die wir nicht selbst anbauen, von unserer Food-Coop, weil wir genau wissen wollen, wo sie herkommen.

Ergibt 5 oder 6 kleine Puddings

400 ml Biokokosmilch oder leicht mit Wasser verdünnte Kokosnusscreme

100 g Chiasamen

150 g frische Beeren

Honig zum Beträufeln

Geröstete Kokosnussflocken zum Garnieren

1. Verrühre Kokosmilch und Chiasamen und fülle die Creme in fünf oder sechs Gläser.
2. Lass den Chia-Pudding mindestens 10 Minuten quellen.
3. Wenn der Pudding eingedickt ist, leg einige Beeren darauf.
4. Beträufle den Pudding mit Honig, bestreue ihn mit Kokosraspeln und serviere ihn.

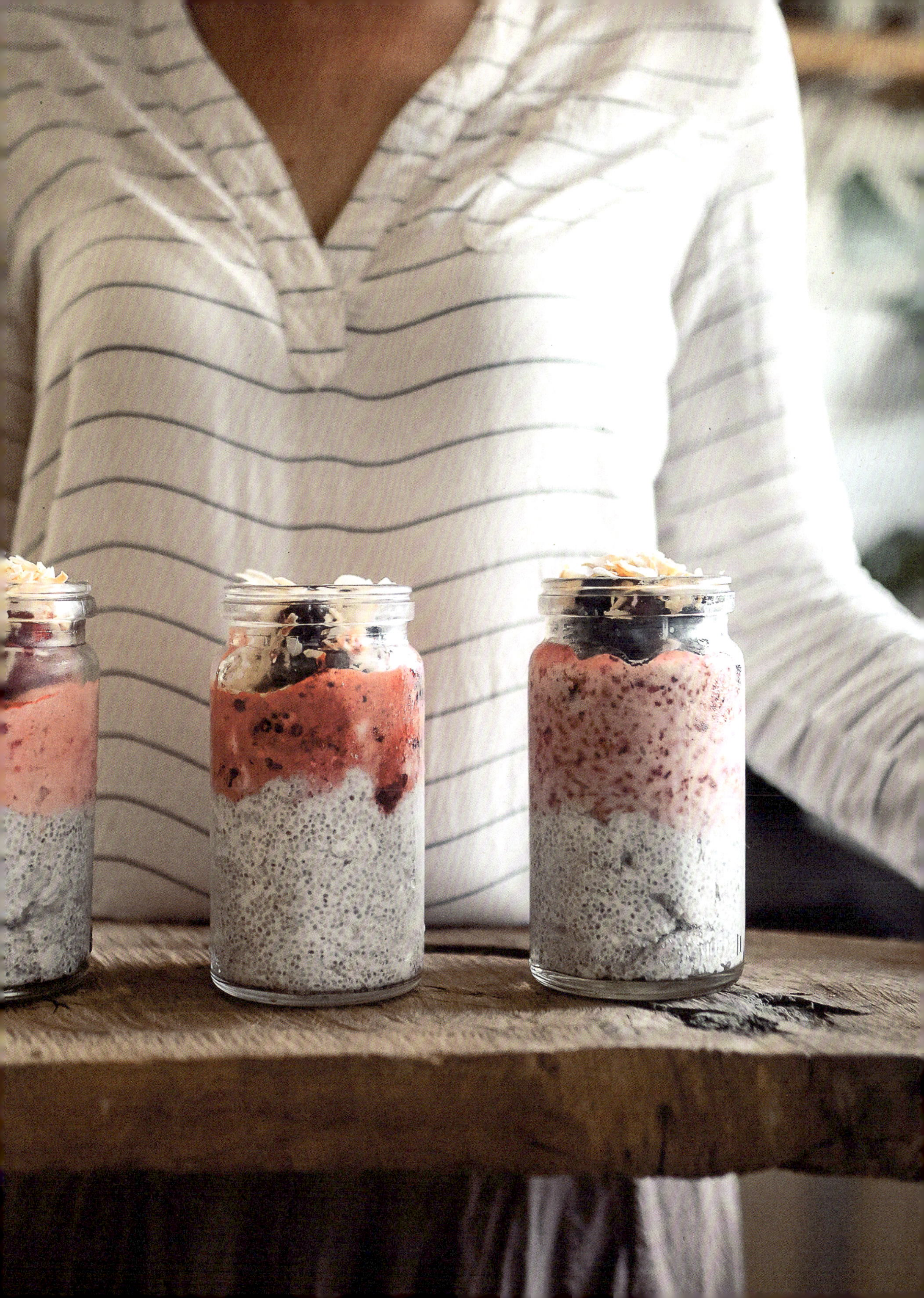

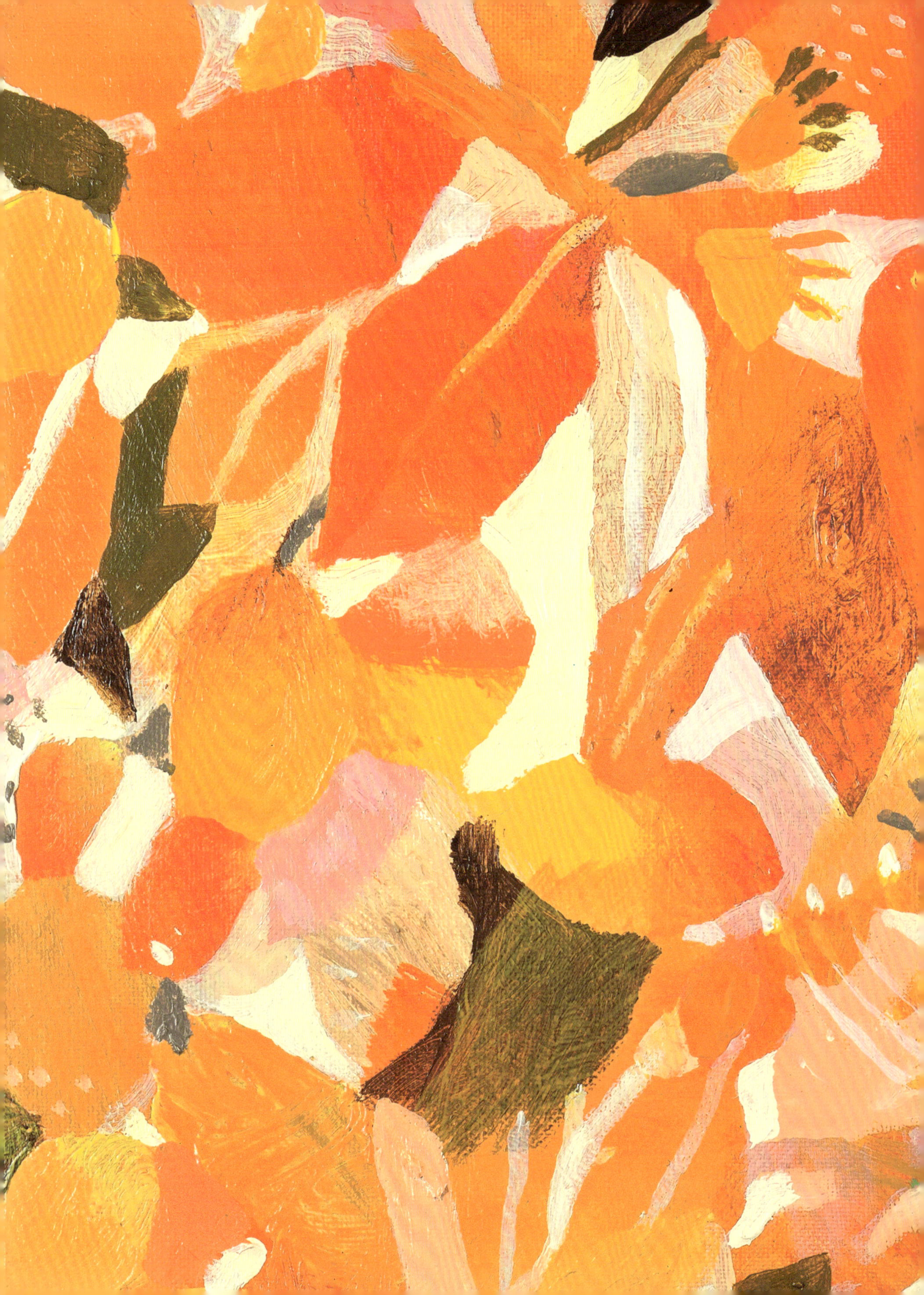

ERNTEN

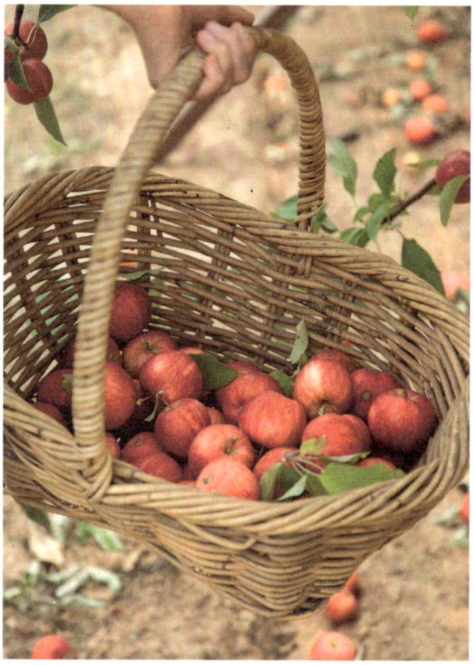
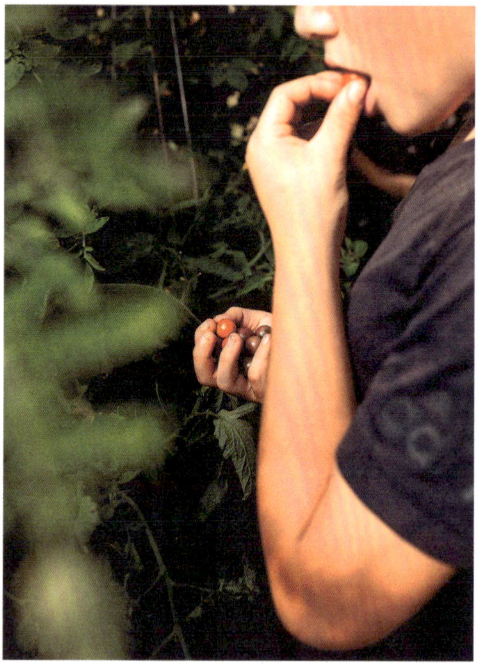
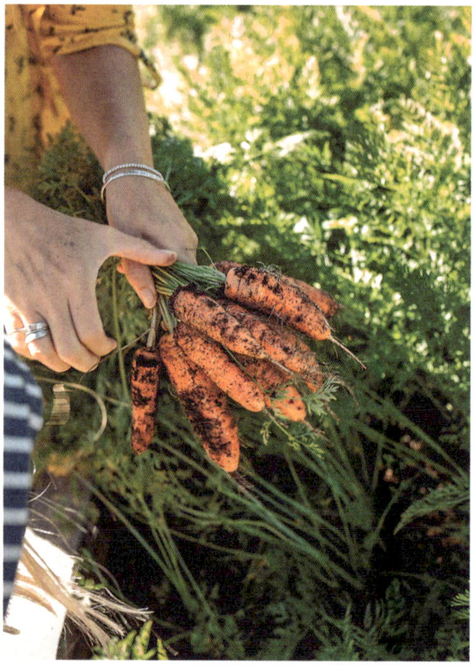
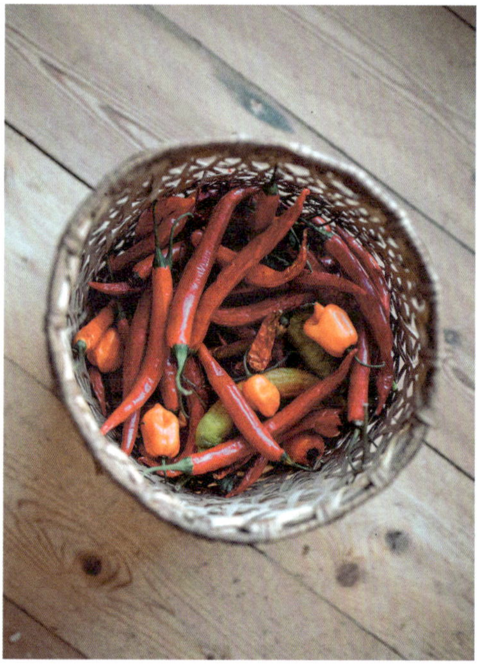

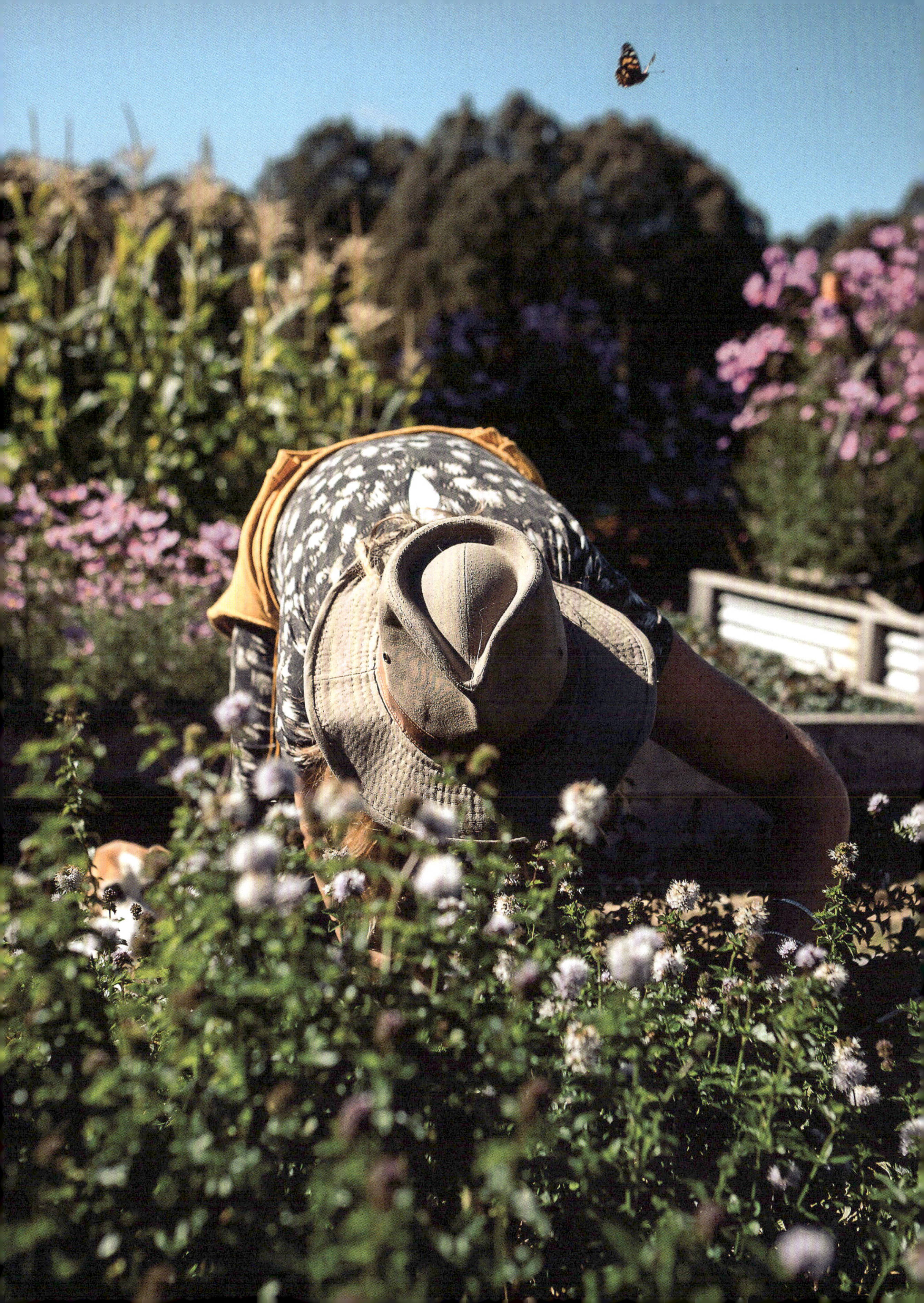

Es ist verführerisch, das Anbauen eigener Lebensmittel zu beschönigen. Aber Hand aufs Herz – bei allen hehren Tugenden ist es eine so mühselige wie große Aufgabe. Auf sechs Monate Planen, Vorbereiten, Pflanzen, Jäten, Gießen, Ausdünnen und Stutzen folgt nun der Höhepunkt des Jahres: die Ernte.

Hol die Einmachgläser raus, schaff Platz in der Gefriertruhe. Bahn frei! Jetzt wird geerntet.

Basilikum wird zu Pesto, Tomate zu Passata und fette Kürbisse ziehen in kühle, trockene Regale um. Es gibt eimerweise Apfelkompott, Birnenchutney für Tage im Voraus, Rote Bete und Gurken zum Einlegen und Auberginen zum Braten für Baba Ghanoush. Mais und Bohnen werden blanchiert und eingefroren. Kartoffeln und Karotten dürfen noch ein wenig in ihren Beeten ruhen.

Es ist nicht nur Zeit, das frische Obst und Gemüse einzubringen, sondern auch, Hähne und Schafe für unseren Fleischbedarf der nächsten zwölf Monate zu schlachten. Auf ein gutes Leben in den Ställen und auf der Weide folgt nun ein einziger schlechter Tag. Aber wir schlachten nur, was wir brauchen und verwerten alles vom Tier.

Die Tage werden kürzer und kühler, aber nicht entspannter. Sie sind übervoll mit Wintervorbereitungen. Der Druck ist groß. Was jetzt nicht eingelagert wird, verdirbt. Jeder Tag ist ein Rennen, das Ziel ist immer der nächste Eimer mit Obst oder Gemüse, das kaputtgehen könnte.

Es ist der Höhepunkt des Jahres, wenn wir uns an den Früchten unserer Arbeit erfreuen dürfen. Das gilt für alle, die Nahrung anbauen und für alle, die Frisches aus der Region oder vom Hof um die Ecke kaufen. Aber mit dieser Jahreszeit naht auch der Herbst. Also versuche ich mit den Kindern, die sich verändernde Umwelt zu beobachten: das Gemüsebeet, in dem mehr Samenköpfe sprießen, die Luft, die frischer wird und die Schatten hinter den Bäumen, die länger werden.

HERBST-TAGUNDNACHTGLEICHE

Für uns symbolisiert die Herbst-Tagundnachtgleiche, die man auch *Mabon* nennt, das spirituelle, universelle Gleichgewicht zwischen Licht und Dunkel, weiblich und männlich, innen und außen; den Moment, bevor die Reise in die Dunkelheit beginnt.

Auf der Südhalbkugel fällt *Mabon* auf den 20. oder 21. März, auf der Nordhalbkugel auf den 22. oder 23. September. Es ist ein Tag, an dem wir uns auf die kommende Dunkelheit einstellen. Es ist eine Zeit, in der wir die reiche Ernte ebenso feiern wie die Samen, die wir gesät und geerntet haben.

Zu den geselligen Ritualen gehören Erntefeste, Picknicks in der Dämmerung, Lagerfeuer und spontane Feiern, zu denen jeder etwas mitbringt. Wer stille Rituale liebt, schreibt Dankesbriefe, nimmt sich Zeit für Meditationen, lässt der Kreativität seines inneren Kindes freien Lauf oder geht spazieren.

Mach dir das ultimative Geschenk: Zeit – selbst wenn es nur ein Moment am Tag ist. Atme tief durch und würdige, was um dich geschieht.

Verbinden

DIE ERNTE
Diese Saison ist nach neun Monaten harter Arbeit der Höhepunkt unseres Jahres. Körper, Geist und Seele sind müde und wir mobilisieren unsere letzten Reserven, um die Ernte einzubringen. Gerade in dieser Zeit ist es wichtig, auf sich zu achten.

Gesundes aus der Erde wärmt die Seele
Frische, knackige Salate weichen jetzt saisonaler Kost. Auf der Speisekarte stehen nun Wurzelgemüse und Herbstfrüchte wie Äpfel, Quitten und Birnen. Sie bieten deinem Körper, was er jetzt im Einklang mit den Jahreszeiten braucht. Wir genießen das erntefrische Obst und Gemüse. Dein Körper stellt sich auf die Arbeitsbelastung und den Winter ein. Verfeinere deine Gerichte mit wärmenden Gewürzen wie Zimt, Muskatnuss, Ingwer und Kardamom.

Freunde und Feste
Die geselligen Eskapaden des Hochsommers liegen hinter uns. Kurz bevor unser Leben winterlich ruhig wird, laden wir unsere engsten Freunde ein, um gemeinsam zu schlemmen. Ein Potluck-Dinner (siehe Seite 94), zu dem jeder etwas mitbringt, macht Spaß, aber auch gemeinsam zu kochen, hat seinen Reiz.

Im Herbst die Lunge stärken
Die Lunge wird in der traditionellen Heilkunde mit dem Herbst in Verbindung gebracht. Sie braucht in den arbeitsreichen Herbstmonaten Unterstützung. Scharfe Lebensmittel wie Meerrettich und Knoblauch helfen, Atemwegsinfektionen vorzubeugen und zu lindern.

Mehr Würze im Leben
Knoblauch, Meerrettich, Zimt und Ingwer bringen ebenso wie die Heißgetränke goldene Milch mit Kurkuma oder Chai mit Kardamom und anderen Gewürzen den Blutkreislauf in Schwung. Auch dunkle Blattgemüse sind wertvolle und nahrhafte Lebensmittel, die man in dieser Jahreszeit bei jeder Gelegenheit essen sollte. Grünkohl, Spinat, Mangold und Kohlrabi sind reich an den Vitaminen A, B, C und K und enthalten viele Ballaststoffe. Wenn sie einen leichten Frost abbekommen, entwickeln diese Gemüsesorten eine feine Süße.

Rechts: Reinigt man frisch Geerntetes in einer Spüle im Freien, trägt man keine Erde ins Haus.

Gestalten

EINE GARTENSPÜLE BAUEN

Ich hätte mir nie vorstellen können, dass ein Spülbecken im Freien so wunderbar sein kann! Eine alte Wäschewanne, die wir aus einem verfallenen Schuppen gerettet haben, ist die perfekte Ergänzung für unser Gemüsebeet. Nie schätzen wir sie mehr als in der Erntezeit, wenn wir Eimer und Körbe voller Gemüse direkt aus der Erde in Richtung Küche schleppen. Bevor wir den Garten verlassen, huschen wir an der Gartenspüle vorbei, waschen den Dreck ab, entfernen nicht essbare Pflanzenteile und werfen sie auf den Kompost. So kommt nur ins Haus, was frisch, sauber und bereit für die Weiterverarbeitung ist.

Unsere Gartenspüle ist an die Hausleitung angeschlossen. Aber auch andere Lösungen sind effektiv. Die Gartenspüle meiner Eltern war ein altes Becken unter einem Wassertank, der Abfluss mündete in den Rasen. Zu beiden Seiten standen Bänkchen, wo man sich ausruhen konnte. Aber auch ein einfacher Gartenschlauch und ein Eimer leisten gute Dienste. Wir bewahren bei der Gartenspüle ein Schneidebrett, ein scharfes Messer und einen sauberen Eimer auf, um uns die Arbeit zu erleichtern.

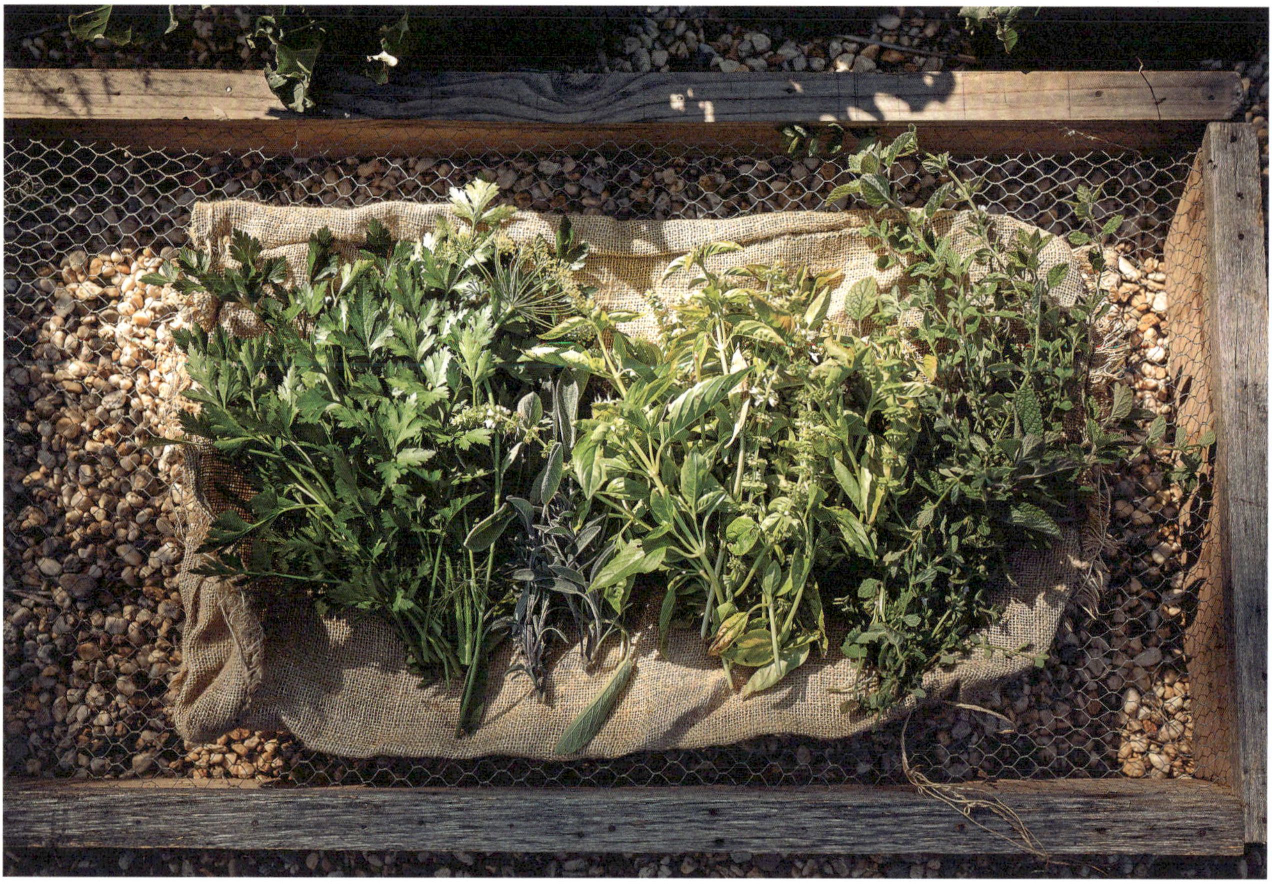

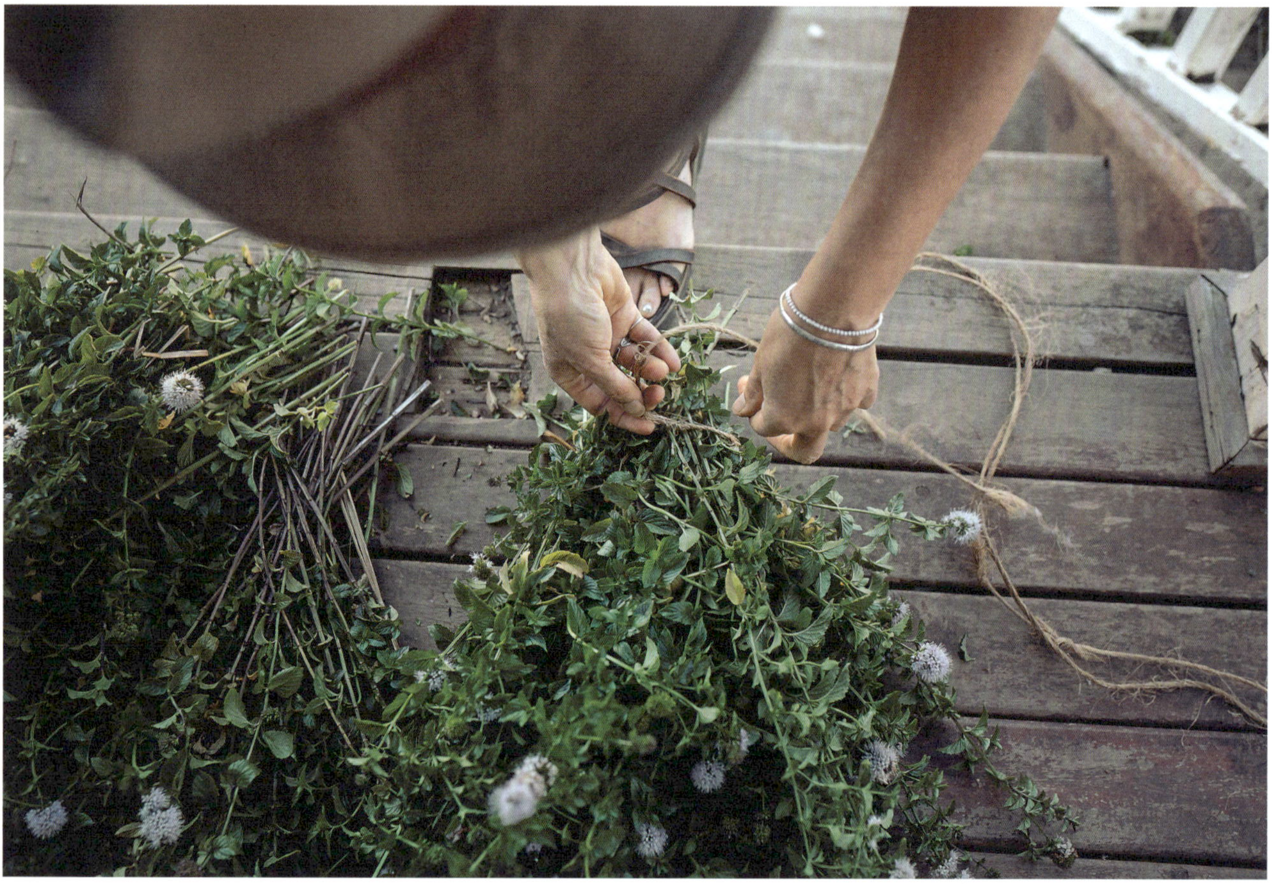

Pflanzen

HEILKRÄUTER AUS DEM EIGENEN GARTEN

Der berühmte griechische Arzt Hippokrates soll gesagt haben: »Nahrung ist deine Medizin.« Ich bin keine Expertin für Heilpflanzen. Sie stehen nicht im Mittelpunkt dieses Buches, aber ein Buch über die Beziehung zur Natur, Rituale, Selbstfürsorge, Ernährung, lokale Systeme und saisonales Leben wäre nicht vollständig ohne einen Hinweis darauf, dass das Anbauen und Anwenden von pflanzlichen Heilmitteln für die Resilienz ebenso wichtig ist wie der Anbau eigener Nahrungsmittel.

Bei Heilpflanzen sind der Wachstumsprozess und die Hingabe, die in die Herstellung von Umschlägen und Tinkturen fließt, ebenso wichtig wie die Linderung von Leiden. In der Hausbibliothek (siehe Seite 314) im Anhang dieses Buches sind einige der umfassendsten Kräuterheilkundebücher aufgelistet. Auch online gibt es eine Fülle von Quellen. Man kann seine Gesundheit und Vitalität stärken, indem man Pflanzen einsetzt, die auch in der Pharmaindustrie verwendet werden.

Für den Zugang zu frischen Heilkräutern braucht man keinen eigenen Garten. Viele Heilpflanzen finden sich an Feldrändern, in Parks und Hinterhöfen. Du kannst deiner Gesundheit auch durch die Umstellung auf eine pflanzliche Ernährung stärken.

Auf der Farm beginnen wir gerade mit dem Anbau von Pflanzen für eine Gruppe von Naturheilkundlern, Ayurveda-Spezialisten und ganzheitlichen Gesundheitsexperten. Da wir Pflanzen mit Herkunftsnachweis liefern müssen, brauchen wir tatsächlich einen eigenen Heilkräutergarten. Schon vor dem Abstecken der Beete wurde mir klar, dass viele dieser Pflanzen bereits in meinem Garten gedeihen. Vielleicht findest du sie auch in deinem?

Die Kräuterheilkunde ermutigt uns, Verantwortung für die eigene Gesundheit zu übernehmen. Viele Kräuter stärken unser Immunsystem und bekämpfen Krankheitserreger. So sind wir von der öffentlichen Gesundheitsversorgung weniger abhängig. Die Kräuterheilkunde konzentriert sich mehr auf Vorbeugung als auf Behandlung. Zwar dauert es oft länger, bis Symptome komplett verschwinden, dafür ist die Wirkung aber in der Regel langfristig.

Wenn du Heilkräuter selbst anwenden möchtest, solltest du dir viel Zeit nehmen, um dich gründlich zu informieren. Sei dir bewusst, dass Heilpflanzen wirksame Substanzen enthalten und es zu Wechselwirkungen mit herkömmlichen Medikamenten kommen kann. Wenn du Bedenken hast, sprich vor der Einnahme von pflanzlichen Heilmitteln mit deinem Arzt.

Oben links:
Die Kräuterausbeute macht sich hübsch auf dem Trockengestell.

Unten links:
Wir binden Pfefferminzzweige mit einer Schnur zusammen, bevor wir sie zum Trocknen aufhängen.

HEILPFLANZEN

Von den 252 Arzneimitteln, die die Weltgesundheitsorganisation Anfang des 21. Jahrhunderts als »grundlegend und unentbehrlich« bezeichnete, basieren elf Prozent ausschließlich auf blütentragenden Heilpflanzen. Zahlreiche Gartenheilpflanzen sind uns allen zugänglich. Man verwendet sie zum Kochen und für Umschläge, gießt sie als Tee auf oder destilliert sie zu einem Öl.

NAME	LATEINISCHER NAME	KOCHEN (K), UMSCHLAG (U), TEE (T), ÖL (Ö)	WIRKUNG
Beinwell	*Symphytum*	U, Ö	fördert die Knochengesundheit, hilft bei Prellungen, Zerrungen und Verstauchungen
Birkenblatt	*Betula*	U, T	entzündungshemmend, harntreibend, entwässernd
Breitblättriger Wegerich	*Plantago major*	U, T, Ö	wundheilend, antiulzerativ, antidiabetisch, hilft gegen Durchfall, entzündungshemmend, antibakteriell, antiviral
Brennnessel	*Urtica dioica*	K, T	entzündungshemmend, Antihistaminikum
Echinacin	*Echinacea*	U, T	stärkt die Abwehrkräfte
Fenchel	*Foeniculum vulgare*	K, U, T	verdauungsfördernd, blutdruckregulierend
Ginkgoblatt	*Ginkgo biloba*	T, Ö	fördert die Gehirngesundheit und verlangsamt den kognitiven Verfall
Grüne Minze	*Mentha spicata*	K, U, T, Ö	antioxidativ, angstlindernd, unterstützt den Stressabbau
Holunder	*Sambucus*	Ö	antioxidativ, stärkt die Abwehrkräfte
Ingwer	*Zingiber officinale*	K, U, T	mildert Übelkeit, Erkältungs- und Grippesymptome
Kamille	*Matricaria recutita und Chamaemelum nobile*	T	beruhigt, unterstützt den Stressabbau, hilft bei Schlaflosigkeit
Knoblauch	*Allium sativum*	K, U, T, Ö	stärkt die Abwehrkräfte, antimikrobiell, stärkt das Herz-Kreislauf-System
Kurkuma	*Curcuma longa*	K, U, T	entzündungshemmend, antioxidativ

NAME	LATEINISCHER NAME	KOCHEN (K), UMSCHLAG (U), TEE (T), ÖL (Ö)	WIRKUNG
Lavendel	Lavandula	U, T, Ö	beruhigend, hilft bei Schlaflosigkeit, angstlindernd
Löwenzahn	Taraxacum officinale	T	antioxidativ, entzündungshemmend
Nachtkerze	Oenothera biennis	U, T, Ö	entzündungshemmend, blutdrucksenkend, kann Beschwerden in der Menopause lindern
Pfefferminze	Mentha x piperita	K, U, T, Ö	verdauungsfördernd
Rosmarin	Rosmarinus officinalis	K, U, T, Ö	antioxidativ, neurologischer Schutz und Stimulans
Salbei	Salvia officinalis	K, U, T	antioxidativ, unterstützt die Mundgesundheit, hilft bei Hitzewallungen in der Menopause
Tasmanischer Bergpfeffer	Tasmannia lanceolata	K, U	antioxidativ, steigert das allgemeine Wohlbefinden
Teebaum	Leptospermum	U, T, Ö	antimikrobiell, gut für die Reinigung von Schnittwunden, kann Hautreizungen lindern
Thymian	Thymus vulgaris	K, U, T, Ö	stärkt die Abwehrkräfte, vollgepackt mit Vitaminen und Mineralien
Tulsi/Indisches Basilikum	Ocimum tenuiflorum	U, T	»Lebenselixier«, lindernd bei Erkältungen, hilft bei Bluthochdruck, antiseptisch
Zitronenmelisse	Melissa officinalis	K, U, T, Ö	antioxidativ, angstlindernd, unterstützt den Stressabbau
Zitronenverbene	Aloysia citriodora	K, U, T, Ö	antioxidativ, angstlindernd, unterstützt den Stressabbau

KOMPOSTTEE FÜR DEN GARTEN

Komposttees gelten als wertvolle Bodenverbesserer. Sie geben dem Boden einige Nährstoffe zurück, beschleunigen das Pflanzenwachstum und die Fruchtreifung und sie verbessern die Vitalität des Bodens. Komposttees fördern das Wachstum von Mykorrhizapilzen und Bakterien im Boden. Diese bauen organisches Material ab, wobei wichtige Nährstoffe für die Pflanzen freigesetzt werden. Einige der Mikroorganismen schützen Pflanzen sogar vor Krankheiten.

Ich habe einige Zeit in einem australischen Ashram verbracht. Dort bestand eine der täglichen Aufgaben darin, Kaninchen- und Kängurudung zu sammeln, ihn in großen Badewannen einzuweichen, die Flüssigkeit abzuseihen und im Garten zu verteilen. Diese Nährlösung ist zwar kein Komposttee, aber schnell und einfach hergestellt und eine günstige Alternative für den eigenen Garten.

Komposttees sollte man ein- oder mehrmals im Jahr auf den Gartenbeeten ausbringen. Es gibt zwei Arten:

1. **Belüfteter Komposttee** gilt manchen als der einzig wahre Komposttee. Hierfür nimmt man eine Handvoll Kompost, wickelt ihn in Musselin, taucht ihn in Wasser, gibt Zucker hinzu und belüftet ihn – am besten mit einer Pumpe –, damit sich aerobe Mikroorganismen anreichern. Dann bringt man den Komposttee im Garten aus. Ich empfehle dir, dich mit den Tipps zur Bodengesundheit der Mikrobiologin Dr. Elaine Ingham vertraut zu machen. Das Thema ist ein wenig kompliziert, aber es lohnt sich, die Zeit zu investieren.

2. **Fermentierter Kompostauszug** wird aus bestimmten Pflanzen, etwa Beinwell, Borretsch oder Brennnesseln, oder Kompost hergestellt. Wasche die Pflanzen gründlich. Der Kompost muss gut zersetzt sein und süß riechen. Hänge Pflanzen oder Kompost in einem Musselinbeutel 24 bis maximal 36 Stunden in Wasser und lasse sie fermentieren. Bring dann den Sud in deinem Garten aus. Achtung: Lässt du den Sud zu lange stehen, wird er durch die längere Fermentationszeit anaerob. Dann können sich Bakterien und Pilze vermehren, die die Gesundheit des Bodens und der Pflanzen eher beeinträchtigen, als sie zu fördern.

Fermentierten Kompostauszug herstellen

Du brauchst:

- einen sauberen 20-Liter-Eimer oder zwei 10-Liter-Eimer,
- 20 l ungechlortes Wasser,
- 200 g Kompost oder 400 g frische grüne Blätter von Pflanzen wie Beinwell, Borretsch oder Brennnessel (sie sind reich an Phosphor und Kalium) in einem Musselinbeutel,
- 2 EL flüssiger Fisch- oder Seetangdünger (im Baumarkt erhältlich),
- 1 EL Melasse, Rohzucker oder Zuckersirup (aber keinen Honig).

Gib alle Zutaten in den Eimer und lass sie 24 Stunden ziehen. Behalte den Sud im Auge. Schwimmt ein Film auf der Oberfläche? Wenn ja, rühre ihn sanft um, um ihn zu belüften und lass ihn weiter ziehen. Riecht er faul? Dann schütte ihn weg und fang noch einmal neu an.

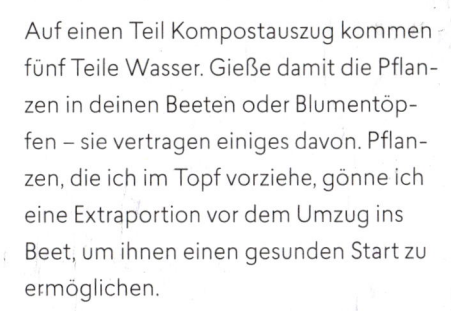

Auf einen Teil Kompostauszug kommen fünf Teile Wasser. Gieße damit die Pflanzen in deinen Beeten oder Blumentöpfen – sie vertragen einiges davon. Pflanzen, die ich im Topf vorziehe, gönne ich eine Extraportion vor dem Umzug ins Beet, um ihnen einen gesunden Start zu ermöglichen.

VON HAND GIESSEN IST HIMMLISCH

Jahrelang habe ich mich geärgert, dass wir nicht einmal in unseren Nutzgärten ein Bewässerungssystem hatten. Am meisten störten mich die jeweils zwei wertvollen Stunden am Morgen und am Abend, in denen ich in der Erntezeit an einen Wasserschlauch gekettet im Garten herumstand.

Heute bewässert eine Anlage die Hälfte unserer Gärten und ich verbringe dort wesentlich weniger Zeit. Was ich nicht bedacht habe, ist, dass ich mich, gänzlich ungewollt, auch der Zeit beraubt hatte, die ich zuvor dem Beobachten unserer Pflanzen gewidmet hatte. Mit dem Schlauch in der Hand jätete ich Unkraut, verteilte Mulch, prüfte das Bodenleben, überwachte Schädlinge und Insekten, wurde auf Pilzkrankheiten oder Rostbefall aufmerksam und sah Bestäubern bei der Arbeit zu. Meine Interaktion mit diesem natürlichen Raum schuf eine Intimität, die nur durch viele stressfrei miteinander verbrachte Stunden entsteht. Ich kann kaum glauben, dass ich das hier schreibe, aber die Stunden, die ich mit dem Gießen von Hand verbracht habe, waren ein kostbares Geschenk.

WINTERGEMÜSE PFLANZEN

Auch wenn das Wetter noch schön ist und uns das Sommergemüse mundet, ist es Zeit, an den Winter zu denken und die Wintersämlinge rechtzeitig in die Erde zu bringen, bevor der Boden kalt wird. Meine drei wichtigsten Hilfsmittel vor dem eigentlichen Pflanzen:

1. **Anzuchtkästen** füllst du mit Anzuchterde (siehe Seite 101), damit du nur noch Samen hinzugeben musst.
2. **Saatgutvorräte** solltest du rechtzeitig prüfen, um zu sehen, ob du genug hast, um durch den Winter zu kommen, oder ob du mit anderen Gärtnern Saat tauschen musst.
3. **Gartenpläne** enthalten Notizen darüber, was du im letzten Winter wo gepflanzt hast. Mache eine vorläufige Skizze, wo du dein frühestes Frühlingsgemüse setzen willst und entscheide erst dann, wo das Wintergemüse wachsen soll. Da es fünf bis sechs Monate in der Erde bleibt, muss man andere Kulturen um sie herum planen.

Frühe und späte Fröste haben unserem Anbau oft den Garaus gemacht. Deshalb haben wir nun einen Folientunnel (siehe Seite 137). Darin haben wir viel Platz für unsere Winterkulturen.

Die Setzlinge für Grünkohl, Wirsing, Brokkoli, Blumenkohl, Kohlrabi, *Red Russian* Grünkohl und Schwarzkohl kommen jetzt in die Anzuchtkästen. Die Samen für Frühlingszwiebeln, Rote Bete, Senf, Salat und Knoblauchzehen (siehe Seite 140–141) säen wir direkt ins Beet.

ÄPFEL MIT BUTZ UND STÄNGEL

Weltweit gibt es mehr als 7500 Apfelsorten. Wenn ich jedoch in Workshops Schulkinder frage, können sie mir selten mehr als zwölf nennen – und da zähle ich »rote Äpfel« und »grüne Äpfel« schon mit. Auf der Black Barn Farm kultivieren wir 98 Apfelsorten, darunter Kelter-, Koch-, Dessert- und Zieräpfel. Wir haben das ganze Land nach ihnen durchforstet – und Geschmäcker, Verwendung, Bestäubungs- und Erntezeiten recherchiert. Auf den Seiten 230–233 findest du unsere Lieblinge.

ZITRUSPFLANZEN

Als Flachwurzler kommen Zitruspflanzen nur schlecht an Nährstoffe. Deshalb sollte man sie regelmäßig düngen (etwa alle sechs Wochen). Hat man das Düngen vor der Erntesaison vernachlässigt, ist es umso wichtiger, wenn sie in Blüte stehen und die ersten Früchte wachsen. Wir düngen unsere Zitruspflanzen mit gut zersetztem Hühnermist. Um das Wurzelwerk nicht zu stören, legen wir den Mist entlang der Tropfkante des Blattwerks. Neben Hühnerkot schätzen Zitruspflanzen auch Eisen und einen sauren Boden. Dünger, der Eisensulfat oder viel Kalium und Stickstoff enthält, ist also auch eine gute Wahl.

»BEET FREI!« FÜR DIE HÜHNER

Am Ende jeder Anbausaison räumen wir die Beete ab, graben um und mulchen. Dann heißt es »Beet frei!« für die Hühner. Wir stellen einen Stall aus Hühnerdraht auf, setzen ein oder zwei Hühner hinein und lassen sie auf dem Boden kratzen und scharren. Sie machen sich über schädliche Insekten her und fressen Larven. Ihr Wühlen, Kratzen und Scharren bricht den Mutterboden auf und sie verteilen überall ihren nährstoffreichen Hühnermist.

Speisen

DIE GUT BESTÜCKTE SPEISEKAMMER

Wir nennen unsere Lebensmittelvorräte aus eigener Ernte »die Speisekammer«. Mit dem Einmachen, Trocknen, Abfüllen, Einfrieren, Fermentieren und Einlegen in der Erntesaison decken wir unseren Bedarf im Winter. Wie du Lebensmittel haltbar machst, hängt allein davon ab, was dir schmeckt, wie viel Platz und Zeit du hast, was du brauchst und wozu. Und solltest du etwas noch nicht können, so kannst du es lernen.

Die meisten Mahlzeiten im Winter kochen wir aus Vorräten, die wir in der Erntesaison eingelagert haben. Wenn uns unerwartete Schädlinge oder Extremwetter keinen Strich durch die Rechnung machen, haben wir genug in Speisekammer und Gefrierschrank, um bis zum Frühjahr durchzukommen.

Um eine fünfköpfige Familie und unsere WWOOFer satt zu bekommen, brauchen wir gewaltige Vorräte. Diese Erträge haben wir nicht über Nacht erreicht. Es hat 15 Jahre gedauert, bis wir es geschafft haben, Nahrungsmittel in diesen Mengen anzubauen. Zum Einmachen verwende ich Einmach- oder andere Gläser, die ich gerade auftreiben kann. Alle sind recycelt und unterscheiden sich in Größe und Form. Wenn du anfangen willst, Lebensmittel einzumachen, dann nimm einfach ein paar gut verschließbare Gläser, die du zur Hand hast.

Wir haben unser Leben umstrukturiert, um alles Nötige für den Winter einlagern zu können. Um deine Ernährungssouveränität zu verbessern, brauchst du keine lange Liste. Überlege, wie du deine Wintervorräte abwechslungsreicher gestalten könntest. Unsere Speisekammer enthält im Winter:

- 100 Flaschen Black-Barn-Tomatensoße (siehe Seite 220) oder pürierte Tomaten (je 250 ml)
- 12 Flaschen eingelegte Oliven (je 1 l)
- 20 Flaschen Apfelkompott (je 1 l)
- 80 Liter Apfelessig
- 200 Knoblauchknollen (Anbau- und Lagertipps siehe Seite 140)
- ca. 60 Kürbisse (Lagertipps siehe Seite 214)
- 50 Gläser Dillgurken (siehe Seite 181) und eingelegte Bohnen
- 20 Gläser eingelegte Rote Bete
- 20 Gläser Birnenchutney (siehe Seite 222)
- 15 Gläser Zucchini- und Auberginenrelish
- 8 Gläser getrocknete Teekräuter/Blumen: Kamille, Pfefferminze, Zitronenmelisse, Lavendel, Rosenblätter, Zitronenverbene
- 6 eingefrorene Schafe
- 12 eingefrorene Hühner
- 5 Gläser getrocknete Schalotten
- 10 Gläser Marmelade oder Konfitüre
- 6 Gläser eingelegte grüne Tomaten
- 10 kg fermentierte Topinambur (siehe Seite 302)

- 40 kg Kartoffeln (Lagertipps, siehe Seite 214)
- 30 kg Möhren (Lagertipps, siehe Seite 214)
- 12 kg eingefrorener Zuckermais (ohne Schalen)
- 3 kg Saubohnen
- 3 kg getrocknete Hülsenbohnen (gemischt)
- 2 kg getrocknete Pilze (8 kg vor dem Trocknen)
- 100 getrocknete Kakis
- 5 kg Spinat und Mangold, gekocht und eingefroren
- 35 Stangen Salami
- 10 kg eingefrorene gemischte Beeren
- 50 Beutel Pesto à 300 g, gefroren (siehe Seite 153)
- 40 kg Steinobstkompott (in der Flasche oder gefroren)
- 12–15 Flaschen Pflaumensoße (je 250 ml)
- 2 kg getrocknete Äpfel (mit Schale)
- 24–48 Flaschen selbst gebrautes Bier (je 250 ml)

Außerdem ernten wir im Spätwinter und Frühjahr frische Zitrusfrüchte. Eier und Spargel stehen auf dem Speiseplan, sobald die Tage länger werden. Grünkohl und Mangold kommen frisch auf den Tisch. Jeden Tag backen wir ein Brot, um unseren Kohlenhydrathunger zu stillen.

Alles, was wir nicht selbst anbauen, kaufen wir bei unserer örtlichen Food-Coop, zum Beispiel Körner, Samen, Nüsse, Mehl, Öl und Kokosmilch.

Einmachzeit

Die Erntesaison sollte eher Ernte- und Einmachzeit heißen. Man kann nur eine bestimmte Menge gleich verbrauchen, selbst wenn man seinen Garten clever plant, zur Nachfolgepflanzung übergeht und Überschuss verschenkt, wird man in der Erntezeit immer mehr Obst und Gemüse haben, als man braucht und mit dem Einmachen anfangen.

TOMATENFLUT

Am aufwendigsten ist bei uns zweifelsohne das Einmachen der Tomaten. Pro Saison ernten wir rund 100–120 Kilo Tomaten und füllen oft über 100 Flaschen à 375 ml mit pürierten Tomaten oder Tomatensoße.

Zum Passieren streiche ich die Tomaten durch ein Sieb, um Haut und Kerne zu entfernen (sie enthalten die Bitterstoffe), fülle die Masse in sterilisierte Gläser und koche sie 40 Minuten lang bei 60 °C im Wasserbad ein. Die passierten Tomaten verwende ich im Winter in Suppen und als Basis für schonend gegarte Eintöpfe.

Unsere Tomatensoße (siehe Seite 220) enthält mehr Tomaten. Sie wird länger gekocht wird und schmeckt dadurch intensiver.

RETTE DIE SAMEN

Um Tomatensamen zu gewinnen, streiche ich das Fruchtfleisch mit den Samen auf ein Küchenpapier und lasse es in der Sonne trocknen. Ich breite die Samen aus, damit ich das Papier zerschneiden und in Blumentöpfe legen kann, um Sämlinge zu ziehen. Pro Topf pflanze ich zwei oder drei Kerne und entferne später die schwächeren Sämlinge, damit der stärkere gedeihen kann, bevor wir ihn auspflanzen.

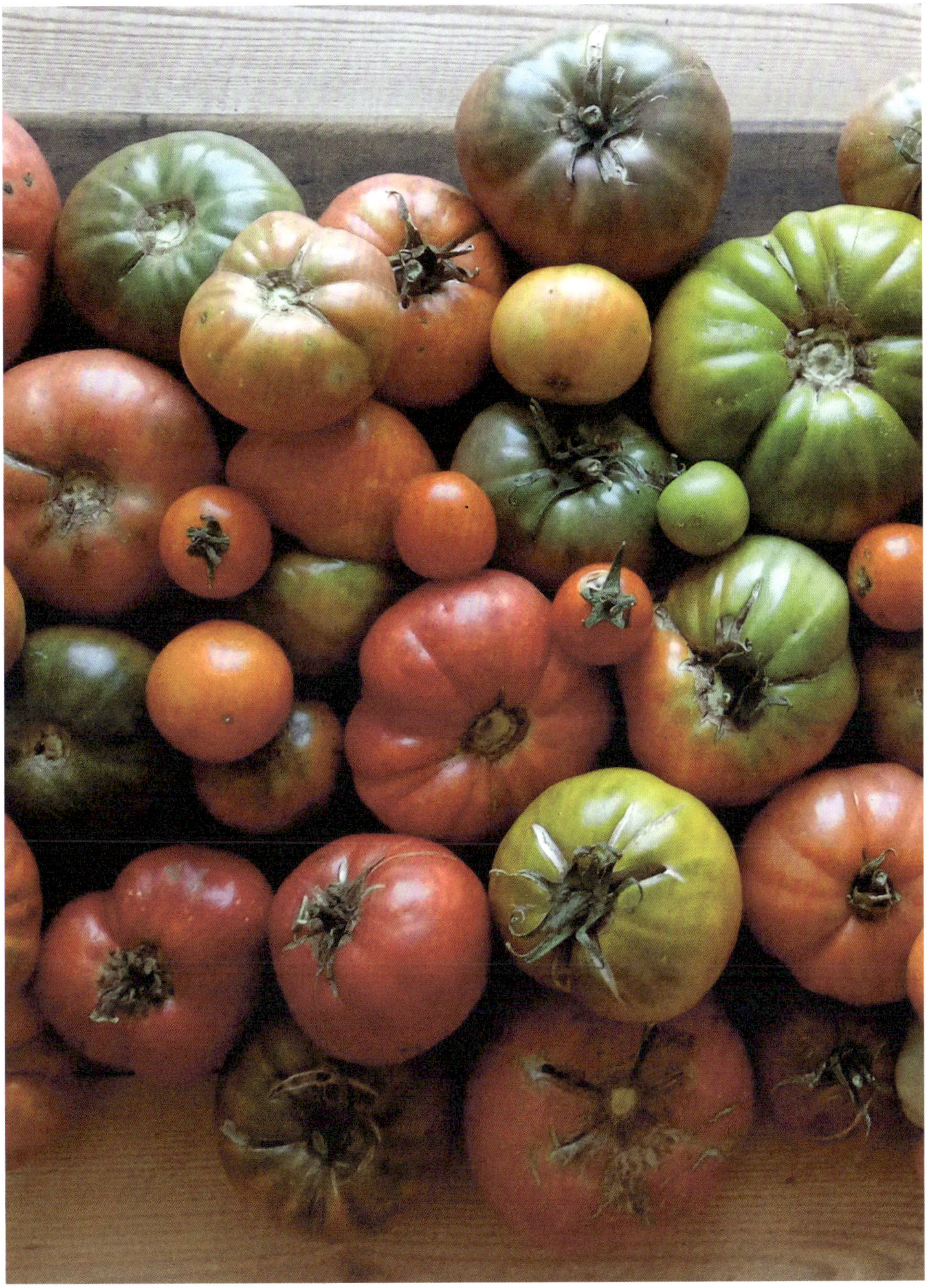

Die letzten grünen Tomaten hängen wir ein oder zwei Wochen lang kopfüber auf und lassen sie nachreifen.

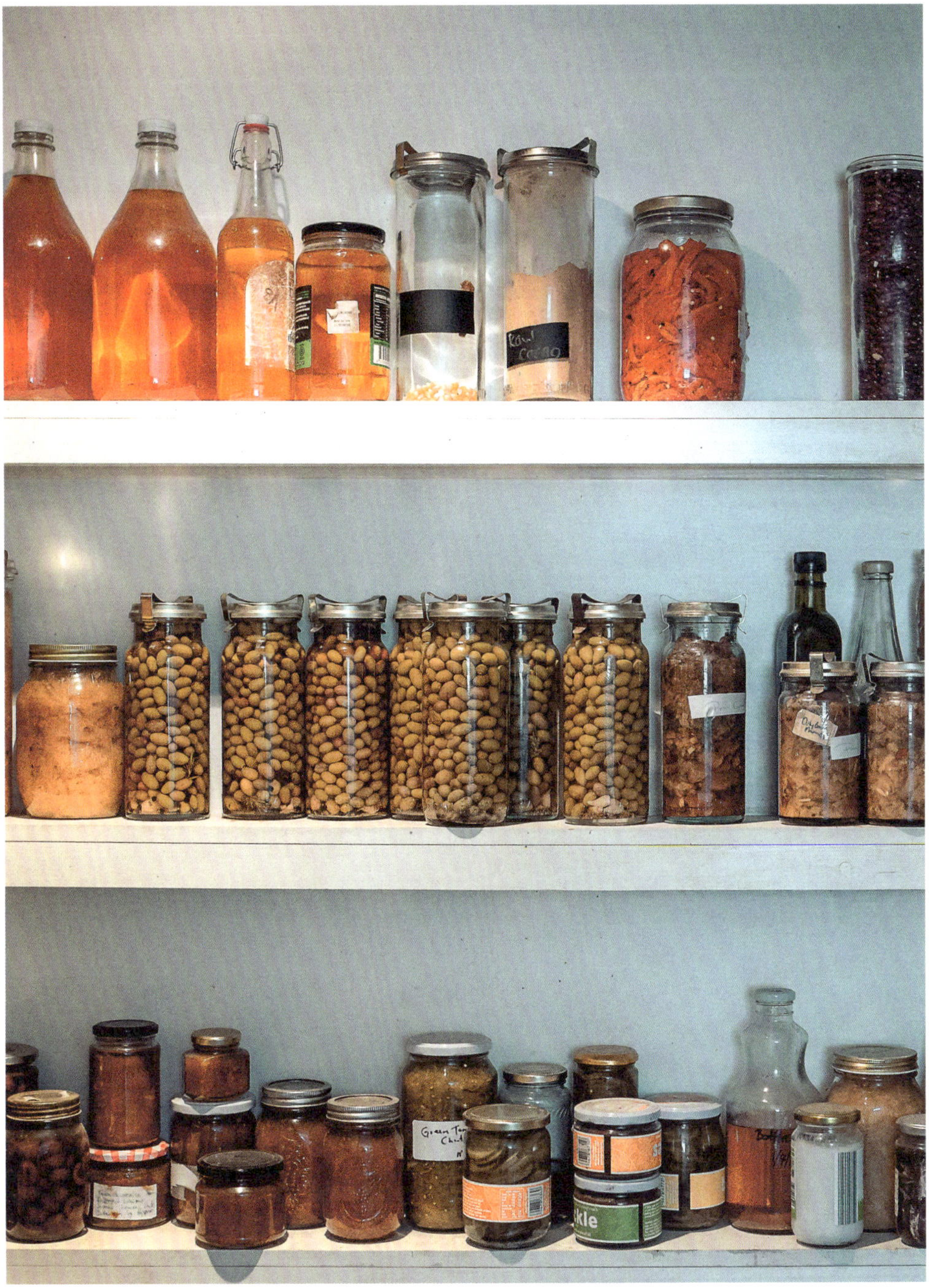

Obst und Gemüse dörren ist die perfekte Lösung, wenn der Platz im Kühl- oder Gefrierschrank knapp wird. Die meisten getrockneten Lebensmittel kann man in der Speisekammer lagern.

DELIKAT GEDÖRRT

Dörren könnte die älteste bekannte Konservierungsmethode der Welt sein. Es gibt Hinweise, dass im Nahen Osten und in Asien bereits 12 000 v. Chr. Lebensmittel getrocknet wurden.

Du kannst nahezu alles trocknen. Je nachdem, wie bissfest du es magst, kann das Trocknen überraschend schnell gehen. Der Vorteil ist, dass die Sonne oder warme Luft dir die meiste Arbeit abnehmen und du keine aufwendige Ausrüstung brauchst.

Wenn die Sonne noch viel Kraft hat, benutzen wir selbst gemachte Trockenrahmen mit feinmaschigem Maschendraht (Fliegengitter ist eine prima Alternative). Er eignet sich nicht nur gut für Tomaten, Äpfel, Grünkohl (siehe Seite 220) und Weintrauben, sondern auch für Fruchtleder: pürierte Früchte, die man dünn auf Backpapier streicht und zum Trocknen auf den Trockenrahmen legt. Wenn du Lebensmittel in der Sonne trocknest, musst du ein paar Dinge beachten:

Schneide Obst oder Gemüse in kleine, gleich große Stücke, damit sie gleichmäßig und schnell trocknen, und nutze zum Trocknen des Dörrguts so viele Sonnenstunden wie möglich. Bringe die Rahmen ins Haus, wenn die Nächte kühl sind, damit das Obst oder Gemüse keine Feuchtigkeit aufnimmt.

Leg ein Leinentuch auf das Trockengut und schütze es so vor direkter Sonne.

Du kannst den Trockenprozess beschleunigen, indem du eine Dörrkiste baust. Stelle den Rahmen zum Beispiel in eine alte Badewanne, die du mit Alufolie ausgekleidet hast. Ich habe einmal eine alte Plexiglasvitrine gesehen, die jemand mit Gitterböden ausgestattet hatte und sehr effektiv war.

Sobald die Sonne an Kraft verliert, passen wir unseren Prozess an. Wir überlassen der Sonne immer noch den Großteil der Arbeit, schließen ihn aber mit einem elektrischen Dörrgerät ab. Unser Gerät war günstig, hat aber sechs Einlegeböden und fünf Temperatureinstellungen. Eine Füllung halb getrockneter Tomaten braucht im Dörrgerat auf niedriger Stufe noch etwa sechs Stunden.

Man kann Obst und Gemüse auch bei Raumtemperatur lufttrocknen. Dazu hängt man das Trockengut ein paar Wochen lang in einen Durchgang oder

Rechts:
Wenn möglich, trocknen wir unsere Tomaten auf einem Drahtgitter in der Sonne.

Ganz rechts:
Um Pilze zu trocknen, benutzen wir unser Dörrgerät.

Flur. Auch im Backofen kann man dörren. Allerdings ist das teuer und energieintensiv – selbst wenn man eine Photovoltaikanlage auf dem Dach hat.

Die Sache mit dem Dörrgerät

Es gibt großartige Anleitungen zum Dörren, aber keine festen Regeln. Es sind einfach zu viele Variablen zu berücksichtigen:

- Welches Dörrgerät verwendest du? (Wattleistung und Temperaturstufen spielen eine große Rolle.)
- Wie effizient ist das Dörrgerät?
- Wie bissfest soll das fertige Produkt sein?
- Wie hoch ist der Wassergehalt der Lebensmittel?
- Wie dick sind die Stücke? (Dicke Scheiben trocknen langsamer als dünne.)
- Wie viele Lagen belegst du gleichzeitig? (Je mehr, desto länger dauert es.)
- Wie hoch ist die Luftfeuchtigkeit bei dir zu Hause? (Das Dörren von Lebensmitteln dauert bei hoher Luftfeuchtigkeit viel länger.)

Mein Tipp: Mach dich mit deinem Gerät, den Prozessen und Lebensmitteln vertraut. Einige unserer Apfelsorten dörren schneller, andere langsamer. Führe ein Journal und schreibe eine Anleitung für das nächste Jahr, wenn dir das Dörrgut besonders gut gelingt.

OBST UND GEMÜSE TROCKNEN

Diese Liste mit Temperaturen und Trocknungszeiten für Obst und Gemüse gibt dir ein paar Ausgangswerte für eigene Experimente mit dem Dörrgerät.

FRUCHT/ GEMÜSE	VORBEREITUNG	TEMPERATUR	UNGEFÄHRE TROCKNUNGSZEIT	ANMERKUNGEN
Äpfel	schälen (oder nicht) und in Scheiben schneiden	60 °C	12–14 Stunden	Wir mögen die Chips lieber zart als knusprig, darum trocknen wir sie nur 10–12 Stunden.
Aprikosen	entkernen und halbieren	60 °C	16–18 Stunden	Sie dürfen vor dem Lagern nicht feucht sein, sonst schimmeln sie.
Bananen	schälen und in Scheiben schneiden	60 °C	16–18 Stunden	Sie dürfen vor dem Lagern nicht feucht sein, sonst schimmeln sie.
Beeren	––	50 °C	7–9 Stunden	
Chilis	auf eine Schnur ziehen	––	2–3 Wochen	Wir hängen sie über einem Türrahmen auf.
Frühlingszwiebeln	waschen und in Scheiben schneiden	40 °C	6–8 Stunden	Sie trocknen schnell. Das »glitschige« obere Ende der Blätter schneiden wir weg.
Granatäpfel	öffnen und Kerne verwenden	50 °C	6 Stunden	Die Früchte reifen oft erst so spät, dass die Tage nicht mehr heiß genug sind, um sie in der Sonne zu trocknen.

FRUCHT/ GEMÜSE	VORBEREITUNG	TEMPERATUR	UNGEFÄHRE TROCKNUNGSZEIT	ANMERKUNGEN
Grünkohl	marinieren (siehe Seite 220)	60 °C	10–12 Stunden	Wir verwenden zum Trocknen von Grünkohl den AGA-Ofen (siehe Seite 296).
Kirschen	entkernen	50 °C	6–8 Stunden	Nach dem Trocknen sind sie so groß wie kleine Cranberrys.
Kräuter	Stiele entfernen	— —	1–2 Wochen	Wir hängen sie in Sträußen auf der Veranda auf und lassen sie bei Wind und Sonne trocknen.
Nüsse und Samen	aktivieren (siehe Seite 290)	40 °C	10–12 Stunden	
Pilze	schälen und in Scheiben schneiden	40 °C	6–8 Stunden	Weil sie schnell trocken werden, kontrollieren wir den Trocknungsgrad regelmäßig.
Zitrusfrüchte	nur die Schalen	50 °C	12 Stunden	Wir trocknen sie in der Sonne oder legen sie 24 Stunden auf den Kaminsims.

Ganz links:
Die wöchentliche Kombucha-Ration fermentiert in der Speisekammer friedlich vor sich hin.

Links:
Apfelessig setzen wir in Kücheneimern an, die wir für die Lebensmittelverarbeitung benutzen.

FERMENTIEREN IST FABELHAFT

Auch das Fermentieren zählt zu den ältesten Methoden, um Lebensmittel zu konservieren. Nicht nur ihre Haltbarkeit wird verlängert, die Fermentation verändert oft auch den Nährwert des Lebensmittels. Wenn du das Fermentieren erst einmal ausprobieren möchtest, rate ich zu einem Rezept, das bestimmt der ganzen Familie schmecken wird: einmal fermentiertem Kombucha.

Einmal fermentierter Kombucha

Diesen moussierenden Tee kann man einfach zu Hause herstellen.

1. Lege einen Kombuchapilz in ein sauberes Ein-Liter-Glas mit großer Öffnung.
2. Brühe einen Liter mittelstarken Bioschwarztee mit 55 g Zucker. Der Zucker muss sich ganz auflösen.
3. Lasse den Tee stehen, bis er vollständig abgekühlt ist.
4. Gieße den abgeseihten Tee in das Glas mit dem Kombuchapilz.
5. Decke das Glas mit einem Tuch ab und lass es drei bis fünf Tage an einem kühlen, trockenen und dunklen Ort stehen.
6. Seihe den Tee in ein sauberes Glas mit dicht verschließbarem Deckel ab und bewahre es vor dem Verzehr drei Tage im Kühlschrank auf.
7. Wasche den Kombuchapilz unter lauwarmem Wasser und starte das nächste Glas.

Der Kombuchapilz ist eine Lebensgemeinschaft aus Bakterien und Hefen. Man muss ihn auch dann pflegen, wenn er nicht gerade Tee für uns fermentiert. Damit er nicht stirbt, füttert man ihn alle paar Tage mit etwas Zucker und frischem Tee. Der Kombuchapilz vermehrt sich während der Fermentation.

Bildet sich an der Oberfläche eine dünne, gallertartige Haut, ist dies ein neuer Kombuchapilz, den du wachsen lassen und Freunden schenken kannst.

Apfelessig

Neben Strumpfhosen und Natron ist Apfelessig das neue abfall- und chemiefreie Wundermittel im Haushalt. Er eignet sich zum Haarewaschen und Reinigen von Böden und trägt zur Gesundheit der Darmflora und von Hühnern bei.

Bioapfelessig muss man nicht im Laden kaufen. Wir setzen ihn in 20-Liter-Eimern aus den letzten Äpfeln der Saison an. Ihn zu Hause selbst zu brauen, ist kinderleicht und man braucht kaum mehr als ein paar Apfelbutzen und -schalen.

1. Gib zwei Esslöffel Rohzucker und zwei Esslöffel kochendes Wasser in ein Ein-Liter-Glas.
2. Rühre um, bis der Zucker aufgelöst ist. Lasse die Mischung abkühlen.
3. Gib die Schale und Kerngehäuse von vier Äpfeln in die Flüssigkeit (schneide vorher faulige Stellen weg).
4. Fülle das Glas mit kaltem Wasser.
5. Rühre kräftig um, decke das Glas mit einem Musselintuch ab und stelle es an einen kühlen, dunklen Ort.
6. Rühre die Mischung über eine Woche hinweg viermal am Tag um.
7. Seihe die Flüssigkeit ab und fülle sie in Flaschen, die du an einem kühlen, dunklen Ort aufbewahrst.
8. Drehe die Flaschen über eine Woche lang einmal am Tag ein paarmal um und öffne sie, um Gas entweichen zu lassen.
9. An einem kühlen, dunklen Ort kann man den Apfelessig bis zu zwei Jahre lagern.

Apfelessig kannst du überall im Haushalt einsetzen:

- Flüssigreiniger – zum Reinigen von Arbeitsflächen, Böden und Bad den Essig mit heißem Wasser verdünnen.
- Haarspülung für fülligeres weiches Haar (Shampoorezept siehe Seite 284)
- Zur Förderung der Darmgesundheit täglich zwei Esslöffel Essig auf ein Glas Wasser geben und trinken.
- Salatdressing – Balsamico ist süßer und dickflüssiger, weil ihm Zucker zugesetzt wird. Apfelessig bietet aber mehr gesundheitliche Vorteile.
- Wäsche waschen – gib eine Kappe Essig in die Waschmittelkammer der Waschmaschine.
- Fußbad – gib eine Tasse Essig und eine halbe Tasse Bittersalz in eine Schüssel warmes Wasser und bade deine Füße darin.
- Luftreiniger – seine antibakterielle Wirkung macht Essig zur idealen Basis für Raumspray; mische ihn mit Wasser und vertreibe üble Gerüche.
- Hausmittel bei Halsschmerzen – abwechselnd mit Essig und Salzwasser gurgeln.
- Gesichtswasser – mische einen Teil Apfelessig mit zwei Teilen Wasser und tupfe damit dein Gesicht ab.
- Fruchtfliegenfallen – gib etwas Apfelessig und ein paar Tropfen Spülmittel in eine Tasse. Die durch den Geruch angelockten Fliegen ertrinken in der Mischung.
- Unkrautvernichter – rühre 130 Gramm Salz in einen Liter unverdünnten Apfelessig. Sprühe die Mischung auf Unkraut im Garten.

WURZELGEMÜSE EINLAGERN

Wurzelgemüse ist als Bereicherung der Wintervorratskammer heiß begehrt, aber die Lagerung nimmt auch einigen Platz in Anspruch. Auf diese Punkte solltest du achten:

- Die Temperatur im Lagerraum sollte zwischen vier und zehn °C liegen und kaum schwanken.
- Lagere Wurzelgemüse dunkel, in luftdurchlässigen Behältern und, wenn möglich, nach Sorten getrennt.
- Halte den Lagerraum trocken. Hohe Luftfeuchtigkeit ist nichts für Wurzelgemüse.
- Kühlschränke sind keine gute Lagerlösung.

Du könntest das Wurzelgemüse auf einem Regal im Keller lagern, in Körben auf dem Speicher, auf einem Strohbett, in der Garage oder in einem eigens gebauten Schrank auf dem Balkon. Die Möglichkeiten sind grenzenlos. Probiere so lange herum, bis du eine Lösung findest, die für dich funktioniert.

Kürbisse

Kürbisse ernten wir so spät wie möglich, aber vor dem ersten Frost. Schneide sie so von der Ranke, dass ein Strunk am Kürbis bleibt. Trage Kürbisse nie am Stiel – sie verrotten, wenn er abbricht. Halte dich unbedingt an diese Regeln: Der Stiel muss dranbleiben. Die Kürbisse dürfen einander nicht berühren. Lagere sie auf der Seite liegend, damit sich rund um den Strunk kein Wasser sammelt. Die Temperatur darf nicht unter 4 °C fallen.

Kartoffeln

Ein Grundpfeiler unserer winterlichen Vorratshaltung ist die Kartoffel. Wir pflanzen sie in rauen Mengen an. Kurz nach dem ersten Frost, sobald das oberirdische Grün abgestorben ist, harken wir sie vorsichtig von Hand aus den Pflanzreihen. Wir bürsten nur die Erdklumpen ab, denn getrocknete Erde ist ein guter Schutz vor Fäulnis. Wir lassen die Kartoffeln einige Stunden in der nun schwachen Sonne trocknen, damit sie nicht schimmeln. Beschädigte Knollen sortieren wir aus (sie kommen als Püree auf den Tisch) und lagern den Rest in der kühlen, dunklen Speisekammer.

Karotten

Nur spätreife Karotten sollte man lagern und zwar dort, wo sie wachsen. Immer wenn man Karotten braucht, zieht man einfach ein Bündel aus dem Beet. Sie können bei Temperaturen bis zu -5 °C draußen bleiben und werden durch Kälte sogar noch süßer. Sobald der Boden abkühlt, wachsen sie nicht weiter; sie verholzen also nicht. Im Frühling erntet du man übrig gebliebene Karotten und legt oder friert sie ein oder blanchiert sie. Verkoche sie in einer Vielzahl von Gerichten und friere sie für den späteren Verzehr ein.

Rote Bete

Im späten Frühling gesäte Rote Bete holt man aus dem Beet, wenn sie reif ist und man gerade Lust darauf hat. Im Sommer gesäte Knollen sollte man vor dem ersten Frost ernten. Der perfekte Zeitpunkt ist, wenn sie ein Stück aus der Erde ragen und sich die Blätter verfärben.

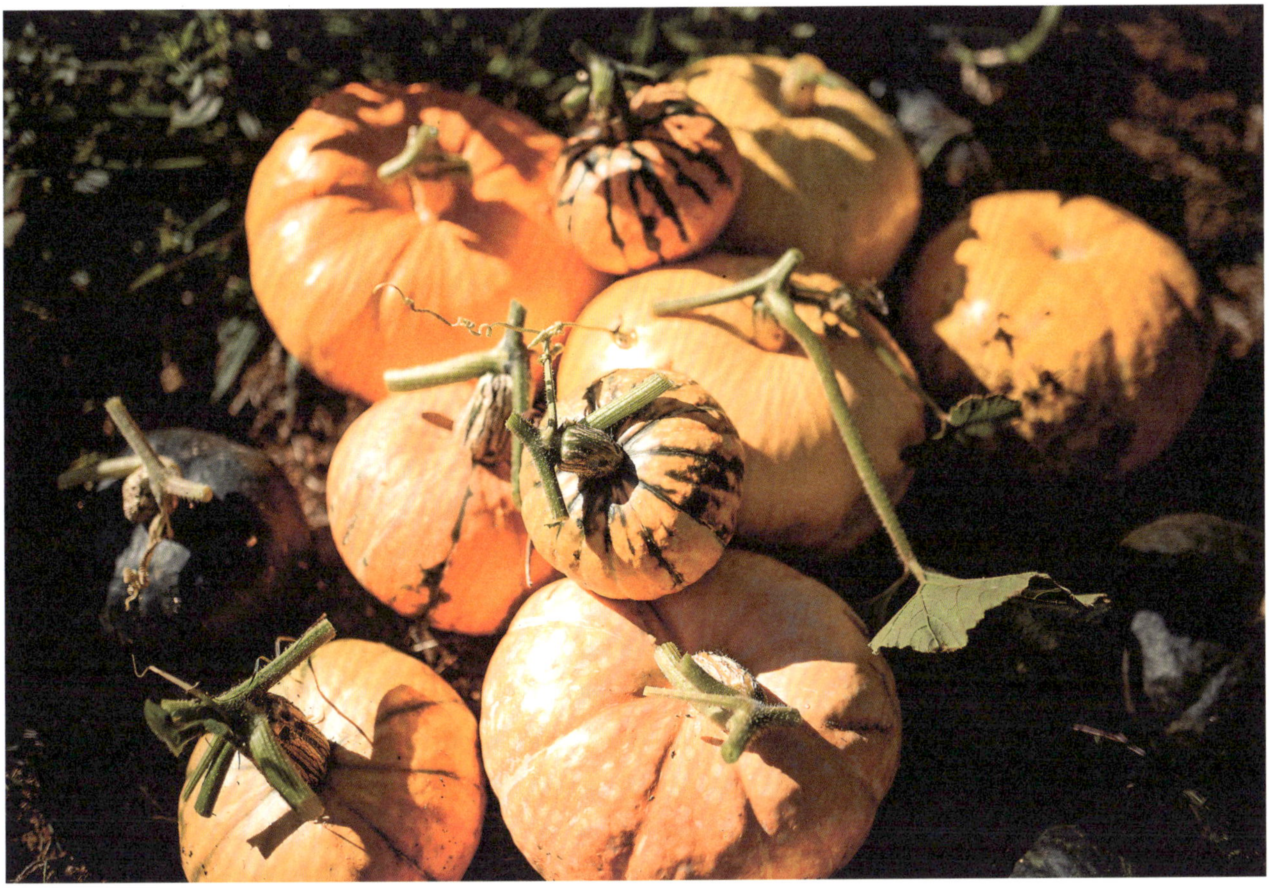

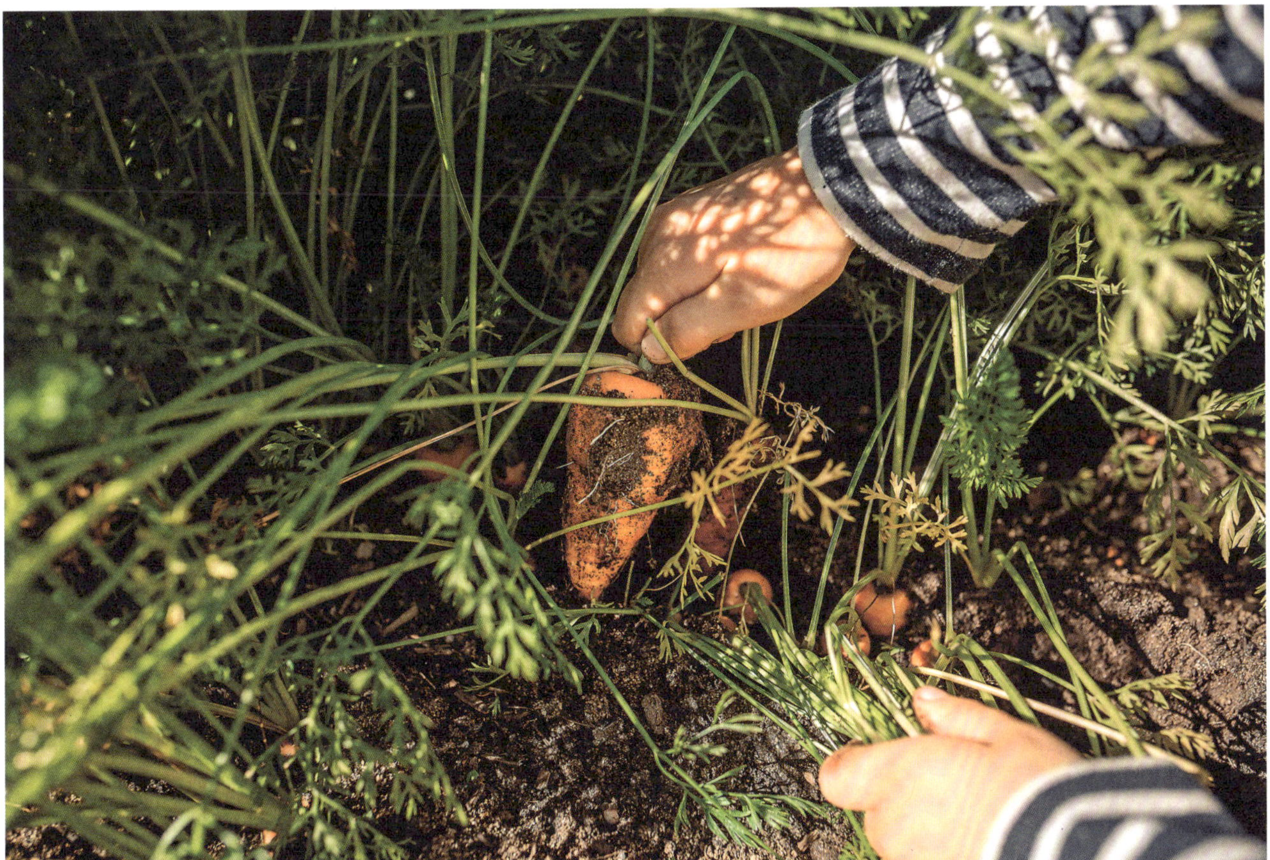

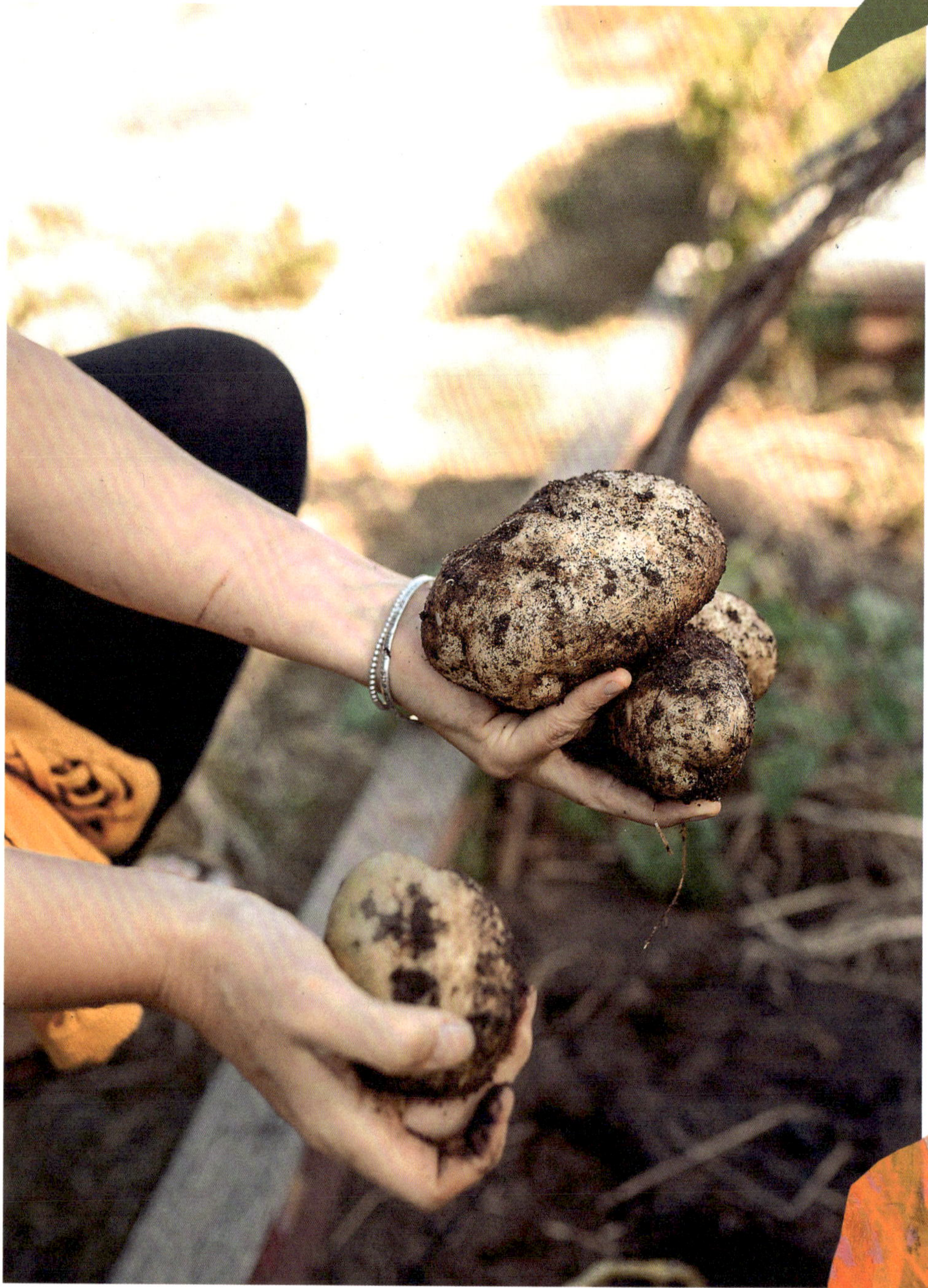

Lässt man sie im Boden, so wird Rote Bete holzig, wenn sich der Boden im Frühling wieder erwärmt. Deshalb ernten wir sie immer vor dem ersten Frost. Wir waschen, kochen und schälen die Knollen. Dann schneiden wir sie in Scheiben und machen sie in Gläsern ein. Auf ein Kilo Rote Bete kommen 0,5 l Wasser, 250 ml Essig, 2 EL Zucker und 1 EL Salz. Zuerst wird der Sud aufgekocht, dann über die Scheiben gegossen, die Gläser verschlossen und eingelagert.

Pastinaken
Pastinaken lagern wir ähnlich wie Karotten. Wir essen sie in Streifen geschnitten oder fein geraspelt roh im Salat. Außerdem kann man sie pürieren und einfrieren, einlegen oder anbraten.

Topinambur (Jerusalem-Artischocken)
Topinambur lagert man am besten im Beet, auch im Winter. Uns schmecken sie auch eingelegt (siehe Seite 302).

Steckrüben
Steckrüben halten sich wie Kartoffeln, wenn man ihre Blätter entfernt. Das Blattgrün essen wir gern angedünstet oder geben es an grüne Soße.

Fenchel
Fenchel ist zwar ein Wurzelgemüse, lässt sich über den Winter aber nur schwer lagern und schmeckt frisch am besten. Wir bewahren ihn bis zu zwei Wochen in ein Küchenpapier gewickelt bei niedriger Luftfeuchtigkeit im Kühlschrank auf.

Süßkartoffeln
Süßkartoffeln lagern wir wie unsere Kartoffeln.

MIT GUTEM GEWISSEN FLEISCH ESSEN

Auf unserem Bauernhof ist der Tag, an dem wir Hähne und Schafe schlachten, wirklich hart, obwohl das Schlachten zu meinen frühesten Erinnerungen gehört: Ich habe meiner Mutter geholfen, Hühnern den Kopf abzuschlagen, und meinem Vater, das Vieh auf dem Traktor zum Schlachthof zu fahren. Ich habe immer gewusst, wo das Fleisch, das ich esse, herkommt. Das macht es nicht einfacher. Als Fleischesser ermögliche ich den Tieren, die wir essen, das bestmögliche Leben und lasse sie nicht unnötig leiden. Wir sind respektvoll und dankbar, dass sie ihr Leben für uns geben.

Unsere Schafe schlachtet ein Freund für uns, der eine Schlachtlizenz hat. Vor dem Einfrieren verpacken und beschriften wir alle Stücke. Unsere Hähne töten wir in einem Schlachttrichter. Vor dem Einfrieren rupfen und zerlegen wir sie. Der Tag, an dem wir Tiere für die Schlachtung auswählen, ist genauso hart, wie du es dir vorstellst. Dieser Realität stellt sich niemand gern – auch wir nicht, die wir jedes Jahr schlachten. Aber als Fleischesser, die ein naturnahes Leben führen wollen, haben wir uns für Fleisch und gegen synthetische oder pflanzliche Ersatzprodukte entschieden. Also müssen wir Verantwortung dafür übernehmen, woher unser Essen kommt und wie es produziert wird.

Wir verwerten so viel vom geschlachteten Tier wie möglich. Was wir nicht verwerten, vergraben wir im Holzschnitzelhaufen, um den Abbau zu fördern. Unsere Kinder begleiten jeden Schritt, weil sie dabei viel lernen und sich eine Meinung über das Fleischessen bilden können.

Ohne Tiere wäre die Black Barn Farm kein integrierter Bauernhof, der sich die Natur zum Vorbild nimmt. Sie scharren, fressen, kacken, pinkeln und weiden bei uns so, wie sie es in einem nicht bewirtschafteten Lebensraum tun würden.

HONIGSÜSSE BEUTE

Ein Topf mit frisch geschleudertem Honig ist der Inbegriff von »süßer Beute«. Felsenbilder der australischen Ureinwohner zeigen, dass Menschen schon in vorgeschichtlicher Zeit Bienenhonig gesammelt haben. Bienen liefern uns nicht nur leckeren goldenen Nektar, der klebrige Genuss ist auch seit Langem für seine Heilwirkung bei Wunden und Darmerkrankungen bekannt. Man kann Bienenwachs als natürliches Schmiermittel, Dichtung, Leder- und Holzpolitur, im Glas- und Metallguss, zur Imprägnierung, für Kerzen und Kosmetik einsetzen.

Bienenstöcke ähneln in ihrer Komplexität menschlichen Gesellschaften. Als für die Nahrungsmittelproduktion wertvolle primäre Bestäuber werden sie hoch geschätzt. Doch die Beziehung zwischen Bienen und Menschen ist fragil. Bienen brauchen eine Welt ohne Chemie, Umweltverschmutzung und Klimawandel. Ungeachtet der jahrtausendealten Verehrung von Bienen drohen sie zum Kollateralschaden zu werden. Ihre zentrale Rolle im Nahrungsmittelsystem macht Bienen zu Zeigertieren, die uns warnen, wenn wir ihre – und unsere – Welt zerstören.

Auf der Black Barn Farm halten wir Bienen nicht nur, weil sie Honig geben, sondern auch weil sie ein lebendiges Symbol dafür sind, warum wir den Bauernhof regenerativ bewirtschaften. Wir bemühen uns, dem Land etwas Gleichgewicht und Artenvielfalt zurückzugeben. Die Bienen erinnern uns daran, warum wir im Einklang mit den Jahreszeiten leben.

Die Kinder lieben das Treiben in der Imkerei. Sie stehen gern neben ihrem Vater, wenn er den Bienenstock untersucht und die Rahmen für das Honigschleudern herausnimmt. Sie melden sich freiwillig, um die Honigschleuder zu drehen und drängen sich um den Topf, um ihre Finger in das flüssige Gold zu tauchen und sich die süße, klebrige Leckerei auf der Zunge zergehen zu lassen.

Der Bienenstock mit zwei Honigräumen, in denen die Bienen ihren Honig in Waben lagern, liefert jedes Jahr rund sechs Kilo Honig. Das ist zwar weniger, als wir brauchen, aber wir lassen unseren Bienen im Winter immer einen Honigvorrat. Wir füttern sie nicht, damit sie mehr Honig für unser Frühstück produzieren. Wir nehmen lieber weniger, damit sie haben, was sie brauchen, um ihren Bienenstock durch die kalten Monate zu bringen, wenn sie sich zur Wintertraube zusammendrängen.

Unser Honig fällt jedes Jahr anders aus: Mal ist er hellgelb und von einer schlichten Süße, mal tiefbraun und von kräftig-würzigem Aroma. Geschmack und Farbe hängen davon ab, wo die Arbeiterinnen Nektar gesammelt haben.

GÖTTLICHE FRUCHT

Äpfel, Birnen, Bananen und Orangen findet man in fast jeder Obstschale. Wer das Ungewöhnliche mag, gönnt sich den Apfel der Hesperiden: eine Quitte.

Im Spätherbst zeigt sich der Quittenbaum mit flauschigen, zartrosa Blüten

Rechts:
Unsere Lieblingssoße? Die Black-Barn-Tomatensoße.

Ganz rechts:
Die Honigernte ist der süße Höhepunkt unseres Jahres.

von seiner besten Seite. Wenn der Winter naht, hängen unförmige, pelzige, aprikosengroße Früchte am Baum und locken Vögel und Pilzsporen an, die ihr Bestes tun, um die Ernte zu ruinieren.

Die knubbeligen gelben Früchte, die Räubern und Elementen trotzen und es über die Ziellinie in den Herbst schaffen, sind säuerlich süß und eine wahre Gaumenfreude. Richtig zubereitet, können Quitten eine Hauptrolle auf dem winterlichen Dessertplan spielen (siehe Seite 221).

GRANATAPFEL

Meine Kinder brechen die Früchte auf, futtern die kleinen rubinroten Kerne direkt aus der Schale und werfen die Reste den Hühnern zum Fraß vor. Die frischen Kerne kann man pur und im Obstsalat essen, sie an Blattsalate geben oder Currys damit verfeinern. Sie enthalten Antioxidantien, Ballaststoffe, Folsäure und die Vitamine C und K.

SCHNELLE SNACKS

Ich würde gerne behaupten, dass es bei uns nur am Wochenende Snackteller gibt. Tatsache ist, dass sie so schnell und einfach anzurichten sind, dass sie gerade in der Erntesaison, wenn wir zum Kochen zu beschäftigt sind, häufig warme Mahlzeiten ersetzen. Vieles pflücken wir direkt aus dem Beet: einfach abspülen und ab auf den Teller! Wir holen Nüsse und Samen aus der Speisekammer, kochen ein paar Eier und öffnen ein Glas Gurken oder Oliven vom letzten Jahr. Unsere Snackteller sind schnell zusammengestellt, gesund und abfallfrei – und superunkompliziert.

Black-Barn-Tomatensoße

Weil wir regelmäßig kleine Mengen dieser Soße herstellen, mischen wir Tomatensorten. Wenn Charlie kocht, passiert er die Tomaten, um Kerne und Schale zu entfernen. Ich hingegen würfele sie und werfe alles in den Topf. Ich mag das kräftigere Aroma und finde die Soße trotz der Kerne nicht bitter.

Ergibt ca. 12 x 0,35 Liter

2 Zwiebeln, gewürfelt

6–8 Knoblauchzehen, gewürfelt

1–2 Chilischoten (entkernt, wenn du es milder bevorzugst)

½ TL Garam Masala

½ TL marokkanisches Piment

Kokosnussöl zum Braten

5 kg Tomaten

110 g Rapadura-Vollrohrzucker oder Kokosnusszucker

1 EL Worcestershiresoße

1 TL schwarzer Pfeffer

1 TL Salz

250 ml Apfelessig (siehe Seite 213)

1. Brate Zwiebeln, Knoblauch, Chilis und Gewürze in einem großen Topf bei mittlerer Hitze in Kokosöl an.
2. Gib die restlichen Zutaten hinzu und lass sie eine Stunde köcheln.
3. Fülle alles in einen Mixer und püriere es, bis die Masse fein und glatt ist.
4. Lass sie dann erneut zwei Stunden köcheln, bis sie sämig wird.
5. Fülle die Soße in sterilisierte Flaschen und koche sie eine Stunde bei 60 °C im Wasserbad ein. Ungekühlt ist die Soße bis zu ein Jahr haltbar.

Schwarzkohlchips

Der beste Weg, Kindern Grünkohl schmackhaft zu machen, sind Chips. Sie sind auch ideal, um den im Überfluss geernteten Grünkohl zu verarbeiten. Aber glaub nicht, dass sie im Regal lange halten: Sie sind verführerisch gut!
Ich nehme gerne Schwarzkohl, die Urform des Grünkohls, weil auf die großen, flachen Blätter besonders viel Marinade passt. Passe die Mengenangaben an deinen Stauraum an und gib übrig gebliebene Marinade an Fleisch oder Reis.

Ergibt 40 Chips

Saft von 2 Zitronen

3 gehäufte EL Tahini

1 EL Olivenöl

60 g Cashews, gemahlen

1 EL Honig

1 TL Knoblauch, zerdrückt

40 Schwarzkohlblätter, gewaschen und abgetupft

1. Verrühre in einer großen Schüssel Zitronensaft, Tahini, Olivenöl, Cashews, Honig und Knoblauch zu einer Marinade.
2. Wende die Schwarzkohlblätter in der Marinade, bis sie gut bedeckt sind.
3. Leg die Schwarzkohlblätter vorsichtig in dein Dörrgerät. Alternativ kannst du den Ofen auf 50 °C vorheizen, die Blätter auf ein Backblech legen und sie zwölf Stunden im Ofen lassen.
4. Sobald die Schwarzkohlblätter knusprig und trocken sind, kannst du sie in einem luftdichten Behälter für bis zu drei Tage aufbewahren. (Ich würde wetten, sie sind in ein paar Stunden komplett aufgefuttert!)

Gewürzquitten aus dem Ofen

Quittenbrot ist eine beliebte Süßspeise im Herbst, aber die Zubereitung ist nicht ganz einfach; mir brennt es gern an. Also backe ich lieber massenweise Gewürzquitten. Man kann jede Quittensorte nehmen und muss die Früchte, wenn die Zeit knapp ist, nicht einmal schälen oder in Stücke schneiden. Nur um das Entkernen und Abreiben der Quitten kommt man nicht herum: Die Frucht ist außen pelzig und der Kern ziemlich bitter. Wenn du es weniger würzig magst, passe das Rezept an deinen Geschmack an.

Ergibt ca. 500 Gramm

5 Quitten
2 Sternanis
½ TL Muskatnuss, frisch gerieben
½ TL Zimt, gemahlen
5 Nelken
1 TL Piment, gemahlen
1 EL Rapadura-Vollrohrzucker
250 ml Orangensaft
250 ml Apfelsaft
125 ml Rotwein
125 g Butter, geschmolzen
Crème double, zum Servieren

1. Heize den Ofen auf 120 °C vor.
2. Schneide die Quitten nach Belieben zu – ich schäle, entkerne und achtele sie.
3. Verteile die Quittenstücke gleichmäßig auf einem Backblech und streue Gewürze und Zucker darüber.
4. Gieß nun Saft und Wein über die Quittenstücke, dann die geschmolzene Butter.
5. Deck das Backblech mit Alufolie oder einem Deckel ab und lass die Quitten vier Stunden im Ofen garen. Wende die Stücke einmal pro Stunde, damit sie saftig bleiben.
6. Serviere die Gewürzquitten mit Crème double.

Birnenchutney

Rezepte und Essensrituale entstehen oft aus kreativen Ideen zur Resteverwertung. Als wir eine Apfelplantage gepachtet und als Obstgarten für Selbstpflücker geführt hatten, waren auch ein paar Birnbäume dabei – und Schwärme von Vögeln! Wir haben fast eine Tonne verkaufsfähige Birnen geerntet und noch einmal dieselbe Menge an angepickten Früchten. Was macht man, wenn man zwischen Kunden viel Zeit hat und Verschwendung hasst? Richtig, wir haben zig angepickte Birnen in Stückchen geschnippelt.

Jeden Abend karrten wir die Obstwürfel nach Hause. Einige landeten in der Gefriertruhe, einige schenkten wir Freunden und die Reste gingen ins Wurmcafé, an unsere Hühner und Gänse – und immer noch blieben uns kistenweise gewürfelte Birnen. Also machten wir Chutney!

Für das improvisierte Rezept nahmen wir, was gerade im Schrank stand. Am Ende hatten wir 40 Einmachgläser à 750 ml köstliches Birnenchutney. Wenn du drei Mahlzeiten am Tag zu Hause isst, aus Zutaten, die du selbst angebaut hast, kann es dem Gaumen manchmal langweilig werden. Das fruchtig-süße Chutney schafft Abhilfe. 18 Monate später hatten wir das letzte Glas ausgekratzt – und es prompt vermisst! Heute ist Birnenchutney ein Dauergast in unserer Speisekammer.

Passe das Rezept einfach an deine Vorräte an und experimentiere nach Herzenslust.

Ergibt 6–8 x 0,375 Liter

15 Birnen, entkernt und gewürfelt (die Sorte ist egal; wir nehmen halbreife, ungeschälte Kaiserkrone-Flaschenbirnen)

1 braune Zwiebel, gewürfelt

220 g brauner Zucker, Rapadura-Vollrohrzucker oder Kokosnusszucker

40 g Sonnenblumenkerne

70 g Leinsamen, im Mörser grob zerstoßen

200 g Fenchel mit Grün, fein gehackt

30 g Dillsamen

2 TL Salz

3 Chilischoten, entkernt und in feine Scheiben geschnitten

grob gemahlener Pfeffer, nach Geschmack (ich liebe Pfeffer; er gleicht die Süße der Birnen aus, daher nehme ich bis zu 1 EL)

375 ml Apfelessig (siehe Seite 213)

1 l Wasser

250 ml Apfelsaft

1. Lass alle Zutaten zusammen in einem großen Topf bei niedriger bis mittlerer Hitze zwei Stunden köcheln und rühre ab und zu um. Füge etwas Wasser hinzu, wenn die Masse trocken aussieht.
2. Sind die Zutaten weich und gut durchmischt, fülle das Chutney in sterilisierte Gläser. Stelle sie zum Versiegeln eine halbe Stunde bei 90 °C in ein Wasserbad. Ungekühlt ist das Chutney bis zu 18 Monate haltbar.

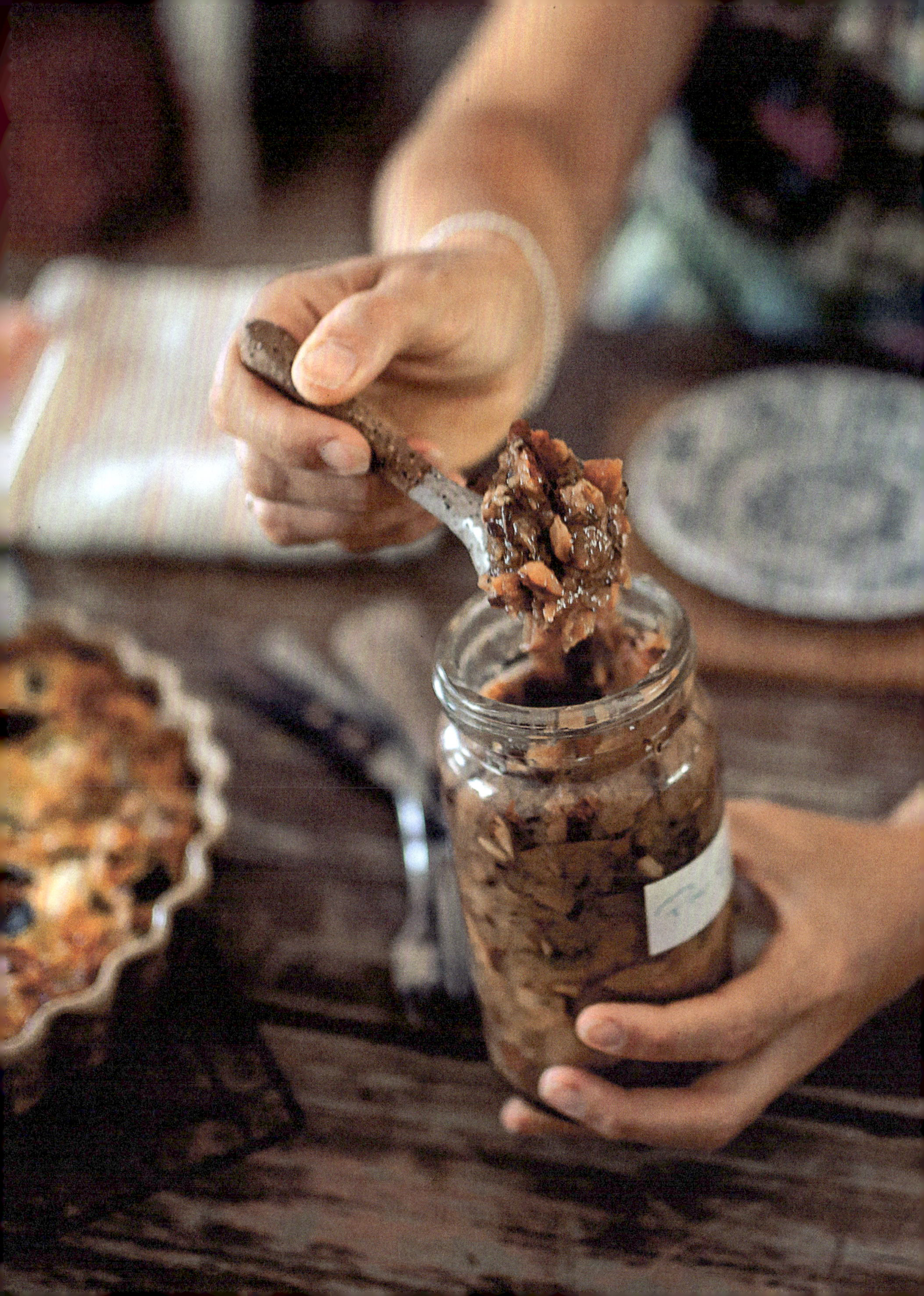

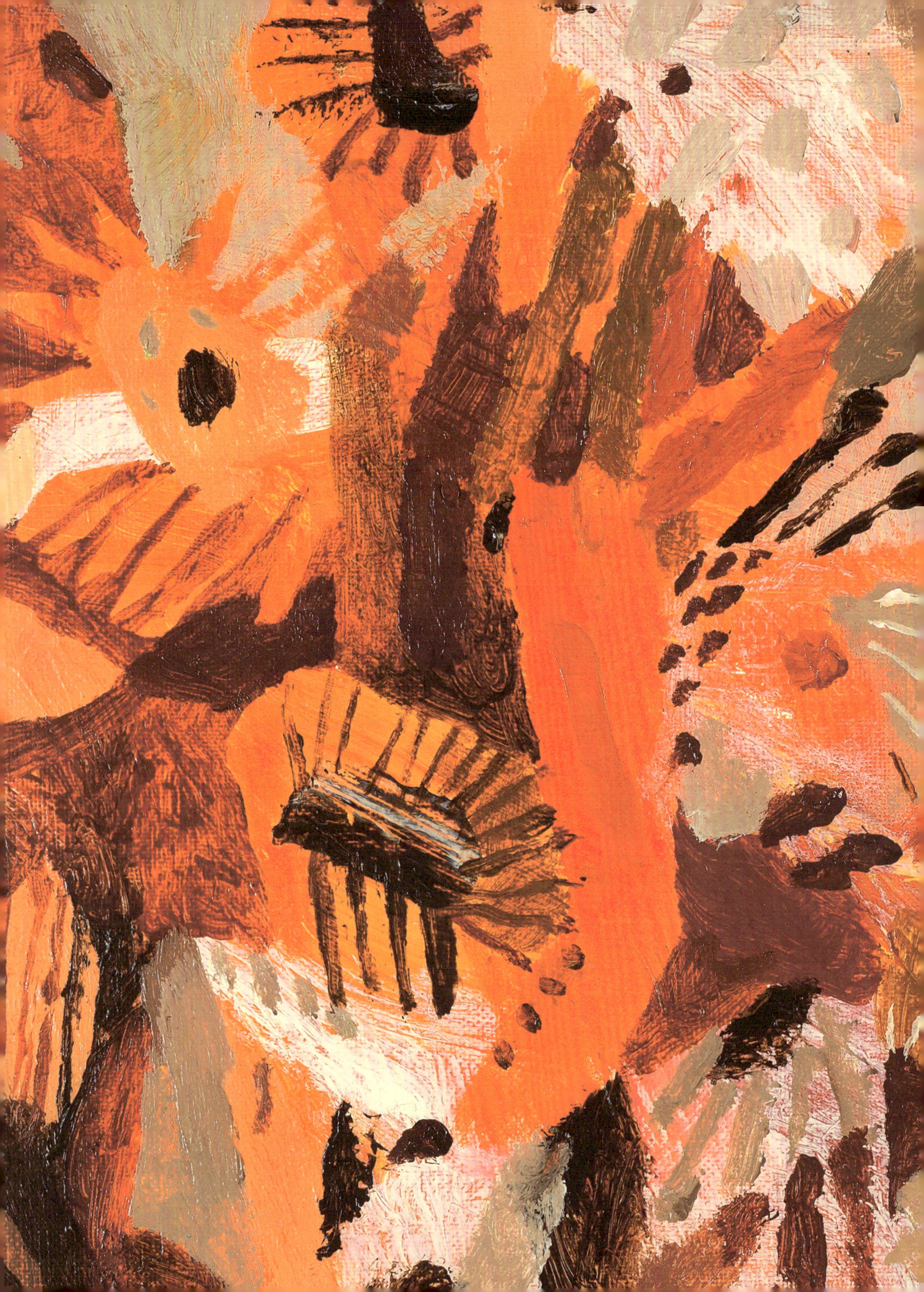

UM-
SCHWINGEN

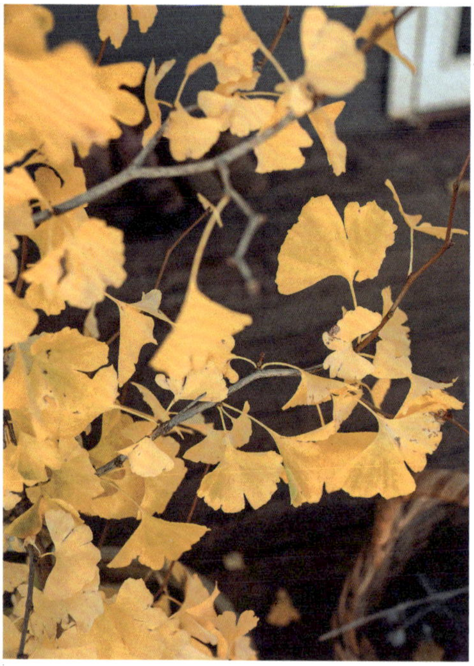

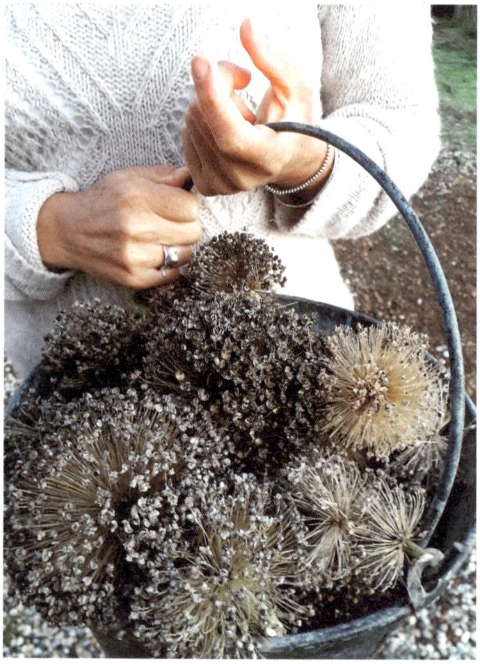

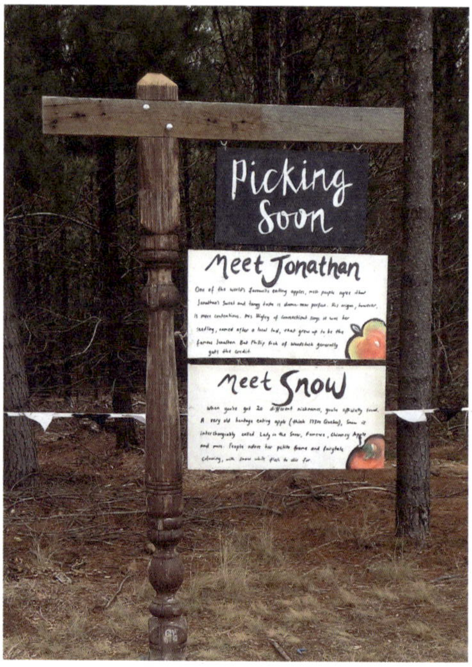
Picking Soon
Meet Jonathan
Meet Snow

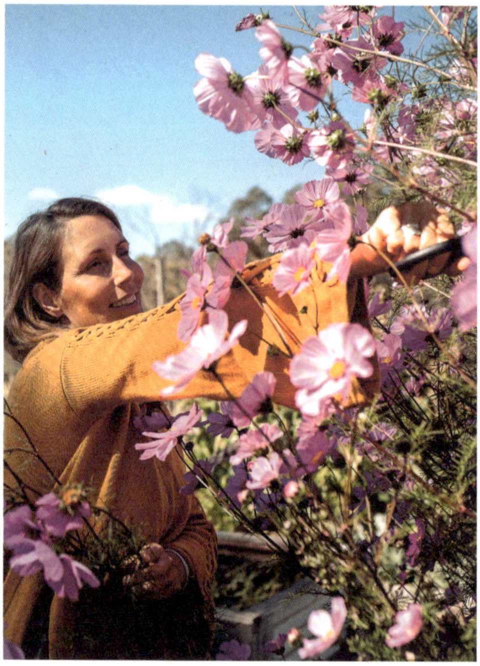

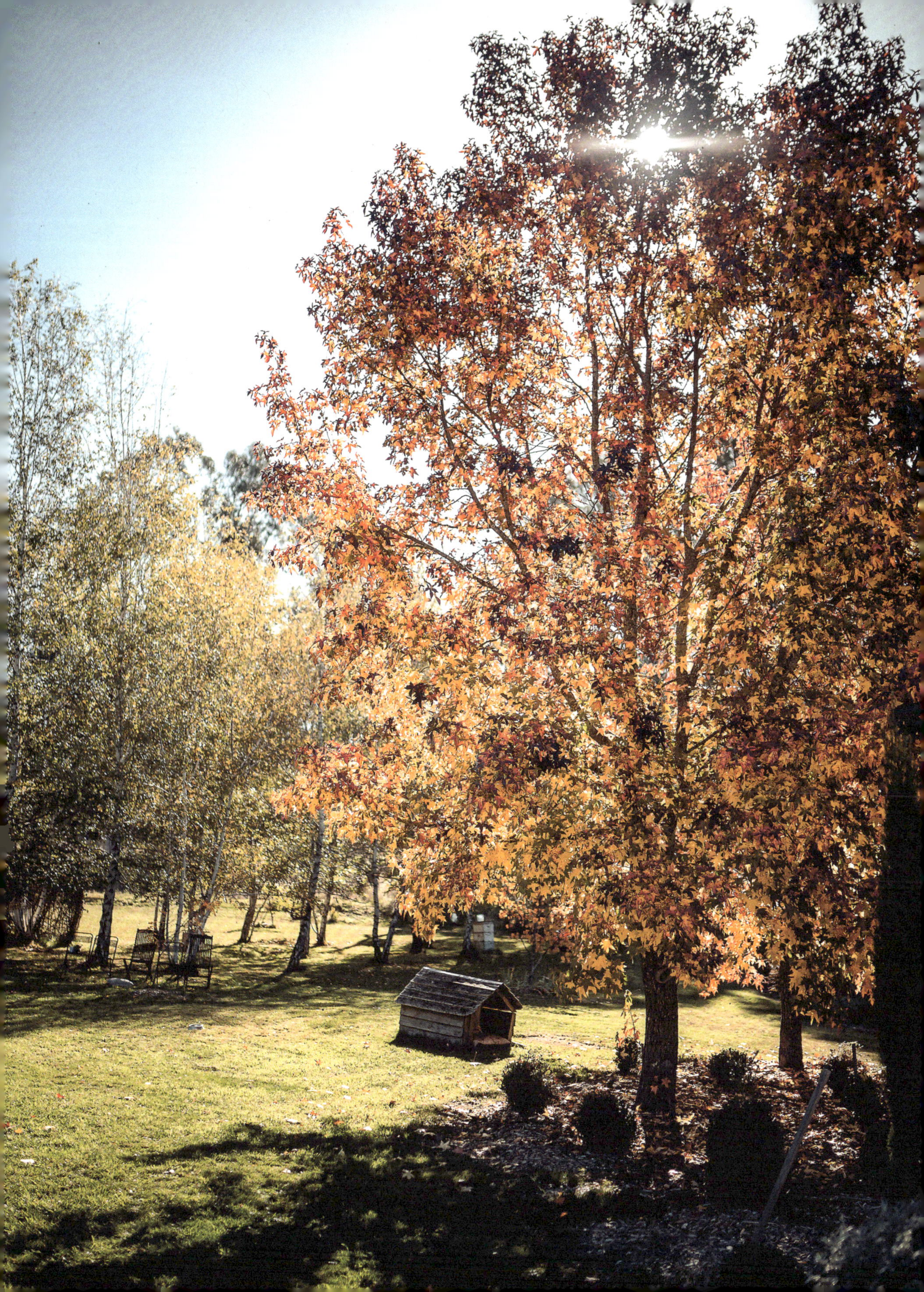

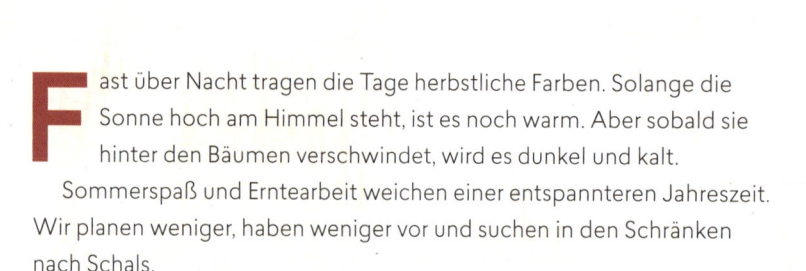

Fast über Nacht tragen die Tage herbstliche Farben. Solange die Sonne hoch am Himmel steht, ist es noch warm. Aber sobald sie hinter den Bäumen verschwindet, wird es dunkel und kalt. Sommerspaß und Erntearbeit weichen einer entspannteren Jahreszeit. Wir planen weniger, haben weniger vor und suchen in den Schränken nach Schals.

Langsamkeit schleicht sich in den Rhythmus der Tage. Nach der hektischen Ernte wende ich meine Aufmerksamkeit nach innen.

Das gesellschaftliche Treiben reduziert sich langsam wieder auf den engsten Kreis: unsere Gemeinschaft. Es ist eine Zeit des inneren Monologs. Ich brauche diese Zeit nachdenklicher Achtsamkeit, um mich auf die Planungsphase des Jahres vorzubereiten, die uns entgegeneilt.

Wir suchen uns meditativ monotone Aufgaben wie Holzhacken. Tagsüber breiten wir auf den weichen Kissen gefallener Blätter Decken aus und erfreuen uns an der Fülle der Jahreszeit. Wir packen Körbe in der Küche und nehmen sie mit zum Lagerfeuer auf der Weide, wo wir Nachbarn zu einem frühen Abendessen treffen. So früh, dass wir um 19 Uhr wieder daheim sind, bevor die Dunkelheit hereinbricht und uns die beißend kalte Luft in die Knochen fahren kann.

Das Grün der Blätter verabschiedet sich bis zum nächsten Jahr; Ocker, Orange, tiefes Rot und Dottergelb übernehmen die Regie. Der überwältigende Farbenrausch ist das unübersehbare Signal für das Umschwingen des Wetters und der Jahreszeit.

Stärken

ÄPFEL FÜR SELBSTPFLÜCKER

Diesem Buch würde etwas Wichtiges fehlen, wenn ich meiner Herzensfrucht nicht ein paar Seiten widmen würde: dem Apfel. Er passt genau in diese Zeit: Äpfel pflücken erdet, wir laben uns an Apfelkuchen und -torte, schaffen uns Vorräte an Apfelringen und Kompott für den Winter und unterstützen unsere Gesundheit mit nährendem Apfelessig.

Als einer der ältesten kulinarischen Helden spielt der Apfel nicht nur in der Bibel eine tragende Rolle. Am englischen Spruch »An apple a day keeps the doctor away« (Ein Apfel am Tag hält dir den Arzt vom Leib) ist tatsächlich etwas dran. Der hohe Pektin- und Ballaststoffgehalt im Apfel hilft, den Cholesterin- und Fettgehalt im Blut zu senken und es gibt Hinweise, dass die Schale entzündungshemmend wirkt. Diese gesundheitlichen Vorzüge verdankt der Apfel seinem hohen Phenolgehalt. Historische Sorten sind nicht nur gesünder, sie bieten auch eine breitere Geschmackspalette. Da ist für jeden Gaumen in Apfellaune etwas dabei.

98 Apfelsorten sind auf der Black Barn Farm zu Hause. Das bedeutet, dass wir vom Hochsommer bis in den frühen Winter frische Äpfel pflücken. Äpfel wie Esopus Spitzenberg, Eagle Point Star, Goldrenette von Blenheim und Summer Strawberry stehen neben so beliebten Sorten wie Granny Smith und Pink Lady (ist mir etwas zu süß) und der Yellow-Huffcap-Birne.

In den USA haben wir zahllose Familienbetriebe mit Obstanbau besucht, da wir lernen wollten, wie man in unserer konsumgesteuerten Warenwelt eine überlebensfähige kleine Obstplantage aufbaut. Wir waren begeistert: Wir fanden biologische Obstgärten vor, die zuverlässig sechs Monate Ertrag lieferten, krankheitsresistent waren und offene Hoftore, die dazu einluden, eine Frucht wiederzuentdecken, die als Überangebot einer geschmacklich langweiligen und unattraktiven Ware unterschätzt wurde.

Unsere Lieblingsäpfel

Seien wir ehrlich: Einige Apfelsorten schmecken einfach besser als andere. Ich möchte dir Sorten ans Herz legen, die zuverlässig konsistente Erträge liefern, gut schmecken und außergewöhnlich sind. Die gängigsten Sorten lasse ich weg – das wäre, als würde man die Autobahn nehmen statt den Feldweg, der sich durch vergessene Landschaften schlängelt.

MUTSU – Charlie und ich finden, dies ist unser bester Apfel überhaupt. Er ist groß, saftig, knackig und aromatisch, außerdem sehr widerstandsfähig und resistent gegen Krankheiten. Der japanische Apfel stammt vom Golden Delicious ab. In Australien ist er in der Saisonmitte pflückreif, wird aber süßer, je länger er am Baum bleibt. In der nördlichen Hemisphäre wird er meist im Oktober geerntet.

SUMMER STRAWBERRY – ist dieser Name nicht verheißungsvoll? Dieser kleine Liebling ist außen erdbeerrot und innen schneeweiß. Er ist klein bis mittelgroß, aber nicht kränklich, liefert beständige Erträge und reift zwischen Saisonanfang und -mitte. Diese süße Schönheit ist ideal für den frischen Verzehr.

OPALESCENT – dieser Apfel ist groß, leuchtend rot, knackig und saftig. Der Geschmack ist weder übermäßig komplex noch zu süß. Er schmeckt frisch, macht sich aber auch im Kuchen gut und ist resistent gegen die Schwarzfleckenkrankheit.

CAMEO – der Cameo, auch Caudle genannt, ist neben dem Mutsu Charlies Favorit. Der mittelgroße, längliche, gelblich rot gestreifte Apfel wird in der Saisonmitte geerntet und begeistert die Männer in meinem Leben. Charlie und unseren Jungs schmeckt er und auch unsere männlichen WWOOFer lieben ihn. Der Baum liefert konsistente Qualität. Die Früchte lassen sich gut lagern und sind vielseitig verwendbar. Sie sind resistent gegen die Schwarzfleckenkrankheit.

GALA – dieses kleine Schmuckstück ist in vielen Supermärkten erhältlich. Das wahre Talent dieser Sorte ist ihre Produktivität. Man kann sie im Spätsommer pflücken, wenn wenig andere Sorten reif sind. Die Äpfel sind klein und passen perfekt in kleine Hände und in Brotzeitdosen. Wenn man sie etwas länger am Baum lässt – und die Vögel in Schach hält –, werden sie von Woche zu Woche süßer.

EAGLE POINT STAR – er ist innen rosa und außen violett; sogar Rinde und Blätter sind violett. Man kann darüber streiten, ob er ein Zier- oder Tafelapfel ist, eine Schönheit ist er in jedem Fall. Vor allem das rosafarbene Fruchtfleisch ist sehr attraktiv. Er wurde in Eagle Point, Victoria, am Straßenrand entdeckt und wird seitdem in kleinen Obstgärten angebaut. Geerntet wird der kleine Apfel von Anfang bis Mitte der Saison.

WINTERBANANENAPFEL – dieser große Apfel hat eine aprikosengelbe Schale, die sich auf der Sonnenseite rosa färbt. Das rosafarbene Fruchtfleisch ist fest und aromatisch. Gepflückt wird er gegen Ende der Saison, aber erst ab Januar ist er genussreif. Und ja, er schmeckt tatsächlich ein wenig nach Banane!

Summer Strawberry	Eagle Point Star	Gala
Winterbananenapfel	Roter Gravenstein	Cameo
Jonathan	Bonza	Mutsu

Windfall Apples
Human Grade $10 crate
(cider, vinegar)
Stock feed $5 crate.

Oben links:
Die herbstlichen Köstlichkeiten in diesem geflochtenen Korb sind Gala-Äpfel.

Unten links:
Wir verwerten alles. Fallobst sammeln wir in Kisten, um später Apfelwein daraus zu machen oder es an die Tiere zu verfüttern.

ROTER GRAVENSTEINER – schon der Name dieser Knospenmutation der beliebten Gravensteiner klingt gut. Er ist früh erntereif und schmeckt am besten direkt vom Baum. Die Früchte sind klein bis mittelgroß, aromatisch und herrlich rot, wenn sie reif sind. Sie können nicht sehr lange gelagert werden, aber wer will das schon, wenn sie als erste Sorte der Saison reifen?

BONZA – diese ertragreiche Sorte mit festem, weißem Fruchtfleisch ist knackig, saftig und süß. Der große Apfel ist kugelig, die Schale kaminrot. Entdeckt wurde der Jonathan-Sämling 1950 in Batlow, New South Wales. Das Allroundtalent eignet sich zum Trocknen, Dünsten, für Salate und Torten. Bleibt er länger am Baum hängen, verliert er nicht an Qualität; er lässt sich gut lagern und ist resistent gegen die Schwarzfleckenkrankheit.

Ein alter Favorit – Jonathan

Als mein Opa starb, kam meine Oma zu uns. Sie dachte, es wäre ihre letzte große Reise und sie würde unsere Obstbäume nicht mehr heranwachsen sehen. Sie versprach, mit dem Sterben zu warten, bis sie unseren Jonathan-Apfel probiert hatte. Er erinnerte sie an ihre Kindheit, als sie mit ihrer Schwester zum Fluss ritt und auf einen großen alten Jonathan-Baum kletterte, um Äpfel zu stehlen.

ABENDESSEN AM FEUER

Zwischen sommerlichen Lagerfeuern und dem Schnee im Winter gibt es ein perfektes Zeitfenster für Festmähler vom Holzkohlegrill. Vor unserer Hintertür stehen bunt zusammengewürfelte Stühle, die wir auf Flohmärkten und in Trödelläden gefunden haben, um einen Ring aus zerbrochenen Ziegelsteinen.

An den meisten Herbsttagen zieht es uns gegen 16 Uhr hierher. Wir machen ein Feuer, überlegen, was wir essen wollen, spielen eine Runde Fußball und lassen den Tag ausklingen. Am Feuer sitzend, warten wir auf unser auf heißen Kohlen gekochtes Abendessen. Wir essen früh, denn zu dieser Jahreszeit wird es bereits um 18 Uhr dunkel. Es ist eine schöne Art, dem Tag ein paar schöne Momente abzuringen, bevor man sich ins warme Haus verkriecht.

Wir grillen Maiskolben in den Blättern, weil wir das rauchige Grillaroma lieben und werfen Pilze mit Butter, Kräutern und Salz in die Pfanne, dazu gibt es Lammkoteletts mit Rosmarin und etwas Salz. Wenn Freunde vorbeikommen, pflücken wir ein paar zusätzliche Maiskolben und tauen mehr Koteletts auf.

DIE VERGÄNGLICHKEIT DER DINGE

Alles hat seine Zeit, nicht wahr? Nichts dauert ewig; das ist gut so, denn nur so entsteht der rhythmische Herzschlag von Jahreszeiten und Lebenszyklen. Auch wenn es mich traurig stimmt, wenn jemand stirbt, tröstet mich der Gedanke, dass dies der natürliche Weg der Dinge ist, zu dem auch Regeneration, Kraft und Leben gehören. Das gilt nicht nur für Menschen, sondern auch für Orte und Besitz. Das unstillbare Bedürfnis der Natur nach Gleichgewicht – und die Auswirkungen, die das auf Dinge hat – zu akzeptieren, nimmt mir die Angst, wenn etwas zu Ende geht und ersetzt es durch die Einsicht, dass seine Zeit gekommen ist.

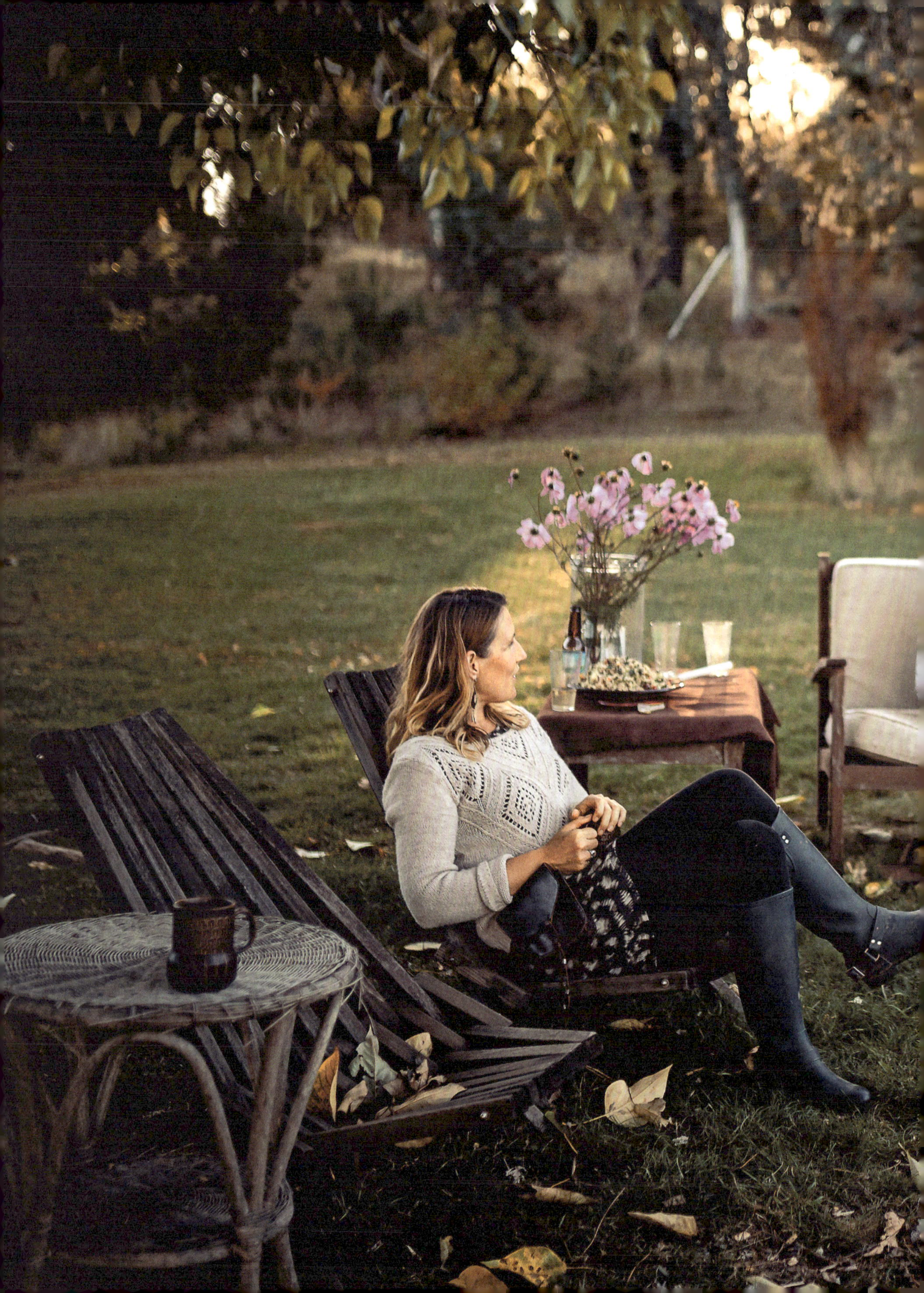

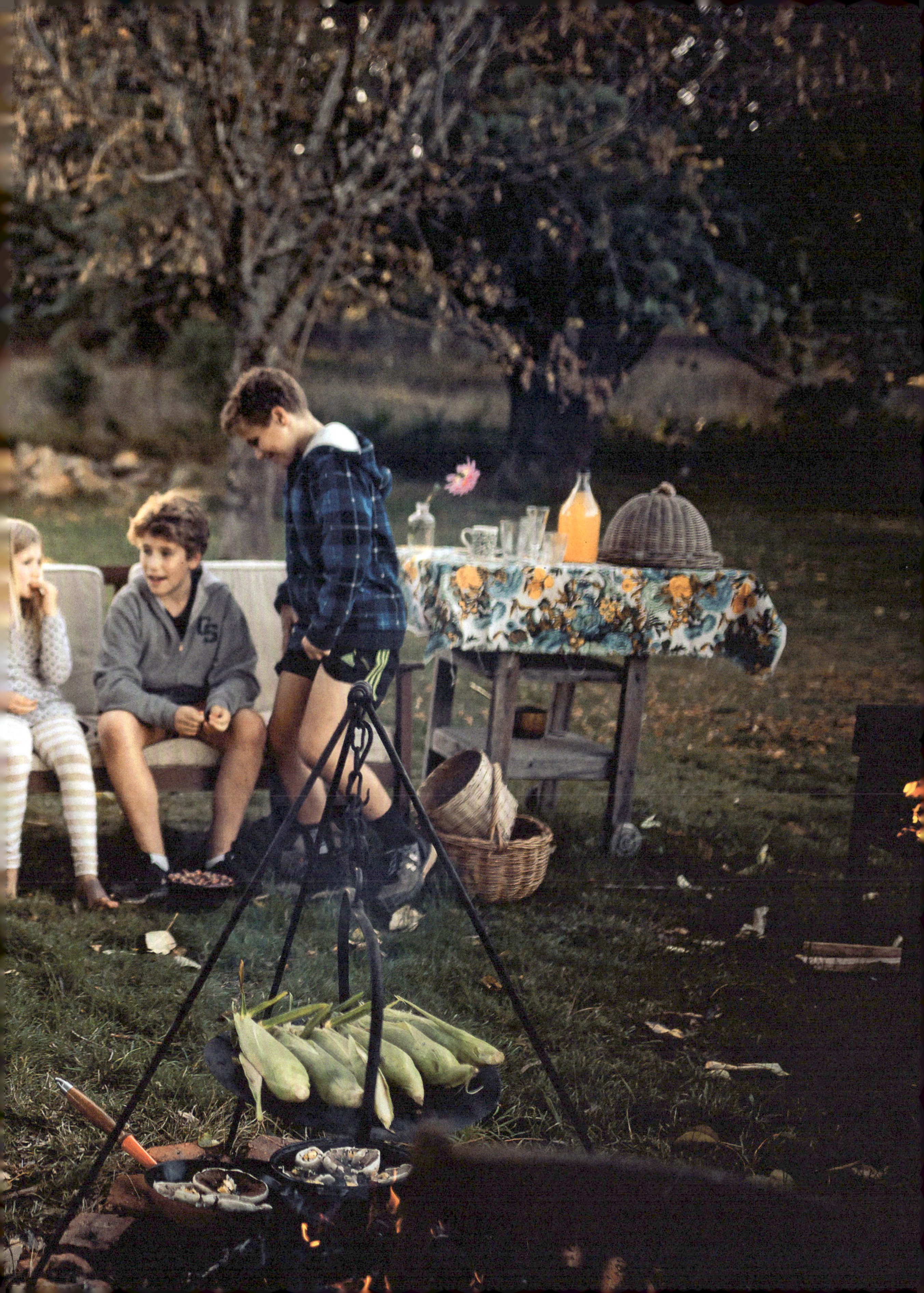

Verbinden

NATURGENUSS AUF VORRAT

Wusstest du, dass es ein Naturdefizitsyndrom gibt? Der Winter naht und noch gibt es herbstliche Reize im Überfluss zu genießen. Greif mit beiden Händen zu, leb deine kindliche Neugier für die Natur aus!

Jeder von uns kommt mit der Fähigkeit auf die Welt, über die Natur zu staunen. Sie reizt unsere Sinne mit dem Wind, der über unser Gesicht streicht, mit Lichtsprenkeln unter Bäumen, mit dem Gefühl von Sand, der durch Finger rieselt, mit Steinen unter unseren Füßen und der überwältigenden Farbenfreude des Herbstlaubs.

Meine Kindheit war voller Bäume, auf die ich klettern konnte, Matschkuchen, die ich backen wollte und Herbstblätterberge, in die ich mich quietschend hineinwarf. Die Freude an der Natur ist echt, die Wertschätzung tief und die Beziehung ist prägend. Leider erleben jedoch viele Menschen diese Selbsterfahrung in der Natur nicht, sondern wachsen in sterilen, engen und kontrollierten Umgebungen auf.

Ich lasse mich von dieser Jahreszeit bewusst verführen und nähre meine kindliche Fähigkeit zum Staunen draußen unter dem freien Himmel. Ich lasse Erwartungen und Terminpläne hinter mir und gebe mich der instinktiven Lust am zweckfreien Interagieren mit der Natur hin. Wilde Orte ohne Symmetrie und Ordnung locken und eine Welt, reich an Artenvielfalt und natürlichen Mustern. Vertraue deiner ungezähmten Seite und höre auf deinen Körper, der mit jedem Schritt sicherer wird. Draußen können wir wild und ungezähmt sein. Hol dir deine Dosis freie Natur:

- Mach Picknicks in der Nachmittagssonne.
- Häufe bunte Herbstblätter in Schalen.
- Bau eine Outdoorbadewanne, mache darunter ein Feuer und bade unter den Sternen.
- Schmück den Tisch mit Dingen, die du beim Umherstreifen findest.
- Bereite dir aus gesammelten Blättern (etwa Wegerich und Weißdorn) ein Gesichtsdampfbad.
- Entdecke wilde unordentliche Räume als Ausdruck von Vielfalt.
- Schnitze ohne Zweck und Ziel und gib dich dem Rhythmus hin.

Gestalten

BRENNHOLZ STAPELN

Es heißt, Holz wärmt dreimal: wenn man es fällt und sammelt, wenn man es ins Haus trägt und wenn man es verbrennt. Oh ja, das stimmt! Sobald wir die Gartenabfälle aus der Schubkarre gekippt haben und sie zum Holzstapel umzieht, wo wir nun täglich Holz den Hügel hinauftransportieren, ist der Wechsel der Jahreszeiten da.

Unser Holzstapel wäre näher am Haus, hätten wir uns an das Zonenprinzip in der Permakultur gehalten. Der Standort ist ein Kompromiss. Wenn wir in Frühling und Sommer das Holz hacken, müssen wir es in der Sonne zum Trocknen stapeln können. Also machen wir das dort, wo Holz, Rinde und Scheite monatelang und stapelweise herumliegen können, ohne unsere anderen Aktivitäten zu stören. Kurz vor der Regenzeit stapeln wir alle zusammen das Holz unter einem Vordach für die lange Heizsaison auf. Es dauert zwar nicht lang, aber es ist eine schweißtreibende Arbeit – und eine Kunst. Ich bin so fähig wie jeder andere, aber stabile Holzstapel gelingen mir (noch) nicht. Mein Vater hat sie gebaut, als ich ein Kind war, jetzt ist das Charlies Aufgabe. Ich frage mich, wann meine Söhne diese Aufgabe übernehmen.

GRÜNDE EINE SAATGUT-BIBLIOTHEK

Die Fähigkeit, eigenes Saatgut zu sammeln und aufzubewahren, sagt viel über die Ernährungssouveränität einer Gemeinschaft aus. Charlie und ich bewundern sie, heute ist die Pflege unserer Saatgutbibliothek ein Ritual für uns. Es ist erstaunlich, dass ein so schlichter Akt die Ernährung meiner Familie sichern kann und doch genießt die Gewinnung von Saatgut nicht genug Ansehen, dass man sie alle Kinder lehrt.

Die ersten Samen auf der Black Barn Farm sind Alisander, Frühlingszwiebel, Rote Bete, Knoblauch und Rhabarber. Ganz gleich, was du anbaust, alle Pflanzen produzieren irgendwann Samenstände. Auf diese Dinge solltest du achten:

- Samen müssen vollständig ausgebildet sein, bevor du sie sammelst.
- Willst du keine Samenhybride, musst du die Sorten trennen, damit sie sich nicht gegenseitig bestäuben, oder in der Bestäubungszeit Pflanzen mit feinmaschigem Gewebe oder sogar Papiertüten abdecken.
- Sammle die Samen möglichst spät. Ich warte, bis die Samenstände trocken sind, und hänge sie in Bündeln auf. Die Samen lagere ich an einem kühlen, trockenen Ort.
- Die Behälter beschrifte ich mit Sorte, Erntedatum und dem Ort, an dem die Samen geerntet wurden.

Wir verwenden zur Lagerung unserer Samen alte Keksdosen. Sie sind wasserdicht, luftdicht und dunkel und lassen sich leicht stapeln. Wir kaufen sie in Secondhandläden und bewahren sie auf, wenn wir welche geschenkt bekommen.

Fünf goldene Regeln für Saatgutretter

1. **Halte die Luftfeuchtigkeit niedrig** – Der Schlüssel zur erfolgreichen Saatgutlagerung ist die Luftfeuchtigkeit. Sie darf fünf Prozent nicht überschreiten. Lagere Saatgut nie im Kühlschrank, sondern immer in einem luftdichten Behälter.
2. **Meide Temperaturschwankungen** – Samen dürfen weder zu heiß noch zu kalt lagern. Eine Temperatur zwischen fünf und 15 °C ist ideal.
3. **Beschrifte die Samen sorgfältig** – Gib alle relevanten Informationen an (Sorte, Erntedatum und Anbauort).
4. **Behalte ihr Alter im Auge** – Je frischer Samen sind, desto besser keimen sie. Einige haben eine hohe Lebensdauer (siehe Seite 240).
5. **Tausche Samen mit anderen** – Tausche Saatgut mit Leuten in deiner örtlichen Food-Coop, Nachbarn und Gartenfreunden. Du kannst auch eine Saatgutbibliothek gründen und sie mit deiner Gemeinschaft teilen.

SAATGUT SAMMELN – WARUM?

In nur 100 Jahren haben wir durch die Industrialisierung unserer Lebensmittelsysteme 90 Prozent unserer Saatgutvielfalt eingebüßt. Die Rettung von historischen Sorten ist entscheidend für unsere Ernährungssouveränität. Sieh dich in deiner Nachbarschaft um und fang am besten gleich mit dem Sammeln und Tauschen von Saatgut an.

UMSCHWINGEN 239

Lang ist es (nicht) her

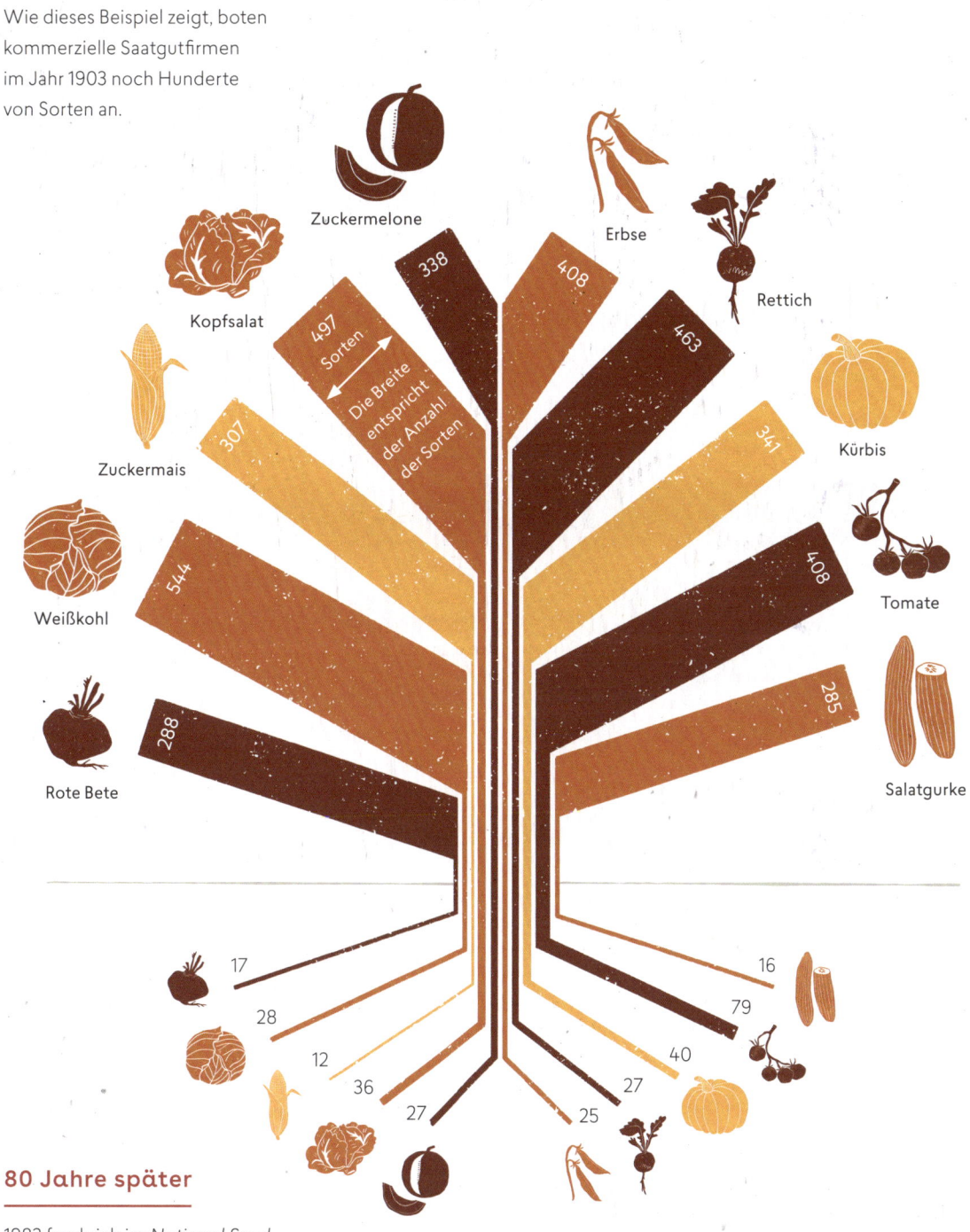

Wie dieses Beispiel zeigt, boten kommerzielle Saatgutfirmen im Jahr 1903 noch Hunderte von Sorten an.

497 Sorten
Die Breite entspricht der Anzahl der Sorten

Zuckermelone 338
Erbse 408
Rettich 463
Kopfsalat 497
Kürbis 341
Zuckermais 307
Tomate 408
Weißkohl 544
Salatgurke 285
Rote Bete 288

80 Jahre später

1983 fand sich im *National Seed Storage Laboratory** der Vereinigten Staaten nur noch ein Bruchteil dieser Sorten.

Rote Bete 17
Salatgurke 16
Weißkohl 28
Tomate 79
Zuckermais 12
Kürbis 40
Kopfsalat 36
Rettich 25
Zuckermelone 27
Erbse 27

*2001 wurde die Einrichtung in *National Center for Genetic Resources Preservation* umbenannt.

WIE LANGE HALTEN SAMEN?

Selbst in großen Gemüsegärten können nicht alle Samen ausgesät werden, die sich jedes Jahr entwickeln. Zum Glück halten die meisten Samen viel länger als nur eine Saison. Falls du Saatgut nicht mit anderen teilen kannst, warum bewahrst du sie nicht für den eigenen Bedarf auf?

PFLANZE	HALTBARKEIT IN JAHREN	PFLANZE	HALTBARKEIT IN JAHREN
Aubergine	4	Okra	2
Blattkohl	5	Paprika	2
Blumenkohl	4	Pastinake	1
Bohne	3	Patisson	4
Brokkoli	3	Petersilie	2
Cantaloupe-Melone	5	Rettich	5
Chicorée	4	Rosenkohl	4
Chinakohl	3	Rote Bete	4
Endivie	5	Salatgurke	5
Erbse	3	Senf	4
Fenchel	4	Spargel	3
Grünkohl	4	Spinat	3
Karotte	3	Staudensellerie	3
Knollensellerie	3	Steckrübe	4
Kohlrabi	3	Tomate	4
Kopfsalat	6	Wassermelone	4
Kürbis	4	Weißkohl	4
Lauch	2	Zuckermais	2
Mangold	4	Zwiebel	1

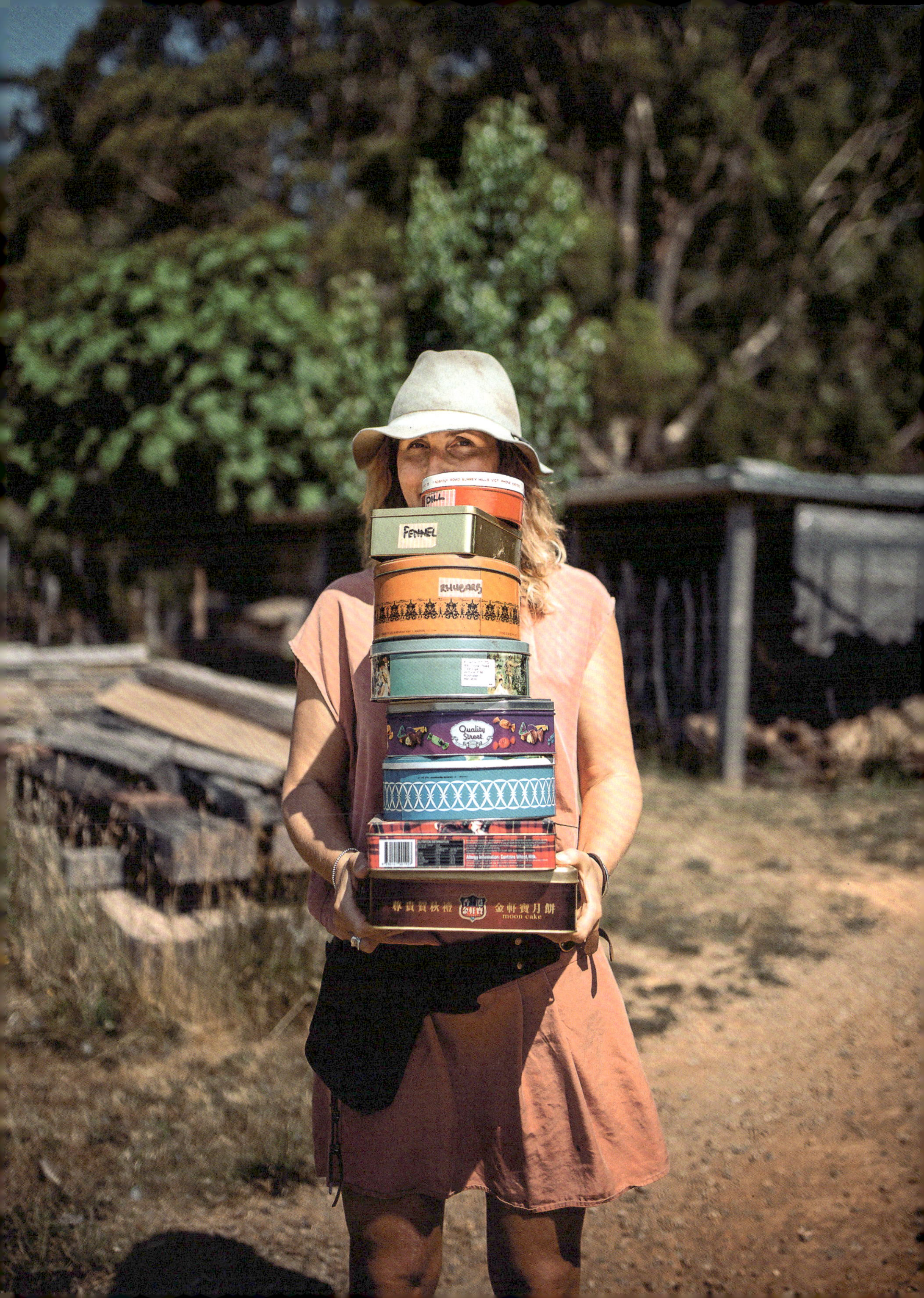

Pflanzen

EIN HOCH AUF DIE MEHRJÄHRIGEN

Im Gemüsegarten widmen wir ein großes Beet mehrjährigen Gemüsepflanzen – und wir loben es buchstäblich täglich über den grünen Klee. Es macht am wenigsten Arbeit und liefert das meiste Gemüse.

In gut aufbereiteter Erde sind mehrjährige Gemüsesorten widerstandsfähige Beetbewohner, die lange zuverlässig hohe Erträge liefern. Du willst selbst Essen anbauen, hast aber wenig Zeit? Dann sind mehrjährige Pflanzen ideal für dich!

Kurz nach dem ersten Frost ernte ich Reste, schneide die Pflanzen bodennah ab, reichere den Boden mit Kompost an und decke das Beet mit Stroh zu. Dann liegt es monatelang im Winterschlaf, bis – wie von Zauberhand – winziges, aber kräftiges Grün durchs Stroh spitzt. Mehrjährige sind Frühaufsteher: Sie wachsen bereits Wochen oder sogar Monate, bevor wir unsere einjährigen Pflanzen setzen.

> Ich kann dir ein Beet mit mehrjährigem Gemüse nur wärmstens empfehlen. Für uns hat sich eine 1:1-Mischung aus Ein- und Mehrjährigen bewährt. Am Frühlingsanfang, wenn Frisches noch Mangelware ist, wirst du dich über die frühe Ernte freuen.

Mehrjährige und winterharte Helden

ALISANDER *Smyrnium olusatrum*
Das robuste Winterkraut Alisander, auch Pferdeeppich genannt, schmeckt nach Liebstöckel und Stangensellerie. Blätter, Stängel, Wurzel und Samen sind essbar. Die Wurzel soll blutreinigend und harntreibend wirken, die Knospen kann man einlegen.

APFELMINZE *Mentha suaveolens*,
ZITRONENMELISSE *Melissa officinalis*,
PFEFFERMINZE *Mentha x piperita*,
GRÜNE MINZE *Mentha spicata*
Ob frisch oder getrocknet, Minzen sind aromatisch und erfrischen Tees und Desserts. Kleine Warnung: Kehrst du ihnen den Rücken, machen sie sich im Garten sofort breit.

ERDBEERE *Fragaria x ananassa*
An dieser Gaumenfreude erfreut man sich drei Jahre. Dann pflanzt man ihre Ableger aus.

ETAGENZWIEBEL *Allium x proliferum*
Diese hochproduktiven Jungs muss man im Zaum halten. Sowohl Zwiebeln als auch Stängel sind essbar. Weil sie wenig Arbeit machen und das ganze Jahr über geerntet werden können, ersetzen sie bei uns normale Zwiebeln. Ihr Geschmack ist milder, also gebe ich mehr ans Essen.

GRÜNKOHL *Brassica oleracea*
Er wird oft als einjähriges Gemüse angebaut, kann aber in kühleren Breiten bis zu drei Jahre Ertrag liefern. Sobald er blüht, ist er nicht mehr zum Verzehr geeignet.

LIEBSTÖCKEL *Levisticum officinale*
Dieses Gewürzkraut aromatisiert das ganze Jahr Suppen, Eintöpfe und Gemüsepürees.

MUTTERKRAUT *Tanacetum parthenium*
Diese hilfreiche Staude nutzen wir das ganze Jahr zu Heilzwecken. Aufgebrüht hilft sie bei Fieber, Kopfschmerzen und grippalen Infekten.

RHABARBER *Rheum rhabarbarum*
Einmal gepflanzt, kann die krautige Pflanze bis zu zehn Jahre geerntet werden. Sie verleiht Sirup, Kompott, Marmelade und Kuchen ein herrlich säuerliches Aroma und verfeinert Apfelkuchen.

TOPINAMBUR/JERUSALEM-ARTISCHOKE *Helianthus tuberosus*
Ihre Sprossknollen sind für ihre blähende Wirkung berüchtigt (es sei denn, du isst sie fermentiert, siehe Seite 302). Gärtner schätzen die sonnenblumenähnliche Pracht ihrer aufstrebenden gelben Blüten. Die Staude ist produktiv und selbstsäend. Sperr sie daher hinter tief eingebuddeltem Wellblech ein, sonst erobert sie erst das Beet, dann den ganzen Garten.

WILDSPARGEL *Asparagus acutifolius*
Hat er sich nach zwei oder drei Jahren eingewöhnt, liefert er zu Frühlingsbeginn viele Spargelstangen. Die hohen, dichten Triebe machen sich gut in Sommer-Omelett und Salat – oder in der Vase.

YACON *Smallanthus sonchifolius*
Roh oder gekocht verzehrt, senkt das süße, nussige Wurzelgemüse den Cholesterinspiegel und fördert die Verdauung.

SÜSSER, SÜSSER MAIS

Wir spielen am Lagerfeuer ein Spiel: Jeder muss sagen, was er auf eine einsame Insel mitnehmen würden. Aber es gibt Regeln. Es dürfen nur drei Lebensmittel mit. Drei von fünf Familienmitgliedern plädieren für Zuckermais. Am Lagerfeuer wird das heiß diskutiert, aber Mais ist eine gute Wahl: Er ist süß, saftig, lecker, leicht zu beschaffen und anzubauen, nährstoffreich, sättigend und vielseitig. Was könnte man sich auf einer einsamen Insel Besseres wünschen?

Mais ist ein Motor der globalen Lebensmittelproduktion und gehört in jedes Gemüsebeet. 1903 gab es im Handel 307 Maissorten, 1983 waren es noch zwölf. Enthusiasten züchten historische Sorten, von Süß- bis Popcornmais, liebevoll nach und geben sie im kleinen Kreis weiter. Auch immer mehr kleine Saatguthändler bieten historische Samen in reicher Auswahl an.

Zuckermais anbauen

Wir haben lange mit Mais experimentiert. Er ist ein Grundnahrungsmittel und wir bauen jede Menge für den Wintervorrat an. Alle Sorten sind leicht zu kultivieren und brauchen Sonne, Wasser, Wärme, nährstoff- und kompostreiche Erde. Spart man an einem dieser Dinge, bleibt die erhoffte Ernte aus.

Für eine einjährige Pflanze ist Mais ein ziemlicher Nährstoffgierschlund. Daher bereite ich die Beete mit frischem Kompost oder gut gereiftem Mist vor. Ich nehme Kuh- oder Pferdemist, weil er weniger Stickstoff als andere Dünger enthält und Pflanzen nicht »verbrennt«. Mais ist die perfekte Kultur nach einer Gründüngung, weil er die Nährstoffe der verrottenden Blätter schnell aufnimmt.

Sobald der Boden bei rund 20 °C warm genug ist, sät man die Samen direkt aus. Ein über die Keimlinge gestülptes Glas schützt sie vor Schädlingen. Füllen die Sämlinge das Glas, nimmt man es ab. Sind unsere Pflänzchen etwa 30 Zentimeter groß, häufe ich um die Basis herum Erde auf und mulche den Boden mit Erbsenstroh, um sie zu nähren. Sie freuen sich über regelmäßige Tässchen Komposttee.

Wir pflanzen Zuckermais in Blöcken statt in Reihen, weil das die Bestäubung erleichtert und die Pflanzen gleichzeitig vor Wind schützt. Wir setzen mindestens acht mal acht Pflanzen im Abstand von je 40 Zentimetern, bei Reihenbepflanzung hat sich ein Abstand von etwa 75 Zentimetern bewährt. Je nach Sorte braucht Mais von der Aussaat bis zur Ernte 60–100 Tage. Die Sorte bestimmt auch die Größe und Zahl der Kolben pro Pflanze.

Wann Mais erntereif ist, erkennt man an den Maishaaren, auch Maisbart genannt – dies sind die »Fäden« am Ende des Kolbens. Färben sie sich braun, ziehe ich die Schale vorsichtig zurück und ritze mit dem Fingernagel ein Maiskorn ein: Tritt milchiger weißer Saft aus, ist er reif. Ist er wässrig, heißt es warten.

DIE BESCHEIDENE KAROTTE

Der Anbau von Karotten kann ebenso spannend wie entmutigend sein. Ich habe festgestellt, dass sie meine gewohnte Art, mit einer Dosis »wird schon passen« zu gärtnern, nicht mögen. Möhren brauchen Aufmerksamkeit.

Nach mehrjährigem Karottenstreik habe ich irgendwann beschlossen, mich mit dem orangen Wurzelgemüse anzu-

Rechts:
Frischen Mais röste ich in den Blättern auf offenem Feuer.

Ganz rechts:
Ganze acht Monate im Jahr liefert unser Beet frische Karotten.

freunden. Ich las, was ich in die Finger bekam und widmete meinen Experimenten ein ganzes Beet. Schließlich wurde ein Dochtbeet daraus (siehe Seite 167–169). Ich füllte 30 Zentimeter hoch sandige, wasserdurchlässige Erde ein, mischte Samen und Sand im Eimer vor und legte die Reihen aus. Um die jungen Pflänzchen vor Vögeln zu schützen und die Verdunstung zu minimieren, schnorrte ich ein paar alte Schattentücher als Abdeckung zusammen und überließ das Gießen dreimal täglich dem Bewässerungssystem.

Nach drei Wochen waren die Pflanzen stark genug, um ohne meine (bereits schwindende) Aufmerksamkeit zu überleben. Zum ersten Mal in meinem Leben hatte ich mehr Karotten angebaut, als die Familie essen konnte. Obwohl ich mit den überzähligen Karotten, sehr zur Freude meiner Nachbarn, der Pferde und der Hühner, kreativ umging, hatte ich Hunderte von Möhren übrig. Statt mich an ihnen satt zu sehen, sind sie zu einem Lieblingsgemüse avanciert.

Karottentipps

Im Gegensatz zu den meisten Gärtnern dünne ich Karottensetzlinge nicht aus. Stattdessen gebe ich in einem Eimer auf eine Packung Samen eine Tasse feinen Sand, mische das Ganze gut durch und trenne so vor dem Einpflanzen die Pflanzen. Ich mag es, dass die Möhren unterschiedlich groß sind, aber ich bin auch kein Gärtner, der sie verkaufen muss. Ein echtes Plus: Man kann Karotten den Winter über im Beet stehen lassen und immer nur so viele Möhren ernten, wie man gerade braucht.

CHILI-CHAMPIONS

Weil Chilis zum Reifen eine lange Hitzeperiode brauchen, ziehen wir sie im Folientunnel. Ein durchschnittlicher Haushalt braucht nur eine Chilipflanze im Jahr. Sie gedeiht auch im Topf auf der Fensterbank oder dem Balkon.

Um Chilis haltbar zu machen, trockne ich sie oder mache eine Soße (Rezept, siehe Seite 255) daraus. Zum Trocknen fädele ich sie auf Baumwollfäden und hänge sie in den Türrahmen. Nach etwa drei Wochen sind sie getrocknet, dann kommen sie in ein Schraubdeckelglas, wo sie bis zu drei Jahre halten.

HINREISSENDER RHABARBER

Es gibt fünf Rhabarbersorten: Einige sind grün, manche rot und andere rosa. In der Regel sind die grünen Sorten robuster, aber nicht weniger süß als die roten. Der süße Geschmack, den man mit Rhabarber assoziiert, entsteht beim Kochen. Das Besondere an den Blattstielen mit der fädigen Struktur ist ihre Säure. Der pikant-säuerliche Geschmack ist gewöhnungsbedürftig, harmoniert aber perfekt mit Äpfeln, Birnen oder Beeren und gleicht deren natürliche Süße aus.

KNOBLAUCH SELBST PFLANZEN

Kurz vor der Herbst-Tagundnachtgleiche häufen wir in einem Beet im Abstand von 30 Zentimetern lange, gerade Reihen auf. Wir wählen Knoblauchknollen aus, die besonders groß sind und am gesündesten aussehen und setzen die größten äußeren Zehen im Abstand von zehn Zentimetern in die Erde. In die Gräben zwischen den Reihen kommt Stroh. Erbsenstroh eignet sich nicht: Sein hoher Stickstoffgehalt regt das Trieb-, nicht aber das Zwiebelwachstum an. Für den Jahresbedarf pflanzen wir 30 Zwiebeln pro Person und 30 weitere für die Aussaat im nächsten Jahr.

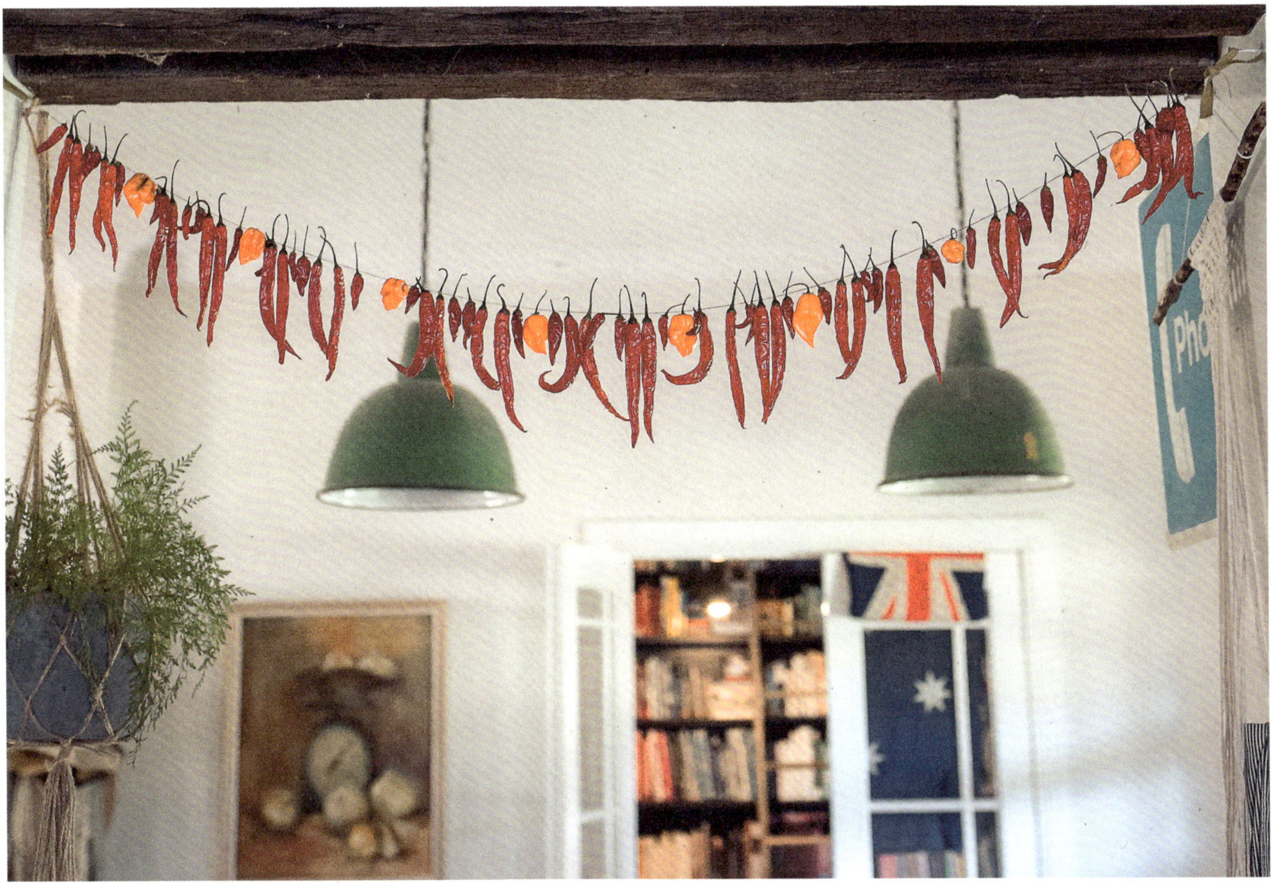

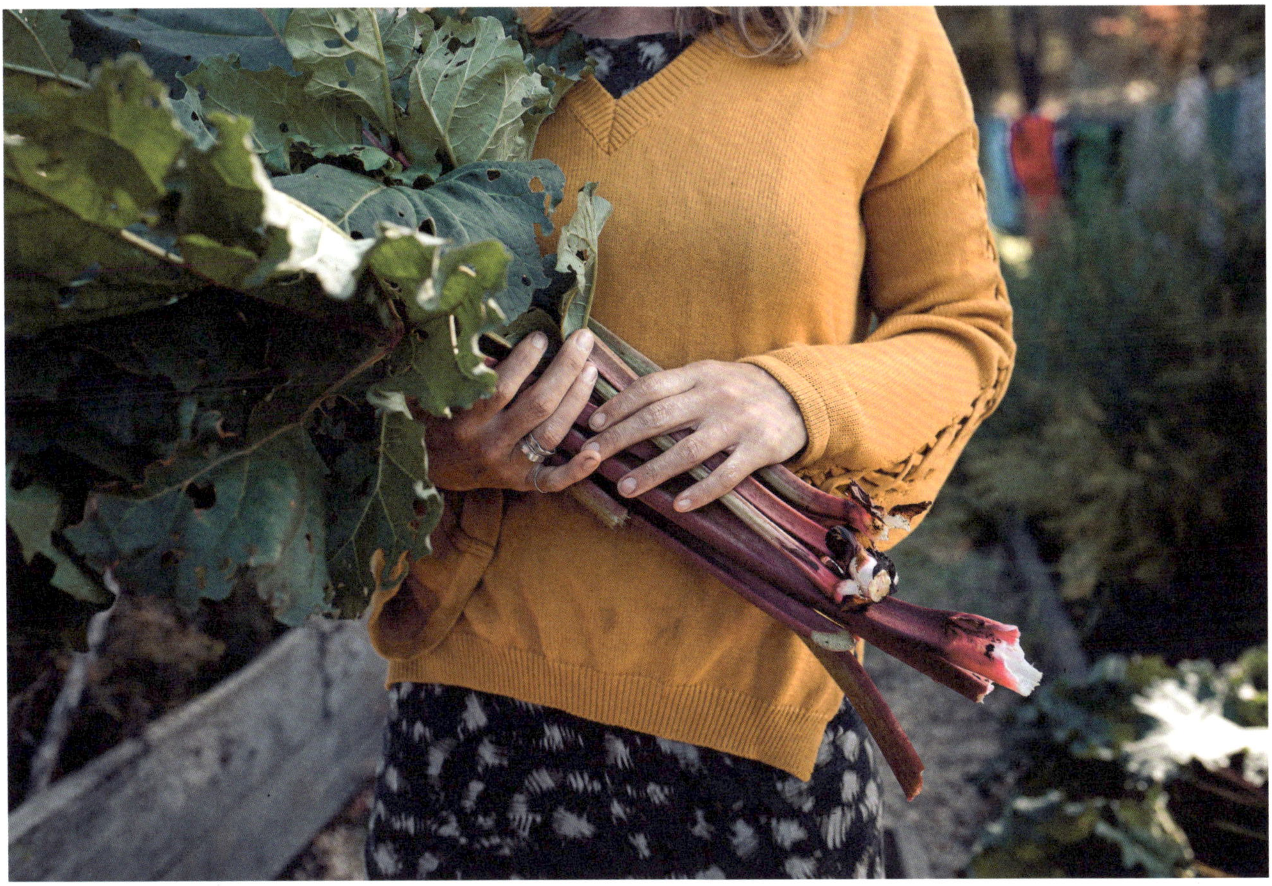

Speisen

PILZSUCHE IN DER DÄMMERUNG

Manchmal machen wir es uns an Herbsttagen drinnen gemütlich. Erst ist alles angenehm friedlich, aber gegen Nachmittag macht sich Unruhe breit. Um das beengende Gefühl abzuschütteln, nimmt sich jeder einen Korb und wir gehen im nahen Wald auf Pilzsuche.

Am Ende unseres Feldweges steht eine Kiefernplantage. Die künstliche Monokultur sollte sich leblos anfühlen, aber wenn ich unter dem Blätterdach zwischen den Bäumen umhergehe, umgibt mich eine stille Lebendigkeit. Eine dicke Schicht aus Generationen von Kiefernnadeln dämpft jedes Geräusch. Die Augen auf den Boden gerichtet auf der Suche nach Hügelchen, die verraten, dass ein Pilz dem Licht entgegenstrebt, werden die Kinder und ich ganz still. Den schmackhaften und vielseitigen Edel-Reizker (*Lactarius deliciosus*) kennen wir gut genug, um ihn sicher zu bestimmen.

Auch auf unserer Weide finden wir Pilze. Sie tauchen meist ein oder zwei Tage nach dem Regen auf und die Ausbeute reicht für eine Mahlzeit. Die buttrig, salzig und erdig schmeckenden Pilze essen wir mit Ziegenkäse, frisch gepflückten Kräutern und Kirschtomaten auf Toast.

In manchen Jahren tragen wir körbeweise Pilze nach Hause, in anderen finden wir kaum welche. Nur weil sie in einem Jahr an einem Ort in Massen auftreten, heißt das nicht, dass sie auch zwölf Monate später an derselben Stelle wachsen. Tatsächlich wachsen Pilze größtenteils unterirdisch; wo sich die Fruchtkörper zeigen, kann man nicht vorhersagen – also müssen wir ihnen nachjagen. Das Suchen ist der Teil der Jagd nach Nahrung, an dem ich den größten Spaß habe. Die Suche ist voller Vorfreude und Hoffnung, eine Verheißung ohne Garantie. Ist man erfolgreich, schlägt man sich den Bauch mit Köstlichkeiten voll; geht man am falschen Ort oder zur falschen Zeit los, kehrt man hungrig nach Hause zurück.

Für Pilzsammler gibt es zwei eiserne Regeln: Nimm nur mit, was du mit absoluter Sicherheit identifizieren kannst und sammle nie mehr mit, als du brauchst. Unser naher Kiefernwald erstreckt sich, bergauf und bergab, über viele Kilometer. Manchmal verlieren wir uns beim Sammeln aus den Augen. Was tun, wenn beim Heimkommen mehr Pilze in den Körben sind als erwartet?

◆ Schneide die Pilze in Scheiben und trockne sie als Zutat für Suppen, Risottos und Soßen. Auch dicke Scheiben trocknen erstaunlich schnell, also behalte sie im Auge. Sind sie zu trocken geworden, wirf die Pilze nicht weg. Mahle sie zu Pulver und gib sie als nahrhafte Zutat – wie Brühe – ans Essen.

Rechts:
Frisch gepflückten Mais legen wir direkt auf die glühenden Kohlen.

Ganz rechts:
Gekocht oder getrocknet, sind Wiesen-Champignons sind ein wahrer Gaumenschmaus.

- Grille sie oder brate sie mit einer Prise Salz und Butter in der Pfanne.
- Gekochte Pilze halten sich im Kühlschrank mehrere Tage. Du kannst mit ihnen alles Mögliche verfeinern: Risotto, Sandwiches, Salate und vieles mehr.
- Leg die Pilze ein. Das ist überraschend einfach, aber nicht alle Pilzarten sind dafür fleischig genug. Wiesenchampignons etwa werden zu Brei (igitt!), Edel-Reizker bewahren Form und Geschmack (siehe Seite 252).

Die Kunst der Pilzbestimmung

Pilze zergehen auf der Zunge wie ein Stückchen Himmel. Irrst du dich bei der Bestimmung, sind sie die Hölle. Bevor du dich allein in den Wald wagst, geh mit jemandem auf Pilzsuche, der sich auskennt. Fang mit ein oder zwei Sorten an, sammle Erfahrung und trau dich dann an weitere Arten.

ZUCKERMAIS VOM GRILL

Was könnte verlockender sein als in der Schale gegrillte Maiskolben, die über dem Lagerfeuer rauchige Aromen aufnehmen? Am besten schmecken sie gesalzen und mit Butter bepinselt. Wir nehmen die Schale als Griff, nach dem Essen kommt sie auf den Kompost oder ergänzen den Speiseplan der Hühner.

Weil Mais nach der Ernte schnell an Aroma verliert, sollte man ihn frisch essen. Am Stängel bewahrt er sein Aroma noch mehrere Wochen. Du willst Mais für den Winter einlagern? Dann pflücke den Mais, schneide die Kerne vom Kolben, blanchiere sie 30 Sekunden, fülle sie in einen Beutel und friere sie ein.

ALLERLEI KAROTTEN

Ganze, ungeschälte Karotten enthalten die meisten Nährstoffe und Antioxidantien. Verzichte also, wenn möglich, aufs Schälen. Es gibt drei Grundvarianten, wie ich Karotten zubereite:

1. **Backen** – Wasche die Karotten. Wenn sie sehr groß sind, halbiere sie. Lege sie mit etwas Kokosöl, Rosmarin, Knoblauch und Salz in eine Auflaufform und backe sie eine Stunde bei 180 °C.
2. **Kochen** – Nimm dein Lieblingsrezept für Kürbissuppe, aber ersetze den Kürbis durch Karotten. Um die Suppe gehaltvoller zu machen, gebe ich gebackene Cashews, Gerste oder rote Linsen dazu.
3. **Einlegen** – Du kannst Karotten für den sofortigen Gebrauch oder als Vorrat einlegen. Bis auf den letzten Schritt ist der Ablauf derselbe.

Karotten einlegen

1. Nimm ganze, aber kleine Karotten. Wasche sie und lege sie in ein sterilisiertes Glas. Du kannst die Karotten pur einmachen oder nach Belieben Chili, Knoblauch, Senf, Fenchelsamen oder Dill ergänzen.
2. Setz in einem Topf einen Teil Essig und einen Teil Wasser bei niedriger Hitze auf. Wir nehmen Apfelessig, man kann aber auch Branntweinessig verwenden.
3. Löse unter Rühren Zucker und Salz in der Essig-Wasser-Mischung auf. Auf einen Liter Essig kommen ein Liter Wasser, 1½ Esslöffel Zucker und 3 Esslöffel Salz.
4. Gieße Flüssigkeit über die Karotten im Glas, bis sie ganz bedeckt sind.

Wenn du die eingelegten Möhrchen gleich wegknabbern willst, lass sie mindestens eine Stunde marinieren. Im Kühlschrank halten sich die eingelegten Karotten bis zu eine Woche. Wenn du deine eingelegten Karotten lagern willst, verschließe das Glas und koche es im Wasserbad 30 Minuten bei 70 °C. Nun sind die Karotten an einem kühlen, dunklen Ort bis zu sechs Monate haltbar.

Geheimtipp Karottengrün

Möhrenkraut ist nahrhaft und wunderbar vielseitig. Ich entferne die Stiele, wasche die feinen Blätter und hacke sie klein. Dann gebe ich die gleiche Menge Kräuter dazu (ich nehme, was ich gerade im Garten habe) und dünste beides in einer Pfanne in etwas Kokosöl zusammen mit Chili, Knoblauch und Schalotten oder Frühlingszwiebeln an. Dazu passen hervorragend Parmesan oder Hähnchen, geröstete Nüsse oder Samen.

REGENBOGENBUNTER MANGOLD

Regenbogenmangold ist ein kunterbunter Verwandter der Gemeinen Rübe *(Beta vulgaris)*. Das ganzjährige Gemüse gibt es in fünf Farben. Es verträgt Sommerhitze und kalte Winter und ist leicht anzubauen. Ich verarbeite bunten Mangold in Pasteten, Nudeln, Quiches, Pfannengerichten, Suppen, gedünsteten und gebratenen Gerichten. Kurz angebraten oder gedünstet, lässt er sich gut einfrieren. Zur Freude aller Balkongärtner gedeiht er in Blumentöpfen und ist so hübsch anzusehen, dass er auch im Blumenbeet eine gute Figur macht. Regenbogenmangold schmeckt hervorragend – die Farben sind ein Bonus.

AUSTRALISCHES DAMPERBROT

Im Kofferraum seines alten gelben Lieferwagens hatte mein Vater immer eine *Damperbox* dabei. Sie enthielt alles, was man brauchte, um auf die Schnelle über offenem Feuer ein Damperbrot zu backen – sogar eine Flasche Bier als Hefeersatz.

Bei zahllosen Gelegenheiten holte er die Kiste hervor und zauberte. Mit rauen Händen knetete er die Zutaten zu einem Teig (und nahm dabei den obligatorischen Schluck vom Bier für den Koch), warf ihn dann auf die heißen Kohlen. Nach (gefühlten) Stunden klopfte er die Asche vom verkohlten Laib und brach ihn auf, um an das duftige Innere zu kommen. Das verschlangen wir dann mit reichlich Butter und Marmelade – ein herrliches Vergnügen, das auch meine Kinder lieben.

Damperbrot zu backen, ist leicht. Der Geniestreich ist die Box, in der alles nur auf einen spontanen Moment unterwegs und ein Lagerfeuer wartet (siehe Seite 255).

KINDERLEICHTER BLITZBLÄTTERTEIG

Blitzblätterteig ist sehr vielseitig (Schritte 1–4 im Rezept für Apfel-Pudding-Tarte mit Blitzblätterteig auf Seite 256). Die Zubereitung dauert im Winter etwa eine halbe Stunde, im Sommer etwas länger. Blitzblätterteig ist im Kühlschrank eine Woche haltbar, im Gefrierschrank einen Monat. Ich mache normalerweise mehr, als ich brauche. Den Teig verwende ich für Eier-Speck-Pasteten, Würstchen im Teigmantel oder Quinoa-Nussmehl-Brötchen (siehe Seite 307).

Das Geheimnis von Blätterteig: Man muss alle Zutaten kalt verarbeiten, um die Teigblätter hinzubekommen. Sie entstehen durch Butterschichten, die man in den Teig einarbeitet. Dazu rollt man den Teig und die Butter immer wieder aus und faltet sie. Ist der Teig kalt, ist das kinderleicht. Wird er warm, muss man den Teig während der Herstellung immer wieder in den Kühlschrank legen, damit er nicht mit der Butter zu einer unschönen Masse verschmilzt. Kalter Teig mit feinen Butterlagen dampft beim Backen und beschert dir einen perfekten Blätterteig.

Desserttrick

Wenn du etwas Blitzblätterteig – oder gekauften Blätterteig – und ein paar Äpfel übrig hast, gönn dir und deinen Leckermäulern ein paar Apfeltaschen.

Schäle drei Äpfel (weiche Kochäpfel sind ideal), schneide dunkle Stellen weg und würfle die Äpfel. Gib die Apfelwürfel in eine Schüssel und mische sie mit etwas Zucker, Zimt und geschmolzener Butter. Die Mengen sind Geschmackssache. Die Butter sollte die Apfelwürfel gut bedecken, aber nicht ertränken.

Rolle den Blätterteig aus und schneide ihn in Quadrate. Setze ein Häufchen Apfelmasse auf jedes Quadrat, gerade so viel, dass du die Quadrate umklappen und am Rand zudrücken kannst. Stich Löcher in die Oberseite und bestreiche sie mit der Mischung aus Aprikosenmarmelade und Zitronensaft, die ich für die Apfel-Pudding-Tarte (siehe Seite 256) verwende.

Backe die Apfeltaschen im vorgeheizten Backofen 20 Minuten bei 180 °C. Frisch aus dem Ofen schmecken sie einfach herrlich.

Eingelegte Pilze

Hat man sich an frischen oder getrockneten Pilzen satt gegessen, sind eingelegte Pilzen eine schmackhafte Alternative. Statt selbst gesammelter Pilze kannst du auch gekaufte Champignons nehmen.
Man kann Pilze auch ohne Wasserbad einlegen. Du dünstest einfach alle Zutaten (außer dem Apfelessig) in einer Pfanne an. Sobald die Pilze weich sind, füllst du sie direkt aus der Pfanne in sterilisierte Gläser. Diese Variante schmeckt genauso lecker, aber die Pilze sind dann nicht so lange haltbar. Brauch sie also am besten sofort auf.

Ergibt 8 x 0,275 Liter

8 Knoblauchzehen, geschält und der Länge nach in dünne Scheiben geschnitten

8 Thymianzweige, geteilt

8 getrocknete Chilischoten (Schärfegrad nach Belieben)

1 Zwiebel, in Scheiben geschnitten und angebraten

4 EL schwarzer Pfeffer

1 l Apfelessig (siehe Seite 213)

2½ EL Steinsalz, fein gemahlen

1. Wisch die Pilze vorsichtig mit einem Tuch ab und entferne sorgfältig Erde und Schmutz. Tauche sie nicht in Wasser! Sie saugen sich schnell voll und verlieren an Geschmack.
2. Schneide die Pilze in mundgerechte Stücke.
3. Gib in jedes deiner acht sterilisierten Gläser eine geschälte und der Länge nach in Scheiben geschnittene Knoblauchzehe, einen Thymianzweig, eine getrocknete Chilischote, einen Teelöffel angebratene Zwiebel und einen halben Esslöffel schwarzen Pfeffer.
4. Packe die rohen Pilzstücke in die Gläser.
5. Verrühre in einem Krug Apfelessig und Salz. Gieße die Essigmischung über die Pilze, bis die Pilze bedeckt sind. Wenn die Flüssigkeit nicht reicht, um die Gläser vollständig zu füllen, füge nach Bedarf Wasser hinzu.
6. Verschließe die Gläser und stell sie 45 Minuten in ein 100 °C heißes Wasserbad.
7. Lass die Gläser abkühlen und beschrifte sie. Die eingelegten Pilze sind ungekühlt bis zu zwei Jahre haltbar.

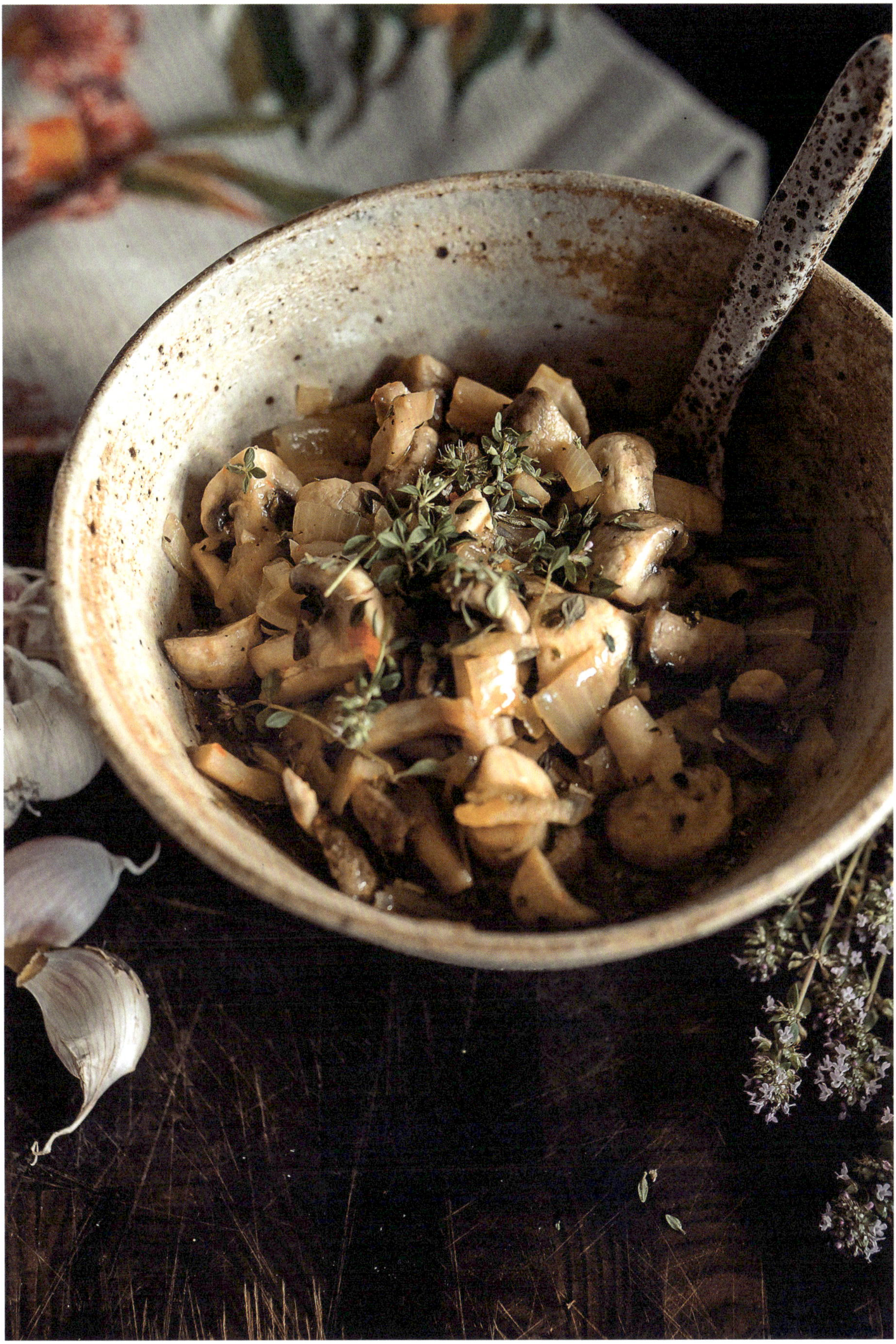

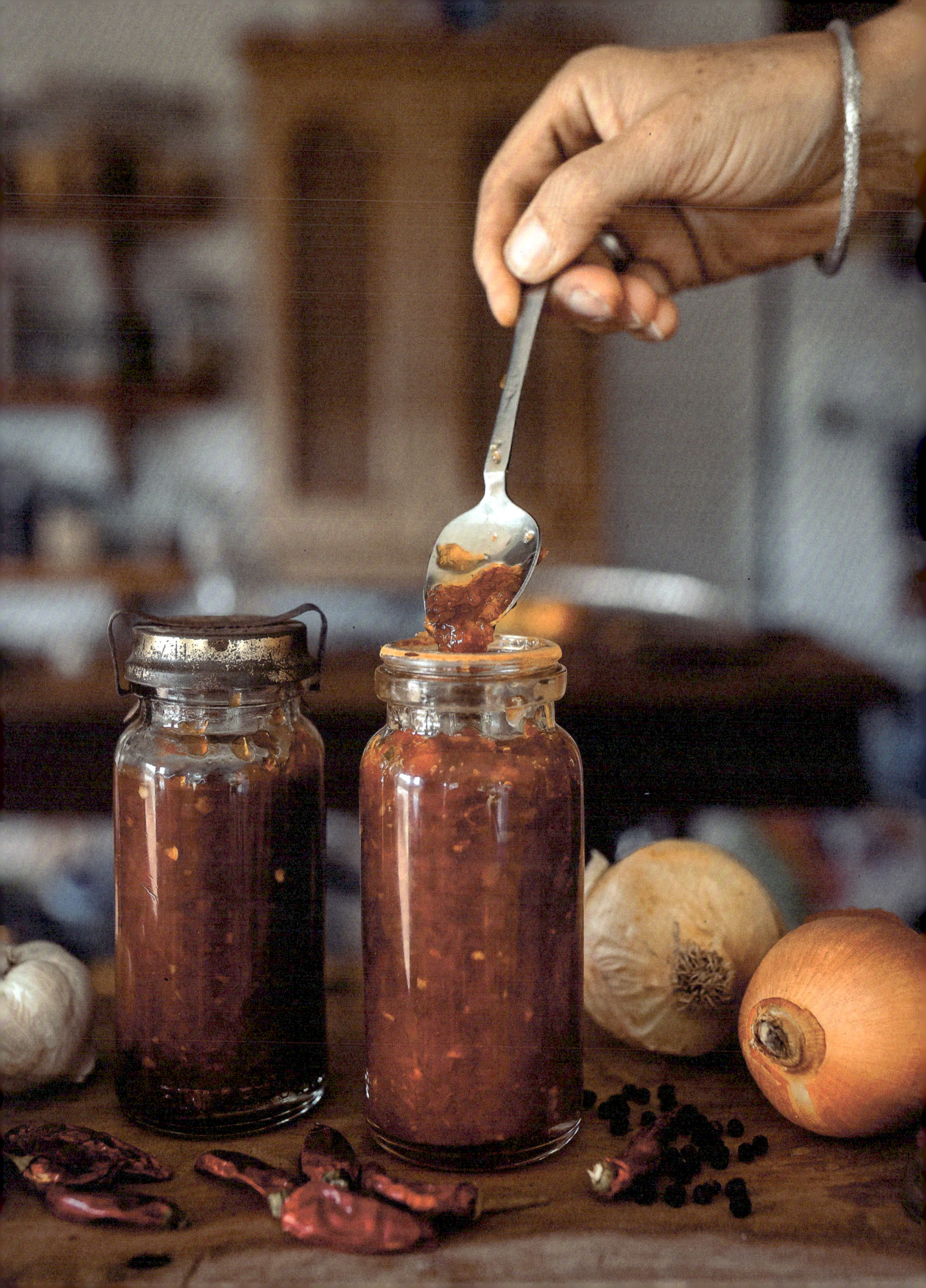

Süße Chilisoße

Ich fülle die Soße in kleine Gläser ab, damit ich offene Gläser in einer Woche aufbrauchen kann. Nimm Handschuhe und ein Schneidebrett, das du nur für Zwiebeln, Knoblauch und Chilis verwendest. So beugst du Augenreizungen und der Verunreinigung von Zutaten vor.

Ergibt 6 x 0,2 Liter

30 frische Chilischoten, fein gehackt (und entkernt, wenn du es nicht so scharf magst)

5 Knoblauchzehen, fein gewürfelt

110 g Rapadura-Vollrohrzucker

185 ml Wasser

1 EL Sojasoße

125 ml Reisessig

1. Gare alle Zutaten in einem Topf bei schwacher Hitze. Lass die Masse unter häufigem Rühren eine Stunde köcheln, bis die Soße eindickt.
2. Sollte die Soße nicht eindicken, so rühre einen Teelöffel Speisestärke in etwas kochendem Wasser an und gib sie an die Soße.
3. Fülle die Soße in die sterilisierten Gläser, verschließe sie und stelle sie 20 Minuten bei 60 °C in ein Wasserbad. Die Chilisoße ist ungekühlt bis zu zwölf Monate haltbar.

Dads Damperbrot

Wenn du Lust hast, auf Herbstausflügen eine Zwischenmahlzeit einzulegen, probiere das Rezept meines Vaters aus. Er hat das Brot direkt in der Holzkohle gebacken, du kannst auch einen Feuertopf verwenden.

Ergibt 1 Laib Brot

300 g Mehl

1 EL Backpulver

2 TL Milchpulver

1 TL Natron

Salz

375 ml Bier (ein Schluck für den Koch eingerechnet)

Butter zum Bestreichen

Marmelade zum Bestreichen

1. Bestäube Boden und Seiten deines gusseisernen Feuertopfs mit Mehl und stell ihn zum Aufheizen auf die heißen Kohlen eines Feuers.
2. Gib alle trockenen Zutaten in eine Schüssel und mische sie gut durch.
3. Gib nach und nach das Bier dazu. Rühre es mit den Fingern ein, bis ein glatter, nicht zu klebriger Teig entsteht.
4. Forme aus dem Teig einen runden Laib und leg ihn in den Feuertopf. Setze den Deckel auf den Topf.
5. Häufe nun heiße Asche über den Feuertopf.
6. Backe das Damperbrot rund 25 Minuten. Prüfe dann, ob der Teig aufgegangen ist und sich eine hellbraune rissige Kruste auf dem Laib gebildet hat. Klopfe auf die Unterseite des Damperbrots. Klingt es hohl, ist es fertig. Wenn nicht, lass es weitere 10–15 Minuten backen.
7. Mit Butter und Marmelade bestreichen, fertig!

Apfel-Pudding-Tarte mit Blitzblätterteig

Ich wette, du hast bereits eine Version dieses Rezepts von deiner Oma, deiner Nachbarin oder einem Lieblingscafé. Wenn du Lust auf eine neue Variante hast, probiere dieses Rezept aus. Ich habe es kreiert, nachdem ich ein Foto von einer Tarte gesehen hatte, das hier auf der Black Barn Farm bei einem Fotoshooting aufgenommen worden war. Ich habe nicht gesehen, wie die Tarte gemacht wurde, aber sie sah aus – und schmeckte – wie all meine Kindheitserinnerungen zusammen in einem köstlichen Bissen. Selbst gemachter Teig ist immer besser als gekaufter und die Tarte kann optisch wie kulinarisch ein Kunstwerk sein, aber wenn die Zeit knapp ist, kann man mogeln und den Teig kaufen oder die Apfelscheiben gröber schneiden.

Ergibt 1 Tarte

Für den Boden (Teig)

500 g geriebene, sehr kalte, ungesalzene Butter auf zwei Schüsseln verteilt

375 g Weizenmehl Type 550

¾ TL Salz

240 ml eiskaltes Wasser

1 TL eiskalter Apfelessig (siehe Seite 213; die Säure macht den Teig schön fluffig)

Für die Puddingcreme

3 Eigelb

3–4 EL Zucker (Weißer Zucker sieht hübscher aus. Ich nehme Vollrohr- oder Kokosnusszucker, weil sie nicht so süß sind.)

1 EL Weizenmehl Type 550

1 EL Speisestärke (Maisstärke)

250 ml Vollmilch (Kokos- und Sojamilch sind gute Alternativen, Reis- und Mandelmilch sind nicht fett genug.)

1 Vanilleschote, aufgeschnitten und das Mark ausgekratzt, oder 1 TL Vanilleessenz

Für den Apfelbelag

1 EL Butter, geschmolzen

½ TL Zimt

110 g Zucker (Auch hier ist weißer Zucker hübscher, weil er sich nicht verfärbt, aber ich nehme Rapadura-Vollrohrzucker.)

5 Äpfel, entkernt und in feine Scheiben geschnitten (Ich liebe rote Äpfel mit Schale; Roter Gravensteiner, King Cole und Gala werden weich, behalten aber ihre Form.)

85 g Aprikosenkonfitüre

1 EL Zitronensaft oder Wasser

1. Stelle eine Schüssel mit Butter beiseite. Wir brauchen sie später für den ausgerollten Teig. Gib die restlichen Zutaten in eine große Schüssel und vermenge sie schnell mit den Fingern, bis der Teig eine glatte gleichmäßige Konsistenz hat. Lass den Teig in einer Schüssel 10 Minuten im Kühlschrank ruhen.
2. Rolle den gekühlten Teig zu einem 5 mm dicken Rechteck aus. Streu die Hälfte der geriebenen Butter aus der beiseitegestellten Schüssel über zwei Drittel des ausgerollten Teigs. Falte das Drittel ohne Butter über das mittlere Drittel (mit Butter) und falte das letzte Drittel (ebenfalls mit Butter) über die beiden Lagen. Du hast nun ein dreilagiges Rechteck aus Teig mit Butter zwischen jeder Lage. Drehe den Teig um 90 Grad und rolle ihn wieder zu einem Rechteck aus. Wiederhole den Vorgang mit der restlichen Butter. Arbeite zügig – die Butter darf nicht schmelzen.
3. Rolle den Teig erneut aus und falte ihn noch dreimal wie in Schritt 2, aber streue diesmal keine Butter darüber. Drehe den Teig jedes Mal um 90 Grad, bevor du ihn faltest und wieder ausrollst. Dreh ihn immer in die gleiche Richtung. An warmen Tagen kannst du den Teig zwischen diesen Arbeitsschritten ein paar Minuten ins Gefrierfach legen. Bleibt der Teig länger als ein paar Minuten im Gefrierschrank, solltest du ihn in einen luftdichten Behälter legen, damit er nicht austrocknet.
4. Wickle den Teig in zwei Lagen Frischhaltefolie ein. Du möchtest auf Einwegplastik verzichten? Dann leg ihn in einen luftdichten Behälter. Lass den Teig 30 Minuten im Gefrierschrank ruhen und abkühlen.
5. Heiz den Backofen auf 180 °C vor.
6. Öle eine Tarte- oder Springform ein.
7. Rolle den Teig zügig ca. 3 mm dick aus. Du solltest den Teig jetzt so wenig wie möglich bearbeiten.
8. Kleide die Form mit dem Teig aus und lass ein Stück am Rand überstehen.
9. Back den Teig 8 Minuten vor. Du kannst den Teig mit ungekochtem Reis beschweren, damit er in Form bleibt.
10. Gib alle Zutaten für die Puddingcreme in eine Schüssel geben und rühre sie mit einem Schneebesen glatt. Gieße die Flüssigkeit über den vorgebackenen Tarteboden. Fülle die Form nur zu zwei Dritteln mit Puddingcreme, damit Platz für die Äpfel bleibt.
11. Vermenge für den Apfelbelag Zimt, Zucker und die geschmolzene Butter in einer Schüssel. Bestreiche die Apfelscheiben mit dieser Flüssigkeit.
12. Leg die Apfelscheiben kreisförmig auf die Puddingcreme in der Tarteform.
13. Mische Aprikosenmarmelade und Zitronensaft in einer Schüssel und bestreiche damit den Apfelbelag.
14. Lass die Tarte 35 Minuten backen oder bis sie fest ist, wenn man an der Form rüttelt.
15. Serviere die Tarte mit reichlich Sahne!

Apfel-Pudding-Tarte
mit Blitzblätterteig.

Rechts:
Warmer Apfelpunsch

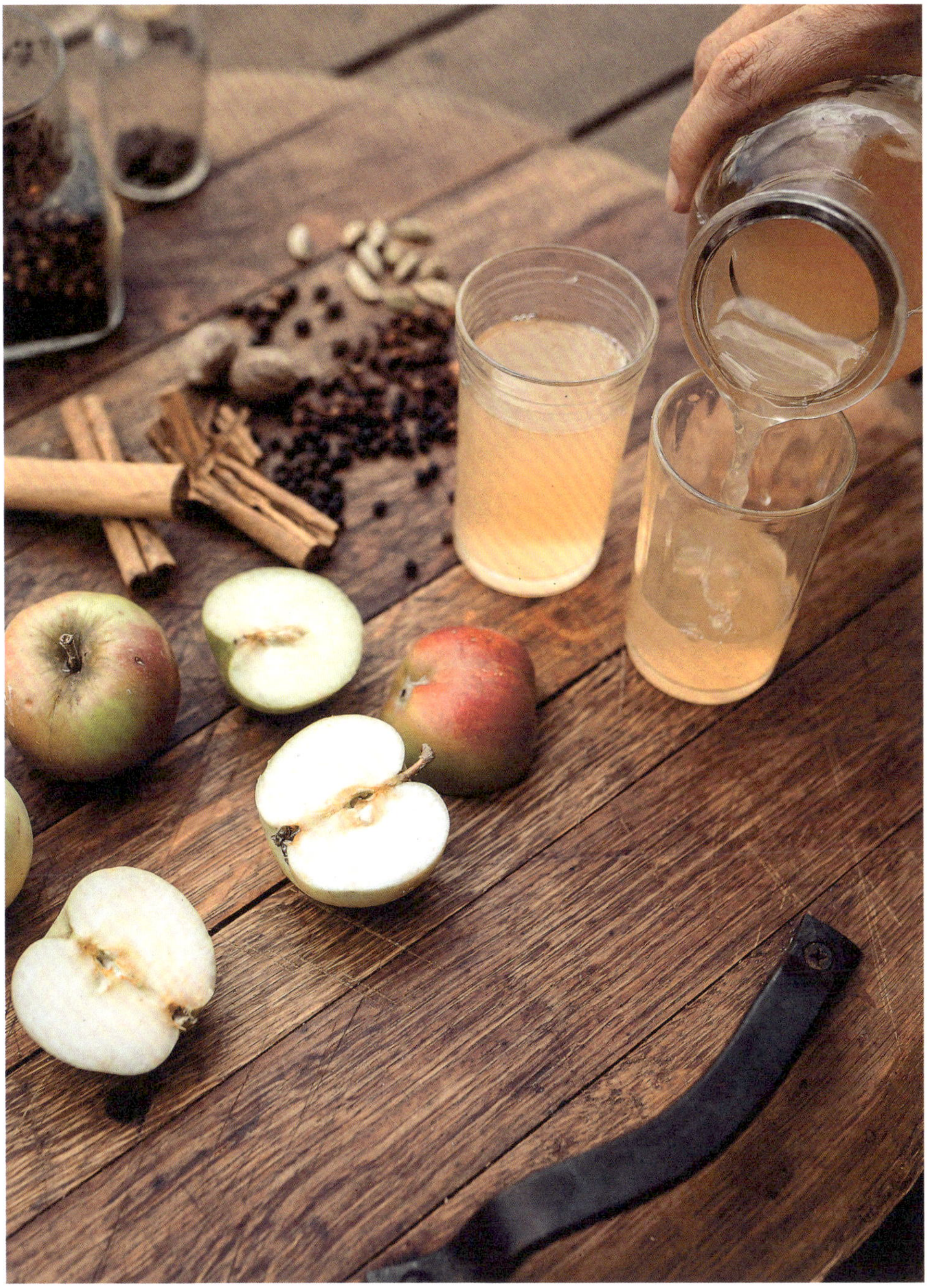

Warmer Apfelpunsch

Wir organisieren jedes Jahr Workshops und Treffen auf der Farm. Die Gäste, die im Herbst kommen, verwöhnen wir fast immer mit warmem Apfelpunsch. Er ist kinderleicht zu machen und für jeden, der einen Apfelbaum im Garten (oder in der Nachbarschaft) hat, eine perfekte Möglichkeit, Äpfel zu verwerten, die von Vögeln angepickt wurden oder Druckstellen haben. Statt diese Äpfel den Hühnern vorzuwerfen, kann man sie entsaften und zu alkoholfreiem Apfelpunsch verarbeiten. Apfelpunsch wärmt von den Zehen bis zum Kopf! Er wirkt festlich, ist aber von alters her ein Getränk der einfachen Leute. Da er keinen Alkohol enthält, können auch die Kinder fleißig mittrinken.
Wenn du magst, kannst du den Apfelpunsch nach Belieben variieren. Hier ist unser Grundrezept.

Ergibt 2 Liter

2 l frisch gepresster Apfelsaft (Wir mögen ihn dickflüssig und mit winzigen Stückchen. Bevorzugst du klaren Punsch, kannst du den Saft durchseihen und alle Gewürze in einem kleinen verschlossenen Musselinbeutel mitkochen, den du vor dem Servieren entfernst).

2 Zimtstangen

2 TL schwarzer Pfeffer, gemahlen

20 Nelken

1 Orange, in Scheiben geschnitten

1 TL Piment

1 TL Muskatnuss

1. Gib alle Zutaten in einen großen Topf und rühre gut um.
2. Lass den Topf auf niedriger bis mittlerer Hitze mindestens 1½ Stunden köcheln.
3. Serviere den Punsch warm in Bechern. Wenn du eine alkoholische Version reichen möchtest, verfeinere ihn vor dem Servieren mit einem Schlückchen von deinem Lieblingsrum oder Whisky.

Rhabarberkompott

Wir ernten massenhaft Rhabarber und machen dieses Kompott daraus. Man kann es sich sofort schmecken lassen oder es in einem luftdichten Behälter im Gefrierschrank bis zu zwölf Monate aufbewahren. Ist dein Kompott fertig, kannst du damit schnell und einfach andere Desserts zubereiten. Gib 125 ml an einen Apfelkuchen oder kombiniere es mit Vanilleeis, Porridge, Joghurt, Pudding oder Chia-Pudding (siehe Seite 186).

Ergibt 1 Liter

8–10 Rhabarberstangen

Saft von 2 Orangen

1 Prise Zimt, zum Abschmecken (optional)

110 g Rapadura-Vollrohrzucker

1. Entferne die Blätter, Enden und Fäden von den Rhabarberstangen. Die Fäden kannst du mit den Fingern oder mit einem Gemüseschäler abziehen. Jetzt werden die Stangen gewaschen und grob gehackt.
2. Lass den gehackten Rhabarber mit dem Orangensaft und gegebenenfalls auch dem Zimt in einem Topf bei mittlerer Hitze 15 Minuten kochen.
3. Rühre den Zucker in das Kompott ein und lass das Kompott köcheln, bis sich der Zucker aufgelöst hat. Rühre regelmäßig um, damit der Zucker nicht anbrennt.

Rhabarber-Sahne-Dessert

Dieses einfache, alte englische Dessert kombiniert säuerliche Früchte mit süßer Schlagsahne. Du kannst das Rezept je nach Publikum und Vorlieben aufpeppen.

Für 6 Personen

1 l Rhabarberkompott (siehe links)

175 g Honig

Schale und Saft von 1 Orange

1 Vanilleschote, aufgeschnitten und das Mark ausgekratzt

1 Prise Salz

185 ml Sahne

1 EL weißer Zucker

1. Lasse Rhabarberkompott, Honig, Orangenschale und -saft, Vanilleschote und Salz in einem Topf bei niedriger Hitze 5–10 Minuten kochen. Rühr gut um, damit sich die Zutaten vermischen.
2. Stell die Mischung in den Kühlschrank, bis sie kalt ist.
3. Schlag aus Sahne und Zucker eine feste Schlagsahne auf.
4. Hebe vorsichtig die Hälfte der Sahne unter eine Hälfte der Kompottmischung und fülle die Sahne-Kompott-Mischung in sechs hohe Gläser.
5. Gib vor dem Servieren in jedes Glas einen Löffel Sahne und dann einen Löffel der Kompottmischung.

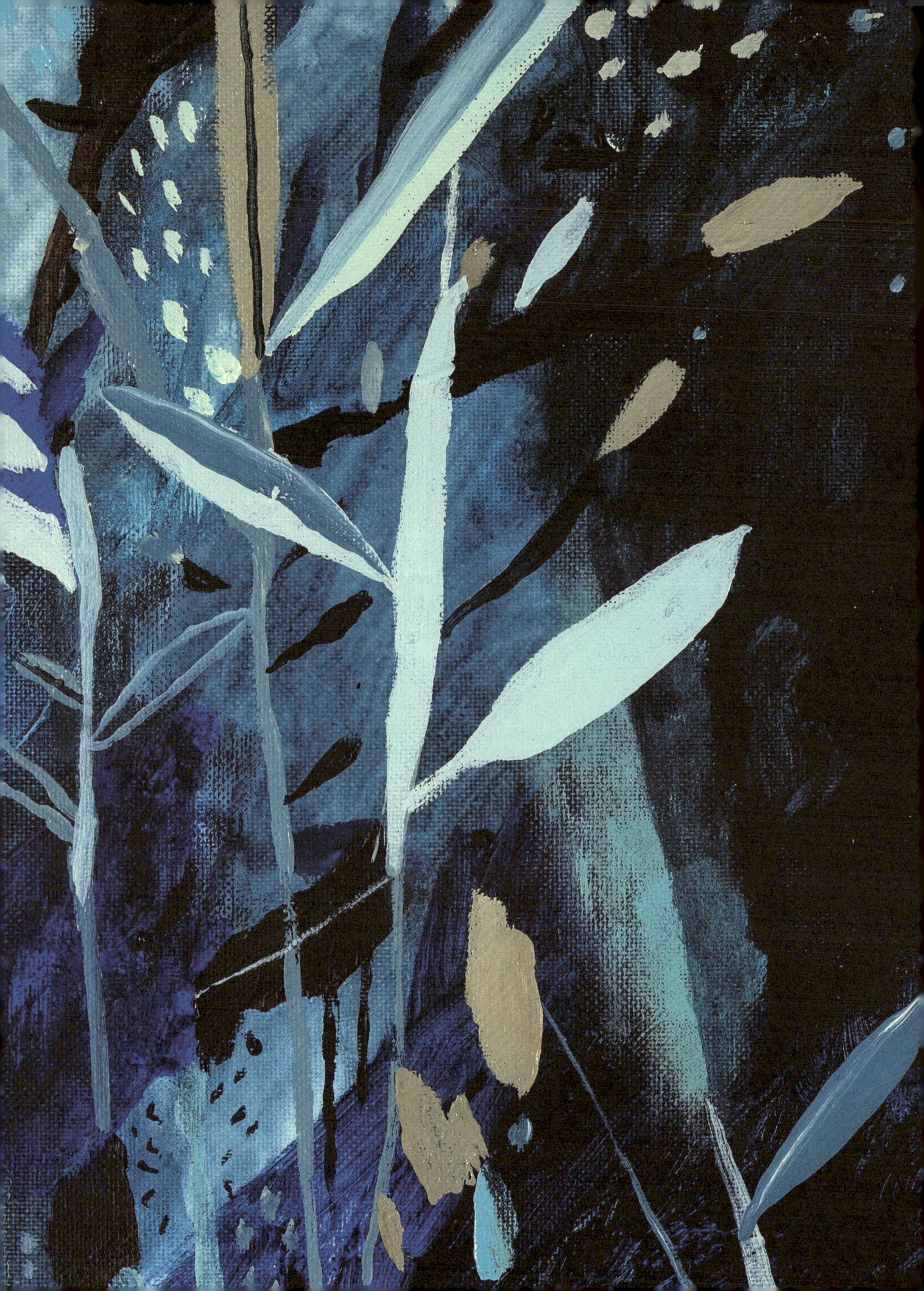

RUHEN

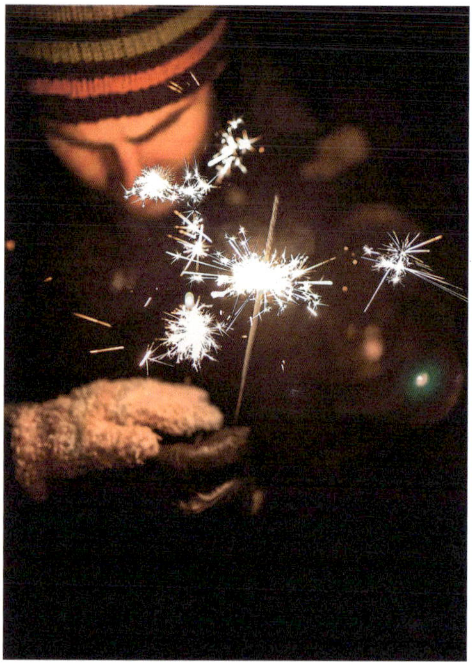
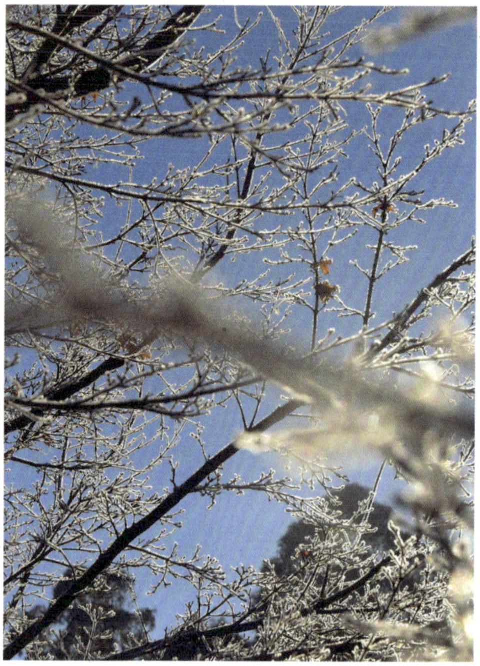
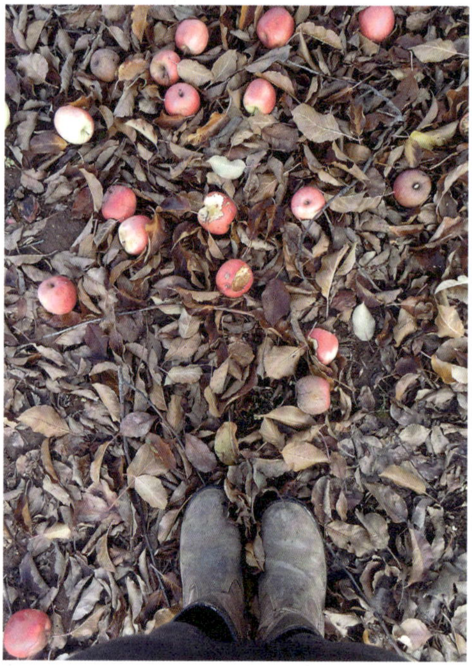
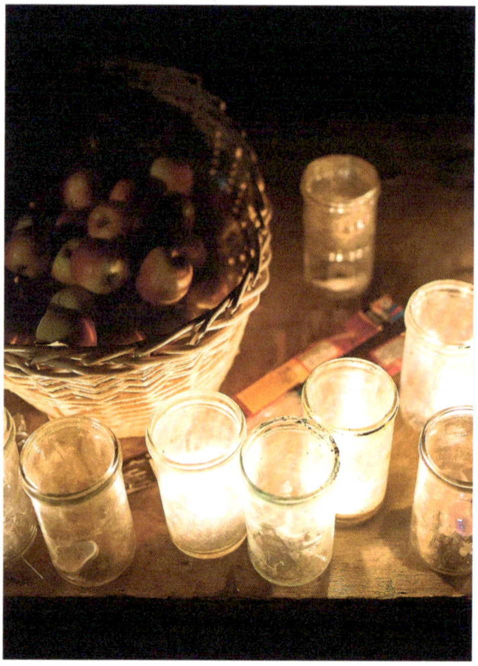

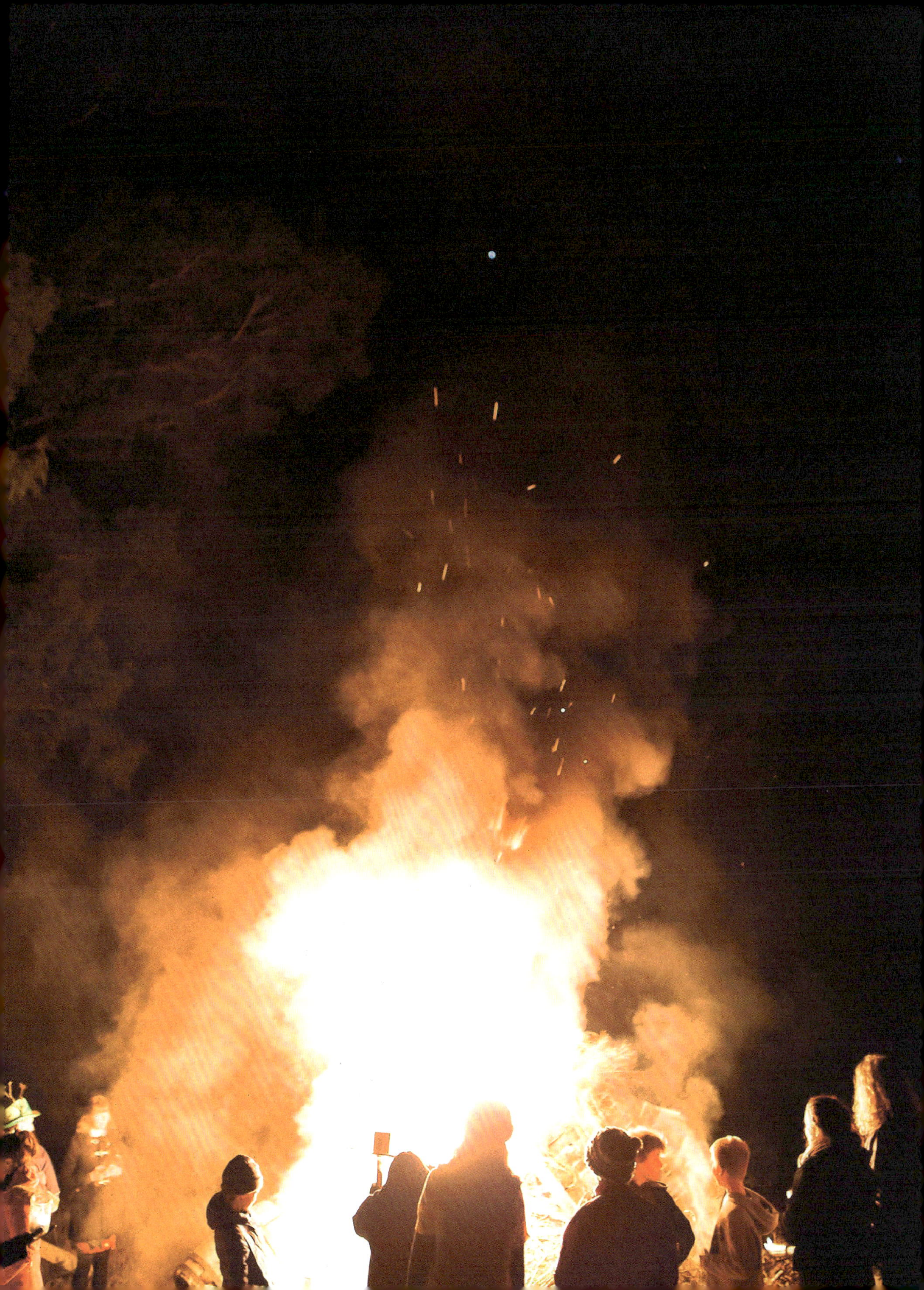

Im Winter schalten wir runter, kuscheln uns warm ein und fallen in unsere eigene Variante eines erholsamen Winterschlafs. Manche Leute finden die rauen Monate langweilig, einige genießen gemütliche Tage im Haus und wieder andere fühlen sich erst so richtig lebendig, wenn kalte Luft und eisige Böen ihnen die Röte ins Gesicht treiben. Der Wasserkocher sorgt für Tee ohne Ende und das Essen, das im AGA-Ofen (siehe Seite 296) gemächlich vor sich hin gart, ist so reichhaltig und herzhaft wie der Tag kalt und dunkel. Die Vorratskammer bestimmt das tägliche Menü, während der Garten – bis auf das eine oder andere Beet mit Mangold oder Grünkohl – vom Frühling träumt.

Kahle Äste schwanken im Wind, Regen prasselt gegen die Fenster und der Boden gefriert. An solchen Tagen ist es am schönsten, daheim zu bleiben, mit Freunden in der Küche zu sitzen oder friedlich im Schuppen zu werkeln.

Jetzt ziehe ich Bilanz, lasse Erfolge und Misserfolge Revue passieren und schmiede Pläne für das neue Jahr.

DAS GROSSE ENTRÜMPELN

Als Aufwerter, Wiederverwerter oder engagierter Secondhandkäufer häuft man unweigerlich Schätze an. Regelmäßiges Ausmisten und ein robustes Ordnungssystem machen es uns Jägern und Sammlern leichter, Beutestücke, die ungenutzt in dunklen Ecken stehen, in gute Hände abzugeben.

Bei all der Freude am Finden und Aufheben wird der Platz gern knapp. Dinge, die man wirklich braucht, muss man oft suchen, weil sie im Meer der Beutestücke untergehen. Übermäßiger Konsum kann dann der Tropfen sein, der das Fass zum Überlaufen bringt. Trotz unseres Kennerblicks für das Potenzial, das in gebrauchten Dingen steckt, sind wir nicht gefeit vor einer Konsumphilosophie, die versucht, uns zu signalisieren, dass wir von allem das neueste Modell brauchen, obwohl das alte noch treue Dienste leistet. Und wer wirft schon gern weg, was noch funktioniert?

Dann ist da noch das – durch die Werbung gezielt genährte – Anspruchsdenken, das unsere Kultur des Schenkens kommerzialisiert. Pflichtgeschenke bescheren uns allerlei Ballast, der häufig wenig durchdacht und noch dazu oft minderwertig ist. Trotzdem halten wir oft an diesen Dingen fest.

Sich von Stücken zu trennen, kann Schuldgefühle oder ein schlechtes Gewissen wecken und einen Moment lang herzzerreißend sein. Die Erleichterung und das Gefühl der Befreiung nach dem Loslassen halten jedoch viel, viel länger an. Es gibt stapelweise Bücher darüber, wie man mehr Ordnung in seinem Leben schafft und ich will hier nicht noch eines schreiben. Aber Dingen, die man nicht (mehr) braucht und die andere besser einsetzen können, die Freiheit zu schenken, fühlt sich großartig an.

Der Himmel ist grau und es hört nicht auf zu nieseln? Dann nimm dir Zeit, um unter die Lupe zu nehmen, was sich im letzten Jahr alles angesammelt hat. Wirf einen Blick in Küchen- und Kleiderschrank, Garage und Schuppen, Speisekammer, Spielzeugkiste, Wäscheschublade und -schrank – in alle Eckchen, wo sich ungenutzte Schätzchen gern verstecken.

Mantra beim Ballastabwurf
- Ich nehme mir vor, was ich in einer Sitzung schaffe, also ein Regal, einen Schrank oder eine Schublade und nicht die ganze Garage.
- Dies ist mein jährliches Befreiungsritual – kein Grund für Abschiedsschmerz, ein schlechtes Gewissen oder unrealistische Erwartungen. Ich bleibe stark!

Gut sortiert
- **Behalten** – Leg fest, wozu jedes Ding dient und wo es aufbewahrt wird.
- **Reparieren, Umfunktionieren, Aufwerten** – Auf diesen Stapel kommt, was nach der Überholung einen klaren Verwendungszweck haben wird.
- **Weggeben** – Bring einst Geliebtes, aber mittlerweile Ungenutztes zur Tauschbörse, ins Gebrauchtwarenhaus oder in den Secondhandladen.
- **Wegwerfen** – Frag dich, wie du Dinge am besten entsorgen kannst. Papier und Pappe etwa verhindern, unter Mulch in Gartenbeeten ausgelegt, das Wachstum von Unkraut.

Tschüss Krempel
- **Eins rein, eins raus** – Spende immer, wenn du Kleidung, Schuhe, Taschen oder Bücher kaufst, die gleiche Zahl an Artikeln einem guten Zweck.
- **Gebrauchtwarenhaus** – Stell eine Kiste bereit, in die alle Dinge ablegen können, die nicht mehr passen, keine Freude mehr bereiten oder ihren Zweck erfüllt haben.
- **Lebensmittelspende** – Spende noch einwandfreie Lebensmittel einer Nahrungsinitiative, einer gemeinnützigen Tafel oder einer Foodsharing-Plattform deiner Wahl.

- Ich lasse mich nicht von dem Gedanken »Das behalte ich lieber, bestimmt brauche ich es irgendwann noch einmal« verführen. Halte dich an die Ordnungsphilosophie deiner Wahl: Bereitet es mir Freude? Habe ich diesen Gegenstand in den letzten sechs Monaten benutzt? Hat er einen konkreten Zweck?

Metall gehört auf den Wertstoffhof. Händler nehmen Altgeräte, Verpackungen, Batterien und Leuchtmittel zurück und Bücher kann man spenden.
- **Bedenkzeit** – Keine der oben genannten Kategorien passt? Dann leg das Teil auf diesen Stapel. Setz dir einen Termin, bis wann die Dinge auf diesem Stapel den anderen Kategorien zugeordnet sein müssen. Wenn mir die Entscheidung schwerfällt, lasse ich mich von objektiven Freunden beraten.

- **Flickkorb** – Sammle hierin alle Kleidungsstücke mit Löchlein, fehlenden Knöpfen oder offenen Nähten. Reserviere eine Stunde in der Woche zum Flicken, Stopfen und Säumen, falls notwendig.
- **Alles am Platz** – Jedes Ding im Haus sollte einen festen Platz haben: im Bastelschrank, in der Stoffschublade, in der Saatgutkiste, im Wäschekorb und so weiter und so fort.

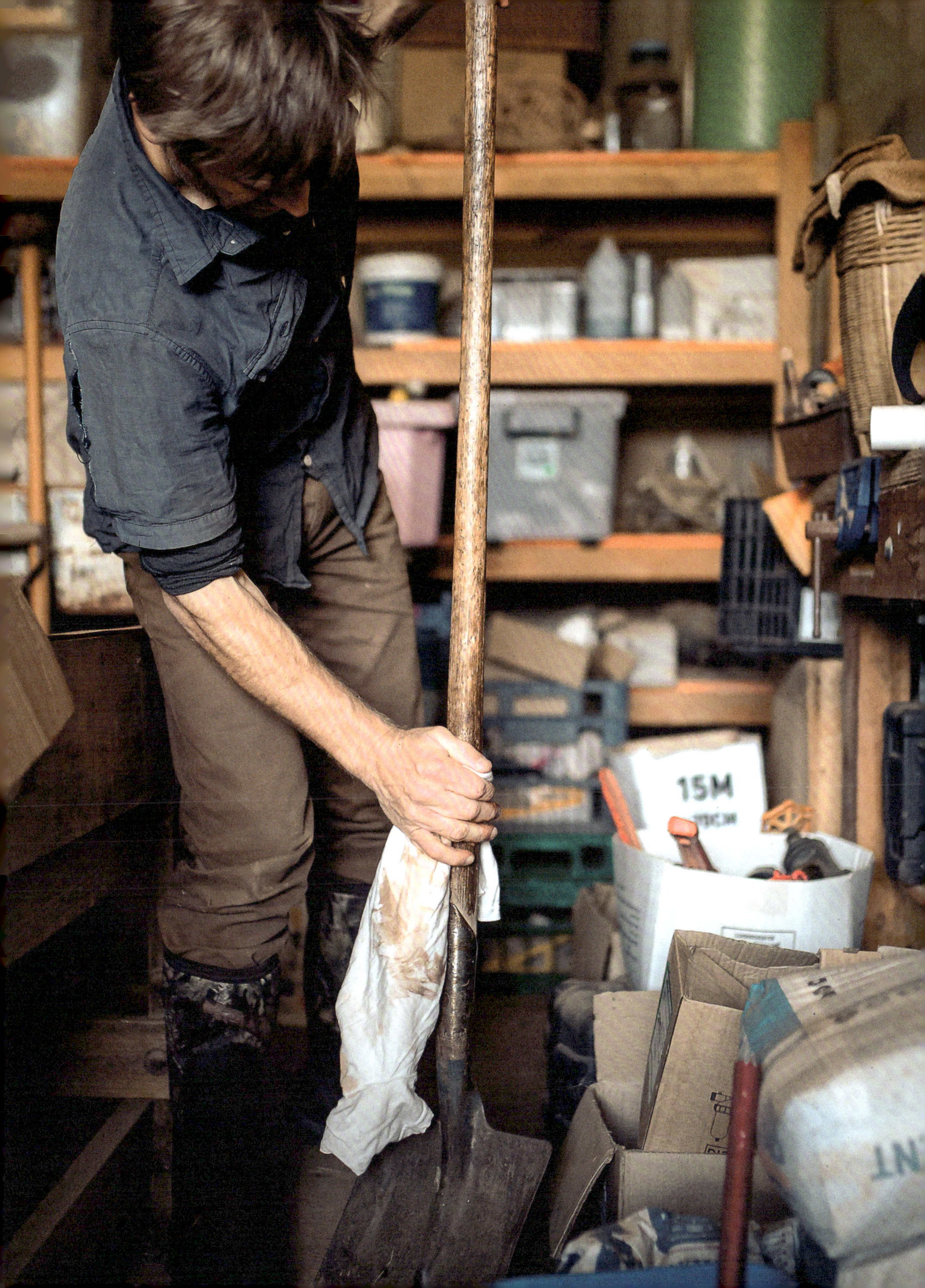
15M

Stärken

ZEIT DER FESTLICHKEIT

Auf der Black Barn Farm versuchen wir, Festtage einfach und sinnvoll zu gestalten. Wir bemühen uns, sie ganz ohne Stress als Zeit der Freude zu leben.

Worum geht es an Weihnachten? Familie, Zusammensein, Dankbarkeit, Rituale, Festessen, Selbstgemachtes, Staunen, Gerichte, Generationen, Geschichten und Nickerchen. Wir feiern Weihnachten ohne Lametta und Plastik und konzentrieren uns lieber auf das Fest. Damit die Vorbereitungen nicht an einem allein hängen bleiben, teilen wir die Arbeit auf. Wir basteln Geschenke (Upcycling ist besonders beliebt) und kommen mit Adventsbräuchen in Weihnachtsstimmung. Unser Lieblingstag ist der zweite Weihnachtsfeiertag. Dann verwandeln wir uns in Faulpelze und lassen uns die Reste schmecken.

Aktiver Adventskalender

Zu unseren Vorweihnachtsritualen gehört ein aktiver Adventskalender. Wir hängen 24 kleine Schachteln an Bändern auf und legen in jede Schachtel einen Zettel für den jeweiligen Tag. Die Schachteln verwenden wir jedes Jahr wieder. Auf unsere Zettel schreiben wir Dinge, die wir gerne machen, etwa:

- Sing in der Dämmerung Weihnachtslieder.
- Trag zum Abendessen ein Kostüm.
- Geh auf eine Nachtwanderung.
- Bereite aus grüner und roter Götterspeise einen Weihnachtswackelpudding.
- Back einen Weihnachtskuchen.
- Bastle für deine Lehrerinnen und Lehrer Geschenke.
- Bring einer Tafel oder einem karitativen Laden Spenden.
- Schreibe ein Weihnachtsstück und führ es auf.

An den ersten vier Tagen im Dezember machen wir immer das Gleiche. Diese Rituale sind für uns wie ein Startschuss für die Vorfreude auf Weihnachten.

Am 1. Dezember quetschen wir uns (mit allen Hunden) in den Pritschenwagen und begeben uns, die Kettensäge im Fußraum, auf die Jagd nach einem Weihnachtsbaum. Plantagenkiefern zu fällen, ist verboten, also suchen wir an Straßenrändern, im Busch und auf Feldern nach wild wachsenden Kiefern, die ohnehin entfernt würden. Irgendwann trudeln wir, meist im Dunkeln, wieder zu Hause ein – mit einem Baum oder mehreren kleinen, die wir zusammenbinden.

Wir haben eine einfache Weihnachtsgeschenkeregel: Jeder bekommt etwas zum Anziehen, etwas zum Lesen, etwas, das wächst und etwas, das er braucht. Das hält »Krempel«, Erwartungen und Geschenkorgien in Grenzen.

Am 2. Dezember schmücken wir den Baum. Ich schenke den Kindern jedes Jahr Christbaumschmuck – im Lauf des Jahres sammle ich auf Streifzügen Fundstücke und befestige Bändchen zum Aufhängen daran. Wir beladen den Baum, bis er unter dem Gewicht umzufallen droht. Abends schwelgen wir in Erinnerungen: Das habe ich bekommen, als wir »noch da und da gewohnt haben« oder »als ich soundso alt war«. Jedes Kind nimmt seinen Weihnachtsschmuck mit, wenn es auszieht und mir bleiben die Stücke, die meine Mutter mir geschenkt hat.

Am 3. Dezember schreiben meine Kinder Briefe an den Weihnachtsmann. Sie zu lesen, ist viel einfacher, als zu rätseln, was der Weihnachtsmann ihnen bringen sollte. Jedes Kind bekommt etwas zum Anziehen, etwas zum Lesen, etwas, das wächst und etwas, das es braucht.

Am 4. Dezember plündern wir den Bastelschrank und kreieren Grußkarten für die Verwandten, die eine handgeschriebene Nachricht per Post einer E-Mail vorziehen. Die Kinder stöhnen zwar, wenn wir für die Großeltern jedes Jahr neue Karten entwerfen, aber sie lernen dabei, dass es an Weihnachten auch um andere geht.

BASTELN, BACKEN, GARTELN

Okay, Hände hoch, wer fühlt sich wie ein Geizhals, wenn er mit selbst gemachten Geschenken auftaucht? Das ging mir auch so! Ich habe monatelang hartnäckig Geschenkideen überdacht und geplant, nur um dann das Gefühl zu haben, dass meinen Kreationen auf dem Gabentisch wenig Wertschätzung widerfuhr. Aber überzeugte Freunde des Do-it-yourself-Geschenks haben mich mit großartigen Ideen in meinem Engagement bestärkt.

Wenn man sich für selbst gemachte Geschenke entscheidet, spart man selten Zeit oder Geld. Das gilt auch für hausgemachte Leckerbissen. Bis man Samen aufbewahrt, Setzlinge vermehrt, die Pflanze gehegt, abgeerntet und daraus Marmelade, Kuchen oder Chips gemacht hat, kostet einen das Präsent mehr und nimmt mehr Zeit in Anspruch als ein gekauftes Geschenk. Vielleicht sehen die selbst gestalteten Etiketten

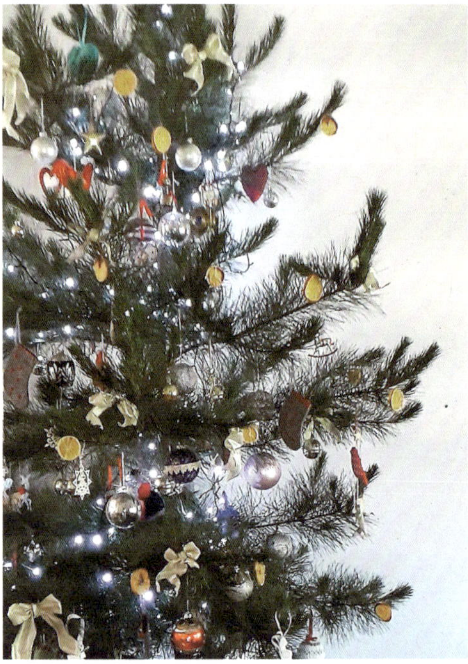
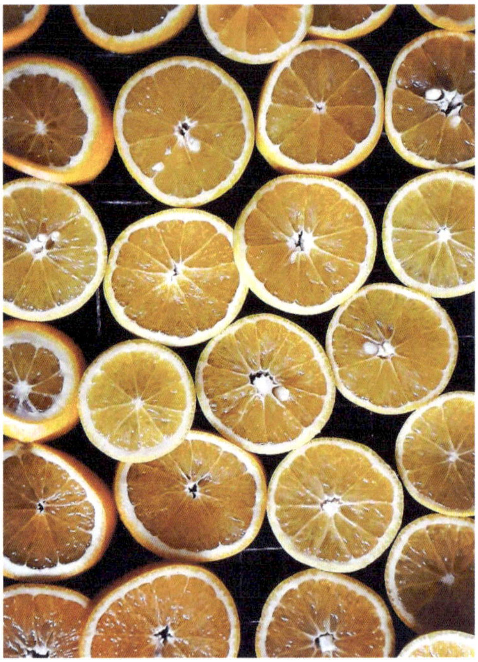
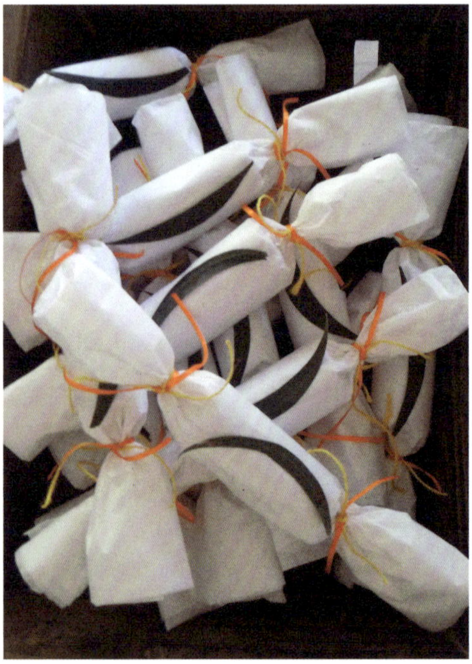
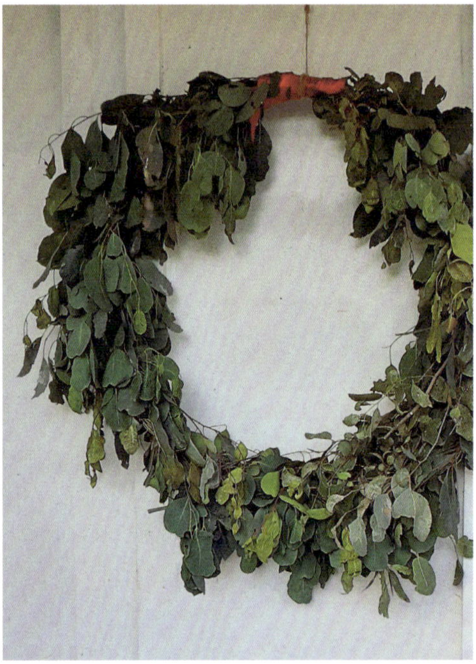

weniger perfekt aus, aber in den Geschenken steckt eine große Portion Liebe.

Die Möglichkeiten für Do-it-yourself-Geschenke sind grenzenlos – sie müssen nicht kompliziert sein. Besonders glücklich macht es mich, wenn meine Präsentideen andere inspirieren. Über einige selbst gemachte Geschenke haben wir uns besonders gefreut:

- Gutscheinbuch mit Einlösefristen (Hausputz, Strandtag, ein Abend Geschirrspülen, ein Pärchenabend, eine vorgelesene Geschichte),
- Topfpflanzen oder Kräuter aus dem eigenen Garten,
- Geschichten und Fotos aus der gemeinsamen Kindheit,
- ein Picknick mit Thermoskanne, Porzellan und Tisch- oder Picknickdecke,
- eine Knoblauch- oder Chiligirlande zum Aufhängen in meiner Küche,
- eine zu »neuen« Ehren gekommene alte Schachtel mit den Zutaten für eine heiße Schokolade, einem neuen Becher, Marshmallows und Vanillekakao,
- eine Mahlzeit im Glas – mit allen Zutaten und einer Anleitung, wie man die feine Mahlzeit aus dem Glas in den Topf und aus dem Topf auf den Teller bekommt,
- getrockneter Kräutertee in schönen Upcycling-Gefäßen,
- ein Tütchen mit selbst gesammelten Gemüsesamen,
- eine Schachtel mit Dingen, die jemand für mich übers Jahr verteilt in einem Secondhandladen gekauft hat, als er an mich gedacht hat.

Der Clou bei DIY-Geschenken ist die Verpackung. Gib deiner Kreativität die Sporen! Wie wäre es mit:

- Stoff statt Papier,
- Seiten aus einem alten Stadtplan oder Atlas,
- Pack- oder Zeitungspapier, dekoriert mit Fundstücken aus der Natur,
- Schnur oder ein Stoffband statt Klebstreifen?

Als Geschenkanhänger eignen sich wunderbar Blätter oder eine Bastelei aus buntem Papier. Eine frische Blume unter eine Ecke geschoben, gibt der Verpackung den letzten Schliff.

WEIHNACHTSKRANZ KREATIV

In Australien fällt Weihnachten in den Sommer. Mit der Gartenschere in der Hand marschiere ich in der Hitze durch den Busch. Ich gehe nicht nach Hause, bevor ich nicht aromatische Eukalyptusblätter, schön geformte Stöcke, gesprenkelte Blätter und Ranken für meinen Kranz gefunden habe.

Bei der Suche geht es weniger um die Materialien als um den kreativen Prozess – den Duft im australischen Busch, die Stunde allein im Sonnenlicht, das mäandernde und meditative Wandern. Das Aufhängen der immer neuen Kranzkreationen ist der Höhepunkt einer magisch kreativen Reise.

Der Kranz ist Ausdruck eines schlichten nachhaltigen Weihnachtsfests und umso schöner, weil er auf Lametta verzichtet. Er hängt an seinem Haken, bis die Festtage vorbei sind und landet dann auf dem Brennholzhaufen.

FESTLICHE KNALLBONBONS

Knallbonbons wurden Mitte des 18. Jahrhunderts in London erfunden, um den Verkauf von Dauerlutschern anzukurbeln. Heute sind sie in der englischsprachigen Welt ein beliebter Weihnachtsbrauch. Als ich vor vielen Jahren zum ersten Mal allein lebte, habe ich nach Weihnachten Massen von Geschenkpapier und Verpackungen entsorgt. Fast die Hälfte des Mülls waren Knallbonbonreste. Ich fand es trotz des Mülls schade, auf sie zu verzichten und beschloss, sie selbst herzustellen.

Das Basteln von Knallbonbons ist heute eine Familienaktivität in unserem aktiven Adventskalender. Das Thema des Jahres hängt vom Inhalt des Bastelschranks ab und vom Angebot im Secondhandladen. Außer dem Streifen, der den Knall erzeugt, verwenden wir nur Gebrauchtes (selbst auf den Streifen verzichten wir oft). Für Knallbonbons brauchst du:

- Klopapierrollen – einfach im Lauf des Jahres aufheben,
- gute Witze – aufschreiben, sobald du sie hörst,
- gebrauchtes Geschenk- oder Seidenpapier,
- alte Bänder, Briefmarken, Zeitungen und Aufkleber, dazu gesammelte Blätter und Blüten,
- kleine Geschenke – Samen, handgemachte Miniseifen, handbemalte Steine, Muscheln, winzige Origami-Tiere oder selbst gemachte Bonbons.

MÜLLFREIE WEIHNACHTEN

Wie wäre es mit einer Null-Müll-Vision zum Fest? Ein plastikfreier Weihnachtsbaum ist ein guter Anfang. Ein toller Blickfang sind zum Beispiel getrocknete Orangenscheiben. Als ich mit neunzehn Jahren und kleinem Budget in London lebte, habe ich den Baum zum ersten Mal mit Orangenscheiben geschmückt. Damals habe ich am Straßenrand auch Platanenkugeln als Weihnachtsbaumschmuck gesammelt. Geh die Sache als kreative Herausforderung an!

24 BÜCHERTAGE

Als die Kinder noch klein waren, habe ich ein paar Wochen vor der Adventszeit in einem Secondhandladen 24 gebrauchte Bilderbücher gekauft. Ich wickelte sie in Zeitungspapier ein und legte sie unter den Weihnachtsbaum. Jeden Abend suchten wir uns eines der Bücher aus, kuschelten uns unter eine Decke und lasen das Buch gemeinsam. Es ist ein schlichtes und schönes Ritual, an das die Kinder sich nach wie vor gerne erinnern. Wenn deine Kinder schon älter sind, kannst du dieses Ritual vielleicht auch mit Kapiteln eines längeren Buches ausprobieren.

Rechts:
Wir trinken im Schein des Lagerfeuers auf eine reiche Ernte.

WASSAIL

Was zum Teufel ist *Wassail*? In früheren Zeiten versammelten sich Dorfbewohner in den Apfelwein-Anbaugebieten im Westen Englands mitten im tiefsten Winter zu einem Ritual. Angeführt von ihrem gewählten »Königspaar«, marschierten sie singend, lärmend und johlend zwischen den Baumreihen auf und ab, um böse Geister zu verscheuchen und eine reiche Ernte zu beschwören. Bei dem alljährlichen Brauch ließen sie sich aus einem herumgereichten »Wassail-Pokal« reichlich Apfelwein schmecken.

Auf der Black Barn Farm schätzen wir Wassail nicht zuletzt als Anlass, uns im bittersten Winter aufzuraffen und mit Familie und Freunden zu feiern. Wir begehen das Fest auf unsere Weise. In der längsten Nacht des Jahres versammeln wir uns am Lagerfeuer zu einem Festmahl, zu dem alle beitragen. Die Kinder lieben es, draußen ausgelassen herumzutoben.

In wild kombinierten Outfits aus vielen wärmenden Schichten singen wir bei Apfelglühwein selbst verfasste Balladen über das Leben im Obstgarten. Dann schlagen wir mit Stöcken den Takt und marschieren im Dunkeln beim spärlichen Licht gebastelter Laternen über die Weide zur »Mutter aller Bäume«. Diesen Baum haben in der Mitte unseres Obstgartens gepflanzt und mit Edelreisern veredelt, die wir am Straßenrand, auf unserem Land oder dem unserer Familie geschnitten haben. Wir weben magische Blattmandalas, hängen sie in den Baum und machen uns voller Vorfreude auf den Weg zurück zur Feuerstelle. Dort nähern sich »böse Geister« mit Fackeln und entzünden das Lagerfeuer. Unter unserem Jubel verbannen die hoch auflodernden Flammen die Dunkelheit. Wir bitten um künftige reiche Ernten

Frei von Erwartungen, lasse ich das Jahr sich entfalten. Ich begrüße Veränderungen, denn sie verleihen ihm Würze.

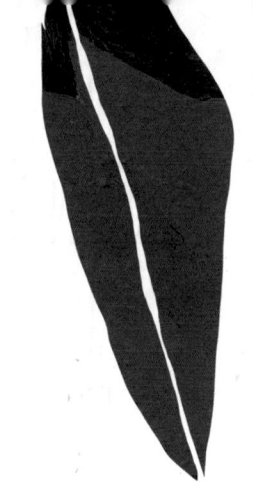

und stoßen zum Ruf »Wassail! Wassail! Wassail!« an.

Für uns ist Wassail eines der wichtigsten Feste, zu dem wir einladen. Alle tragen ein wenig eigene Magie bei, um eine Nacht voller Farben, Licht und Chaos zu zaubern – und gemeinsam zu feiern.

Warum feierst du die Wintersonnenwende nicht auch mit ein wenig Wassailflair? Glühwein, ein kleines Lagerfeuer oder eine Feuerschale und launige Gesänge mit Nachbarn im Hinterhof machen viel Spaß und bringen die Menschen einander näher.

NEUJAHRSVORSÄTZE

An der Schwelle zum neuen Jahr lasse ich das letzte Jahr zusammen mit alten Vorsätzen und Erwartungen Revue passieren.

Meine größten Schwächen sind unrealistische Ziele und meine Besessenheit, sie um jeden Preis zu erreichen. Ehrgeiziger Tatendrang ist großartig, wenn man gern Punkte auf To-do-Listen abhakt. Die Fixierung auf Ziele lässt jedoch keinen Raum für magische Momente, spannende Ideen und die köstlichen kleinen Ablenkungen, die uns das Leben beschert. Eine Suche im Internet verrät drei der häufigsten Neujahrsvorsätze:

Ich werde Sport treiben und in Form kommen.
Ich werde eine Diät machen und abnehmen.
Ich werde Geld sparen.

Alle drei klingen nach Selbstbestrafung. Sie wecken weder Hoffnung noch freudige Erwartung. Sie spornen uns nicht an, nach Höherem zu streben, setzen uns unter Druck und sind oft zum Scheitern verurteilt.

Seit ein paar Jahren folgen meine Vorsätze neuen Regeln. Das Leben ist nicht schwarz oder weiß. Es ist eine wundersam komplexe Reise, spielt sich in Grautönen ab. Wie wäre es also, statt mit »guten Vorsätzen« mit einem Ritual ins neue Jahr zu starten? Einem, das Hoffnung und Zuversicht schenkt und sinnstiftend neue Wege weist?

Ich habe mir ein neues Mantra gesucht:

Realität – Erwartungen = Zufriedenheit

Ist unser Leben besser, als wir es erwartet haben, sind wir glücklich. Wird die Realität unseren Erwartungen nicht gerecht, sind wir unzufrieden. Der Schlüssel ist, unsere Erwartungen herabzuschrauben.

Ich gebe jedem Jahr ein Thema, das weit gefasst und assoziativ ist, zum Beispiel Familie, Farm oder Essen. Ich notiere, was ich mir in Bezug auf diese Themen wünschen würde. Nach wie vor fröne ich meinen geliebten (langen) Listen. Darauf stehen aber nun Wünsche, nicht Aufgaben.

LITERWEISE SELBST ANGEBAUTER TEE

Ein Leben im Einklang mit den Jahreszeiten füllt sich rasch mit kleinen täglichen Routinen. Eines meiner Lieblingsrituale ist die ewige Kanne Tee, die zu jeder Tageszeit bereitsteht.

Ganz gleich, wann man in den Tag startet, die wichtigsten Entscheidungen des Tages sind die einfachsten: Welche Tasse, welche Kanne und welcher Tee? In der Speisekammer stapeln sich auch verschiedene Teesorten aus dem Laden – aber das sind Notrationen. Wir bevorzugen Tee aus Kräutern, die wir in der Hitze des Sommers angebaut und getrocknet haben.

In meinem Küchenschrank stehen Teekannen aus der ganzen Welt. Die meisten stammen aus Secondhandläden oder von Flohmärkten – und jede weckt Erinnerungen. Mit Tassen geht es mir ähnlich. Allerdings verbinde ich mit ihnen eher Menschen als Orte. Zahlreiche waren Geschenke, andere haben Freunde selbst gefertigt. Die Wahl von Kanne und Tasse geht schnell. Ich habe im Gefühl, welche Erinnerungen ich wecken und mit welchen Menschen ich – und sei es nur in Gedanken – meinen Morgen teilen möchte. Hast du eine Lieblingstasse oder -kanne?

WERKZEUGWARTUNG

Auf dem Höhepunkt der Anbausaison sind die Tage so voll, dass kaum Zeit bleibt, sich um das so wichtige Werkzeug zu kümmern. Im Winter, wenn das Leben langsamer wird, liegt es meist unberührt im Regal. Die perfekte Zeit also, um sich verbeulten Böden, verbogenen Zinken oder abgebrochenen Griffen zu widmen. Wir gehen in den Schuppen, weil es dort trocken ist, ersetzen Griffe und Stiele, beulen Dellen aus, ziehen Schrauben nach, schleifen Klingen und lassen Holzteile nach einem Anschliff mit Öl ein. Dazu nehmen wir Olivenöl – ranziges oder altes Öl reicht völlig aus.

Wenn wir unserem Werkzeug im Winter ein wenig Liebe angedeihen lassen, leistet es uns in der nächsten Saison treue Dienste – und spart uns Zeit und Geld.

Verbinden

TIEFE RUHE

Die kürzesten und dunkelsten Tage des Jahres sind eine Zeit der inneren Einkehr, der Rückbesinnung, der Reflexion und Selbstliebe. Besinn dich auf dich selbst und frag dich, was dich im Alltag zu viel Kraft kostet. Hör auf deinen Körper, deinen Geist und deine Seele. Nimm dir Zeit für dich, ohne ein schlechtes Gewissen zu haben. Wann, wenn nicht jetzt? Höre auf das Tempo deiner inneren Uhr und tue deinem seelischen Gleichgewicht und deiner Gesundheit etwas Gutes. Du könntest:

- allein spazieren gehen,
- dir Tage ohne Handy, Tablet, Laptop oder PC gönnen,
- eine meditative Fertigkeit lernen wie Stricken, Weben, Zeichnen oder Töpfern,
- eine schöne Zeit mit deiner Familie verbringen – ihr könnt gemeinsam lesen, malen, basteln oder kochen, Samen sortieren, Karten spielen oder Geschichten schreiben,
- im Regen auf Entdeckungsreise gehen,
- monotone Aufgaben wie Holzhacken oder Steinmauernbauen bewusst und aufmerksam erledigen,
- deine eigene Chai-Mischung kreieren,
- dich deinem Bücherstapel widmen,
- ein Nachmittagsschläfchen machen,
- Musik hören und mitsingen,
- ein Bad nehmen,
- deinen Frühlingsgarten planen,
- ungestört träumen,
- deine To-do-Liste zerreißen und einfach in den Tag hineinleben.

DAS LESEGLÜCK FINDEN

Betrachtet man Multitasking nicht aus der Perspektive der Effizienz, sondern aus der des eigenen Wohlbefindens, lässt die Methode einiges zu wünschen übrig. Ständig Informationen von allen Seiten aufzunehmen, erzeugt Stress. Die Reduzierung auf ein einziges Medium ist ein fantastischer Weg, um gut zu sich selbst zu sein.

Einmal im Jahr, normalerweise im tiefsten Winter, wähle ich ein Buch und schalte während des Lesens ab. Ich lasse Telefone, Fernseher, Zeitungen und Zeitschriften links liegen und widme meine ungeteilte Aufmerksamkeit den Anregungen und Denkanstößen aus dieser einen Quelle. Das klingt simpel. Doch erinnerst du dich an das letzte Mal, als du dir eine Auszeit von all den Dingen genommen hast, die auf dich einprasseln?

Es lohnt sich, ein echtes Buch zu lesen und nicht zum E-Reader zu greifen. Ein Buch in Händen zu halten, Seiten umzublättern und den Duft des Papiers einzuatmen, ist ein sinnliches Vergnügen, das dir kein elektronisches Gerät bieten kann.

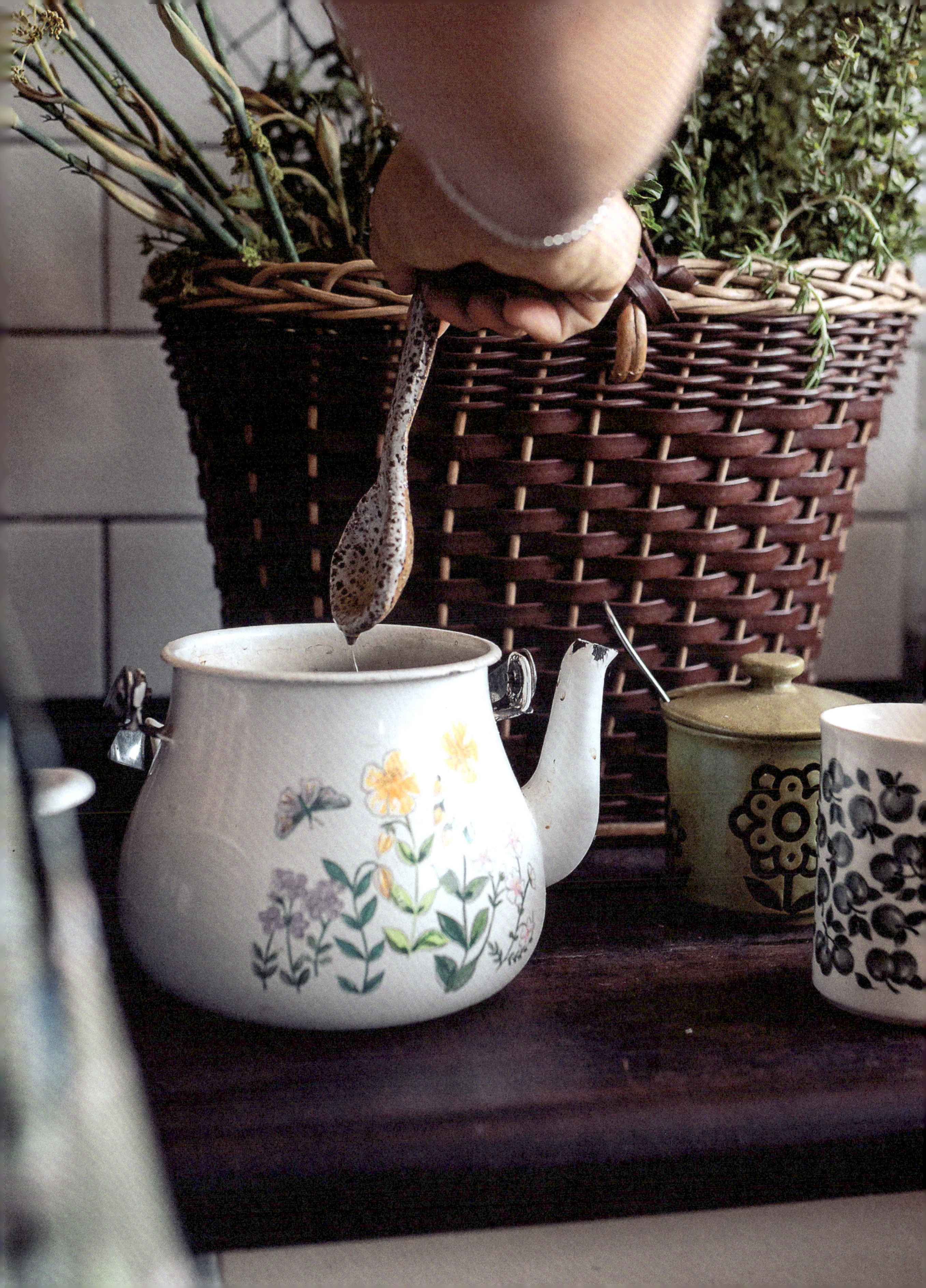

Omas Weihnachtspudding

Meine Oma bereitet den Familienpudding seit jeher nach dem Rezept ihrer Mutter zu. Sie fängt meist in den letzten Wintertagen an, alle Zutaten zu kaufen. Bis Weihnachten kommt – und mit ihm der australische Sommer –, hat sie alles, was sie braucht, beisammen, um für jede Tochter einen Pudding zu machen. Am ersten Tag misst sie alle Zutaten ab, am zweiten mischt sie sie und kocht die Puddings. Meine Mutter versteckt ihren Pudding gern bis Juni oder Juli – unserem Winter. Dann passt dieses urenglische Weihnachtsdessert, das eher einem Serviettenkloß denn einem Pudding gleicht, wunderbar zur Witterung.

Für ca. 12 Personen

350 g Rosinen, gehackt

350 g Sultaninen

220 g Johannisbeeren

6 Pflaumen, fein gehackt

135 g gehacktes Orangeat

35 g gehacktes Zitronat

geriebene Schale von 3 Zitronen

125 ml Brandy

125 ml Milch

250 ml Orangensaft

120 g weiche weiße Semmelbrösel

1 große Karotte, gerieben

220 g Zucker

220 g Rindernierenfett, stattdessen kann man auch weißes Pflanzenfett verwenden

100 g Allzweckmehl

½ TL Salz

½ TL Muskatnuss

1 TL Gewürzmischung

4 große Eier

1. Gib erst Rosinen, Sultaninen, Johannisbeeren, Pflaumen, Orangeat, Zitronat und Zitronenschale, dann Brandy, Milch und Orangensaft in eine große Schüssel. Lass die Fruchtmischung 24 Stunden im Kühlschrank ziehen.
2. Gib die restlichen Zutaten dazu und vermenge alles gut.
3. Gib den Teig in die Mitte eines 50 x 50 cm großen Baumwolltuchs. Fasse die Tuchecken zusammen und binde sie mit einem Bindfaden eng am Teig zu.
4. Koche den Kloß im Tuch in einem Topf mit Wasser mindestens fünf Stunden lang. Je länger der Pudding kocht, desto besser. Achte darauf, dass immer genug Wasser im Topf ist.
5. Serviere den Pudding sofort oder häng ihn zum Abtropfen ein paar Tage auf, bis das Tuch trocken ist. Danach kannst du den Weihnachtspudding einfrieren und bis zu sechs Monate lang lagern. Koch ihn nach dem Auftauen einige Minuten und serviere ihn heiß.

Xmas Pud.

12 oz raisins chopped   400g. ✓
12 oz Sultanas ✓
8 oz Currants ✓
6 oz prunes chopped ✓
6 oz. chopped mixed peel ✓
Grated rind of 1 lemon ✓
3 oz chopped almonds ✓
1 large carrot grated.
4 oz soft white breadcrumbs.
8 oz suet   ¼g. 250g.
8 oz white sugar
4 oz plain flour.   c.4 or 6 oz.
½ teasp. salt
½ " nutmeg.
1 " mixed spice
4 large eggs.
¼ pint milk
½ cup brandy.
1 cup orange juice

WINTERSPAZIERGÄNGE

Auch im Winter machen wir häufig einen Morgenspaziergang, um erfrischt in den Tag zu starten. Die kalte Luft belebt und zaubert uns einen frischen Teint ins Gesicht. In unserem Teil des Landes sind die Winter kalt und fast immer klar. Wir müssen uns also warm einmummeln, können aber unter einem blauen Himmel tief durchatmen.

In einem Winter litt ich unter den Spätfolgen einer epidemischen Polyarthritis und mein zwölfjähriger Sohn unter akutem Schulstress. Die Beschwerden waren Herausforderung und Chance zugleich. Ich konnte auf meinen Sohn und auf seine und meine Bedürfnisse eingehen. Ich ließ meine To-do-Liste links liegen und wir nahmen die Tage, wie sie kamen.

Draußen lockte der australische Busch. Also zogen wir Wanderschuhe an, füllten die Feldflaschen und machten uns – ich schlapp und mit Gelenkschmerzen, er verdrossen und niedergeschlagen – auf den Weg, ohne Ziel, Regeln oder Erwartungen.

Schritt für Schritt fanden wir einen wohltuenden Rhythmus. Unsere Herzen schlugen aus den richtigen Gründen schneller. Wir atmeten tiefer, hingen Gedanken nach und fühlten uns in der Weite der Natur erfrischend klein und unwichtig. Wir beobachteten Koalas, Wombats und Ameisenigel und bestaunten die kleinsten Wunder wie filigrane Flechten und bunte Pilze. Die Liebe zur Natur ist das beste Mittel, um einen siechen Körper und einen ängstlichen Geist zu besänftigen.

Gestalten

HAUSGEMACHTE REINIGUNGS- UND PFLEGEPRODUKTE

Wenn man seinen Plastikverbrauch kritisch unter die Lupe nimmt, entdeckt man schnell, dass Flaschen aus Badezimmer- und Putzschränken zu den größten Übeltätern zählen.

Die Plastiklawine bewegt dich nicht zum Handeln? Wie steht es mit den Auswirkungen synthetischer – oft auf Erdöl basierender – Chemikalien auf deinen Körper und die Umwelt? Oder motivieren dich die komplizierte, absurd lange Reise, die diese Produkte auf dem Weg in den Supermarkt zurücklegen und der gewaltige CO_2-Fußabdruck, den sie dabei hinterlassen?

Wenn all das nicht reicht, abgepackte Reinigungs- und Pflegemittel im Supermarktregal stehen zu lassen, wie wäre es mit der Idee, einen örtlichen Erzeuger zu unterstützen oder deinen Kids etwas Neues beizubringen?

Die Herstellung von Reinigungs- und Pflegemitteln ist überraschend einfach. Was du brauchst, sind etwas Zeit und einige Zutaten, die du wahrscheinlich ohnehin zu Hause hast. Wenn heißes Wasser, Natron, Soda, Orangenessenz, Eukalyptusöl, Essig und eine alte Strumpfhose das Problem nicht beheben können, hat auch ein im Laden erworbenes Konzernprodukt voller Chemikalien keine Chance.

Wenn du keine Lust hast, selbst Waschmittel herzustellen, kannst du Waschnüsse in Betracht ziehen. Die geknackten und getrockneten Beeren des Seifenbaums enthalten schäumende Substanzen, die sogenannten Saponine. Sie sind eine natürliche Alternative zu synthetischen Waschmitteln und halten lang. Man legt sie in ein Baumwollsäckchen und wirft sie dann mit der Wäsche in die Waschmaschine.

Stell einfach selbst Reiniger her und leg dir neue Putz- und Waschgewohnheiten zu, statt dich dem Hype um Markenreinigungsmittel zu beugen.

Hausgemachte Zahnpasta

Ob du Nelkenöl verwendest oder nicht, ist Geschmackssache: Nicht jeder mag das leicht taube Gefühl, das sich durch das Nelkenöl einstellen kann. Es gibt viele weitere Rezepte für Zahncremes, auch ohne Fluorid; Zahnärzte empfehlen jedoch fluoridhaltige Zahnpasta. Die angegebene Menge reicht für etwa 30 Anwendungen.

Ergibt 80 g

1 EL zerstoßene getrocknete Eierschalen

2 EL Biokokosnussöl

1 Tropfen Nelkenöl (optional)

8–10 Tropfen Eukalyptusöl

1 EL Natron

1. Heiz den Backofen auf 100 °C vor, verteile die Eierschalen auf einem Backblech und trockne sie 30 Minuten im Ofen.
2. Nimm das Blech heraus und stelle die Eierschalen zum Abkühlen beiseite. Zerstoße danach die Eierschalen in einem Mörser.
3. Vermische alle Zutaten gründlich miteinander. In ein kleines Schraubglas abgefüllt, ist die Zahnpasta bis zu zwei Wochen haltbar.

Do-it-yourself-Shampoo

Ein Haarwaschmittel selbst herzustellen, ist anspruchsvoll. Die einen lassen das Haar schlaff und fettig aussehen, die anderen wie ein verheddertes Vogelnest. Dieses Rezept erzielt ein ausgewogenes Ergebnis. Achte darauf, dass du es nicht in die Augen bekommst, denn dann brennt es und stell nur so viel her, wie du im Monat verbrauchst – so lange hält das Shampoo.

Gönn deinem Haar nach dem Waschen eine Spülung aus selbst gemachtem Apfelessig (siehe Seite 213). Apfelessig hilft, den natürlichen pH-Wert der Kopfhaut wiederherzustellen.

Ergibt 250 ml

125 ml Kokosnussmilch (Kokosnusscreme für trockenes Haar)

125 ml kastilische Flüssigseife aus Olivenöl

20 Tropfen ätherische Öle, zum Beispiel Lavendel, Pfefferminze, Rosmarin oder Orange

1. Gib die Zutaten in eine Shampooflasche, verschließe sie fest und schüttle, bis alles gut vermischt ist.

Flüssigwaschmittel

Dieses Waschmittel eignet sich für Heiß- und Kaltwaschgänge, Top- und Frontlader. Nimm 60 ml pro Waschmaschinenladung, für schmutzige Arbeitskleidung etwas mehr. Weich Flecken mit dem Waschmittel ein, bevor du besonders dreckige Kleidungsstücke in die Waschmaschine wirfst.

Ergibt 2 Liter

2 l Wasser

220 g Borax

275 g Waschsoda

60 ml kastilische Flüssigseife aus Olivenöl (oder Seifenflocken)

12 Tropfen ätherische Öle (rein oder gemischt)

250 ml weißer Essig (oder selbst gemachter Apfelessig, siehe Seite 213)

1. Gib Wasser, Borax und Waschsoda in einen Topf. Koche die Mischung bei starker Hitze, bis sich die pulverförmigen Zutaten aufgelöst haben.
2. Nimm den Topf vom Herd. Gib dann die kastilische Flüssigseife (oder Seifenflocken), die ätherischen Öle und den weißen Essig dazu. Rühre, bis die Konsistenz glatt und die Mischung abgekühlt ist.
3. Das Waschmittel ist in gut verschlossenen Behältern unbegrenzt haltbar.
4. Schüttle das Waschmittel vor dem Gebrauch, damit es flüssiger wird.

Fensterreiniger

Dieser Fensterreiniger ist am wirksamsten, wenn man zuerst alle Spinnweben und Staub vom Fenster absaugt. Dann sprüht man die Flüssigkeit auf das Fenster und reibt die Scheiben mit Zeitungspapier klar.

Ergibt 1,2 Liter

1 l Wasser

100 ml Brennspiritus

100 ml Zitronensaft

1. Gieß alle Zutaten in eine wiederverwendbare Sprühflasche.
2. Vor Gebrauch gut schütteln.

Allzweckreiniger

Der Allzweckreiniger eignet sich für Arbeitsflächen, Schreibtische, Türen, Wände und alle Flächen im Auto.

Ergibt 1 Liter

1 TL Eukalyptusöl

½ TL Zitrusöl

500 ml Wasser

500 ml weißer Essig (oder selbst gemachter Apfelessig, siehe Seite 213)

1. Misch alle Zutaten und fülle den Reiniger in eine dunkle Sprühflasche.
2. Vor Gebrauch gut schütteln.

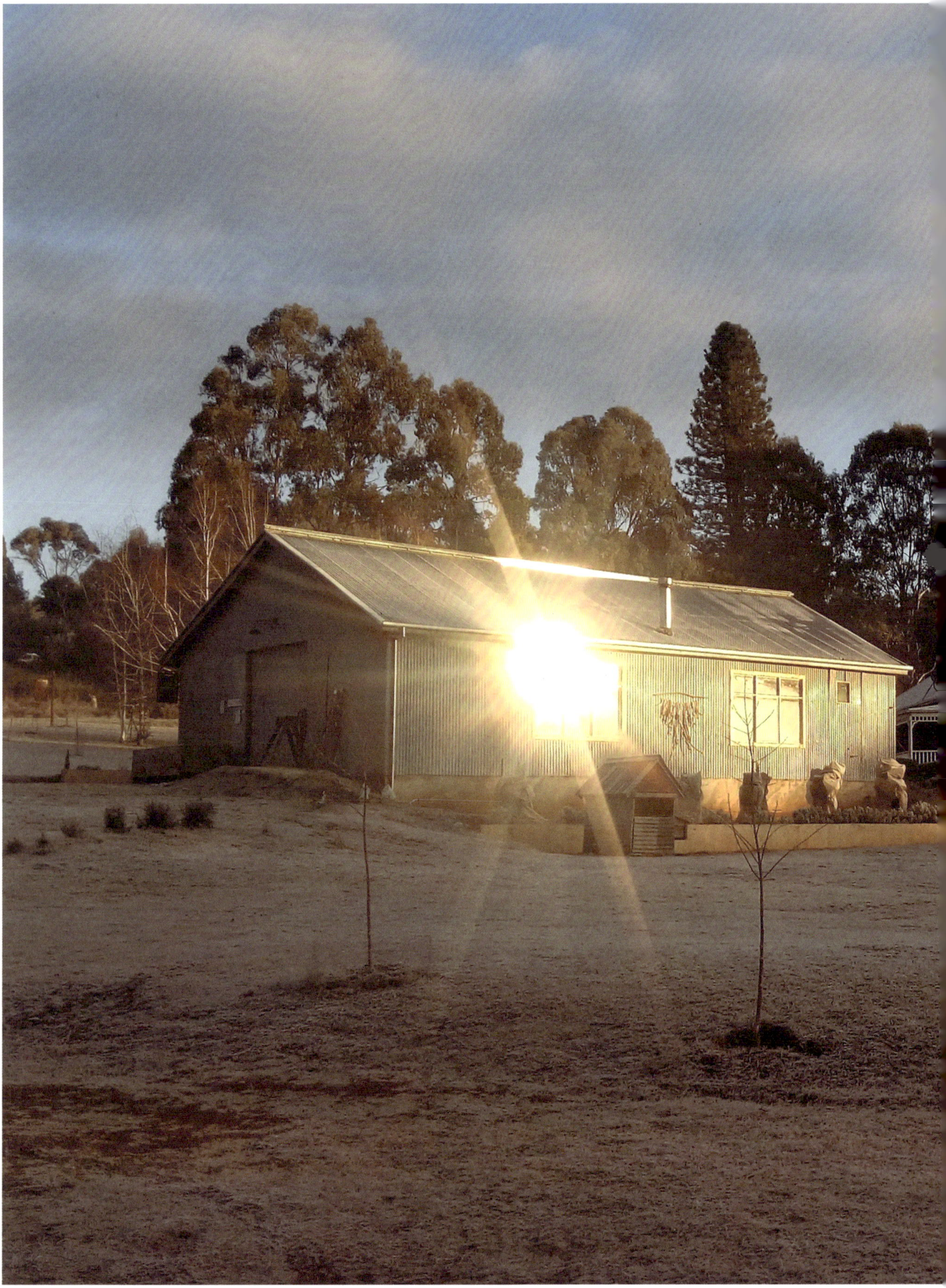

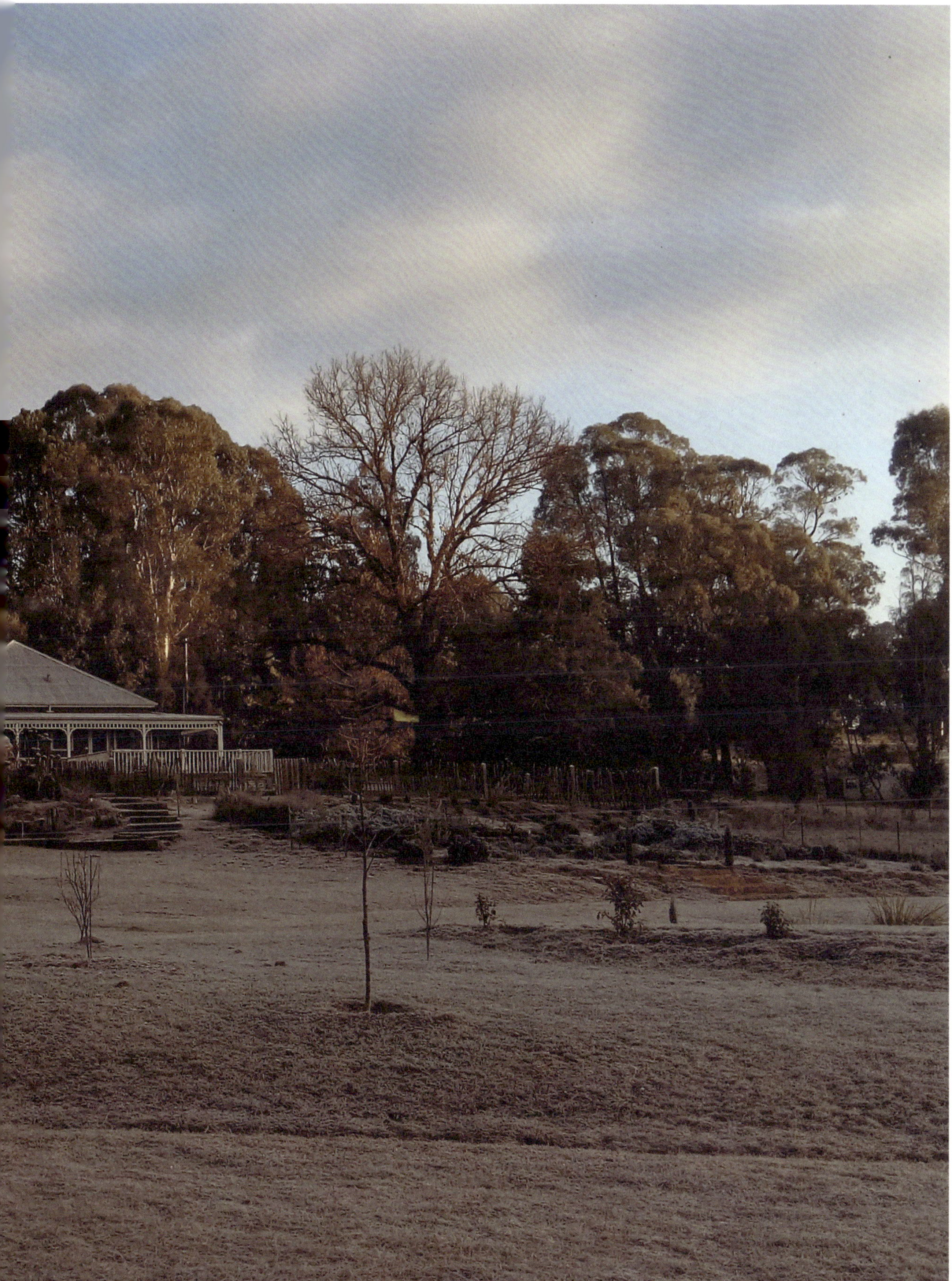

Ganz links:
Schnell noch ein paar Kumquats ernten, bevor wir sie in Zuckersirup einkochen.

Links:
Klein geschnittene Äpfel verfeinern den Haferbrei im Winter und sind als Apfelmus monatelang haltbar.

Pflanzen

WINTERZITRUS

Was soll man tun, wenn man Zitrusfrüchte liebt, man aber in einem Breitengrad lebt, der für den Zitrusanbau nicht geeignet ist? Wir haben viel ausprobiert, experimentiert und alle Möglichkeiten ausgereizt. Heute bauen wir viele Zitrusarten an (Meyer- und Lisbon-Zitronen, Tahiti- und Kaffern-Limetten, Rubra-Grapefruits, Hamlin-, Washington- und Navel-Orangen, Kumquats und die Zwergmandarinen Emperor und Imperial).

Wegen ihrer hohen Kältetoleranz verwenden wir für unsere Zitrusfrüchte *Poncirus trifoliata* als Veredelungsunterlage. Unsere Bäume stehen auf der Ostseite unseres Schuppens. So sind sie vor Frost geschützt und bekommen viel Morgensonne ab. Zum Herbstende wickeln wir sie in Frostschutzfolie, die wir erst mitten im Frühling wieder abnehmen. Noch sind die Früchte nicht so süß und saftig wie erhofft, aber die Bäume gedeihen und werden jedes Jahr produktiver. Sind sie erst einmal zehn Jahre alt, können wir unseren Vitamin-C-Bedarf (hoffentlich) selbst decken.

Kumquats sind frost- und winterhart. Wir ziehen sie in Töpfen, die wir im tiefsten Winter einfach unter die Veranda schieben. Die Kinder essen die kleinen, säuerlichen, orangen Früchte am liebsten

Rechts:
Getrocknete Zitrusschalen eignen sich perfekt als Feueranzünder oder zum Aufgießen von Tee.

Ganz rechts:
Aus Hülsenfrüchten wie diesen Mungbohnen Sprossen zu ziehen, ist einfach und bereichert den Speiseplan im Winter.

frisch vom Baum, ich bevorzuge sie gekocht. Ich lasse sie mit Zucker und Wasser köcheln und genieße sie dann als Nachtisch mit Eiscreme.

Nachhaltige Anzünder

Wir lieben es, wenn das Feuer im Kamin in unserem alten Haus brennt. Zum Einheizen verwenden wir Kaminanzünder ohne chemische Inhaltsstoffe. Sie sind leicht herzustellen und erfüllen unser Haus mit einem betörenden Geruch.

Lass einfach Orangen- und Mandarinenschalen auf dem Kamin liegen, bis sie hart und trocken sind, oder lege die Schalen auf einer Fensterbank in die Sonne. Trocknest du sie im Freien, dann hol sie nachts herein, damit sie nicht feucht werden. Du kannst die Schalen auch in einem Ofen bei 60 °C oder in einem Dörrgerät über Nacht trocknen.

Bewahre die Kamin- oder Grillanzünder in einem luftdichten Behälter auf.

NAHRHAFTE SPROSSEN

Wenn etwas den Preis für den größten Nährstoffreichtum in der kleinstmöglichen Verpackung verdient, dann sind es gekeimte Körner, Samen und Hülsenfrüchte. Die winzigen Vitamin- und Mineralstoffbomben fördern das Wohlbefinden und die Gesundheit. Gerade im Winter, wenn der Garten wenig Frisches hergibt und das Gemüse im Supermarkt teurer wird, ergänzen sie die häusliche Speisekarte ausgezeichnet.

Sie bieten große gesundheitliche Vorteile. Das Keimen neutralisiert antinutritive Substanzen, die Magen- und Darmbeschwerden, Entzündungen und Blähungen verursachen können und verwandelt trockene Körner in lebendige Pflänzchen, die unseren Körper mit Vitamin B, Carotin und Vitamin C versorgen.

Aus vielen Körnern, Samen und Hülsenfrüchte kann man Keimlinge bzw. Sprossen ziehen. Wir weichen sie eine

Zeit lang in einem Glasgefäß ein und gieße dann das Wasser ab. Bis sich Sprossen bilden, übergießen wir die Körner, Samen oder Hülsenfrüchte täglich einige Mal mit Wasser, bis das ablaufende Wasser klar ist. Die Sprossen sind im Kühlschrank bis zu fünf Tage haltbar.

Getrocknete Köstlichkeiten

Du kannst auch Nüsse bekömmlicher machen und ihre Vitamine und Mineralstoffe freisetzen. Diesen Vorgang nennt man Aktivieren. Dazu weichst du die Nüsse erst in Wasser ein (Mandeln zehn, Pekannüsse fünf und Walnüsse vier Stunden) und trocknest sie dann. Sind sie völlig trocken, kannst du sie wie gewohnt beim Kochen einsetzen. Wenn du ein Dörrgerät verwendest, sollte die Temperatur 60 °C nicht überschreiten.

SPROSSENTIPPS

◆ Gönn dir zum Heranziehen von Keimlingen und Sprossen gutes Ausgangsmaterial. Viele Pflanzen werden mit Trockenmitteln besprüht, um die Pflanze abzutöten und so das Ernten zu erleichtern. Kauf daher lieber Samen, Körner und Hülsenfrüchte aus biologischem Anbau.

◆ Fang als Sprossenneuling am besten mit nur einer Sorte Samen an. Sind Einweichen und Wässern zur Routine geworden, kennt die Experimentierfreude keine Grenzen.

DER KEIMPROZESS

GETREIDE, SAMEN, HÜLSENFRÜCHTE	EINWEICHDAUER	KEIMDAUER
Alfalfa	8 Stunden	4 Tage
Gerste	8 Stunden	3 Tage
Hafer	6 Stunden	3 Tage
Kichererbsen	12 Stunden	12 Stunden
Kürbiskerne	8 Stunden	1–2 Tage
Linsen	8 Stunden	12 Stunden
Mungobohnen	1 Tag	4 Tage
Quinoa	2 Stunden	3 Tage
Rote Kidneybohnen	8 Stunden	3–5 Tage
Sesamsamen	8 Stunden	2 Tage
Sonnenblumenkerne	2 Stunden	2–3 Tage
Weizen	8 Stunden	3 Tage

- Kürbiskerne
- Hafer
- Kichererbsen
- Weizen
- Sonnenblumenkerne
- Rote Kidneybohnen
- Linsen
- Quinoa
- Mungobohnen

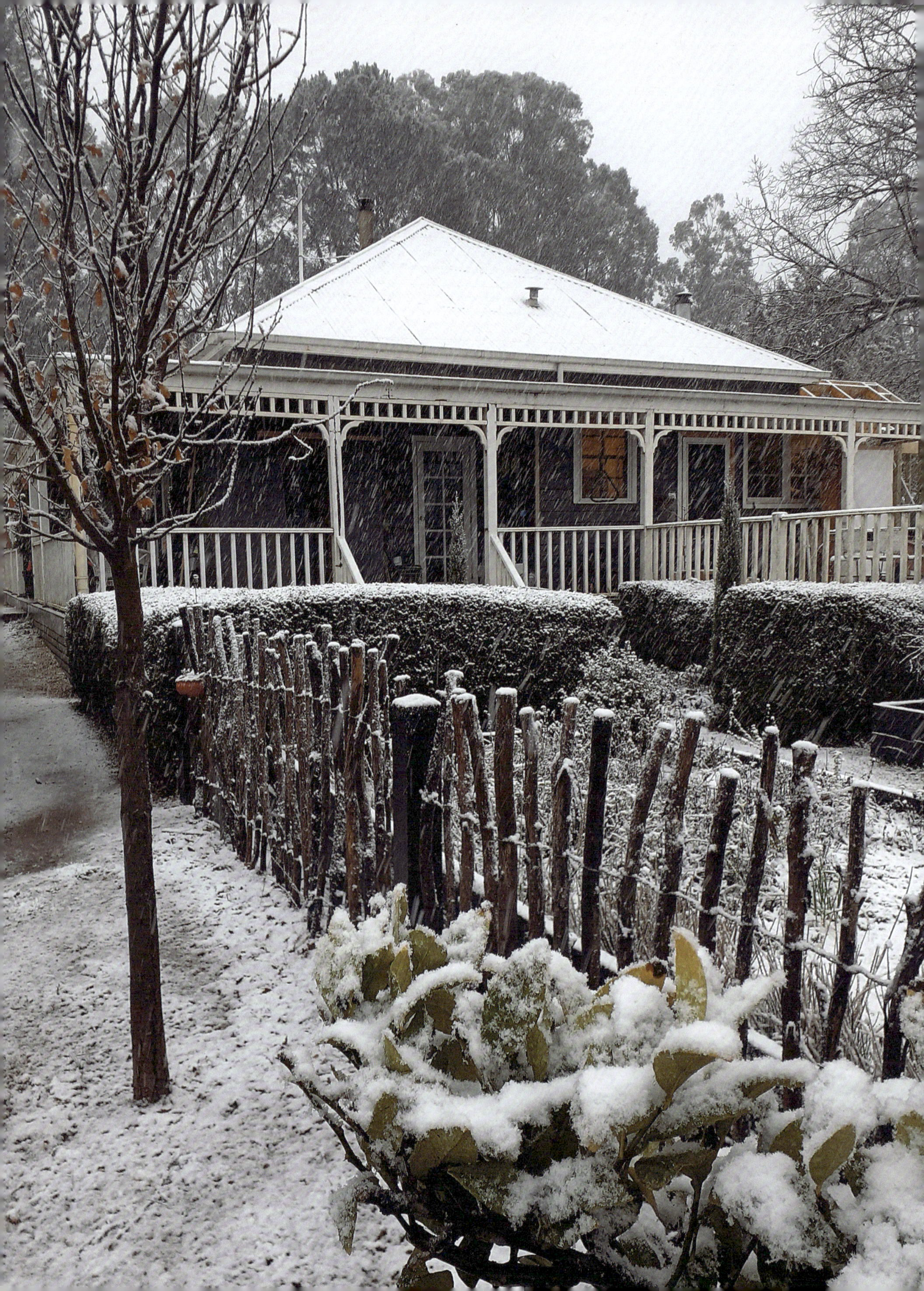

EINEN STOCKZAUN BAUEN

Stockzäune haben wir zufällig für uns entdeckt. Ich brachte spontan sechs Gänse nach Hause, bevor wir auf diese Gäste eingerichtet waren. Es dauerte nicht lange, bis die Gänse alles in unserem zaunlosen neuen Gemüsebeet zerstört hatten, was ich gepflanzt hatte.

Ein günstiger Zaun musste her – aus einem Material, das wir zur Hand hatten. Stöcke zu finden, war leicht. In den Gärten lag zudem jede Menge Draht, weil wir gerade erst kilometerweise Maschendraht beseitigt hatten.

Gesagt, getan! Unser neuer Naturzaun ist zwar nicht wombatsicher, aber er hält Hühner, Gänse, Wallabys und Hunde von den Beeten fern.

Schritt 1: Stöcke sammeln

Sammle so stabile und so gerade Stöcke wie möglich (kein Weichholz, weil es zu schnell verrottet). Wir haben Eukalyptus genommen. Für drei Meter Zaun benötigt man etwa 26 Stöcke.

Schritt 2: Stöcke ablängen und anfräsen

Wir haben die Stöcke auf 1,20 Meter gekürzt, weil diese Höhe für unsere Tiere unüberwindbar ist.

Schritt 3: Pfosten setzen

Als Pfosten haben wir vorgefräste Kanthölzer aus Hartholz verwendet, die wir mit Holzschutzmittel eingelassen haben. Dann haben wir alle drei Meter tiefe Löcher ausgehoben. Damit die Pfosten stabil stehen, muss mindestens ein Drittel des Pfostens im Boden verschwinden. Zuletzt wird das Loch mit Kies, Splitt und Erde aufgefüllt und der Inhalt verdichtet.

Schritt 4: Löcher bohren

Bohre nun zwei Löcher in jeden Pfosten: eines 20 Zentimeter von oben, eines 20 Zentimeter vom Boden.

Schritt 5: Draht einfädeln

Miss die Länge des Zauns ab, verdopple die Angabe und gib einen Meter dazu. Das ist die Länge, die du jeweils für den oberen und unteren Draht benötigst. Nimm nun den ersten Draht doppelt, befestige ihn am ersten Pfosten, fädle ihn durch die oberen Pfostenlöcher und befestige ihn am letzten Pfosten. Für den unteren Draht wiederholen.

Schritt 6: Stöcke vorbereiten

Soll der Zaun Kinder und Tiere abhalten, muss der Abstand zwischen den Stöcken etwa 8–12 Zentimeter betragen. Leg dir die entsprechende Anzahl von Stöcken in Griffweite zurecht.

Schritt 7: Stöcke einsetzen

Dreh die beiden oberen Drähte vier- bis siebenmal so umeinander, dass eine Lücke zum Einsetzen des Stocks bleibt. Unten wiederholen. Platziere dann den ersten Stock. Verdrille nun den oberen und unteren Draht in die entgegengesetzte (!) Richtung miteinander und setz den zweiten Stock ein. Kehre die Richtung, in die du die Drähte miteinander verdrillst, nach jedem Stock um.

Schritt 8: Festziehen

Schlag jeweils einen kräftigen Nagel oben und unten in den letzten Pfosten. Zieh dann die Drähte (erst unten, dann oben) mit einer Zange, so fest du kannst, zu dir, wickle das Ende des gut gespannten Drahts um den Nagel und schlag den Nagel krumm.

KOMPOST MARKE EIGENBAU

Kompost kann man auf dem Balkon, im kleinsten Hinterhof und sogar in der Wohnung herstellen. Ich erinnere mich noch lebhaft, wie meine Mutter Jutesäcke durch belaubte Vorstadtstraßen schleppte, die bis zum Rand mit Pflanzenresten gefüllt waren, die sie als Mulch im Garten oder für ihre Kompostmischung verwenden wollte. Seetang hat sie ebenso gesammelt wie Grasschnitt. Ich bin bei der Stadtverwaltung berüchtigt, dass ich mich auf ihre Rasenmäher stürze, wenn sie durch die Parks sausen. Die Stadtgärtner lassen mich meinen Sack aber immer bereitwillig mit Rasenschnitt füllen.

In den Kompost kommt Material, das man ohnehin aus Haus und Garten entfernen würde. Im Komposter wird aus dem Bioabfall Humus, der als Dünger für biodiverse und nährstoffreiche Böden sorgt – sie sind die ideale Grundlage für den Lebensmittelanbau.

Mit Kompost angereicherter Boden ist ein Geschenk für Umwelt und Gartenfreunde, weil er:

- Feuchtigkeit im Boden zurückhält,
- Pflanzen gegen Krankheiten und Schädlinge widerstandsfähiger macht und den Bedarf an Mist und teuren Düngern senkt,
- organische Abfälle auf Mülldeponien reduziert und damit klimaschädliche Emissionen und Sickerwasser, die das Land, Grundwasser und Gewässer belasten,
- Oberflächenwasser absorbiert und filtert und so der Erosion und Verschmutzung von Fließgewässern entgegenwirkt.

Wenn du den Kompost kurz vor dem oder im Winter anlegst, musst du dir keine Gedanken um die Entsorgung von Gras, Laub und Gartenabfällen, die vom Aufräumen nach der letzten Ernte übrig sind, machen. Der Trick beim Kompostieren besteht darin, ein gutes Gleichgewicht zu finden. Grünes Material ist in der Regel stickstoffhaltig, braunes kohlenstoffhaltig. Man braucht 50 Prozent feuchte Grünabfälle und 50 Prozent trockene Braunabfälle, dazu eine gute Portion Sauerstoff (regelmäßiges Wenden) und genug Wasser, um die Mischung feucht zu halten. Die Kompostabfälle sollten immer zerkleinert werden.

Kompost kann man in alten Mülltonnen, Holzkisten oder als Haufen anlegen. Wer sich für einen Komposthaufen entscheidet, muss diesen gut komprimieren, mit einer Plane abdecken (damit die Temperatur steigt) und regelmäßig wässern. Im Handel gibt es auch Komposter für die Küche und den Balkon.

Was auf deinen Kompost darf

- Kaffeesatz (braun)
- verwelkte Blumen (braun)
- zerkleinerte Eierschalen (braun)
- welkes Laub (braun)
- alte Blumenerde (braun)
- alte Zeitungen (braun)
- Sägemehl von unbehandeltem Holz (braun)
- angeschwemmtes Seegras (braun)
- Teeblätter und Teebeutel ohne die Metallklammer (braun)
- weichstämmige Pflanzen (grün)
- gebrauchtes Pflanzenöl (grün)
- Unkraut, nur ohne Samen (grün)
- Grasschnitt (grün)
- Küchenabfälle (grün)

Was nicht auf den Kompost darf

- Schalen von Zitrusfrüchten
- kranke Pflanzen
- tierische Fette
- Hochglanzmagazine oder Prospekte
- dicke Äste (außer du häckselst sie zuvor)
- Fleisch- und Molkereiprodukte
- Metall, Plastik und Glas
- Samentragende oder Wurzelunkräuter (wie Quecken, Disteln und Giersch)

So legst du einen Kompost an

1. Wähle einen geeigneten Standort für den Kompost und lasse ihn ungestört einen Monat oder länger stehen. Der Platz darf nicht zu sonnig sein, sonst trocknet der Kompost aus, aber auch nicht zu dunkel und feucht, sonst wird er nicht warm genug.
2. Wirf abwechselnd grünes und braunes Material in Schichten auf den Kompost. Die Schichten dürfen nicht zu dick sein und sollten jeweils etwa 50 Prozent der Gesamtmischung ausmachen. Dann wässere den Kompost: Er soll feucht und nicht klatschnass sein.
3. Wende den Kompost mindestens einmal pro Woche mit einer Mistgabel, um ihn zu durchlüften.
4. Nach rund sechs Wochen kannst du den Humus als Dünger für deine Beete oder Blumentöpfe verwenden.

EINE TINKTUR GEGEN HÜHNERPARASITEN

Bevor unsere Hühner mit dem Legemarathon im Frühjahr beschäftigt sind, kümmern wir uns um ihre Gesundheit. Dazu gehört eine Tinktur gegen Hühnerparasiten aus Schwarznuss. Im Frühjahr geben wir den Vögeln die Tinktur täglich: eine Verschlusskappe auf vier Liter Wasser.

Schwarznüsse werden traditionell als pflanzliches Heilmittel zur Parasitenbekämpfung eingesetzt und genau dafür verwenden wir sie auch. Darüber hinaus gelten sie als hocharomatische und gesunde Delikatesse.

Schwarznüsse sind nicht überall erhältlich, aber man kann sie auf Märkten, online oder bei Walnussplantagen finden. Die Schwarznuss wird als Unterlage in kommerziellen Walnusskulturen eingesetzt. Die aufgepfropften Sorten sterben aber nicht selten ab, dann überlebt der Baum als Schwarznuss.

Für die Tinktur benötigt man 25 zerkleinerte Schwarznüsse und 1,5 Liter günstigen Alkohol, zum Beispiel Wodka oder Gin. Die Schwarznüsse werden in eine Flasche gefüllt und mit dem Alkohol bedeckt. Die gut verschlossene Flasche lagert man vor dem Gebrauch sechs Wochen an einem kühlen, dunklen Ort. Tipp: Ich strecke die Mischung mit etwas zusätzlichem Alkohol, wenn ich die Anwendung auf den ganzen Frühling ausdehnen will.

Schwarznüsse verfärben alles, womit sie in Berührung kommen. Benutze also unbedingt Handschuhe und ein altes Schneidebrett!

Speisen

GUTER, ALTER AGA

Wer sich ein altes Haus zulegt, bekommt Zugluft ohne Ende, undichte Fenster, Dielenritzen und ungedämmte Wände gratis dazu. Einige dieser Probleme sind leicht zu beheben, andere sind es nicht. Sich den Hintern abzufrieren, gehört zum Winter in einem alten Haus auf subalpiner Höhe.

Stanley im australischen Bundesstaat Victoria liegt 800 Meter über dem Meeresspiegel. Es ist berüchtigt für den Nachtfrost, der längst nicht nur im Winter droht. Als wir hierher zurückkamen, hatten wir auf ein Grundstück ohne Haus gehofft. Auf die ökologischen Bausünden eines 140 Jahre alten Hauses hatten wir keine Lust. Zehn Jahre lang haben wir gesucht. Letzten Endes waren es Bodenqualität, Hangrichtung, Wasserversorgung und Restchemikalien im Boden, die beim Kauf den Ausschlag gaben – das Haus gab es dazu.

Vor unserem ersten Winter haben wir bis in die frühen Morgenstunden Heizungen recherchiert und Secondhand-Onlineshops durchforstet. Charlie ist mit einem AGA-Herd aufgewachsen. Also liebäugelte er mit Holzbefeuerung und langsamer Verbrennung. Unsere Finanzen machten ihm einen Strich durch die Rechnung. Eines Tages kamen wir mit einem Herrn ins Gespräch, der sein ganzes Leben lang für die Firma Rayburn gearbeitet hatte. Er liebte deren AGA-Öfen so sehr, dass er seinen Ruhestand damit verbrachte, alte Geräte auf Vordermann zu bringen. Was wir aus dem langen Gespräch mitnahmen, war ein »Rayburn Supreme«, der einen Hausbrand überlebt hatte.

Wir warteten zwölf Monate, bis der Ofen überholt, sandgestrahlt und schwarz pulverbeschichtet war. Als wir ihn endlich abholten, stand die eine halbe Tonne schwere Schönheit erst einmal zwei Jahre im Schuppen. Der Küchenboden konnte das Gewicht nicht tragen. Wir froren drei Winter lang so sehr, dass uns die Zähne klapperten. Dann war das Fundament verstärkt und das Personal vor Ort, um ihn zu installieren.

Es war KEINE Liebe auf den ersten Blick. Ich genoss zwar die lang ersehnte Wärme, aber ihn einzuheizen, ohne das Haus in Rauchschwaden zu hüllen und den Feueralarm auszulösen, gelang mir zunächst nicht. Schließlich war es Charlie, der zwischen uns vermittelte. Heute liebe ich meinen AGA heiß und innig.

Bei regelmäßiger Fütterung (täglich Schubkarren voller Holz) heizt er alle Heizkörper im Haus, kocht an den meisten Abenden unser Abendessen, liefert unzählige Kannen Tee am Tag und füllt die Küche mit einer Wärme, die unsere Stiefel trocknet und mich nostalgisch stimmt. Mittlerweile ist das ständige Holznachlegen winterlicher Alltag. Es ist ein Ritual, dem ich an kurzen, tristen Wintertagen huldige, bis der nächste Frühling kommt und die Natur erwacht.

BROTBACKEN

Versuchst du dich regelmäßig an etwas, das du nicht gut kannst, nur weil es dir Spaß macht? Der Gegenstand meiner laienhaften Leidenschaft ist selbst gebackenes Brot. Das Brot, das bei uns auf den Tisch kommt, hat nicht selten eine zu harte Kruste und der Teig ist zu feucht und klebrig. Zudem schmeckt es zu sehr nach Sauerteig. Obwohl ich täglich backe und regelmäßig Kochbücher nach Tipps durchforste, ist mein Endprodukt immer eher unterdurchschnittlich. Dennoch liebe ich das Brotbacken als Teil meines Alltags, das Gefühl meiner Hände im Mehl und den Duft.

Wir essen immer noch alles auf, die Kinder nicken zustimmend und mit viel Butter schmeckt das noch warme Brot sogar (einigermaßen). Anfangs war es entmutigend und frustrierend, aber ich habe mich abgefunden: Ich kann mittelmäßig sein und das Backen trotzdem lieben. Was für eine befreiende Erkenntnis!

Ich werde weiterhin meine eigenen Brote backen. Vielleicht werden sie ja – rein zufällig – irgendwann besser!

NUSSMILCH – JA ODER NEIN?

Was ich von Nuss- und Mandelmilch halte? Ich muss gestehen, ich bin mir da uneins. Ich will hier auf das Für und Wider nicht tiefer eingehen, aber Nussmilch ist umstritten. Sie verursacht jede Menge Lebensmittelabfälle, selbst wenn man sie zu Hause hergestellt und ich lehne den Verpackungswahn ab. Hinzu kommt, dass ich bei einem Freund in der Nähe frische Ziegenmilch eintauschen oder kaufen kann. Trotzdem finde ich es gut, auf Milchprodukte zu verzichten und Nuss- und Mandelmilch sind ebenso reich an Proteinen und Mineralien wie Kuh- oder Ziegenmilch.

Ein guter Kompromiss ist, die pflanzliche Milchalternative selbst herzustellen und aus dem Nuss- oder Mandelmehl, das nach der Milchherstellung übrig bleibt, zum Beispiel Brötchen zu backen (siehe Seite 307) oder einen glutenfreien Sauerteig anzusetzen.

Wie man Nuss- und Mandelmilch herstellt

1. Für einen Liter Milch braucht man 250 Gramm Mandeln, Cashews, Para- oder Haselnüsse.
2. Gib die Nüsse mit etwas Salz in eine Schüssel, bedecke sie mit Wasser und lass sie über Nacht einweichen.
3. Lass die Nüsse abtropfen, spüle sie mit Wasser ab und gib sie mit einem Liter Wasser in einen Mixer. Püriere alles gründlich und lass den Nussbrei zehn Minuten stehen.
4. Gib dann den Nussbrei in einen Nussmilchbeutel, ein Seihtuch oder ein Geschirrtuch aus Baumwolle oder Leinen und lass die Milch in einen Krug oder eine Schüssel abtropfen. Drücke den Beutel am Schluss so fest wie möglich aus.
5. Die Nussmilch ist im Kühlschrank bis zu drei Tage haltbar.

Ich verwende Bionüsse und füge allen Milchsorten ein paar Mandeln hinzu. Dann schmeckt die Milch ganz ohne Zuckerzusatz angenehm süß. Nussmilch hält nicht sehr lange. Deshalb stelle ich häufiger kleine Portionen her. Das Nussmehl muss man innerhalb von 48 Stunden weiterverarbeiten oder einfrieren.

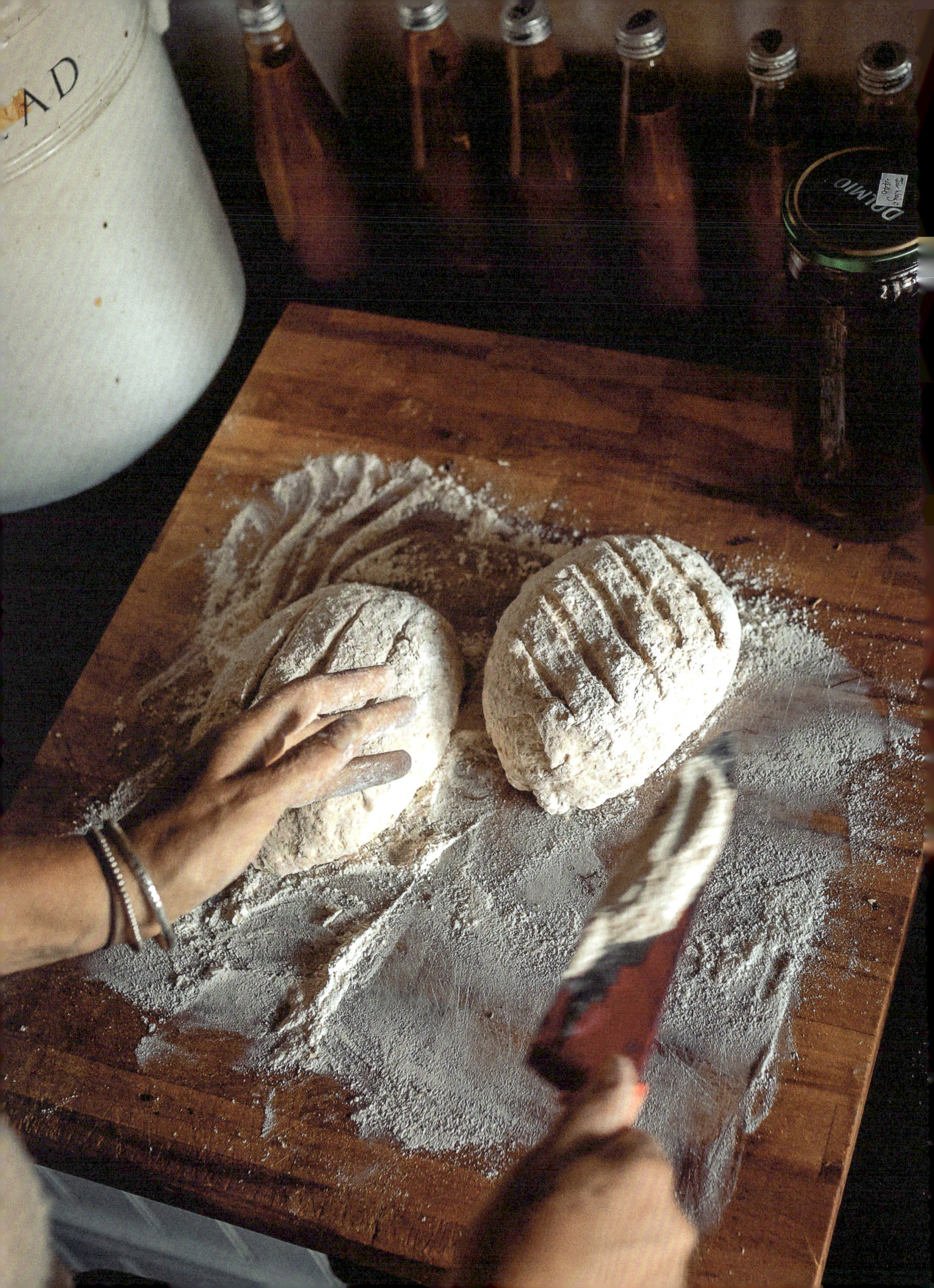

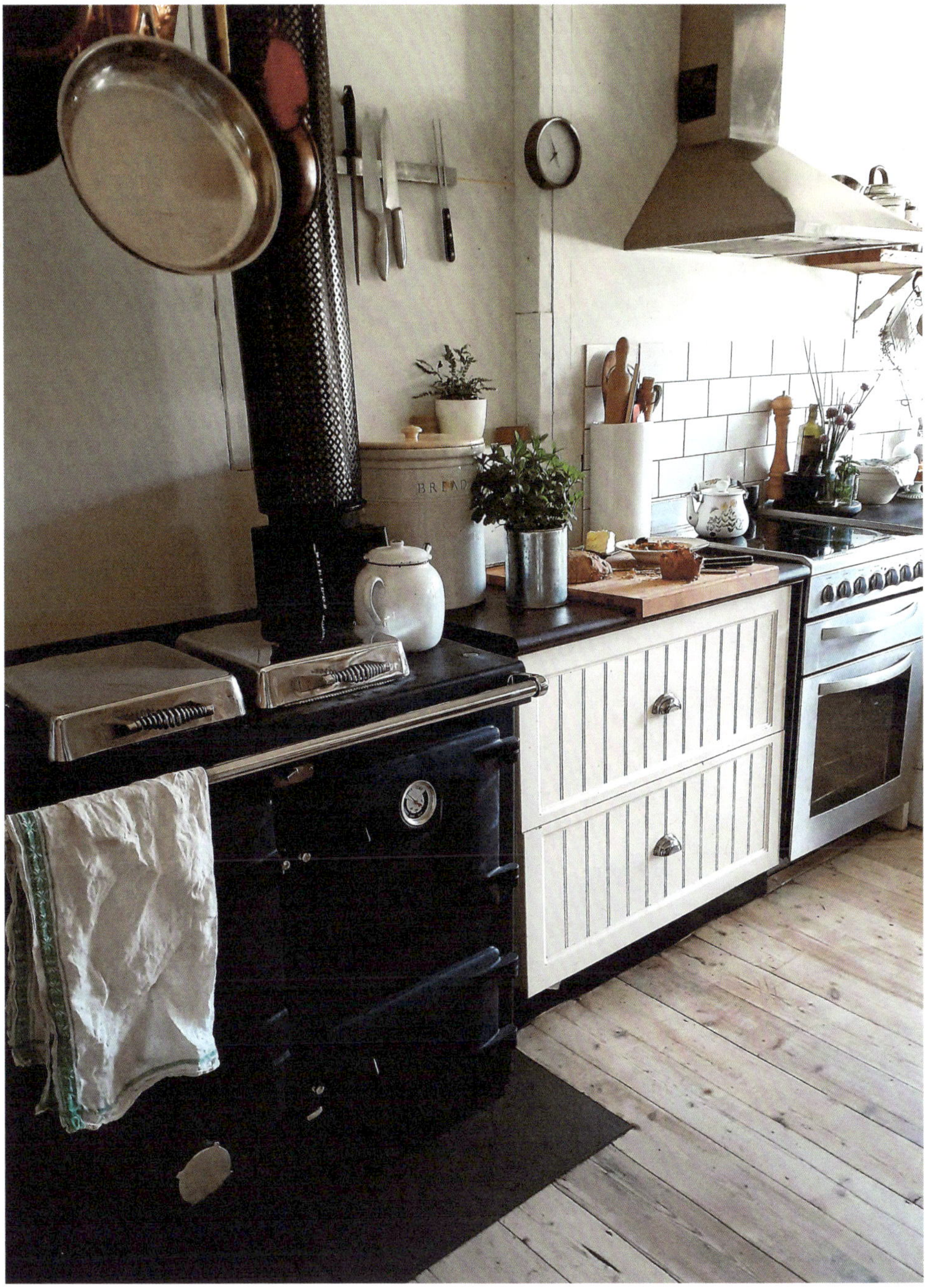
BREAD

ABWEHRKRAFT PUR

Sobald die Tage kühler und kürzer werden, setze ich mein feuriges Apfelessigtonikum (siehe Seite 306) an.

Wir haben das Tonikum in einem hippen Lebensmittelladen entdeckt und festgestellt, dass wir die Zutaten entweder bereits im Garten hatten, sie eintauschen oder von der Food-Coop beziehen konnten. In den letzten Jahren wurde das pflanzliche Heilmittel zur Stärkung der Abwehrkräfte zunehmend beliebter. Die amerikanische Kräuterexpertin Rosemary Gladstar hat es in den späten 1970er-Jahren entwickelt.

Ich schwöre auf das Tonikum – wenn meine Abwehrkräfte schwinden, verdopple ich die Dosis.

- Apfelessig ist einfach hergestellt (siehe Seite 213) und hat viele Vorzüge. Er regt die Verdauung an.
- Meerrettich lindert Kopfschmerzen und Nebenhöhlenentzündungen.
- Rosmarin stärkt Immunsystem und Kreislauf.
- Ingwer hilft bei Verdauungsstörungen, Infektionen und Übelkeit.
- Knoblauch ist eine Geheimwaffe mit antimikrobiellen und antibakteriellen Eigenschaften (Tipps zum Anbau von Knoblauch siehe Seite 140).
- Zwiebeln haben ähnliche Eigenschaften wie Knoblauch, beugen aber auch gegen Erkältungen oder Grippe vor und fördern die Genesung.
- Zitrusfrüchte sind ein gutes Analgetikum und entzündungshemmend. Ich verwende nur die Schale.
- Cayennepfeffer fördert die Durchblutung und vitalisiert das Herz-Kreislauf-System.
- Salbei fördert die Verdauung.
- Honig wirkt entzündungshemmend. Zudem kann Honig von örtlichen Erzeugern bei Allergien helfen. Noch besser ist es, wenn du ihn aus eigenen Bienenstöcken erntest.

Zu feurig für deinen Geschmack? Du wirst dich bestimmt daran gewöhnen. Das Tonikum soll scharf und würzig sein, um deinem Immunsystem einen kleinen Tritt zu geben.

DIE ANDERE ARTISCHOCKE

Topinambur, auch Jerusalem-Artischocke genannt, ist eine mehrjährige Pflanze. Sie braucht weder Aufmerksamkeit noch Pflege, vermehrt sich fleißig Jahr für Jahr und gedeiht unter nahezu allen Bedingungen. Die knubbeligen Knollen stehen in dem Ruf, unangenehme Blähungen zu verursachen.

Ich habe lange gegrübelt, wie ich die Fülle an Topinambur nutzen könnte, möglichst ohne Flatulenz zu riskieren. Könnte Fermentieren die Lösung sein? Ja und nein. Ja, weil man fermentierte Topinambur in großen Mengen bis zu sechs Monate lagern kann. Sie schmeckt köstlich, ist vielseitig einsetzbar und hat deutlich weniger Nebenwirkungen, als wenn man sie röstet. Nein, weil die Zubereitung und vor allem das Waschen recht aufwendig sind. Neugierig, wie das eher unansehnliche und umständlich zuzubereitende, aber leckere und leicht anzubauende Wurzelgemüse schmeckt? Dann probier es aus!

Rechts:
Feuriges Apfelessigtonikum herzustellen, macht Spaß, und das Ergebnis ist ebenso hübsch wie potent (Rezept siehe Seite 306).

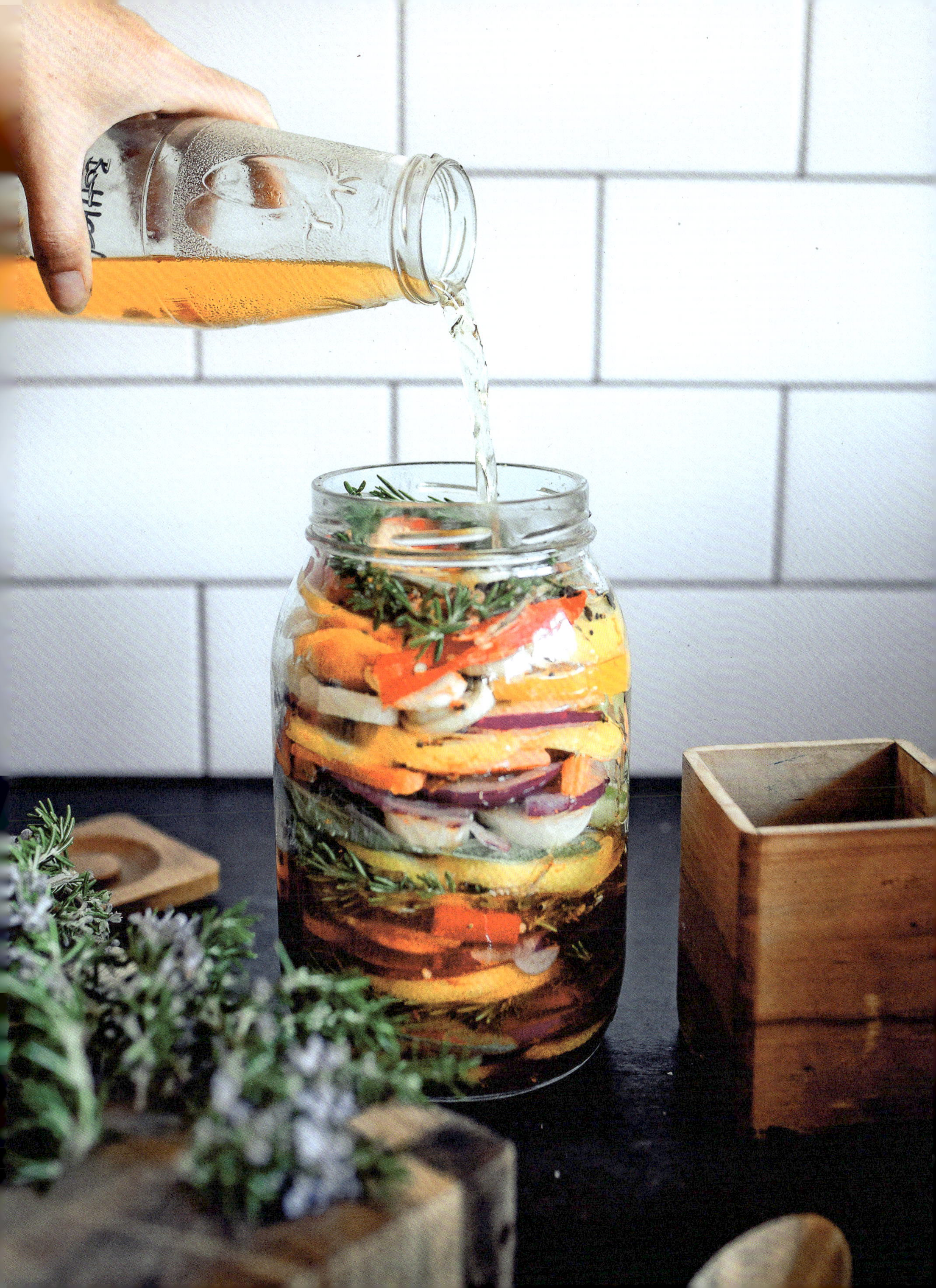

Ganz links: Topinambur hat sonnengelbe Blüten und zählt zur selben Gattung wie die Sonnenblume.

Links: Topinambur kann auf vielfältige Arten zubereitet werden. Das Fermentieren dauert vier bis sechs Wochen, man kann die Knollen aber auch roh essen.

Fermentierte Topinambur

Der blähende Übeltäter der Topinambur ist Inulin. Durch Milchsäuregärung werden seine langen Kohlenhydratketten aufgebrochen. Dadurch finden die schädlichen Bakterien im Darm weniger Nahrung, der Blähfaktor sinkt. Fermentierte Topinambur schmecken in Suppen und Salaten, in Scheiben geschnitten auf Snack- oder Käseplatten oder zu Bier und Nüssen.

1. Wasche die Knollen gründlich und schneide sie in Stücke (etwa so groß wie eingelegte Zwiebeln). Entferne braune Stellen.
2. Gib die Topinamburstücke mit Knoblauch, Chili, getrockneten Orangen- und Zitronenschalen, Dillsamen, Senfkörnern, Pfefferkörnern und Sternanis in ein Einmachglas (Mengenanteile nach Geschmack und Belieben).
3. Bedecke alles mit einer 4%igen Salzlake (1 EL Salz auf 500 ml Wasser).
4. Lege ein Weinblatt oder ein Blatt von einem Kirsch- oder Apfelbaum auf die Salzlake. Dadurch verhindert man, dass die Topinamburstücke mit Sauerstoff in Berührung kommen.
5. Verschließe das Glas mit einem Deckel und stelle es vier bis sechs Wochen an einen kühlen, dunklen Ort, bis die Flüssigkeit trüb ist und sich Bläschen gebildet haben.

ERNTETIPP
Die Erntezeit für die Topinamburknollen beginnt im Herbst, sobald die Blätter abgefallen sind. Leichter verdaulich ist das Wurzelgemüse jedoch, wenn es ein paar Nachtfröste überstanden hat.

Rechts:
In die Wintersuppe kommt alles, was nicht bei drei auf dem Baum ist und jede Menge Kräuter.

DAUERBRENNER-WINTERSUPPE

Die Temperaturen sinken, der Himmel ist grau und verhangen. Zeit für die beiden Dauerbrenner in unserem Winterleben: Wir zünden den AGA-Ofen an und starten die Wintersuppe, die uns durch den ganzen Winter begleitet.

Bereite von deiner Lieblingssuppe ein wenig mehr und stell in den Kühlschrank, was übrig bleibt. Ein oder zwei Tage später verwendest du den Rest als Basis für die nächste Suppe. Von dieser Suppe machst du wieder etwas mehr, als gegessen wird und stellst den Rest als Basis für die nächste Suppe in den Kühlschrank ... und so weiter und so weiter. Aus der Dauerbrennersuppe wird so mal eine Gerstenhühnersuppe, mal eine Gemüsesuppe und später vielleicht eine würzige Rindfleischsuppe.

Ich verwende, was mir gerade in die Hände fällt. Unsere Wintersuppe gelingt immer. Fallen die Zutaten des Tages farblos aus, überzeugt sie durch die kräftige Basis vom Vortag. Wenn wir Lust auf eine deftige Mahlzeit haben, dicke ich sie als Eintopf ein; wenn uns nach einem leichten Mahl ist, verdünne ich sie.

Da meine Mutter hygienische Bedenken hatte, habe ich den Arbeitsablauf zu ihrer Beruhigung angepasst. Ich koche so viel Suppe, dass ein oder zwei Portionen als Basis für die nächste Suppe übrig bleiben. Die fülle ich in einen Behälter um, damit ich den Topf abspülen kann. Sobald der Rest abgekühlt ist, kommt er in den Kühlschrank. Nur auf Kürbissuppe sollte man verzichten, sie verdirbt oft über Nacht.

Wenn ich die Suppe so zubereite, ist sie schneller fertig und das Ergebnis schmackhafter, als wenn ich jedes Mal von vorne anfangen würde. Unsere Wintersuppe ist eine wunderbare einfache und unkomplizierte Mahlzeit.

Schonend gegartes Lamm oder Huhn

Schonend gegartes Lamm oder Huhn im Winter ist für uns der Inbegriff von Landleben, vor allem wenn es direkt aus dem AGA-Ofen kommt. Beide Wintergerichte schmecken uns und passen zu unserem Leben. Weil wir im Spätherbst schlachten, haben wir im Winter Huhn und Lamm in der Gefriertruhe. Das Fleisch, Zwiebeln und Knoblauch braten wir an, während wir den Frühstückstisch abräumen. Dann geben wir die restlichen Zutaten in den Topf und überlassen es dem AGA-Herd, unser Abendessen zuzubereiten. Wir können den Tag auf der Weide und im Obstgarten verbringen, ohne ans Kochen denken zu müssen. Wer keinen Holzofen hat, kann einen Schnellkochtopf verwenden.

5–8 Portionen (Reste kann man als Basis für eine Wintersuppe oder einen Eintopf verwenden)

LANGSAM GEGARTES LAMM

5–8 Lammfleischstücke (zum Beispiel Haxen oder Koteletts)

1 Handvoll Lauchzwiebeln, gewürfelt

4 Knoblauchzehen, zerdrückt

500 ml pürierte Tomaten

250 ml Rotwein

400 ml Kokosnussmilch

Pfefferkörner, zum Abschmecken

1 großer Thymianzweig

1 Orange, halbiert

3 Lorbeerblätter

500 ml Gemüsebrühe

Salz, nach Geschmack

LANGSAM GEGARTES HUHN

1 Huhn

1 Handvoll Lauchzwiebeln, gewürfelt

4 Knoblauchzehen, zerdrückt

750 ml Milch

1 Handvoll Salbeiblätter

1 Handvoll Thymianblätter

1 Zitrone, halbiert (oder 2 EL Zitronensaft)

1 Zimtstange

250 ml Weißwein

250 ml Gemüsebrühe

Salz, nach Geschmack

1. Heize den AGA-Ofen auf 120 °C vor.
2. Brate das Fleisch (Lamm oder Huhn), Zwiebeln und Knoblauch in einer großen gusseisernen Pfanne bei starker Hitze an (das verleiht dem Gericht einen interessanten Umami-Geschmack).
3. Gib die restlichen Zutaten in die Pfanne.
4. Setze einen Deckel auf die Pfanne und stelle sie bis zu 8 Stunden in den AGA-Ofen.
5. Serviere das Gericht mit Beilagen deiner Wahl, zum Beispiel Kartoffelpüree, in Olivenöl gedünstetem Gemüse (schmeckt hervorragend mit einem Spritzer Zitronensaft) oder Polenta.

Im Schnellkochtopf gart das Essen durch den höheren Druck schneller als in einem normalen Kochtopf. Ein ganzes Huhn oder 500 Gramm Lamm muss man 20–25 Minuten bei hohem Druck kochen lassen und dann den Druck 15 Minuten lang auf natürliche Weise ablassen.

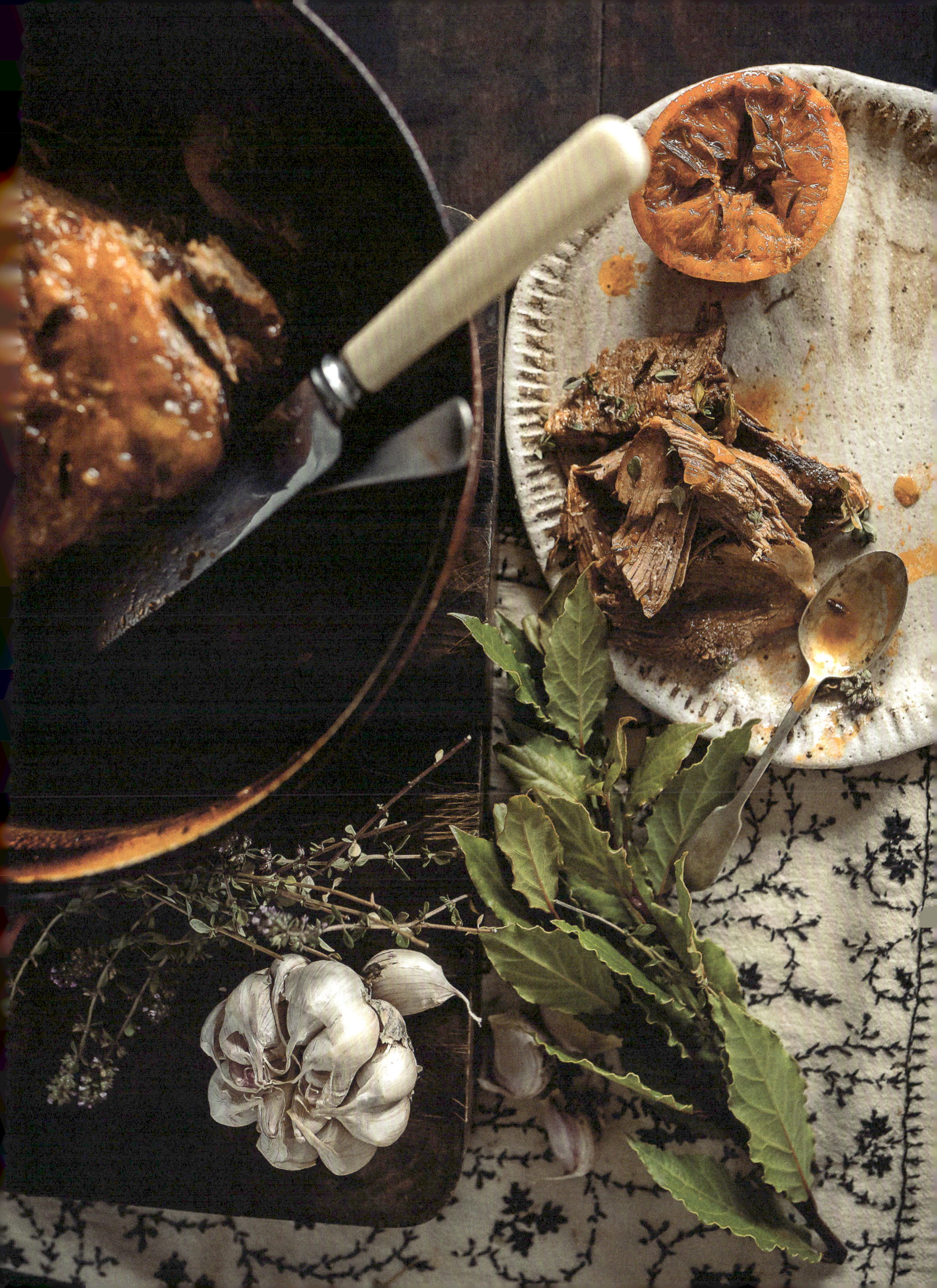

Feuriges Apfelessigtonikum

Im Grunde reichert man den Apfelessig mit den anderen Aromen an, seiht die Flüssigkeit ab und fügt dann Honig hinzu, um das Tonikum zu süßen. Nimm täglich ein bis zwei Esslöffel dieses Tonikums zu dir, entweder pur oder mit warmem Wasser oder Saft verdünnt. Besonders Wagemutige ersetzen, wenn sie Salat anmachen, den Essig durch dieses Tonikum. Es gibt dem Salat auf jeden Fall Pfiff.

Ergibt 750 ml

100 g frischer Ingwer, geschält und gerieben

45 g Meerrettich, frisch gerieben

1 rote Zwiebel, in Scheiben geschnitten

10 Knoblauchzehen, zerdrückt oder gehackt

2 Jalapeños, gehackt (nach Belieben entkernen)

5 rote Chilischoten, in Scheiben geschnitten (nach Belieben entkernen)

2 Zitronen, in feine Scheiben geschnitten

1 Orange, in feine Scheiben geschnitten

6 Rosmarinzweige

1 EL Kurkumapulver oder 2 EL frisch geriebene Kurkuma

1 TL Cayennepfeffer

1 l ungefilterter Apfelessig (siehe Seite 213)

Honig, nach Geschmack

1. Schichte alle Zutaten außer Apfelessig und Honig in ein großes Einmachglas mit großer Öffnung.
2. Gieße den Apfelessig über die Zutaten und fülle das Glas bis zum Rand.
3. Drücke die Zutaten im Glas mit einem Stück Backpapier nach unten, bis die Flüssigkeit sie vollständig bedeckt und sie den Deckel nicht berühren. Lass das Backpapier im Glas und verschließe das Glas dicht mit einem Deckel.
4. Stelle das Glas fünf bis sechs Wochen an einen kühlen, dunklen Ort und wende es täglich.
5. Fülle danach die Flüssigkeit in ein sauberes Glas. Süße das Tonikum nach Belieben mit Honig. (Die festen Zutaten verwende ich gern als Basis für ein Curry, allerdings ohne die Zitronenscheiben.)
6. Das Tonikum ist in einem verschlossenen Behälter im Kühlschrank oder an einem kalten, dunklen Ort bis zu sechs Monate haltbar.

SAUERTEIGCRACKER

Alle paar Wochen habe ich genug Sauerteigstarter übrig, um diese leckeren Cracker backen zu können. Ich variiere das Rezept oft, indem ich unterschiedliche Kräuter und Gewürze hinzufüge. Rosmarin und Meersalz sind bei uns besonders beliebt. Manchmal gebe ich auch ein paar Chiasamen, Kurkuma, zerstoßenen Pfeffer oder sogar essbare Blüten dazu. In der Regel mache ich etwa ein Kilo Cracker, die wir uns mit Gurken, Dips und Käse mittags als Picknick schmecken lassen. Außerdem sind die Cracker ein toller Snack.

Ergibt 50–70 Cracker

500 ml Sauerteigstarter

450 g Weizenmehl Typ 550

250 ml Wasser

2 TL Salz

Meersalz, Kräuter oder Samen als Dekoration

1. Vermenge alle Zutaten außer der Dekoration in einer großen Schüssel zu einem Teig und lasse ihn eine Stunde ruhen.
2. Teile den Teig in vier Portionen und forme jede Portion in eine Kugel. Decke die Teigkugeln mit einem feuchten Geschirrtuch ab und lasse sie acht Stunden bei Raumtemperatur ruhen.
3. Heize den Ofen auf 120 °C vor.
4. Rolle die Kugeln auf einer gut bemehlten Fläche kreisförmig aus und bestreue den Teig mit der Dekoration deiner Wahl. Schneide dann die Teigkreise wie eine Pizza in Teile. Die Stücke dürfen nicht zu breit sein – achte darauf, dass sie problemlos in deinen Behälter passen.
5. Leg die Cracker auf ein Backblech und backe sie 40 Minuten im Ofen, bis sie knusprig sind.
6. Lass die Cracker abkühlen. In einem luftdichten Behälter sind die Cracker bis zu vier Wochen haltbar.

QUINOA-NUSSMEHL-BRÖTCHEN

Dies ist das perfekte Rezept, um Reste zu verwerten, zum Beispiel das Nussmehl, das bei der Herstellung von Nussmilch übrig bleibt, oder Reste vom Blitzblätterteig.

Ergibt 6 Brötchen oder 12–15 Partybrötchen

2 Karotten, gerieben

1 Handvoll frischer Kräuter, fein gehackt

1 gehäufter EL Senf

Chili, nach Geschmack (optional)

schwarzer Pfeffer, nach Geschmack

200 g Nussmehl (siehe Seite 297)

400 g dreifarbige Quinoa, in Brühe gekocht

2 EL Nährhefe

6 Blätterteigplatten aus dem Laden oder Blitzblätterteig (siehe Seite 256)

1. Heize den Ofen auf 180 °C vor.
2. Vermische alle Zutaten außer dem Blätterteig in einer großen Schüssel. Füge hinzu, was dir schmeckt. Wenn deine Kinder ungern Gemüse essen, kannst du auch Gemüsestückchen im Teig verstecken. Drücke die Masse aus. Sie muss so trocken wie möglich sein.
3. Rolle den Teig zu einem möglichst großen Rechteck aus.
4. Forme den Teig zu einer langen, dünnen Rolle und lege sie auf die lange Seite der Blätterteigplatte. Schlage den Blätterteig so um die Teigrolle, dass er an der Unterseite der Rolle mindestens fünf Zentimeter überlappt.
5. Schneide die Brötchen in normal große oder partygroße Stücke und steche jedes Stück an der Oberseite des Teigs mit einer Gabel ein.
6. Backe die Brötchen 20–30 Minuten im Ofen.
7. Serviere die Brötchen zum Beispiel mit Salat und Tomatensoße (siehe Seite 220).

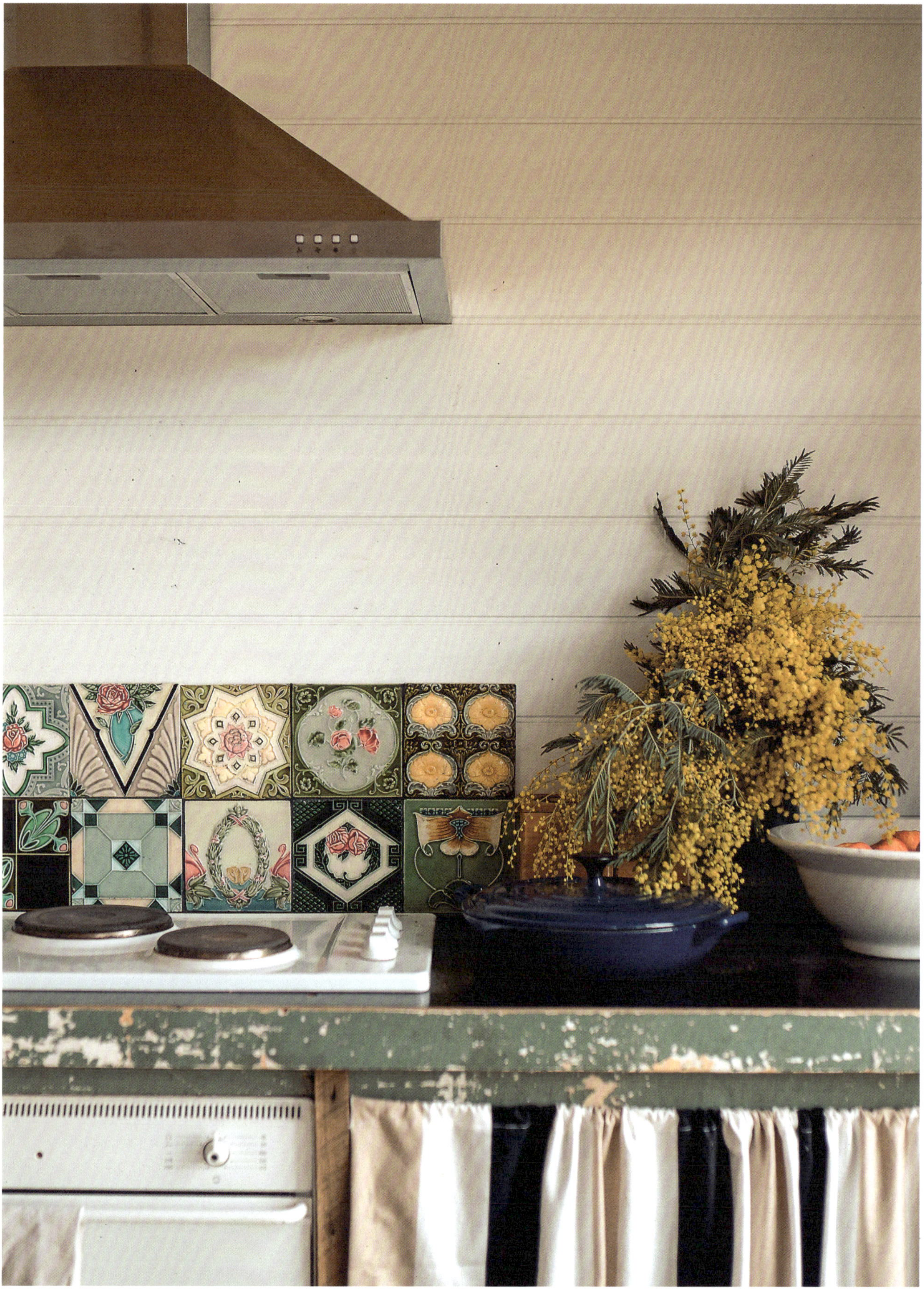

Geschafft!

Herzlichen Glückwunsch, du bist am Ende meines Buches angekommen! Mein tiefster Wunsch ist, dass du dich jetzt wacher, bewusster und lebendiger fühlst. Freunde des Fair Living, seid stolz auf euer disruptives Handeln: Zieht hinaus, um die Welt zu verwandeln!

Bei Fair Living geht es darum, Menschen zu motivieren, denen fairer Wandel am Herzen liegt. Es ist ein Aufruf an radikale Hausmänner und -frauen, an die, die ihre Konsumketten abwerfen wollen und an jene, die in langen Zeiträumen und großen Zusammenhängen denken. Lasst uns mit Spaß, Genuss und Freude unser Leben in die Hand nehmen und die Welt in Bewegung bringen.
Wir …

- setzen Kreativität über Karriere,
- kehren nach Hause zurück, um unsere Kinder zu erziehen,
- bauen lokale soziale Unternehmen auf,
- unterstützen Bauern in der Region,
- bauen selbst Essen an,
- ziehen bewusste Langsamkeit allem Schnellen vor,
- setzen Einfachheit über endloses Wachstum,
- öffnen uns durch die Beziehung zur Natur für die Zyklen des Jahres.

Nicht alles, was wir tun, ist bahnbrechend oder revolutionär. Jede noch so einfache, faire Tat zählt.

FAIR LIVING FÜR DIE OHREN

Dieses Buch hat dich neugierig gemacht? Dann pack die Ohrstöpsel aus und hol dir bei *Futuresteading*, unserem wöchentlichen Podcast, eine frische Dosis Denkanstöße. Diesen englischen Podcast mache ich mit Catie Payne – einer Frau, die ich für ihre erfrischend konträre und selbstbewusste Lebenseinstellung bewundere und für ihre Fähigkeit, romantische Ideen zu entlarven, liebe. Zusammen haben wir ein paar wunderbar normale Leute interviewt, die ganz Außergewöhnliches leisten.

Englischsprachige Podcasts über faires Leben, Permakultur und verwandte Themen:

- *Futuresteading*
- *Dumbo Feather*
- *Making Permaculture Stronger*
- *Regenerative Agriculture Podcast*
- *Unlocking Us* (Brené Brown)
- *Pip Permaculture* Podcast
- *Go Simone*
- *The Slow Home* Podcast

Danke

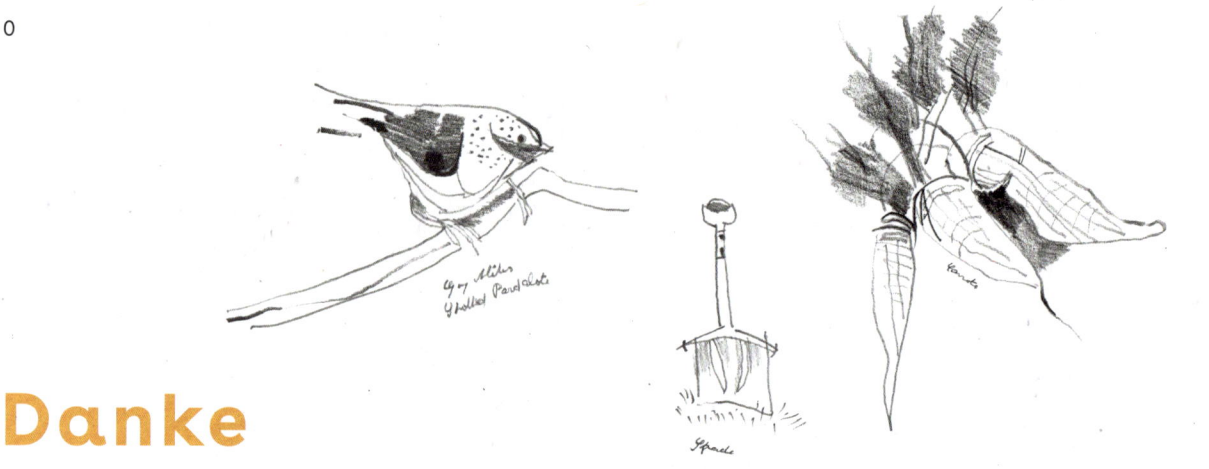

Als ein Freund mich vor Jahren in einem Traum ein Buch schreiben sah, habe ich gelacht. Aber die Idee war gesät. Damals hatte ich keine Ahnung, dass die Geburt schwieriger sein würde als Kinderkriegen und wie viele Helfer nötig sind, damit es das Licht der Welt erblickt. Damit meine ich nicht nur meine Familie und Freunde, sondern auch all die vielen Menschen, die mir den Weg bereitet haben. Mein tiefer Dank gilt all den Lehrern, Autoren, Podcast-Moderatoren und WWOOFern in meinem Leben, dich nicht nur mich, sondern viele mit ihrem Rat, Wissen und Vertrauen bereichert haben.

Charlie – Wir sind zusammen am Ziel! Du bist mein besonnener, tiefgründiger, das System hinterfragender, selbstbewusster Seelenverwandter, der wenig für sich verlangt und alle anderen an die erste Stelle setzt. Es ist ein Höllenritt für eine würdige Sache – und wir reiten weiter, »solange deine Augen blau sind«! Die Worte in diesem Buch sind von mir, aber du hast mich mit deiner Art zu denken, zu suchen, zu lernen und zu teilen dazu inspiriert. Du bist so brillant wie bescheiden.

Harry, Bertie und Minnie – All dies ist für euch. Ihr fordert mich heraus, hinterfragt und lehrt mich – jeden Tag. Ich hoffe, ich tue das auch für euch (wenigstens ein bisschen). Ihr seid unglaublich und wir alle geben unser Bestes.

Alice Annabel Nunan – Mama. Oma. Uroma. Ururoma. Erste Vertreterin eines fair gelebten Lebens. Stoisch, hartnäckig, freundlich. Intuitive Verfechterin einer schlichten Lebensweise. Sie war für mich und viele andere eine zweite Mutter, rasch bei der Hand mit einem Klapps auf räuberische Kinderfinger und dem Rat, ihr aus den Füßen zu bleiben. Sie liebte aus vollem Herzen, ohne Urteil oder Kritik.

Beau Miles (Kleiner Bruder) – Du beglückst und inspirierst mit deinem Instinkt für ein faires Leben heraus. Beinahe wären unsere Buchprojekte zusammengewachsen, aber unterschiedliche Verlage haben unsere Wege getrennt. Wir haben ja noch Zeit! :-)

Dad – Du bist ein harter Knochen; antiautoritär und durch und durch kreativ, du hast uns gefordert und gelobt, wenn wir unseren Weg suchten. Deine Komplexität entspringt der Einfachheit, deine tiefen Wurzeln gaben mir ein Fundament.

Karen Webb – Eine Zauberin hinter der Kamera, die Magisches erschafft. Beim Plaudern über Farm und Jahreszeiten hast du die richtigen Momente auf die richtige Art und Weise mit dem richtigen Licht eingefangen. Ein Genie mit einem tollen Lachen.

Karen Loch – Danke für die Gespräche und die Randnotizen. Dein Korrekturlesen und freundlicher Rat halfen mir, die richtigen Worte und Themen zu finden.

Catie Payne – Die absolut beste Verbündete am Podcast-Mikrofon, meine Vertraute mit frischen Ideen und meine Rettung, wenn ich im Wortsalat umzukommen drohte. Dein Lektorat, deine Texte und deine Perspektive wiesen mir den rechten Weg und brachten mich zum Lachen. Du bist weiser, als dein Alter ahnen lässt. Ohne dich hätte ich es WIRKLICH nicht geschafft.

Das Murdoch-Team – Jane, Megs, Justin, Mads und Dannielle – ihr seid ein Weltklasseteam, das Wunder wirkt. Wir haben dieses Buch geschaffen, ohne je im selben Raum zu sein. Vom wortreichen Anfang bis zum kreativen Ende, eure Zuversicht und der verständnisvolle Umgang mit mir als Erstlingsautorin haben mir so viel gegeben. Um die schriftstellerische Unschuld zu verlieren, seid ihr ein verdammt gutes Team. xx

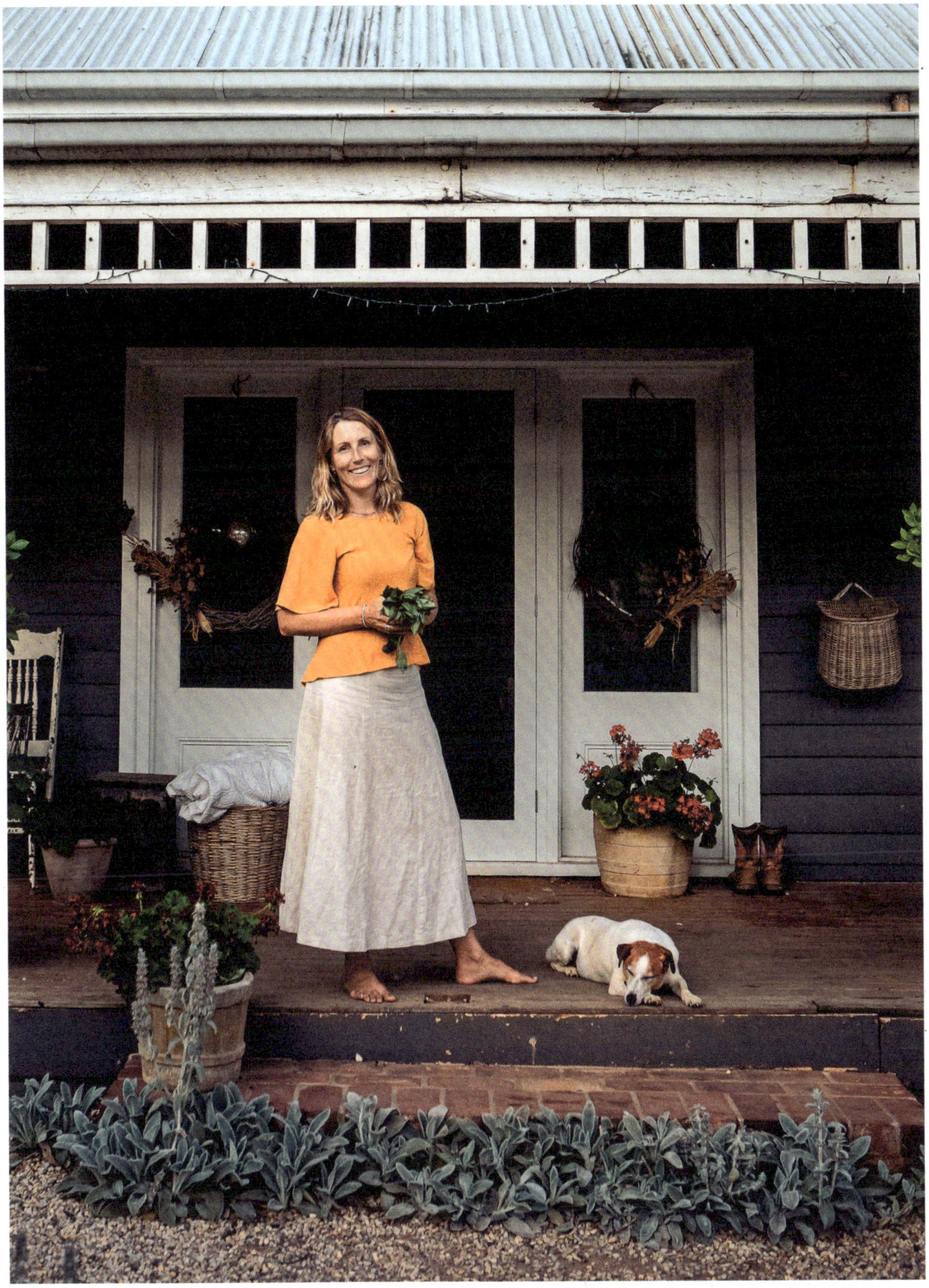

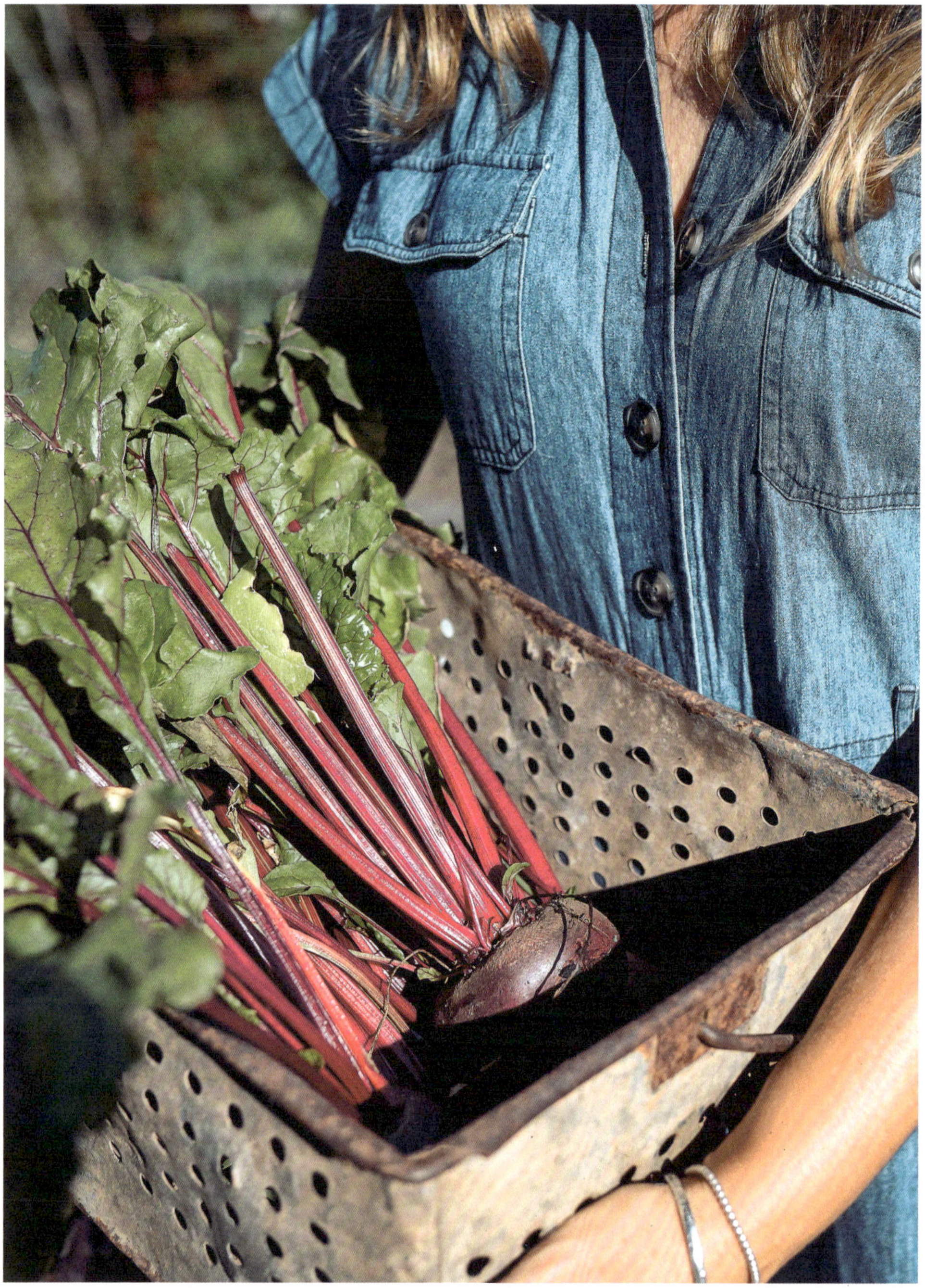

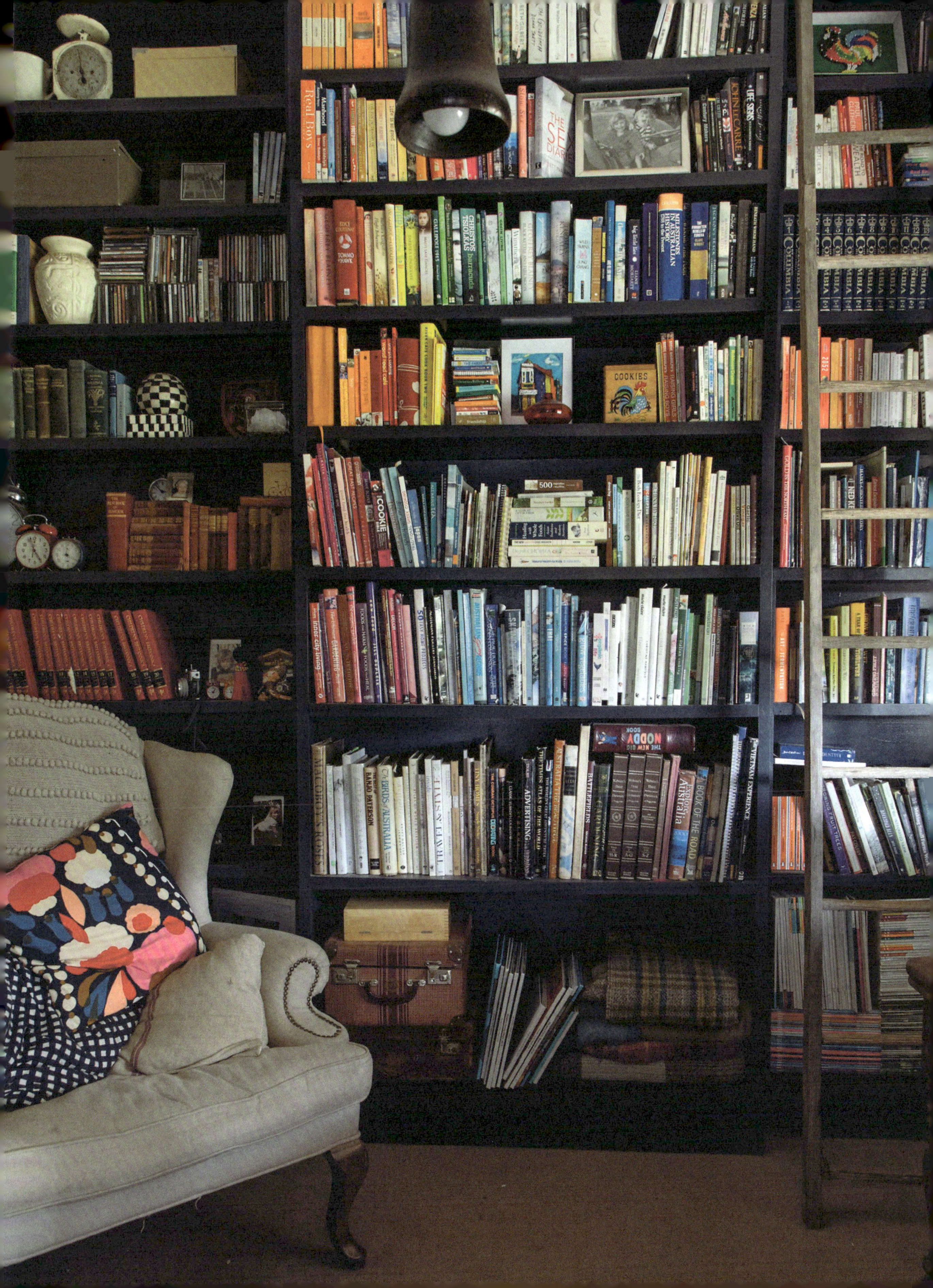
Real Boys
COOKIES
ADVERTISING
BOOK OF THE ROAD

Hausbibliothek

Im Zweifelsfall nehme ich ein Buch zur Hand. Ich danke allen, die sich getraut haben, ihre Gedanken niederzuschreiben – für ihr Wissen und ihre Erkenntnisse. Sie sind Geschichtenerzähler und haben uns mit ihrer Vorstellungskraft inspiriert.

Die örtlichen Bibliotheken sind heute unsere Hüter des Wissens, die Bücher stehen Seite an Seite im Regal und jeder kann sie lesen. Nutze auch du diese Möglichkeit!

Wir haben nach und nach unsere eigene Hausbibliothek aufgebaut. Die Bücher lesen wir immer wieder, bis sie abgegriffen sind und auch unsere Besucher, Freunde und WWOOFer nehmen sie gern zur Hand.

Empfehlenswerte Lektüre

Wenn du dich für Resilienz interessierst:

- *64 Grundregeln ESSEN. Essen Sie nichts, was Ihre Großmutter nicht als Essen erkannt hätte* von Michael Pollan (Goldmann Verlag, 2011)
- *Die Kunst des Fermentierens. Eine tiefgreifende Erforschung grundlegender Konzepte und Prozesse aus aller Welt* von Sandor Ellix Katz (Kopp Verlag, 2017)
- *Wirf mich nicht weg – Das Lebensmittelsparbuch. Mehr als 333 nachhaltige Rezepte und Ideen gegen Lebensmittelverschwendung* (smarticular Verlag, 2020)
- *Das neue Buch vom Leben auf dem Lande* von John Seymour (Dorling Kindersley Verlag, 2020)

Wenn du dein Wissen über Selbstversorgung und Permakultur erweitern möchtest:

- *Der große Weg hat kein Tor. Nahrung, Anbau, Leben* von Masanobu Fukuoka (pala Verlag, 2007)
- *Meine zweite Natur. Vom Glück, ein Gärtner zu sein* von Michael Pollan (oekom Verlag, 2014)
- *Permakultur. Gestaltungsprinzipien für zukunftsfähige Lebensweisen* von David Holmgren (Drachen Verlag, 2016)
- *Der Selbstversorger – Mein Gartenjahr. Säen, pflanzen, ernten* von Wolf-Dieter Storl (Gräfe und Unzer Verlag, 2016)
- *Praxisbuch Permakultur. Das umfassende Handbuch für nachhaltiges Gärtnern* von Jessi Bloom und Dave Boehnlein (Haupt Verlag, 2019)
- *Mein Selbstversorger-Garten am Stadtrand. Permakultur auf kleiner Fläche* von Kurt Forster (Ökobuch Verlag, 2019)
- *Autark leben als Selbstversorger. Durch Permakultur, Minimalismus und Zero Waste nachhaltig und plastikfrei leben* von Wolfgang Sonnscheidt (Independently published, 2020)
- *Permakultur im Hausgarten. Handbuch zur Planung und Gestaltung mit vielen Beispielen* von Jonas Gampe (Ökobuch Verlag, 2021)
- *365 Tage Selbstversorgung aus dem Garten. Durch das Permakultur-Prinzip ganzjährig Obst und Gemüse anbauen, Nutztiere halten, Strom erzeugen, Lebensmittel konservieren und vieles mehr* von Malte Naudts (Independently published, 2021)
- *Geheimnisse der fruchtbaren Böden. Die Humuswirtschaft als Bewahrerin unserer natürlichen Lebensgrundlage* von Erhard Hennig (OLV Organischer Landbau Verlag, 2021)

Wenn du mehr über Nachhaltigkeit und Ökonomie wissen möchtest:

- *Befreiung vom Überfluss. Auf dem Weg in die Postwachstumsökonomie* von Niko Paech (oekom Verlag, 2012)
- *Die schönere Welt, die unser Herz kennt, ist möglich* von Charles Eisenstein (Scorpio Verlag, 2017)
- *Die Humusrevolution. Wie wir den Boden heilen, das Klima retten und die Ernährungswende schaffen* von Ute Scheub und Stefan Schwarzer (oekom Verlag, 2017)
- *Das geheime Netzwerk der Natur. Wie Bäume Wolken machen und Regenwürmer Wildschweine steuern* von Peter Wohlleben (Ludwig Buchverlag, 2017)
- *Für das Leben! Ohne Warum. Ermutigung zu einer spirituell-ökologischen Revolution* von Joanna Macy und Molly Brown (Junfermann Verlag, 2017)
- *Wenn nicht jetzt, wann dann? Handeln für eine Welt, in der wir leben wollen* von Harald Lesch und Klaus Kamphausen (Penguin Verlag, 2019)
- *Nachhaltig leben für Einsteiger. Schritt für Schritt den Unterschied machen – für ein umweltfreundliches und plastikfreies Leben mit ökologischen Tipps für mehr Nachhaltigkeit im Alltag* von Christoph Schulz (mvg Verlag, 2019)

Wenn du erfahren möchtest, welche Heilpflanzen es gibt und was sie bewirken:

- *Die Kräuter in meinem Garten* von Siegrid Hirsch und Felix Grünberger (Freya Verlag, 2014)
- *Kräuter-Rezeptbuch. Hausmittel & Salben, Säfte & Marmeladen, Kräuterwein & Liköre, Essig & Öl* von Siegrid Hirsch (Freya Verlag, 2014)
- *Heilkräuter in meinem Garten* von Rosemary Gladstar (Unimedica Verlag, 2015)
- *Handbuch Kräuter. Über 100 Pflanzen für Gesundheit, Wohlbefinden und Genuss* von Lesley Bremness (Bassermann Verlag, 2018)
- *Die Hausapotheke zum Selbermachen. 769 Rezepte für Hausmittel aus dem Küchenschrank* (Reader's Digest Verlag, 2019)
- *Unsere grüne Kraft. Das Heilwissen der Familie Storl* von Christine Storl (Gräfe und Unzer Verlag, 2019)
- *Meine besten Hausmittel aus Küche und Garten* von Dr. med. Christine Reiler (Kneipp Verlag, 2020)
- *Heilpflanzen für ein starkes Immunsystem. Wie Sie mit der Kraft der Natur die Abwehrkräfte stärken* von Prof. Dr. Nadine Berling (Remote Verlag, 2021)

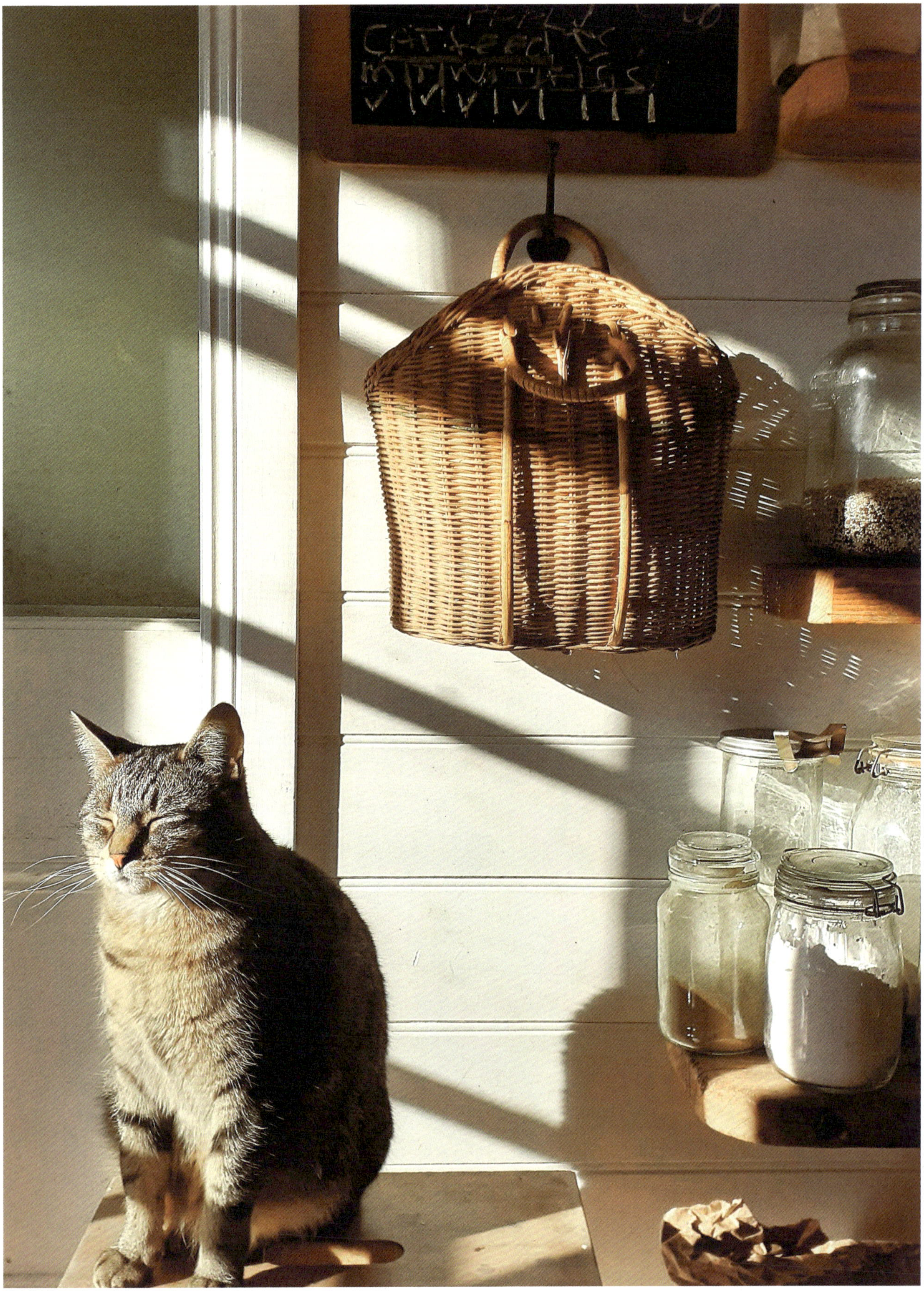
CAT feed

Register

Abendessen am Feuer 233
AGA-Herd 296
Alisander/Pferdeeppich 243
Allzweckreiniger 285
Anbauplanung 100
Anzucht 101
Anzünder aus Orangen-/
    Mandarinenschalen 289
Äpfel 102, 229
    Apfelessig 213, 300
    Apfel-Pudding-Tarte mit
    Blitzblätterteig 256
    Apfelsorten 202, 230
    Apfeltaschen 251
    Warmer Apfelpunsch 260
Artischocken einmachen 150

Beltane 134
Beobachten 130, 165
Bestäubung 106, 170
Bewässerung 201
Bienenstöcke 91, 218
Birnen-Chutney 222
Blitzblätterteig 251
    Apfel-Pudding-Tarte mit
    Blitzblätterteig 256
    Apfeltaschen 251
    Quinoa-Nussmehl-
    Brötchen 307
Blumengarten 106, 170
Boden 36, 142, 200, 294
Brennholz 142, 237
Brennnessel 118, 198
Brombeere 118
Brot backen 255, 297
Bücher 274, 278
Buschfeuer 8

Cayennepfeffer 300
Chia-Pudding 186
Chilis 210, 246
    Süße Chilisoße 255

Damperbrot 251, 255
Dauerbrenner-Wintersuppe 303
Dochtbeet 167, 245
Dörren 208

Eier 120
    Eingelegte Picknick-Eier 124
    Rührei mit Spargel
    und Salami 124
Einfachheit 39, 51
Einmachen 204
    Karotten 250
    Steinfrüchte 175
    Tomaten 204
Eis am Stiel 178
Entrümpeln 267
Erdbeeren 243
Ernte 192

Fair Living
    Definition 22
    Grundprinzipien 34
    Kinder 30
    Kontext 26
Fenchel 108, 198
    Lagerung 217
Fensterreiniger 285
Fermentieren 212
    Topinambur/Jerusalem-
    Artischocke 302
Feuriges Apfelessig-Tonikum
    300, 306

Fleisch essen 120, 217
Flüssigwaschmittel 285
Folientunnel 101, 137, 201
Frostschutz 113
Fruchtfolge 103, 137
Frühjahrsbrunch 120
Frühling 88, 130
Fünf-Jahres-Plan 103

Gänse 90, 120, 170
Gartenspüle bauen 195
Gemüsegarten 100, 242
Generationenwissen 62, 70
Geschenke 270
gestalten 75, 81
Gewürze 194
Globale Probleme 26
Granatäpfel 210, 219
Grünkohl 211, 220, 243
Gurken 180
    Dillgurken 181

Heilpflanzen 108, 197, 198
Helferpflanzen 137
Herbst 192
Herbst-Tagundnachtgleiche 193
Holz hacken 142, 237
Honig 91, 218, 300
Hühner 120, 144, 202
    Hühnerparasiten-Tinktur 295
Hungerlücke (Frühling) 88

Ingwer 198, 300
Insektenhotel 148
Intuition 63

Jahreszeiten 56, 74
Joghurt-Dressing 186

Karotten 214, 244, 250
Kartoffeln 214
Klee 108, 118
Kleidertauschparty 89
Klimaerwärmung 11, 159
Knallbonbons 274
Knoblauch 140, 194, 198, 246, 300
Kombucha 212
Kompost 294
Komposttee 200
Korbflechten 81, 97
Kräutertee 180, 277
Kumquats 288
Kürbisse einlagern 214

Lavendel 180, 199
   Lavendelöl 135
Lebensmittelvorräte 203, 214
Liebstöckel 110, 243
Lieferketten 30, 58
Lokal handeln 58
Löwenzahn 118, 199

Malve 118
Mangold 250
Meditation 164
Meerrettich 194, 300
Mehrjährige Pflanzen 242
Minze 118, 178, 180, 198, 243
Morcheln 119
Mulch 112
Mutterkraut 110, 243

Nahrungssuche 117, 248
Natur 36, 236
Neujahrsvorsätze 276
Notfallplan für den Brandfall 8
Nüsse 211, 290
   Nuss-Zwieback aus
     Südafrika 123
   Nuss-/Mandelmilch 297

Obstanbau 37, 102, 229
Obstbaumerziehung 141
Omas Weihnachtspudding 280
Ostern 132

Pastinaken 217
Pesto, leicht gemacht 153
pflanzen 75, 76
Pflegeprodukte, hausgemacht 283
Pfropfen 102
Picknick 161, 176
Pilze 119, 211
   Eingelegte Pilze 252
Portulak 119
Potluck 94, 194

Quinoa-Nussmehl-Brötchen 307
Quitten 218
   Gewürzquitten aus
     dem Ofen 221

Regentagebuch 136
Reinigungsprodukte,
   hausgemacht 283
Rhabarber 243, 246
   Rhabarberkompott 261
   Rhabarber-Sahne-Dessert 261
Rituale 48, 78

Rosmarin 110, 150, 180
Rote Bete einlagern 214

Salat
   Blumiger Blattsalat 176
   Joghurt-Dressing 186
   Salat aus gebratenem
     Gemüse und schwarzen Linsen
     mit frischen Kräutern und
     Ziegenkäse 182
Salbei 110, 180, 199
Samen 76, 166, 204
   Haltbarkeit von Saatgut 240
   Saatgutbibliothek 238
Sauerteig-Cracker 307
Schonend gegartes Lamm
   oder Huhn 304
Schwarzkohlchips 220
Schwarznüsse 295
Shampoo, Do-it-yourself- 284
Siesta 164
Snack-Teller 219
Solidarität 55
Sommer 130, 158
Sonnenblumen 110, 166
Spargel
   Rezeptvorschläge 120
   Rührei mit Spargel und
     Salami 124
   Wildspargel 119, 243
Spaziergänge 164, 282
speisen 75, 79
Sprossen und Keimlinge 289
stärken 75, 78
Steckrüben 217
Stockzäune 293
Süßkartoffeln 217

Tag der offenen Obst- und
    Gemüsegärten 135
Tartes
    Apfel-Pudding-Tarte mit
    Blitzblätterteig 256
    Sommer-Gemüsetarte 185
Tee-Ritual 277
Tischglocke 149
Tomaten 204, 208
    Black-Barn-Tomatensoße 220
Topinambur/Jerusalem-
    Artischocke 217, 243, 300

Veilchen 119
verbinden 75, 81
Veredelung 102
Vergänglichkeit 233
Vogelmiere 119
Vogelscheuchen 136

Wachteln 120, 145
Waschnüsse 283
Wassail 275
Wasseraufguss 178
Weihnachten 270
Weißdornbeeren-Soße 181
Werkzeugwartung 277
Winter 266
Wintergemüse 201
Wolken beobachten 161
Wurmcafé 142
Wurzelgemüse 194, 214
WWOOFer 54, 89, 149

Yacon 243
Yoga 164

Zahnpasta, hausgemacht 284
Zitronensirup, hausgemacht 153
Zitrusfrüchte 288, 300
Zitruspflanzen 202
Zuckermais 244, 249
Zuhause 43
Zwiebeln 300
    Etagenzwiebeln 243

Die Informationen in diesem Buch sind als Anregungen und zur allgemeinen Information gedacht. Wenn du in diesem Buch aufgeführte Pflanzen verwendest oder konsumierst, tust du das auf eigene Gefahr. Wende dich immer an seriöse Quellen, um sicherzustellen, dass die von dir verwendeten Pflanzen ungiftig sind, organisch angebaut, ungespritzt und sicher für den Verzehr sind. Obwohl wir versuchen, alle Informationen auf dem neuesten Stand zu halten, sind die Autorin und der Herausgeber nicht für etwaige unerwünschte Reaktionen verantwortlich und übernehmen keinerlei Haftung gegenüber Dritten für Verluste, Schäden oder negative Folgen, die durch Fehler oder Auslassungen verursacht werden, unabhängig davon, ob diese die Folge von Fahrlässigkeit oder Unfällen sind oder andere Ursachen haben. Erkundige dich bei deiner Gemeindeverwaltung und benutze deinen gesunden Menschenverstand, wenn du mit potenziell gefährlichen Geräten oder Materialien arbeitest.

Bildnachweis:
© Karen Webb 2021 – Seite 2/3, 6, 7, 12/13, 19, 23, 42, 46/47, 48, 52/53, 64, 65, 66, 67, 77, 80, 86 (rechts oben), 92 (links, rechts), 93 (unten), 95, 96 (oben, unten), 98/99, 101, 104, 112, 114, 116 (oben), 122, 125, 129, 133, 134, 138/139, 143 (oben, unten), 145 (links, rechts), 151, 152, 156 (links oben, rechts oben, links unten, rechts unten), 157, 162/163, 165 (rechts), 168, 170, 171, 172, 173, 174 (links oben, links unten, rechts unten), 177, 179 (links, rechts), 184, 187, 190 (rechts oben, links unten, rechts unten), 191, 195, 196 (oben, unten), 202, 206, 207, 209 (rechts), 212 (links), 215 (oben, unten), 216, 219 (links), 223, 226 (links oben, rechts unten), 227, 232 (oben, unten), 234/235, 237, 241, 245 (links), 247 (oben, unten), 249 (links, rechts), 253, 254, 259, 264 (links oben, rechts unten), 265, 269, 275, 279, 289 (rechts), 291, 298, 301, 303, 305, 308, 311, 312, Umschlag hinten
© Jade Miles 2021 – Seite 37, 54, 86 (links oben, links unten, rechts unten), 87, 93 (oben), 115, 116 (unten), 128 (links oben, rechts oben, links unten, rechts unten), 136 (links), 146, 147, 148 (links, rechts), 160, 165 (links), 166, 174 (rechts oben), 183, 205, 209 (links), 212 (rechts), 226 (rechts oben, links unten), 231 (alle außer rechts Mitte), 242, 245 (rechts), 264 (rechts oben, links unten), 272 (links oben, rechts oben, links unten, rechts unten), 281, 282, 286/287, 288 (links, rechts), 289 (links), 292, 299, 302 (links, rechts), 316
© Honey Atkinson 2021 – Seite 16, 20/21, 59, 71, 91, 107, 190 (links oben), 231 (rechts Mitte), 258, 313
© Minnie Showers 2021 – Seite 121, 136 (rechts), 140, 246
© iStock/Pacotoscano – Seite 150
© Karen Locke 2021 – Seite 180 (links, rechts)
© Sophie Nengel, UnSplash 2021 – Seite 219 (rechts)
© Helen Barclay 2021 – Seite 309

Erstmals auf Englisch veröffentlicht 2021 von Murdoch Books – einem Imprint von Allen & Unwin

Originaltitel: *Futuresteading. Live like tomorrow matters*
© 2021 Murdoch Books
Fotografien © 2021 Karen Webb, Capture by Karen
Illustrationen © 2021 Megan Grant
Text © 2021 Jade Miles

Design Manager und Cover Design: Megan Pigott
Designer: Madeleine Kane
Foodstyling: Seite 258 von Jenni (@aforagersheart)
Illustrationen: Seite 103 und 239 Mii Lab, Creative Market; Seite 17, 18 und 310 Gary Miles
Infografik: Seite 239 basiert auf der Version von John Tomanio von National Geographic und verwendet Daten von Rural Advancement Foundation International

© 2021 für die deutschsprachige Ausgabe
Sieveking Verlag, München
www.sieveking-verlag.de

Übersetzung: Tracey J. Evans, München
Lektorat: Anne Köhler, München
Typografie, Satz und Produktion: Sieveking Verlag, München

ISBN 978-3-947641-19-2

Alle Rechte vorbehalten.
Der ganze oder teilweise Abdruck und die elektronische oder mechanische Vervielfältigung oder Speicherung gleich welcher Art sind ohne vorherige schriftliche Genehmigung des Verlags nicht erlaubt.

Printed in Germany

RECYCLED Papier aus Recyclingmaterial FSC® C017373

klimaneutral gedruckt www.klima-druck.de ID-Nr 21107674 bvdm.

Dieses Buch wurde mit mineralöl- und kobaltfreien Druckfarben gedruckt. Konsequent verzichteten wir auf UV-härtende Farben, da diese den Recyclingprozess des Papieres verhindern. Der Energiebedarf der Druckerei wurde – ohne CO_2-Emissionen – von einer eigenen Photovoltaikanlage und einem lokalen Wasserkraftwerk gedeckt. Für den Innenteil wurde ein 100%iges Recyclingpapier ohne optische Aufheller verwendet, das mit dem Blauen Engel und dem EU Eco Label zertifiziert ist. Das Papier für den Überzug besteht zu 80% aus Recyclingfasern und zu 20% aus recyceltem Verpackungsmaterial. Kurze Lieferwege entstanden durch die Produktion der Papiere in Oberbayern bzw. Österreich sowie den Druck in Regensburg. Für die klima- und CO_2-neutrale Produktion wurden Ausgleichszahlungen geleistet, die der Herstellung und Entwicklung energieeffizienter Kochtaschen in Kamerun zugutekommen.